Von der Simultankirche
zum ökumenischen Kirchenzentrum

Kirche in Zeiten der Veränderung

Herausgegeben von Stefan Kopp

Band 10

Von der Simultankirche zum ökumenischen Kirchenzentrum

Sakralbauten im Spannungsfeld christlicher Konfessionen

Herausgegeben von Albert Gerhards und Stefan Kopp

HERDER

FREIBURG · BASEL · WIEN

Diese Publikation wurde gefördert von:

Bank für
Kirche und Caritas eG

Verein Ausstellungshaus für christliche Kunst e.V.

Winfriedbund e. V.

MIX
Papier aus verantwortungsvollen Quellen
FSC
www.fsc.org
FSC® C083411

www.herder.de
Umschlaggestaltung: Verlag Herder
unter Verwendung des Zukunftsbild-Kreuzes des Erzbistums Paderborn
Satz: Barbara Herrmann, Freiburg
Herstellung: CPI books GmbH, Leck
ISBN 978-3-451-38830-9

Inhalt

Kirchengebäude als Gradmesser konfessioneller Beziehungen

Sakralbauten waren stets monumentale Symbole religiöser oder politischer Identität. Dies gilt für pagane Tempel wie für christliche Kirchen seit der Konstantinischen Wende. Sie konnten auch als Demonstration von Macht im urbanen Raum dienen – nicht selten gegen konkurrierende Religionen oder andere Institutionen. Seitdem es konfessionelle Spaltungen gibt, finden sich auch konkurrierende Sakralgebäude wie etwa die der Arianer und der Orthodoxen in Ravenna aus dem ersten Jahrtausend. In der Zeit nach der Reformation bildeten sich konfessionsspezifische Merkmale christlicher Sakralbauten heraus, die sich allerdings nicht immer durchhielten.[1] Je nach religiöser Prägung und regionalen Besonderheiten waren Kirchengebäude der jeweils anderen Konfession unterscheidbar – aber nicht unbedingt nach streng stilistischen Kriterien. So wurde die erste, unter preußischer Verwaltung ermöglichte protestantische Kirche in Köln, die 1857 bis 1869 errichtete Trinitatis-Kirche, im Stil einer spätantiken Basilika erbaut, um sich gegen den damals vorherrschenden neogotischen Stil der katholischen Sakralbauten abzusetzen. Gleichwohl wurde zur selben Zeit nach 500-jähriger Unterbrechung an der Vollendung des gotischen Doms gearbeitet – mit Unterstützung des preußischen Königs. Die 1866 bis 1871 erbaute Kreuz-Kirche in Bonn, ebenfalls der erste evangelische Kirchenbau in der Stadt, entstand dagegen im neugotischen Stil als Kontrapunkt zu der romanischen Münsterbasilika.

Kirchen spiegeln in ihrer städtebaulichen Platzierung und äußeren Gestalt die jeweiligen Machtverhältnisse und das Zueinander der Konfessionen wider. Wo man überhaupt der Minderheiten-Konfession ein eigenes Gotteshaus konzedierte, wurde es hinsichtlich seiner Position, Höhe und Materialität oft zurückgestuft. So hatte es sich in die Häuserzeile einzufügen oder gar im Hinterhof zu verstecken.

[1] Vgl. dazu A. Gerhards, Gebauter Glaube. Spezifische Merkmale der Kirchenräume im Zeitalter der Konfessionalisierung, in: S. Kopp, T. G. Moritz, N. Priesching (Hg.), Katholische Konfessionalisierung in Paderborn? Religiöse Prozesse in der Frühen Neuzeit, Münster 2021, 113–127.

Hohe Türme oder aufwändiges Material im Außenbereich kamen nicht infrage. Ein Sonderfall ist die von König Friedrich II. (1712–1786) genehmigte, von ihm konzipierte und teilweise finanzierte erste Berliner katholische Kirche, der dem Pantheon in Rom nachempfundene und auf dem Forum Fridericianum prominent platzierte Zentralbau St. Hedwig (1747–1773). Hier wurde der katholischen Gemeinde vom Staatsoberhaupt eine „‚unkatholische' Baugestalt"[2] aufgenötigt. Da eine klassische Simultankirche im Sinne des Toleranzgedankens an dieser Stelle nicht zu verwirklichen war, wollte der König mit dem damit verbundenen Staatsakt zumindest formal – also mithilfe der klassizistischen, sonst eher bei evangelischen Kirchen (und Profangebäuden) realisierten Bauform – die dahinterstehende Idee gerettet wissen.[3] Dass die Katholik(inn)en mit diesem Zentralbau ihre liebe Mühe hatten und haben, zeigt die anhaltende Diskussion um dessen Innenraumgestaltung seit dem Wiederaufbau nach dem Zweiten Weltkrieg (1939–1945) bis heute.

Für die Wahrnehmung des beginnenden Miteinanders der beiden großen christlichen Kirchen in Deutschland war die Einführung der Gottesdiensthinweisschilder an Ortseingängen im Jahr 1960 auf Anregung der ökumenischen „action 365"[4] maßgeblich. 2008 wurde allen anerkannten Religionsgemeinschaften das Recht zur Aufstellung solcher Tafeln eingeräumt. Insofern die farbigen Kirchensymbole mit den jeweiligen Gottesdienstzeiten auf einem Schild angebracht sind, ist dies durchaus ein Zeichen ökumenischer Verständigung, allerdings unter Beibehaltung räumlicher Trennung.

In diesem Sammelband geht es freilich um mehr: um das Spektrum zwischen Simultankirchen und Kirchenzentren als „[g]ebaute Ökumene"[5]. Das markiert einen hohen Anspruch, assoziiert man mit einem Gebäude ja etwas durchaus Stabiles, Unerschütterliches. Gebaute Ökumene bedeutet nicht nur die geordnete oder aus der Not geborene temporäre Teilung von Kirchenräumen durch zwei Konfessionen, die ansonsten möglicherweise keinen Kontakt mit-

---

[2] C. Goetz, V. H. Elbern, Die St. Hedwigs-Kathedrale zu Berlin, hg. vom Metropolitankapitel bei St. Hedwig, Regensburg 2000, 25.

[3] Vgl. ebd., 26.

[4] Vgl. https://www.action365.de (Zugriff: 1.7.2021).

[5] S. Kopp, J. Werz (Hg.), Gebaute Ökumene. Botschaft und Auftrag für das 21. Jahrhundert? (ThIDia 24), Freiburg i. Br. 2018.

einander pflegen; vielmehr soll sich darin die erklärte Absicht zweier christlicher Gemeinden manifestieren, einen begonnenen Weg der Ökumene in Zukunft als gemeinsamen Weg fortzusetzen. Dies kann freilich, wie die verschiedenen Typen von ökumenischen Kirchenzentren zeigen, in unterschiedlichem Grad und auf unterschiedliche Weise geschehen.[6] Der Untertitel dieses Bandes – „Sakralbauten im Spannungsfeld christlicher Konfessionen“ – deutet darauf hin, dass das ökumenische Miteinander keineswegs konfliktfrei verläuft. Die architektonischen Rahmenbedingungen können noch so optimal sein; wenn die menschlichen Beziehungen nicht stimmig sind, wird es nicht zu einem Zueinander-Finden und zu einem organischen Miteinander kommen. Die 2015 erschienene Dissertation „Ökumenische Kirchenzentren: Bild der Einheit oder Spiegel der Trennung?“[7] von Marta Binaghi (* 1980), eine Architekturanalyse und theologisch-soziologische Reflexion, weist ebenfalls im Titel auf mögliche Ambivalenzen hin, die in der Untersuchung auch nachgewiesen werden. In der Phase der ökumenischen Euphorie nach dem Zweiten Vatikanischen Konzil (1962–1965) schien vielen die Einigung der Kirchen näher, als sie manchen heute erscheinen mag. Langwierige ökumenische Dialoge haben noch immer nicht zu den entscheidenden Durchbrüchen verholfen, und die Kontroversen entzünden sich meistens an denselben Punkten. Frustrationen aufseiten der engagierten Gemeindemitglieder beider Konfessionen sind unvermeidlich und führen zunehmend in Resignation und zur Abkehr vom kirchlichen Engagement. Dies ist besonders dann der Fall, wenn zunächst Erwartungshaltungen aufgebaut, aber in weiterer Folge nicht erfüllt werden. Im Umfeld der bisher drei ökumenischen Kirchentage in Berlin 2003, München 2010 und Frankfurt am Main 2021 mussten neben positiven Erfahrungen auch solche Verlusterfahrungen verbucht werden. So blieb beim Frankfurter Kirchentag zuletzt ein möglicher Eklat in Bezug auf die gemeinsame Teilnahme am Tisch des Herrn wohl vor allem deshalb

---

[6] Vgl. dazu etwa die Übersicht in: S. Kopp, *lex orandi – lex credendi – lex aedificandi*. Zu den liturgietheologischen Grundlagen gebauter Ökumene, in: ders., Werz (Hg.), Gebaute Ökumene (s. Anm. 5), 201–228, hier: 207–221.

[7] M. Binaghi, Ökumenische Kirchenzentren: Bild der Einheit oder Spiegel der Trennung? Architekturanalyse und theologisch-soziologische Reflexion (Bild – Raum – Feier 16), Regensburg 2015.

aus, weil das Ereignis aufgrund der Corona-Pandemie hauptsächlich digital stattfinden musste.[8]

Eine wichtige Grundlage der inhaltlichen Vertiefungen und weiterführenden Reflexionen im vorliegenden Band ist das 2018 erschienene Buch „Gebaute Ökumene. Botschaft und Auftrag für das 21. Jahrhundert?"[9]. Auch hier fällt das Fragezeichen im Untertitel auf, das andeutungsweise erkennen lässt: Allzu oft erweist sich bis heute das aus den Abschiedsreden Jesu überlieferte Wort „Alle sollen eins sein" (Joh 17,21) als bittere Ironie. Dies betrifft die Verhältnisse innerhalb der einzelnen Konfessionen, zunehmend aber auch das Verhältnis der Konfessionen zueinander. In gewisser Weise zeichnet sich unter dem Druck der sich verändernden gesamtgesellschaftlichen Rahmenbedingungen eine Rekonfessionalisierung ab, bei der alte, längst überwunden geglaubte Positionen wieder eingenommen und in pointierter Abgrenzung gegenüber der jeweils anderen Konfession begründet werden. Die rasant fortschreitende Entwicklung – etwa in Bereichen wie dem der Humanmedizin – und die sich daraus ergebenden Fragen der christlichen Ethik entzweien die evangelische und katholische Kirche in Deutschland in wesentlichen Punkten, über die man zuvor noch mit einer Stimme hatte sprechen können. Damit steht das gesamte Spektrum des bisher Erreichten innerhalb der westlichen Ökumene auf dem Prüfstand. Ist das als tragendes gemeinsames Fundament Festgestellte und in Dokumenten wachsender Übereinstimmung Kodifizierte stark genug, um die verbleibenden und möglicherweise noch kommenden Irritationen auszuhalten? Wie weit trägt die 2007 feierlich erklärte wechselseitige Anerkennung der Taufe als grundlegendes Sakrament der Einheit in Jesus Christus?[10] Es besteht der Verdacht, dass zumindest einzelne

---

[8] Vgl. https://www.oekt.de (Zugriff: 1.7.2021).

[9] Kopp, Werz (Hg.), Gebaute Ökumene (s. Anm. 5).

[10] Am 29. April 2007 kam es in der sog. Magdeburger Erklärung, der elf Kirchen zustimmten, erstmals in dieser Form zu einer wechselseitigen Anerkennung der Taufe. – Vgl. Evangelische Kirche in Deutschland (EKD), Wechselseitige Anerkennung der Taufe. 11 Kirchen in Deutschland unterzeichnen am 29. April in Magdeburg Erklärung, Pressemitteilung vom 23. April 2007, in: https://www.ekd.de/pm86_2007_wechselseitige_taufanerkennung.htm (Zugriff: 1.7.2021); dazu M. Stuflesser, „We glorify you, O God, for the water of baptism …". Ein Blick auf die ökumenische Feier des Taufgedächtnisses in evangelisch-katholischem Miteinander aus Anlass des Reformationsgedenkens 2017, in: S. Winter, A. Poschmann (Hg.), Litur-

Kräfte eine letzte Einigung nicht wollen, da diese immer auch mit einer Aufgabe oder Relativierung von Absolutheits- und Machtansprüchen verbunden ist. Dieser Eindruck entsteht bei der Analyse der Diskussion über das vom Ökumenischen Arbeitskreis evangelischer und katholischer Theologen (ÖAK) erarbeitete Dokument „Gemeinsam am Tisch des Herrn“[11], die weitgehend nicht in einer der Argumentation des Textes gerecht werdenden Weise geführt wurde. Überhaupt ist beim jetzigen Stand der Ökumene unter Würdigung des bisher Erreichten ein Weiterkommen ohne Ambiguitätstoleranz kaum denkbar.[12]

Nicht zuletzt deshalb stellt sich die Frage, welche Zeichen bi- oder multikonfessionell betriebene Kirchengebäude und Gemeindezentren in unserer Gesellschaft setzen. Wenn sie nicht inhaltlich mit einer positiven Botschaft gefüllt werden, können sie zur Leerstelle und damit zu einem negativen Symbol werden. Positiv gewendet geht es um die Frage: Gelingt es den Gemeinden vor Ort, trotz aller Differenzen und Divergenzen das den christlichen Konfessionen Gemeinsame nach außen so zu vermitteln, dass Angehörige anderer Religionen oder nicht religiös orientierte Menschen dies als eine Bereicherung für die Gesellschaft insgesamt erfahren?

Im Zuge der notwendigen Neuorientierung der Bistümer und Landeskirchen aufgrund der demografischen und religionssoziologischen Entwicklung steht die Frage nach den ökumenischen Kirchenzentren zudem in dem noch weiteren Horizont der Frage nach der Zukunft des Sakralraumes allgemein.[13] In dieser Perspektive sind

---

gie und Ökumene. Früchte des gemeinsamen christlichen Erbes, Trier 2019, 249–279, hier: 250f.

[11] D. Sattler, V. Leppin (Hg.), Gemeinsam am Tisch des Herrn. Ein Votum des Ökumenischen Arbeitskreises evangelischer und katholischer Theologen – Together at the Lord’s Table. A Statement of the Ecumenical Study Group of Protestant and Catholic Theologians (DiKi 17), Freiburg i. Br. – Göttingen 2020. – Vgl. dazu etwa A. Gerhards, „Gemeinsam am Tisch des Herrn“. Zu einer neuen Studie des Ökumenischen Arbeitskreises, in: LJ 69 (2019) 244–252.

[12] Vgl. dazu A. Gerhards, H. Schwier, Ambiguitätstoleranz. Liturgiewissenschaftliche Anmerkungen zur Frage der gegenseitigen Einladung zum Tisch des Herrn, in: V. Leppin, D. Sattler (Hg.), Gemeinsam am Tisch des Herrn. Ein Votum des Ökumenischen Arbeitskreises evangelischer und katholischer Theologen. Hintergründe – Rezeption – Perspektiven (DiKi 18), Freiburg i. Br. – Göttingen 2021 [im Druck].

[13] Vgl. dazu in dieser Reihe zuletzt: M. Gigl, Sakralbauten. Bedeutung und Funk-

die unterschiedlichen Räume konfessioneller, bikonfessioneller, multireligiöser und interreligiöser bzw. offen spiritueller Ausrichtung zu verorten. War bisher die Sakralbaulandschaft Europas weitgehend von den christlichen Kirchen geprägt, verändert sie sich in rasantem Tempo – nicht nur durch die zunehmend sichtbare Präsenz von Moscheen, sondern vor allem durch die beschleunigte Außerdienststellung von Kirchengebäuden und ihre Umwidmung oder ihren Abriss. Auch ist zu fragen, ob sich das Erleben von Sakralität längst in andere Bereiche verlagert hat, etwa in die der Kultur, des Sports, des Konsums oder auch des Internets. All dies hat Auswirkungen auf die verbleibenden und in ihrem Bestand zu unterhaltenden und zu entwickelnden christlichen Sakralgebäude. War schon in der Vergangenheit die Erhaltung von Gebäuden nur durch deren dauernde Veränderung gewährleistet, so sind die Transformationsprozesse unter den heutigen Bedingungen tiefgreifender denn je. Für die christlichen Kirchen bieten sich hier durchaus Chancen, ihrem Auftrag gerecht zu werden, mit einer Stimme zu sprechen und ein gemeinsames Zeugnis zu geben.

Vor dem Hintergrund solcher Überlegungen schreitet diese Publikation das Feld ab, auf dem sich in den vergangenen Jahrhunderten der (gemeinsamen) Christentumsgeschichte baulich eine Entwicklung von Simultankirchen zu ökumenischen Kirchenzentren vollzogen hat. Nach einigen allgemeinen interdisziplinären Fundierungen zum Zueinander der Konfessionen und ihrer Kirchenräume in Geschichte und Gegenwart wird dabei – in Ergänzung zu bisherigen Studien – das Hauptaugenmerk auf die reflektierte Praxis solcher Projekte gelegt, um schließlich nach einer gebauten Ökumene 2.0 zu fragen und damit differenziert Potenziale sowie Perspektiven neuer Formen der Kirchennutzung im 21. Jahrhundert wahrzunehmen, die heute neben dem Miteinander der christlichen Konfessionen teilweise auch interreligiöse Dimensionen berücksichtigen. Als besondere praktische Herausforderung in der Vorbereitung dieses Bandes hat sich aus unterschiedlichen Gründen an vielen Stellen erwiesen, auskunftsfähige und -bereite Vertreter(innen) aus der kirchlichen Praxis vor Ort zu finden und zu gewinnen, deren Erfahrungswissen für die theologische Reflexion in dieser Publikati-

---

tion in säkularer Gesellschaft (Kirche in Zeiten der Veränderung 3), Freiburg i. Br. 2020.

on fruchtbar gemacht werden kann – auch ein Zeichen für den (Still-)Stand der Ökumene, die dringend neue Impulse braucht. Diese Beobachtung zeigt schlicht auch die Tatsache, dass vieles an den konkret tätigen Menschen hängt, die für das oft mühsame christliche Miteinander vor Ort eintreten und so der – von Karl Rahner (1904–1984) gemeinsam mit Heinrich Fries (1911–1998) entwickelten – ökumenischen Zielvorstellung einer Kirche „als Einheit in Vielfalt, als konziliare Gemeinschaft, als Kirche der versöhnten Verschiedenheit“[14] im wahrsten Sinne des Wortes je neu Raum geben.

Unser Dank im Zusammenhang mit der Entstehung dieses Bandes gilt neben den Autor(inn)en der Beiträge besonders Frau Barbara Brunnert, der Koordinatorin des Paderborner Graduiertenkollegs „Kirche-Sein in Zeiten der Veränderung“, sowie Frau Laura Elisabeth Hennecke und Frau Cecille Franziska Müller, den studentischen Mitarbeiterinnen am Lehrstuhl für Liturgiewissenschaft an der Theologischen Fakultät Paderborn, für die überaus motivierte, verlässliche und umsichtige Mitwirkung an den inhaltlichen Recherchen und den redaktionellen Arbeiten. Der Bank für Kirche und Caritas eG, Paderborn, dem Verein Ausstellungshaus für christliche Kunst e. V., München, und dem Winfriedbund e. V., Paderborn, danken wir für die finanzielle Unterstützung sowie dem Verlag Herder, Freiburg im Breisgau, und Herrn Dr. Stephan Weber für die bewährt zuverlässige und unkomplizierte Begleitung der Drucklegung.

Bonn – Paderborn, 23. Juli 2021 *Die Herausgeber*

---

[14] H. Fries, K. Rahner, Einigung der Kirchen – reale Möglichkeit (QD 100), Freiburg i. Br. 1983, 123.

1. Gemeinsame Kirchennutzung in Geschichte und Gegenwart

Geteilte Heiligtümer
Ritenvielfalt an heiligen Stätten im Heiligen Land

Georg Röwekamp

Besonders im Heiligen Land hat die gemeinsame Nutzung von Heiligtümern durch verschiedene Konfessionen eine lange Tradition. Ja, sogar unterschiedliche Religionen teilten und teilen sich hier heilige Stätten.

1 Frühe Beispiele

Der Kirchenhistoriker Salamanes Hermeias Sozomenos (um 400–445) berichtet in der Mitte des fünften Jahrhunderts über das Abraham-Heiligtum von Mamre bei Hebron:

> „Dort begehen noch heute die einheimischen und die weiter entfernt wohnenden Palästiner, Phöniker und Araber alljährlich zur Sommerzeit ein prächtiges Fest; dabei kommen auch sehr viele des Handels wegen zusammen, um zu verkaufen und einzukaufen. Allen ist das Fest sehr wichtig, den Juden, weil sie sich Abrahams als ihres Stammvaters rühmen, den Hellenen wegen der Ankunft der Engel, den Christen, weil schon damals dem gottesfürchtigen Mann derselbe erschien, der viel später zur Erlösung des Menschengeschlechtes sich selbst durch die Jungfrau offenbar werden ließ. Je nach den Religionen ehren sie diesen Platz, die einen, indem sie zum Gott des Alls beten, die anderen mit Anrufung der Engel, mit Weinspenden und Opfern von Weihrauch oder einem Rind, einem Bock, einem Schaf oder einem Hahn."[1]

[1] S. H. Sozomenus, Historia ecclesiastica – Kirchengeschichte, Teilbd. 1, übersetzt und eingeleitet von G. C. Hansen (FC 73/1), Turnhout 2004, 213f. – Vgl. dazu auch ebd., 212–217; Eusebius von Caesarea, De vita Constantini – Über das Leben Konstantins, eingeleitet von B. Bleckmann, übersetzt und kommentiert von H. Schneider (FC 83), Turnhout 2007, 372–379.

In vorkonstantinischer Zeit bestand der Platz aus einer Art Freiluftheiligtum, das nur den Terebinthenhain, das angeblichen Haus des Abraham und den von ihm gebauten Brunnen umfasste. Auf Betreiben seiner Schwiegermutter Eutropia († um 325) ließ Kaiser Konstantin († 337) den dortigen Altar zerstören und die Kultstatuen verbrennen und errichtete eine Kirche innerhalb des heiligen Bezirkes.[2] Diese nahm jedoch nur das östliche Drittel des von Herodes (73–4 v. Chr.) und Kaiser Hadrian (117–138) angelegten Temenos ein – und die gefundenen Überreste des Freiluftaltars sowie der Bericht des Sozomenos' lassen vermuten, dass auch weiterhin Andersgläubige kamen und Opfer darbrachten.[3] Für Hebron selbst bezeugt der Pilger von Piacenza um 570, dass im dortigen Heiligtum mit den Patriarchengräbern eine Mauer mitten durch das Temenos lief und die beiden Bereiche von Juden und Christen durch zwei verschiedene Eingänge betreten wurden.[4]

Mit neuer Dringlichkeit stellte sich die Frage einer gemeinsamen Nutzung von Gebetsstätten nach der arabischen Eroberung Palästinas 637 und der Verbreitung des Islam. Dies galt insbesondere für die städtischen Hauptheiligtümer bzw. Stätten, die mit Personen und Ereignissen verbunden waren, die in verschiedenen Traditionen eine bedeutende Rolle spielen. In Jerusalem wurde deshalb in dem am Cardo, der Hauptstraße, gelegenen Vorhof der Anastasis, der Grabeskirche, ein nach Süden gerichteter Gebetsplatz eingerichtet. Später begründete man christlicherseits die Wahl dieses Platzes mit einer Entscheidung des Kalifen Omar (592–644) persönlich: Dieser

---

[2] Vgl. ebd. Die Überreste dieser Basilika wurden in den Jahren 1926 bis 1928 durch den Direktor des Jerusalemer Instituts der Görres-Gesellschaft (JIGG), Salvatorianerpater Evarist Mader (1881–1949), ausgegraben. – Vgl. E. Mader, Mambre. Die Ergebnisse der Ausgrabungen im heiligen Bezirk Râmet el-Ḫalîl in Südpalästina 1926–1928, 2 Bde., Freiburg i. Br. 1957.

[3] Vgl. dazu O. Keel, M. Küchler, Orte und Landschaften der Bibel. Ein Handbuch und Studien-Reiseführer zum Heiligen Land, Bd. 2: Der Süden, Göttingen 1982, 696–713; G. Kretschmar, Mambre: Von der „Basilika" zum „Martyrium", in: Mélanges liturgiques offerts au R. P. Dom Bernard Botte O.S.B. de l'Abbaye du Mont César à l'occasion du cinquantième anniversaire de son ordination sacerdotale (4 juin 1972), Louvain 1972, 273–293; A. Kofsky, Mamre. A Case of Regional Cult?, in: ders., G. G. Stroumsa (Hg.), Sharing the Sacred. Religious Contacts and Conflicts in the Holy Land. First-Fifteenth Centuries CE, Jerusalem 1998, 19–30.

[4] Vgl. *Anon. Plac.* 30 (CCL 175, 144).

habe nach der Eroberung der Stadt beim Besuch der Grabeskirche das Angebot, dort das Mittagsgebet zu verrichten, abgelehnt und stattdessen auf dem Vorhof an der Zugangstreppe gebetet. Zum Patriarchen habe er gesagt:

> „Wenn ich im Innern der Kirche gebetet hätte, würde sie eines Tages für euch verloren und abhanden gehen. Die Muslims würden sie nach mir nehmen und sagen: Hier hat Omar gebetet. Gib mir deshalb ein Blatt, und ich schreibe Dir darauf ein Sigillum. Und Omar schrieb ihm als Sigillum, dass keiner der Muslims auf der Treppe beten darf, es sei denn einzeln [...]."[5]

So berichtet um 935 Eutychios von Alexandria (877–940) in seinen Annalen. Vermutlich diente diese Überlieferung auch der Abwehr von Versuchen, die Kirche selbst in eine Moschee umzuwandeln – nachdem in den ersten zwei Jahrhunderten des Islam die Einrichtung von muslimischen Gebetsstätten in vorgeschalteten oder angrenzenden Räumen von Kirchen vielfach praktiziert worden war.[6] Tatsächlich bestand die Omar-Moschee auch nach der Zerstörung der christlichen Basilika im Jahr 1009 fort.[7]

Mindestens ebenso große Bedeutung wie die Grabeskirche hatten für die Muslime die Marienheiligtümer – als solches wurde u. a. die Geburtskirche in Betlehem angesehen. Diese war seit dem sechsten Jahrhundert durch eine Trikonchenanlage nach Osten abgeschlossen. Die Wände waren mit figürlichen Mosaiken ausgeschmückt, wobei das in der südlichen Nische vermutlich die Geburt Christi zeigte.[8] Auch hierhin wurde Eutychios von Alexandria zufolge der Kalif Omar geführt. Dieser habe auch da gebetet – und zwar eben in der nach Mekka gerichteten Südkonche – und daraufhin ein wei-

---

[5] Zit. nach: Textes géographiques arabes sur la Palestine, gesammelt, alphabetisch geordnet und ins Französische übersetzt von A. S. Marmadji, Paris 1951, 181 [Übersetzung Verf.].

[6] Vgl. dazu M. Guidetti, The Byzantine Heritage in Dār al-Islām. Churches and Mosques in al-Ruha Between the Sixth and Twelfth Centuries, in: Muqarnas 26 (2009) 1–36.

[7] Zu dieser Moschee insgesamt vgl. H. Busse, Die Umar-Moschee im östlichen Atrium der Grabeskirche, in: ZDPV 109 (1993) 73–82.

[8] Zum Mosaikprogramm vgl. B. Kühnel, G. Kühnel, Die Geburtskirche in Bethlehem. Die kreuzfahrerzeitliche Auskleidung einer frühchristlichen Basilika, Regensburg 2019.

teres Edikt verfasst, das dieses Recht einzelnen Muslimen auch für die Zukunft zugestand. Zu Eutychios' Zeit scheinen Muslime dort ebenfalls das Gemeinschaftsgebet verrichtet zu haben; ihm zufolge haben sie sogar die in der Nische angebrachten Mosaike entfernt und „stattdessen geschrieben, was sie wollten".[9]

Sehr bald kamen muslimische Gläubige übrigens nicht nur zum Gebet nach Bethlehem: Der Jerusalemer Geograf al-Muqaddasī (945–um 1000) preist Ende des zehnten Jahrhunderts die Schönheit der Kirche und berichtet, dass sie in der Geburtsgrotte Reste einer Palme verehrten, die – unter islamischem Einfluss? – auch im Pseudo-Matthäusevangelium erwähnt wird[10] und unter der – dem Koran zufolge – Maria Jesus geboren haben soll (vgl. Sure 19:22–26).

Da der Zugang zum eigentlichen Geburtsort für alle Gläubigen offenstand, konnte ein Priester namens Wilhelm Textoris (um 1420–1512) nach seiner Pilgerfahrt im Jahre 1478 berichten, dass die meisten Anwesenden bei seiner Messe in der Grotte Muslime gewesen seien. Kurz danach schrieb Felix Fabri (um 1438/39–1502) über die Stätte von Jesu Geburt:

> „Ich habe auch an keiner Stelle die Pilger andächtiger gesehen als an diesem Ort. Denn nicht nur uns Christenleute überkommt mitfühlende Andacht da, sondern auch die ungläubigen Heiden. Ich habe oft gesehen, dass die Heiden an der Stätte auf ihr Gesicht niederfielen und die Stätte mit Seufzen und Weinen küssten."[11]

Die Praxis des muslimischen Gebetes in der südlichen Konche bestand dabei bis in die Neuzeit; dann untersagte die türkische Obrigkeit in Gestalt des Istanbuler Großmufti unter dem Einfluss „islamistischer" Tendenzen das Betreten und damit das muslimische Gebet in der Kirche.[12]

---

[9] Vgl. Textes géographiques arabes sur la Palestine (s. Anm. 5), 4.

[10] Vgl. Evangelia infantiae apocrypha – Apokryphe Kindheitsevangelien. Griechisch, Lateinisch, Deutsch, übersetzt und eingeleitet von G. Schneider (FC 18), 236–241.

[11] Zit. nach der (nicht ganz vollständigen) Übertragung ins Neuhochdeutsche von: G. E. Sollbach, In Gottes Namen fahren wir … Die Pilgerfahrt des Felix Faber ins Heilige Land und zum St. Katharina-Grab auf dem Sinai A. D. 1483, Kettwig 1990, 113.

[12] Vgl. dazu O. Peri, Christianity Under Islam in Jerusalem. The Question of the

Ein dritter Bau ist ebenfalls zeitweise von Muslimen *und* Christen genutzt worden: Auf halber Strecke zwischen Jerusalem und Bethlehem wurden in den Jahren 1992 bis 2000 die Ruinen der sog. Kathisma-Kirche ausgegraben. Sie stand am traditionellen Rastplatz Mariens auf dem Weg nach Bethlehem. Von diesem Halt erzählt bereits das apokryphe Jakobusevangelium aus dem zweiten Jahrhundert. Der Bau selbst wurde im fünften Jahrhundert unter Patriarch Juvenal († 458) als oktogonale Kirche errichtet, wobei sich um den zentralen Raum mit dem Umgang mehrere Kapellen gruppierten (ähnlich wie in der justinianischen Marienkirche auf dem Garizim). Wohl in der ersten Hälfte des achten Jahrhunderts wurden in die Südwand des Gangs eine Gebetsnische eingebaut und einer der danebenliegenden Räume mit einem neuen Fußbodenmosaik ausgekleidet, das bildfüllend eine Palme zeigte – eben jenes in der islamischen Tradition mit der Geburt Jesu verbundene Symbol. Andererseits wurde noch im neunten Jahrhundert in einer der Kapellen eine mit einem Kreuz versehene Inschrift angebracht, sodass man davon ausgehen kann, dass der Bau in dieser Zeit von beiden Glaubensgemeinschaften genutzt wurde. Anfang des zwölften Jahrhunderts berichtet der russische Abt Daniel, dass die Kirche in Ruinen lag. Tatsächlich war ihre Lage danach lange Zeit unbekannt; sie wurde erst im Rahmen der Ausgrabungen wiederentdeckt.[13]

Nach der Eroberung des Heiligen Landes durch die Kreuzfahrer 1099 wurden einige bedeutende Heiligtümer in Kirchen umgewandelt. In Hebron entstand z. B. über den von Juden und Muslimen verehrten Patriarchengräbern jener Bau, in dem heute von ihnen die Kenotaphe der gemeinsamen Stammväter und -mütter verehrt werden. In Jerusalem wurde der sog. Felsendom zur Kirche *Tem-*

Holy Sites in Early Ottoman Times (The Ottoman Empire and Its Heritage 23), Leiden 2001, 73. Zur Geschichte der Geburtskirche insgesamt vgl. auch die hervorragende Darstellung von: M. Bacci, The Mystic Cave. A History of the Nativity Church in Bethlehem, Rom 2017.

[13] Zum Ganzen vgl. auch U. Verstegen, Geteiltes Gedenken. Parallelnutzungen von Sakralorten durch Christen und Muslime in Jerusalem und Bethlehem, in: G. U. Großmann, P. Krutisch (Hg.), The Challenge of the Object. 33rd Congress of the International Committee of the History of Art, Nuremberg, 15th–20th July 2012 – Die Herausforderung des Objekts, Bd. 3: Congress Proceedings (Wissenschaftliche Beibände zum Anzeiger des Germanischen Nationalmuseums 32), Nürnberg 2013, 1136–1140.

plum Domini. Im Gegenzug blieben aber auch einzelne Bereiche von Kirchen für das Gebet von Muslimen reserviert – so beispielsweise in der Kathedrale von Akkon, die zuvor eine Moschee gewesen war und in der am Schrein des Propheten Salih nun ein Platz für das muslimische Gebet zur Verfügung stand.

Andere Heiligtümer wurden weiterhin von Gläubigen beider Religionen besucht – darunter etwa der bedeutende Marienwallfahrtsort Saidnaya im südlichen Syrien.[14] Und selbst auf dem Tempelplatz im Bereich der al-Aqsa-Moschee, die nun als *Templum Salomonis* galt und das Hauptquartier der Tempelritter darstellte, konnten Muslime in deren Kapelle beten. Der arabische Schriftsteller Usama ibn Munqidh (1095–1188) berichtet um 1183:

> „Immer wenn ich Jerusalem besuchte, ging ich in die al-Aqsa-Moschee, an deren Seite sich ein kleiner Betraum befindet, den die Franken zu einer Kirche gemacht haben. Sobald ich die al-Aqsa-Moschee betrat, in der sich die Templer befanden, mit denen ich befreundet war, räumten sie für mich diesen kleinen Betraum, damit ich darin meine Gebete verrichten konnte. Als ich eines Tages wieder dort eintrat, ‚Allahu akbar' sprach und mich zum Gebet hinstellte, stürzte ein Franke auf mich zu, packte mich, drehte mir mein Gesicht nach Osten und rief: ‚So wird gebetet!' Eilends liefen ein paar Templer zu ihm, packten ihn und brachten ihn von mir weg. Ich nahm wieder mein Gebet auf. Der Franke jedoch nutzte einen Augenblick, als die Templer nicht achtgaben, stürzte sich abermals auf mich, drehte mir das Gesicht nach Osten und rief: ‚So wird gebetet!' Da kamen erneut die Templer herein und schafften ihn hinaus. Sie entschuldigten sich bei mir und sagten: ‚Das ist ein Fremder, der erst in diesen Tagen aus dem Land der Franken gekommen ist und noch niemanden in eine andere Richtung als nach Osten hat beten sehen.' – ‚Ich habe genug gebetet', erwiderte ich und ging hinaus, verwundert darüber, wie sich das Gesicht dieses Teufels verfärbt hatte, wie er

---

[14] Vgl. dazu B. Z. Kedar, Convergences of Oriental Christian, Muslim, and Frankish Worshippers. The Case of Saydnaya, in: Y. Hen (Hg.), De Sion exibit lex et verbum Domini de Hierusalem. Essays on Medieval Law, Liturgy and Literature in Honour of Amnon Linder (Cultural Encounters in Late Antiquity and the Middle Ages 1), Turnhout 2001, 59–69.

zitterte und sich benahm beim Anblick eines Menschen, der sein Gebet in der Richtung nach Mekka verrichtet.“[15]

Der „Fundamentalismus“ der Neuankömmlinge unterschied sich also von der toleranteren Haltung der im Lande Lebenden.

Wie die kirchengeschichtliche Forschung deutlich gemacht hat, war die Zeit der Kreuzzüge auch entscheidend für das allgemeine Bewusstsein der Kirchenspaltung zwischen Ost und West, d. h. für die Verfestigung der Konfessionsgrenzen. Die Einheit war im Orient entlang der Sprachgrenzen zerbrochen – und dies wirkte sich auch auf die Nutzung der gemeinsamen Heiligtümer aus. Schon Ende des vierten Jahrhunderts berichtete die westliche Pilgerin Egeria von einheimischen Christen, vermutlich vom Land, die bei den Katechesen des Jerusalemer Bischofs in der Grabeskirche einen Dolmetscher brauchten, weil sie *siriste*, d. h. Syrisch-Aramäisch, sprachen und das Griechisch des Predigers nicht verstanden.[16] Später, in der Hochzeit der konfessionellen Auseinandersetzungen, gab es dann sogar Fälle, in denen den Angehörigen nichtorthodoxer Kirchen der Zugang zu heiligen Stätten erschwert oder verwehrt wurde, doch setzte sich das Bewusstsein, dass z. B. die Grabeskirche ein gemeinsames Heiligtum aller Christen ist, immer wieder durch.[17]

2 Die Grabeskirche: der lange Weg zum Status quo

Es waren dann vor allem die kirchenpolitischen Entscheidungen der Kreuzfahrer, die für die gesamte Folgezeit bis heute das Mit-, Neben- und Gegeneinander der Konfessionen in den christlichen Kirchen des Heiligen Landes bestimmten. Nach der Eroberung Jerusalems setzten sie sofort einen lateinischen Patriarchen und 20 Augustiner-Chorherren an der Grabeskirche ein. Außerdem verloren die nicht-

---

[15] Zit. nach: Die Kreuzzüge aus arabischer Sicht, aus den arabischen Quellen ausgewählt und übersetzt von F. Gabrieli (dtv 4172), München 1975, 122f.

[16] Vgl. Egeria, Itinerarium – Reisebericht, übersetzt und eingeleitet von G. Röwekamp (FC 20), Freiburg i. Br. 1995, 247f.

[17] Vgl. dazu L. Perrone, Christian Holy Places and Pilgrimage in an Age of Dogmatic Conflicts. Popular Religion and Confessional Affiliation in Byzantine Palestine (Fifth to Seventh centuries), in: POC 48 (1998) 5–37, bes. 36f.

chalzedonensischen, altorientalischen Kirchen alle Privilegien und wurden – anders als in anderen Kreuzfahrerstaaten – dem lateinischen Patriarchen unterstellt.[18] Allerdings sollten die örtlichen liturgischen Traditionen fortgeführt werden, darunter die Zeremonie des heiligen Feuers in der Osternacht. Da deren Ablauf den neuen Herren unbekannt war, blieb das Feuer Ostern 1101 zum Entsetzen aller aus; ab dem folgenden Jahr wurden griechische Kleriker zumindest für diese Feier wieder zugelassen. Um 1163 erhielt ihre Gemeinschaft zudem die Erlaubnis, in der Grabeskirche tätig zu werden. Hintergrund dieses Zugeständnisses war das Bündnis der Kreuzfahrer mit dem byzantinischen Kaiser Manuel (1143–1180). Zur selben Zeit entstand auch das „ökumenische“ Bildprogramm“ der Geburtskirche in Betlehem: Auf den Säulen der Basilika wurden sowohl „typisch orientalische“ Heilige wie Onouphrios oder Makarios der Ägypter (um 300–390) als auch westliche wie Knut von Dänemark (um 1040–1086) oder Olav von Schweden (995–1030) dargestellt, sodass die Kirche den Christen verschiedenster Tradition Anknüpfungspunkte und Heimat bot.[19]

In Jerusalem wurde nach der (Rück-)Eroberung durch Sultan Saladin (1137/38–1193) die Grabeskirche den einheimischen Christen zurückgegeben, wobei die neuen Machthaber die konfessionellen Gruppen teilweise unterschiedlich behandelten und ihnen jeweils besondere Rechte zugestanden. Das galt zur Machtzeit der Mamluken ab Mitte des 13. Jahrhunderts vor allem für die Christen aus ihrem Machtbereich: Die einheimischen Syrer, die bereits gegen Ende der Kreuzfahrerherrschaft die Jakobuskapelle links vom Haupteingang nutzen konnten und nach der Rückeroberung durch Saladin die Schäden an der Kirche reparierten, kamen in den Besitz der sog. Nikodemuskapelle, die ihnen bis heute zur Verfügung steht.[20] Den Kopten gab der Sultan das Erzengel-Kloster mit den beiden Kapellen rechts vom Eingang der Grabeskirche zurück sowie den Kreuzgang

---

[18] Vgl. dazu und zum Folgenden F. Heyer, Kirchengeschichte des Heiligen Landes (UTb 357), Stuttgart 1984, 110–134, bes. 123.

[19] Vgl. G. Kühnel, The Twelfth-Century Decoration of the Church of the Nativity: Eastern and Western Concord, in: Y. Tsafrir (Hg.), Ancient Churches Revealed, Jerusalem 1993, 197–203, bes. 201–203; G. Röwekamp, Die Geburtskirche in Bethlehem (Kleine Kunstführer), Lindenberg im Allgäu 2020, 30–33.

[20] Vgl. dazu A. Palmer, The History of the Syrian Orthodox in Jerusalem, in: OrChr 75 (1991) 16–43, bes. 34f.

der Chorherren auf dem Dach, d. h. den Ort, an dem seit dem 19. Jahrhundert äthiopische Mönche leben und der seit damals „Deir Es-Sultan" („Kloster des Sultans") genannt wird. (Der Streit zwischen Kopten und Äthiopiern um diesen Bereich dauert bis heute an.)

Die Bevorzugung der nichtchalzedonischen Kirchen diente dem Zweck, den griechisch-byzantinischen Einfluss in der Region zurückzudrängen. Zur Herrschaftszeit der Mamluken wurden besondere Rechte auch den Georgiern zugesprochen, stammten diese doch wie viele jener aus dem Kaukasus. 1308 erlangten sie mit Unterstützung des byzantinischen Kaisers die Hoheit über den Golgatha-Felsen und besaßen zeitweise den Schlüssel zum Christusgrab.[21]

Den „Lateinern" wurde die sog. Erscheinungskapelle nordöstlich vom Grab überlassen, als sich in der ersten Hälfte des 14. Jahrhunderts die Franziskaner als Kustoden bzw. Wächter der (katholischen) heiligen Stätten wieder im Land niederlassen durften. Dabei war die Kirche als Ganze meist geschlossen und nur einzelne Vertreter der verschiedenen Glaubensgemeinschaften, die durch neue Öffnungen in den Türen mit Lebensmitteln versorgt wurden, hielten sich den Zeugnissen zufolge dauernd dort auf. Nur für die Osterfeierlichkeiten und für Pilger, die sich vielfach auch über Nacht darin einschließen ließen, wurde die Kirche geöffnet. Während dieser Zeit konnten dann zahlreiche Gottesdienste der verschiedenen Gruppen stattfinden – gegen ein zusätzliches Trinkgeld für den franziskanischen Guardian war es übrigens sogar möglich, auch als protestantischer Pilger die Kommunion unter beiderlei Gestalt zu empfangen![22]

Als Ende des 15. Jahrhunderts die Georgier die fälligen Steuern nicht mehr bezahlen konnten, kamen die Lateiner bzw. Franziskaner in den Besitz des südlichen Teils des Kalvarienbergs.[23] Tatsächlich

---

[21] Zum Ganzen vgl. Heyer, Kirchengeschichte des Heiligen Landes (s. Anm. 18), 135–147, bes. 143f.

[22] Vgl. dazu J. Krüger, Die Grabeskirche zu Jerusalem. Geschichte, Gestalt, Bedeutung, Regensburg 2000, 172–175.

[23] Dieser Teil hatte zu Beginn der Kreuzfahrerzeit als Kapelle der Kreuzabnahme gegolten, und man besuchte ihn nach dem Kreuzigungsort im nördlichen Teil. Später betrat man Golgatha durch die Frankenkapelle und die auf den Vorplatz führende Treppe. Nach dem Vermauern der östlichen Tür des kreuzfahrerzeitlichen Portals und Einbau der inneren Treppe wurde dieser Bereich endgültig zur Kreuzannagelungskapelle (vgl. ebd., 140f.).

verloren aus diesem Grund Georgier und Äthiopier alle Rechte in der Kirche.

Das Verhältnis besonders zwischen Griechen und Lateinern war nun so belastet, dass die gemeinsame Nutzung von Altären als problematisch erschien – obwohl sie an einigen Stellen weiter praktiziert wurde bzw. praktiziert werden musste. Der Mainzer Domherr Bernhard von Breidenbach (um 1440–1497), dessen Schilderung[24] in der Folge auch häufig als „Reiseführer" für andere Pilger diente, berichtete 1483 über die Griechen in Jerusalem:

> „Auch tun sie unserem Sakrament keine Ehre. Wenn einer von unseren Priestern an ihrem Altar eine Messe liest, so waschen sie den Altar nachher ab, als wäre er unrein geworden. […] Die Griechen sind in großer Zahl in Jerusalem und hassen uns lateinische Christen viel mehr als die anderen Nationen. Sie haben in dem Tempel des heiligen Grabes den großen Chor, die *ecclesia golgathena* genannt, in Gebrauch."[25]

Die Praxis von getrennten Räumen für die verschiedenen Gruppen führte auch in Bethlehem dazu, dass die einzelnen Gemeinschaften in der Geburtskirche eigene Altäre beanspruchten.[26] In der Krypta wurde die Krippengrotte den Lateinern zugesprochen, während der Altar über dem Geburtsort nur von den Griechen und Armeniern benutzt werden darf.

In der Zeit der osmanischen Herrschaft ab 1517 wurde dann in Jerusalem die griechisch-orthodoxe Kirche bevorzugt, was vor dem Hintergrund der zunehmenden Hellenisierung des Patriarchats auch bedeutete, dass Griechen im nationalen Sinne eine immer

---

[24] Zur Mitautorschaft des Dominikaners Martinus Roth (gerade bezüglich der konfessionskundlichen Teile) vgl. A. Müller, Pilgerberichte des 15. und 16. Jahrhunderts als konfessionskundliche Quellen, in: OS 42 (1993) 303–323, bes. 309 mit Anm. 22 und 23.

[25] Zit. nach der (nicht ganz vollständigen) Übertragung ins Neuhochdeutsche in: B. von Breydenbach, Die Reise ins Heilige Land. Ein Reisebericht aus dem Jahre 1483, übersetzt von E. Geck, Wiesbaden 1977, 27 [Hervorhebung Verf.].

[26] Während es in der mamlukischen Zeit auch Altäre der Georgier, Syrer, Kopten und Äthiopier gab, finden sich heute im nördlichen Querschiff noch die armenischen Altäre der drei Weisen und der Maria sowie im südlichen Querschiff der griechische Altar der Beschneidung. – Vgl. dazu Röwekamp, Die Geburtskirche in Bethlehem (s. Anm. 19), 18.30.45–50.

Abb. 1: Die Geburtsgrotte (links) und die Krippengrotte (rechts) in der Geburtskirche in Bethlehem.
© *Georg Röwekamp*

wichtigere Rolle spielten.[27] Im Zuge dieser Politik kam z. B. der nördliche Teil der Golgatha-Kapelle, d. h. der Ort, an dem das Kreuz gestanden hatte, im Jahr 1640 in griechische Hände. Allerdings konnten die Verhältnisse – je nach den Zeitumständen und den Beziehungen, die die katholischen Mächte (vor allem Venedig und zunehmend Frankreich) zum Sultan in Konstantinopel unterhielten, und je nachdem, wer welche Geldsummen bezahlte – auch wieder wechseln. In den sieben Jahren von 1630 bis 1637 ging unter Sultan Murad IV. (1623–1640) der Besitz an einzelnen Heiligtümern sechs Mal von einer Hand in die andere. Im Schatten der Auseinandersetzung zwischen den großen rivalisierenden Kirchen konnten dabei auch die kleineren einzelne „Gewinne" verbuchen: So kamen die Kopten in den Besitz der Rückseite des Heiligen Grabes, als die vor Ort lebenden Franziskaner 1537 bis 1540 wegen eines Streits zwischen den Türken und Venezianern zeitweise eingekerkert waren.

Zunehmende Bedeutung bekam die Anzahl der Leuchter, die die verschiedenen Konfessionen an gemeinsam verehrten Orten aufhän-

[27] Zum Ganzen vgl. Heyer, Kirchengeschichte des Heiligen Landes (s. Anm. 18), 147–176, bes. 148f.

Abb. 2: Das Heilige Grab mit Leuchtern der verschiedenen Konfessionen.
© *Georg Röwekamp*

gen durften – in Bethlehem in der Geburtsgrotte sowie am Salbungsstein oder am und im Grab in Jerusalem. Noch heute signalisieren die Lichter – fast wie eine Ampel –, wer dort gerade die Aufsicht hat bzw. dort Liturgie feiert, je nachdem, welche Lampen auf den sechs großen und sechs kleinen Leuchtern vor der Grabkapelle gerade brennen, wobei elektrische Glühbirnen längst die Kerzen abgelöst haben.

Nachdem es auch in den Jahrzehnten nach 1690 zahlreiche Besitzwechsel gegeben hatte, legte ein Ferman des Sultans im Jahr 1757 die Aufteilung der Grabeskirche in gemeinsam genutzte Bereiche und partikulares „Eigentum" fest; diese ist bis heute weitgehend unverändert, denn selbst die Neugestaltung der Kirche – besonders auch der Grabkapelle – durch die Griechen nach dem Brand 1808 änderte daran im Wesentlichen nichts. Allerdings wurden einzelne Bereiche, vornehmlich das Hauptschiff, durch die damals errichteten hohen Wände deutlicher vom Besitz anderer Glaubensgemeinschaften abgegrenzt.

Im 19. Jahrhundert etablierten sich dann neue „Mitspieler" im konfessionellen Miteinander in Jerusalem – u. a. die Protestanten in Gestalt des preußisch-anglikanischen Bistums und das lateinische Patriarchat, auf das einzelne Rechte der Franziskaner übergingen, was das ohnehin schon belastetete Verhältnis zur franziskanischen Kustodie nicht weniger problematisch machte. Als die Griechen 1847 den silbernen Stern auf dem Boden der Geburtsgrotte entfernten, der die lateinischen Rechte an diesem Ort manifestierte, sorgte dies für einen neuen Höhepunkt des Streits um die jeweiligen Ansprüche an den heiligen Stätten in Bethlehem und Jerusalem. Daraufhin schrieb ein neuer Ferman der Hohen Pforte vom 8. Februar 1852 den *Status quo nunc* fest. Tatsächlich handelte es sich lediglich um eine Beschreibung der Gebräuche und Besitzansprüche, wie sie sich historisch herausgebildet hatten und nun quasi „eingefroren" wurden.[28] Der große Fortschritt gegenüber den bisherigen Regelungen war aber, dass dieser Status quo nicht nur die räumliche Aufteilung wiedergab, sondern auch zeitlich festlegte, wer wann was wo tut bzw. tun darf. Diese Beschreibung wurde zwar nie ausdrücklich kodifiziert, aber von den jeweiligen Herrschern (Briten, Jordaniern, Israelis) immer wieder bestätigt und als Grundlage der Verhältnisse in den Kirchen anerkannt. Zuvor hatten der Friedensvertrag von Paris nach dem Krimkrieg (1853–1856), der z. T. wegen einer erstrebten Revision der Regelungen im Ferman von 1757 ausgebrochen war, dann der

---

[28] In diesem Zusammenhang fertigte Conrad Schick (1822–1901) Pläne und ein Holzmodell an, um die Situation zu verdeutlichen. – Vgl. dazu Krüger, Die Grabeskirche zu Jerusalem (s. Anm. 22), 163f. Das Modell befindet sich heute im Museum der Christ Church, ist farbig gefasst und lässt sich zur besseren Übersicht auseinandernehmen.

Vertrag von Berlin 1878, in dem erstmals der Ausdruck „Status quo" vorkam, diese Festlegungen international anerkannt. Die Briten beauftragten schließlich in der Mandatszeit den Zivilbeamten Lionel George Archer Cust (1896–1962), die Bestimmungen zusammenzufassen – sein Werk ist bis heute maßgeblich geblieben.[29]

Diese Regelungen berücksichtigen zwar neben den Rechten der „drei Großen" – Griechen, Lateiner, Armenier – auch die der kleineren nichtchalzedonischen Kirchen, nicht aber die mit Rom unierten Ostkirchen (deren Vertreter an keinem der Altäre zelebrieren dürfen und in der Vergangenheit auch schon mit Gewalt daran gehindert wurden) und die der Evangelischen (die sich aber auch nicht um solche Rechte beworben hatten). Nach dem Zerbrechen des preußisch-anglikanischen Bistums „begnügten" sich die deutschen Protestanten mit der Errichtung der Erlöserkirche in der Nähe der Grabeskirche. Sie legten aber Wert darauf, dass der Nachweis, dass die Letztgenannte am authentischen Ort von Kreuzigung und Auferstehung Jesu liegt, durch die Auffindung der vermeintlichen „zweiten Mauer" Jerusalems unter der Kirche erbracht wurde.[30] Die Anglikaner dagegen präferieren seitdem das „alternative" Ensemble von Golgatha und Gartengrab nördlich der heutigen Altstadtmauer.[31]

Dabei ist die Schaffung alternativer Erinnerungs- und Verehrungsstätten ein Phänomen, das schon vorher zu beobachten war – gerade in Fällen, in denen Konfessionen der Zugang zum „Original" nicht möglich war oder ist. So gibt es heute in der Grabeskirche drei Orte, an denen angebliche Stücke der Geißelungssäule verehrt werden (nachdem diese im vierten Jahrhundert der Pilgerin

---

[29] Vgl. L. G. A. Cust, The Status Quo in the Holy Places, Jerusalem 1929; außerdem A. Rock, The Status Quo in the Holy Places. A General Survey of the Status Quo, With Detailed Accounts of the Cenacle and Dome of the Holy Sepulcher (Holy Land Publications), Jerusalem 1989; Heyer, Kirchengeschichte des Heiligen Landes (s. Anm. 18), 193f.

[30] Vgl. dazu J. Krüger, Die Erlöserkirche – eine protestantische Gedächtniskirche?, in: K.-H. Ronecker, J. Nieper, T. Neubert-Preine (Hg.), Dem Erlöser der Welt zur Ehre. Festschrift zum hundertjährigen Jubiläum der Einweihung der Evangelischen Erlöserkirche in Jerusalem, Leipzig 1998, 163–182, hier: 179f.

[31] Auch im Judentum müssen verschiedene „Konfessionen" bisweilen kreative Lösungen für getrennt-gemeinsames Beten finden: In Hammat Tiberias, wo das Grab Rabbi Meirs des Wundertäters (2. Jahrhundert) verehrt wird, stehen eine sephardische und eine aschkenasische Synagoge „Wand an Wand". Das Kenotaph des Rabbi wurde auf der Grenze errichtet und ragt in beide Gebäude hinein.

Egeria am Zion gezeigt wurde[32]): in der griechisch-orthodoxen Kapelle im Chorumgang, in der lateinischen Erscheinungskapelle und im Bereich des „armenischen Golgatha". Dieser befindet sich auf der Empore westlich gegenüber dem „echten" Golgatha-Felsen und wird seit einem Konflikt zwischen Georgiern und Armeniern in den 1430er-Jahren als alternative Gedenkstätte genutzt. Auf diese Tradition weist das monumentale Kreuzigungsmosaik hin, das am Ort der „drei Marien" am Treppenaufgang angebracht wurde. Sein Stil ist dabei typisch armenisch. Nachdem nämlich die einheitlich griechische Aufmachung der Kirche von Anfang des 19. Jahrhunderts beim Erdbeben von 1927 zerstört wurde, konnten die einzelnen Religionsgruppen ihre Bereiche im jeweiligen „Nationalstil" gestalten.

Der Status quo mit seinen sehr detaillierten Regelungen gilt vielfach als Beleg für das schlechte Verhältnis der Konfessionen untereinander, die die von einer fremden Macht festgelegten Bestimmungen offenbar brauchen, um nicht in ständigem Streit zu leben. Gern wird deshalb auch auf die immer wieder erneuerte, obwohl seit Langem ungenutzte Leiter auf der Brüstung über dem Eingangsportal verwiesen, die zur Zeit des Erlasses 1852 noch praktische Bedeutung hatte. Tatsächlich ist der Kompromiss, der im Status quo festgeschrieben wurde, in einer Region, die sonst nicht sehr kompromissfreudig ist, eine Vereinbarung, der im Vergleich zu vielen anderen Verträgen dort bisher eine erstaunliche Lebensdauer beschieden war und ist. Trotz immer wieder auftretender Spannungen hat sie das Zusammenleben von sprachlich und kulturell unterschiedlichen Gruppen an einem Ort immerhin ermöglicht, ohne dass es erneut zum Ausschluss von Gemeinschaften gekommen ist. Das wird zunehmend auch von nichtchristlichen Akteuren, gerade im Hinblick auf ähnliche Probleme beispielsweise am Tempelberg bzw. al-Haram asch-Scharif, anerkannt.[33]

Sachlich ist das Problem des gemeinsam genutzten heiligen Raumes in der Grabeskirche somit dahingehend gelöst, dass sich abgegrenzte, konfessionell bzw. individuell ausgestaltete Bereiche bzw. Kapellen um ein gemeinsam bzw. wechselweise genutztes Zentrum (die Kapelle des leeren Grabes) gruppieren. Das entspricht auf inte-

---

[32] Vgl. Egeria, Itinerarium – Reisebericht (s. Anm. 16), 248f.

[33] Vgl. I. Finkelman u. a. (Hg.), In Statu Quo. Structures of Negotiation, Berlin 2018.

ressante Weise dem Modell, das C. S. Lewis (1898–1963) in seinem Werk „Mere Christianity“ für die christliche Ökumene als Ganze entworfen hat und mithilfe folgender Metapher beschreibt: Um das Foyer eines Hauses – es steht für die gemeinsamen Grundwahrheiten – liegen die eigentlichen Wohnräume; gemeint sind damit die jeweiligen konfessionellen Formen, die den Glauben lebbar und „bewohnbar“ machen.[34]

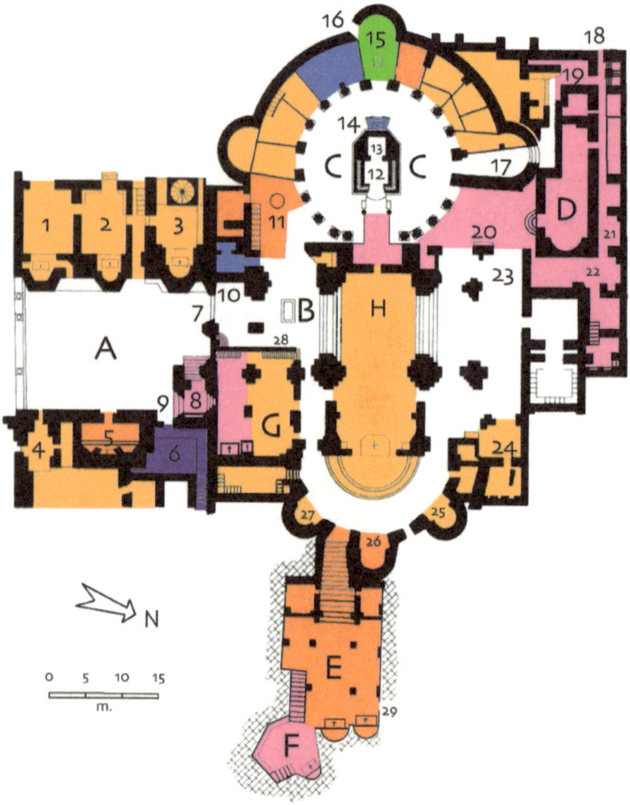

Abb. 3: Grundriss der Grabeskirche mit den (farblich gekennzeichneten) Bereichen der einzelnen Konfessionen.
© *Eugenio Alliata OFM, Studium Biblicum Franciscanum, Jerusalem*

[34] Vgl. C. S. Lewis, Pardon, ich bin Christ. Meine Argumente für den Glauben, Basel ^{5}2018, 17–20. Den Hinweis auf das Konzept von Lewis verdanke ich Maximilian Mages.

A Vorhof B Salbungsstein C Rotunde/Anastasis D Erscheinungs-/Sakramentskapelle E Helenakapelle F Kreuzauffindungskrypta G Golgatha/Kalvarienberg (10.–13. Kreuzwegstation) H Katholikon ocker: griechisch-orthodox rosa: römisch-katholisch (Franziskaner) orange: armenisch blau: koptisch grün: syrisch violett: äthiopisch	1 Jakobuskapelle 2 Kapelle Johannes' des Täufers 3 Kapelle der 40 Märtyrer und Glockenturm 4 Abrahamskloster 5 Kapelle des Evangelisten Johannes 6 Michaelskapelle 7 Eingang 8 Frankenkapelle (Obergeschoss) 9 Kapelle der hl. Maria von Ägypten 10 „Diwan" (Bereich der muslimischen Türhüter) 11 Ort der „drei Marien" 12 Engelskapelle (Vorraum des Grabes Jesu) 13 Das leere Grab Jesu (14. Kreuzwegstation) 14 Koptische Kapelle 15 Syrische Kapelle 16 Antike Grabanlage 17 Orgelempore 18 Kreuzfahrerkapelle 19 Zisterne 20 Magdalenenaltar 21 Eingang zum Franziskanerkonvent 22 Sakristei der Franziskaner 23 „Bögen der Jungfrau Maria" 24 Gefängnis Christi 25 Longinuskapelle 26 Kapelle der Kleiderberaubung 27 Kapelle der Verspottung Jesu 28 Adamskapelle (unter Golgatha) 29 Fundamente der konstantinischen Basilika

Als wichtiger, von allen Konfessionen verehrter und „genutzter" Ort hat sich übrigens in den letzten Jahrhunderten der sog. Salbungsstein herausgebildet. Er liegt im Eingangsbereich der Grabeskirche bzw. zwischen Golgatha und Heiligem Grab; auf ihm wurde der Überlieferung zufolge Jesus für das Begräbnis vorbereitet. Erster Zeuge für dessen Verehrung ist Niccolò da Poggibonsi im Jahr 1346, d. h. in einer Zeit, als die Franziskaner noch keinen Anteil am Golgatha-Felsen hatten. Damals war der Stein lateinisches „Eigentum", bevor dann auch andere Konfessionen ihn zumindest in Form von darüber aufgehängten Lampen in ihre „Erinnerungslandschaft" integrierten. Und bereits 1588, als Großherzog Ferdinand von Medici (1587–1609) Schranken mit kunstvoll gestalteten Reliefplatten, auf denen Szenen der Passion dargestellt sind, für

Abb. 4: Eingang der Grabeskirche mit Blick auf den Salbungsstein.
© *Georg Röwekamp*

den Stein stiftete, lehnten die Griechen deren Anbringung ab. Dahinter standen allerdings nicht nur konfessionelle Rivalitäten, sondern auch unterschiedliche Frömmigkeitsformen: Während die katholische Einfassung des Steins sicherstellen sollte, dass man ihn sehen, aber nicht anfassen kann, was der gegenreformatorischen Frömmigkeit entsprach, fürchteten die orientalisch geprägten

Abb. 5: Der Salbungsstein in Nahaufnahme.
© *Georg Röwekamp*

Christen schädliche Folgen für Stadt und Reich, wenn der Stein nicht berührbar blieb![35]

[35] Vgl. dazu Krüger, Die Grabeskirche zu Jerusalem (s. Anm. 22), 200f. Die Reliefplatten wurden dann 1856 am lateinischen Golgatha-Altar in der Kreuzannagelungskapelle angebracht.

Heute ist dieser Stein, der nach 1808 neu gestaltet wurde, ein im wahrsten Sinne des Wortes „niederschwelliges“ Angebot, das nicht zuletzt deshalb, weil es immer zugänglich ist, für sehr viele Menschen, die die Grabeskirche besuchen, eine zentrale Bedeutung hat. Dies gilt besonders, nachdem die Zahl von Pilgernden, die eine Frömmigkeit pflegen, in der leibliche Vollzüge wie Knien, Berühren, Küssen eine wesentliche Rolle spielen, in den letzten Jahren deutlich zugenommen hat.

3 Geteilte Heiligtümer heute

Während der Salbungsstein nur ein kleines „ökumenisches Teilheiligtum“ der verschiedenen christlichen Konfessionen ist, gibt es weiterhin Orte, die für alle drei oder zumindest zwei der abrahamitischen Religionen wichtig sind und von deren Gläubigen verehrt werden. Bezüglich des muslimischen Gebets im Vorhof der Grabeskirche wurde schon nach der Rückeroberung der Stadt durch Saladin eine neue Lösung gefunden: Eine nach dem Kalifen Omar benannte Moschee befindet sich gegenüber dem neuen Eingang der kreuzfahrerzeitlichen Kirche; ihr Minarett – wie das der nördlich von der Anastasis errichteten al-Chanqah-as-Salahiyya-Moschee – überragt heute übrigens das Gotteshaus. Ein großer Konfliktherd ist dagegen der Tempelplatz bzw. al-Haram asch-Scharif mit dem Felsendom am Ort des ehemaligen jüdischen Tempels. Während das Betreten für Juden durch das Oberrabbinat eigentlich verboten ist, weil niemand versehentlich einen Fuß auf den Platz des Allerheiligsten setzen soll, dessen genaue Lage unbekannt ist, versuchen nationalreligiöse Gruppen in den letzten Jahren verstärkt, den Platz nicht nur zu besuchen – was unter Polizeibegleitung auch vermehrt geschieht –, sondern zudem das Recht zum öffentlichen Gebet dort zu erhalten. Einzelne Gruppen bereiten sich sogar auf die Zeit eines „dritten Tempels“ vor, der bald auf dem Platz errichtet werden soll – wobei die erhoffte Art und der geplante Ort der Verwirklichung nicht immer näher genannt werden.[36] Muslime sind gegen diese Besucher und Bestrebungen, wobei diese Ablehnung nicht anders als

[36] Vgl. S. Lev (Hg.), The Mount, Jerusalem 2019, 114f.132f.

die jüdischen Forderungen mindestens ebenso sehr politisch wie religiös motiviert sind. Auch hinter der neuerdings von muslimischer Seite offiziell vertretenen Behauptung, ein jüdischer Tempel habe an diesem Ort nie existiert, steht vor allem die Frage nach der Hoheit über den Platz.[37]

Tatsächlich bezog man sich beim Bau und der Dekoration des Felsendoms nicht nur auf die existierende Grabeskirche der Christen, sondern griff auch alte Traditionen des zerstörten jüdischen Tempels auf (die selbst wiederum Bezüge zu kanaanäischen Vorstellungen aufweisen), sodass dieser in gewisser Weise als „neuer Tempel" angesehen werden kann. Christen haben diesen Ort zumindest in der Kreuzfahrerzeit als Kirche unter dem Namen *Templum Domini* genutzt.[38] Nicht zuletzt deshalb träumte Hans Küng (1928–2021) von einer gemeinsamen Nutzung des Baus durch Juden, Christen und Muslime[39] – auch wenn das angesichts der gegenwärtigen Situation utopisch erscheint.

Auch da, wo Muslime und Juden schon heute oder heute noch gemeinsam ihre Vorfahren und Propheten verehren (könnten), hat sich die Situation in den letzten Jahren eher verkompliziert: Das Rachelgrab, obwohl auf dem Territorium von Bethlehem gelegen, ist von der israelischen Sperrmauer so eingefasst, dass es praktisch nur noch für jüdische Israelis zugänglich ist. In Nebi Samwil ist unter dem Bau mit dem muslimischen Ehrengrabmal des Propheten Samuel in der Krypta der später als Moschee genutzten Kreuzfahrerkirche ein eigener jüdischer Gedenkort entstanden. In Hebron wurden die zuvor von Muslimen und Juden genutzten Räumlichkeiten des Haram al-Khalil, wo sich die Kenotaphe der Patriarchen und Matriarchen ebenfalls unter dem Dach einer ehemaligen Kreuzfahrerkirche befinden, nach dem Attentat eines jüdischen Terroristen so geteilt, dass es zwei getrennte Zugänge und jeweils eine voneinander separierte Moschee und Synagoge gibt – ähnlich wie es schon zu Zeiten des Pilgers von Piacenza für Christen und Juden war. Nur zu einzelnen Feiertagen werden die jeweiligen Bereiche von der anderen

[37] Vgl. dazu ebd., 176f.

[38] Vgl. M. Küchler, Jerusalem. Ein Handbuch und Studienreiseführer zur Heiligen Stadt (OLB 4/2), Göttingen 2007, 239.249–251.

[39] Vgl. H. Küng, Die religiöse Situation der Zeit. Das Judentum, München – Zürich 1991, 699–701.

Religionsgemeinschaft vollständig geräumt, sodass eine kurzzeitige Komplettnutzung durch die eine möglich ist.[40]

Im Bereich des Abendmahlssaales auf dem (christlichen) Zion gibt es nicht ein Neben-, sondern ein Übereinander der heiligen Orte: Im Erdgeschoss wird seit dem Mittelalter von Juden und Muslimen das Grab des Königs David/Nabi Daoud verehrt. Deshalb wurde der darüberliegende Abendmahlssaal, dessen heutige Form auf die späte Kreuzfahrerzeit zurückgeht, in türkischer Zeit in eine nach ihm benannte Moschee umgewandelt, wie der erhaltene Mihrab und das Minarett belegen.[41] Der untere Bereich ist inzwischen in eine Synagoge umgestaltet worden, der obere wird von staatlich-israelischen Stellen als Museum, aber auch als Raum des Gebetes für alle Religionen angesehen und entsprechend zugänglich gemacht. Nur ganz selten dürfen dort explizit christliche Gottesdienste stattfinden.[42] Im Inneren symbolisiert ein bronzener Leuchter in Form eines Ölbaums mit drei Zweigen die Verbundenheit bzw. die gleichzeitige Einheit und Verschiedenheit der Religionen. Die Frage aber, wie alle „eins sein“ können, wie sie in „versöhnter Verschiedenheit“ für sich und doch zusammen an den gemeinsamen Orten beten können, ist auch hier noch nicht befriedigend gelöst.

---

[40] Zu diesem Komplex vgl. Finkelman u. a. (Hg.), In Statu Quo (s. Anm. 33), bes. 185–284.

[41] Vgl. Küchler, Jerusalem (s. Anm. 38), 631–641.

[42] Die erste Messfeier nach 1551 fand dort beim Papstbesuch im Jahr 2000 statt. In der Gebetswoche zur Einheit der Christen ist jeweils ein gemeinsames öffentliches Gebet der Konfessionen möglich.

Friedensinstrument oder Zankapfel?

Simultaneen in der Frühen Neuzeit

Nicole Grochowina

Am 30. Oktober 1638 gab es große Unruhe in der bikonfessionellen[1] Reichsstadt Biberach. Im Weihwasserkessel der Kirche St. Martin wurde ein „Rotzklümpchen" gefunden. Von katholischer Seite war sofort klar, dass es sich dabei nur um ein evangelisches „Rotzklümpchen" handeln konnte, nutzten doch beide Konfessionen dieses Gotteshaus. So war den Evangelischen zu unterstellen, dass sie die Gelegenheit und auch ein Motiv hatten, das Weihwasser zu verunreinigen. Deshalb entschloss sich die katholische Gemeinde, ihnen den Zugang zum Chor der Kirche und damit zu ihrem Gottesdienst zu versperren.[2]

Was Paul Warmbrunn (* 1953) als „Überreaktionen" in „unruhigen Kriegszeiten" einordnet,[3] verweist auf eine grundsätzliche Ambivalenz, die mit der Nutzung einer Simultankirche einherging. Zudem waren solche Konflikte keine Seltenheit. 65 Simultankirchen hat Heinz Henke (* 1944) in seinen Studien aufgelistet,[4] weitere zehn hat Eva-Maria Seng (* 1961) hinzugefügt. Ebenso verweist sie auf 19 ehemalige Simultaneen.[5] Grundsätzlich schätzt Henke ihre

---

[1] Im Folgenden wird von Bikonfessionalität und nicht von Parität die Rede sein, weil die Gleichheit kaum gegeben war, welche die Rede von der Parität voraussetzt. Zur Gleichwertigkeit von Konfessionen vgl. auch weiterhin den wegweisenden Artikel von: M. Heckel, Parität, in: ZSRG.K 80 (1963) 261–420; ferner F. Dickmann, Das Problem der Gleichberechtigung der Konfessionen im Reich im 16. und 17. Jahrhundert, in: HZ 201 (1965) 265–305.

[2] Vgl. P. Warmbrunn, Zwei Konfessionen in einer Stadt. Das Zusammenleben von Katholiken und Protestanten in den paritätischen Reichsstädten Augsburg, Biberach, Ravensburg und Dinkelsbühl von 1548 bis 1648 (VIEG 111), Wiesbaden 1983, 226f.

[3] Wörtliche Zitate aus: ebd., 226.

[4] Vgl. H. Henke, Wohngemeinschaften unter deutschen Kirchendächern. Die simultanen Kirchenverhältnisse in Deutschland – eine Bestandsaufnahme, Leipzig 2008, 34–227.

[5] Vgl. E.-M. Seng, Kirchenbauten und konfessionelle Konflikte in bikonfessionellen Städten und Orten in der Frühen Neuzeit – Simultaneen, in: J. Harasimo-

Gesamtzahl – inklusive derer, die bis 1880 abgebrochen wurden – auf 2 000.[6] Damit deutet sich zugleich die Dimension der potenziellen Konflikte an. Diese reichten von Gottesdienststörungen über den Streit um die Errichtung eines Taufsteins, das Läuten der Glocken und den Einbau von Gittern oder Lettnern in die Kirche, um die unterschiedlichen Bereiche der Konfessionen zu trennen und zu markieren, bis hin zu Eigentumsstreitigkeiten, Fragen der paritätischen Besoldung und eben auch zu Kuriosa wie dem Biberacher „Rotzklümpchen", dem eine erkennbare konfessionelle Identität zugeschrieben wurde. Gleichwohl sollte das Simultaneum eigentlich Konflikte verhindern. Das heißt: Es war als Rechtsinstrument gedacht, um den Frieden zwischen den Konfessionen zu sichern, indem das Miteinander geregelt, in konzise Rahmenbedingungen eingepasst und Vergehen juristisch einklagbar wurden.

Bei einem engen Fokus allein auf konfliktbeladene Ereignisse wird der Blick auf eben diese friedensstiftende Qualität aber nur allzu leicht verstellt. Ebenso schnell kann übersehen werden, dass und in welcher Weise es sich beim Simultaneum um eine „Form der „Realpolitik" handelte, die den sozialen Frieden zu wahren suchte. Dabei galt es, den „real existierenden, gesellschaftlichen Verhältnisse[n] von Konfessions- oder Religionszugehörigkeit"[7] jenseits aller diesbezüglicher Ansprüche gerecht zu werden, also ein gewisses Maß an „Elastizität"[8] an den Tag zu legen. Vor diesem Hintergrund ist im

---

wicz (Hg.), Protestantischer Kirchenbau der Frühen Neuzeit in Europa. Grundlagen und neue Forschungskonzepte – Protestant Church Architecture in Early Modern Europe. Fundamentals and New Research Approaches, Regensburg 2015, 199–214, hier: 200.

[6] Vgl. Henke, Wohngemeinschaft unter deutschen Kirchendächern (s. Anm. 4), 24. Einzelne Studien verweisen auf lokale Problematiken von Simultaneen. – Vgl. etwa W. Gruk, The Art of the Reformation and Confessionalization in a Biconfessional City: The Case of Wrocław (Breslau), in: B. Klein (Hg.), Orte und Räume reformatorischer Kunstdiskurse in Europa (ASAW.PH 84/4), Stuttgart – Leipzig 2020, 95–111; E. Weyrauch, Konfessionelle Krise und soziale Stabilität. Das Interim in Straßburg (1548–1562) (SMAFN 7), Stuttgart 1978, 50–54; mit Blick auf die Schweiz: D. Hacke, Zwischen Konflikt und Konsens. Zur politisch-konfessionellen Kultur der Alten Eidgenossenschaft des 16. und 17. Jahrhunderts, in: ZHF 32 (2005) 575–604.

[7] M. Dämmig, Das Simultaneum – ein Raum: mehrere Konfessionen, in: Mün. 69 (2016) 13–18, hier: 13.

[8] A. Schunka, Aus Liebe und Moderation? Multikonfessionalität und die Rheto-

Folgenden zu fragen, ob das Simultaneum tatsächlich als „Friedens-Instrument"[9] und weniger als Grund neuer Konflikte verstanden werden kann. Dazu ist erstens das Rechtsinstrument genauer zu bestimmen, bevor zweitens einzelne Simultankirchen beispielhaft herangezogen werden, in denen das Miteinander der Konfessionen weitgehend funktionierte. Drittens sind dann die Konfliktfälle zu benennen, sodass anschließend eine bewertende Einordnung vorgenommen werden kann. Dabei liegt der Fokus auf der Ausgestaltung des Kirchenraumes, weil sich gerade im Inneren der Gebäude das Trennende offenbarte.

1 Simultaneum – ein rechtliches Friedensinstrument

Zwei Bedeutungen kamen dem Simultaneum zu: Im *Ius publicum Germanicum* wurde damit die Ordnung des Gemeinwesens bezeichnet, in dem zwei oder mehrere Konfessionen das Recht hatten, ihren Glauben öffentlich oder privat zu praktizieren. Daraus ist das gegenwärtige Verständnis hervorgegangen, Simultaneen als das gleichzeitige Nutzungsrecht eines einzelnen Kirchraumes durch mindestens zwei Religionsgemeinschaften zu verstehen.[10] Vor diesem Hintergrund lassen sich unterschiedliche Typen benennen: Der erste betrifft Städte mit evangelischer Mehrheit und katholischer Minderheit (etwa im Stift oder Kloster); der zweite verweist auf evangelische Städte, in denen die katholische Partei wieder stärker aufkommen konnte; der dritte Typus hängt mit der Konversion des Landes- oder Grundherrn zusammen, die unmittelbare Auswirkungen auf die – mehrheitlich konfessionell anders ausgerichtete – Bevölkerung hatte.[11]

---

rik gerechter Herrschaft in Brandenburg-Preußen und im Alten Reich, in: S. Plaggenborg (Hg.), Gerechtigkeit und gerechte Herrschaft vom 15. bis zum 17. Jahrhundert. Beiträge zur historischen Gerechtigkeitsforschung (Schriften des Historischen Kollegs 101), Berlin – Boston 2019, 209–227, hier: 212.

[9] J. J. Moser, Von der Landeshoheit der Geistlichen Nach denen Reichs-Gesezen und dem Reichs-Herkommen wie auch aus denen Teutschen Staats-Rechts-Lehrern, und einiger Erfahrung, Frankfurt – Leipzig 1773 [VD 18 12057142], 655.

[10] Vgl. C. Schäfer, Das Simultaneum. Ein staatsrechtliches, politisches und theologisches Problem des Alten Reiches (EHS.R 1787), Frankfurt a. M. 1995, 2f.; E. Sehling, Ueber kirchliche Simultanverhältnisse, in: AÖR 7 (1892) 1–97.

[11] Vgl. N. Kersken, Konfessionelle Behauptung und Koexistenz – Simultankir-

Die staatsrechtliche Grundlage für die Ausgestaltung von Simultaneen bildete zunächst der Passauer Vertrag von 1552 und daran anschließend der Landfrieden, der im September 1555 auf dem Reichstag in Augsburg verabschiedet wurde und die Theologie explizit ausklammerte. Anders erschien es kaum möglich, Frieden zu schaffen und zu sichern.[12] Dementsprechend hält der Landfrieden mit Blick auf bikonfessionelle Reichsstädte fest, dass hier „beede Religionen, nemlich Unsere alte Religion und der Augspurg. Confession-Verwandten Religion“ nebeneinander existieren sollten, wie dies „zeithero im Gang und Gebrauch gewesen“. Ohne die Frage nach der Wahrheit zu adressieren, ging es also allein darum, dass „kein Teil des andern Religion, Kirchengebräuch oder Ceremonien anzuthun oder ihn davon zu dringen unterstehen“ durfte. Geschah dies, galt der Friede in der Stadt als gefährdet.[13] Im Grunde beschreibt diese Regelung also die Geburtsstunde der verrechtlichten Bikonfessionalität in den Reichsstädten.

Im Westfälischen Frieden von 1648 wurde die Augsburger Verfügung bestätigt und weiter ausgeführt, indem mit dem Normaljahr 1624 ein Stichtag gewählt wurde, welcher für die konfessionellen Verhältnisse im Alten Reich entscheidend werden sollte.[14] Fortan galt der 1. Januar 1624 als Terminus a quo „für die Wiederherstellung in geistlichen Dingen und für das, was mit Rücksicht auf sie in weltlichen Dingen geändert worden ist“[15]. Explizit benannt werden dabei die bikonfessionellen Reichsstädte Augsburg, Dinkelsbühl,

---

chen im 16. Jahrhundert, in: J. Bahlcke, K. Lambrecht, H.-C. Maner (Hg.), Konfessionelle Pluralität als Herausforderung. Koexistenz und Konflikt in Spätmittelalter und Früher Neuzeit [FS Winfried Eberhard], Leipzig 2006, 287–302. Vgl. auch die Typen von Simultaneen, die Alexander Schunka (* 1972) definiert hat: Schunka, Aus Liebe und Moderation? (s. Anm. 8), 213f.

[12] Vgl. dazu A. Schindling, 450 Jahre Pax Augustana. Bikonfessionalität und Parität in Biberach und im Alten Reich, in: Heimatkundliche Blätter für den Kreis Biberach 29 (2006) 3–12, hier: 5.

[13] Wörtliche Zitate aus: Der Reichstagsabschied, in: U. Köpf (Hg.), Deutsche Geschichte in Quellen und Darstellung, Bd. 3: Reformationszeit. 1495–1555 (Reclams Universal-Bibliothek 17003), Stuttgart 2001, 471–485, hier: 482.

[14] Vgl. *Instrumentum Pacis Osnabrugensis*, Art. V § 1, in: B. Roeck (Hg.), Deutsche Geschichte in Quellen und Darstellung, Bd. 4: Gegenreformation und Dreißigjähriger Krieg. 1555–1648 (Reclams Universal-Bibliothek 17004), Stuttgart 1996, 399–417, hier: 404.

[15] Ebd., 404 [Art. V § 2].

Biberach und Ravensburg, in denen sich nicht nur die Religionsausübung, sondern auch der Stand der Güter und der Rechte an dem Normaljahr ausrichten sollte. Hatte dies zur Konsequenz, dass sich dadurch die Verhältnisse änderten, sollten weder katholische noch evangelische Untertanen in der dann privaten Ausübung ihres Glaubens bedrängt werden.[16] Ebenso wurde all jenen das *Ius emigrandi* zugestanden, die 1624 weder privat noch öffentlich ihren Glauben hatten praktizieren können.[17] Schließlich – und dies ist für den Blick auf die Simultaneen wichtig – wurden nun auch die Reformierten reichsrechtlich anerkannt.[18] Wo die Verhältnisse es erforderten, war es ihnen also möglich, mit anderen Konfessionen gemeinsam ein Kirchengebäude zu nutzen.[19]

Bis es zu dieser Regelung des Normaljahres kam, hat es viele Streitigkeiten gegeben. Die Intensität, mit der auch 1618 oder 1627 als möglicher Terminus a quo debattiert wurde, macht deutlich, es hier mit einem wesentlichen Bestandteil der Bestimmungen zu tun zu haben, die im Westfälischen Frieden niedergelegt worden sind. Warum die kursächsischen Gesandten bei den Verhandlungen im Frühjahr 1646 – ganz offenkundig ohne Absprache mit dem Kurfürsten – ausgerechnet das Jahr 1624 vorgeschlagen haben, lässt sich heute nur noch erahnen. Movens wird vermutlich gewesen sein, dass so „fast alle Reichsstände in den Genuss der Restitution kämen“[20]. Gleichwohl rief dieser Vorschlag nicht nur auf katholischer Seite, sondern auch bei den Evangelischen umfängliche Debatten hervor. Zu unsicher erschienen ihnen die Verhältnisse von 1624, zu virulent war die Frage, wie der konfessionelle Status in diesem Jahr hinreichend nachgewiesen werden konnte.[21] Kurzum: Die Lage war verfahren. Erst im November 1646 zeigte sich eine Bewegung, an deren Ende die Festlegung auf das Jahr 1624 stand, auch wenn große

---

[16] Vgl. ebd., 407f. [Art. V § 34].

[17] Vgl. ebd., 408 [Art. V § 36].

[18] Vgl. ebd., 410 [Art. VII § 1].

[19] Dabei erwies sich insbesondere das Simultaneum von reformierter und lutherischer Konfession als weitgehend unproblematisch. – Vgl. Schäfer, Das Simultaneum (s. Anm. 10), 14.

[20] R.-P. Fuchs, Ein „Medium zum Frieden“. Die Normaljahrsregel und die Beendigung des Dreißigjährigen Krieges (Bibliothek Altes Reich 4), München 2010, 172.

[21] Vgl. ebd., 176.

Differenzen über die Folgen und ein deutlicher Wunsch nach Ausnahmeregelungen bestand.[22] Mit Ralf-Peter Fuchs (* 1956) ist jedoch die Bedeutung der unterschiedlichen, dabei aber immer intensiven Gesprächsgänge in dieser Frage so zu bewerten, dass sie „entscheidende Schritte auf dem Weg zum angestrebten Religionsvergleich"[23] waren, verlangten sie doch den Parteien „eine nicht unerhebliche Konzessionsbereitschaft ab"[24], die sich in den nachfolgenden Verhandlungen als fruchtbar erweisen sollte. Gleichwohl blieb das Unbehagen, die konfessionelle Situation für besagtes Jahr nicht hinreichend bestimmen zu können – und diese Sorge bestand zu Recht.

Vor diesem Hintergrund lassen sich drei Phasen festhalten, in denen Simultaneen im Alten Reich entstanden: Erstens war es die Zeit des reformatorischen Geschehens mit den entsprechenden Festschreibungen im Augsburger Religionsfrieden 1555. Zweitens kam es dazu in der Zeit der französischen Reunionspolitik durch Ludwig XIV. (1638–1715), der Simultaneen von reformierter und katholischer Kirche beispielsweise im Elsass etablierte, sobald an einem Ort mindestens sieben katholische Familien ansässig waren.[25] Drittens schloss sich eine Phase an, die mit der Rekatholisierungspolitik in der Kurpfalz einherging. Grund hierfür war die Konversion von Kurfürst Johann Wilhelm von Pfalz-Neuburg (1658–1716) im Jahr 1685. In diesem Zuge wurde die Heilig-Geist-Kirche in Heidelberg für die katholische Messe zum Simultaneum umgewandelt.[26] Dies widersprach der evangelischen Position, dass der Landesherr das *Ius reformandi* nicht in dieser Gestalt gebrauchen durfte – es widersprach aber auch den Bestimmungen des Westfälischen Friedens. Entsprechend deutlich war der Protest. Die Lösung von 1705[27] bestand darin, ohne Rücksicht auf die ei-

---

[22] Vgl. ebd., 181f.

[23] Ebd., 191.

[24] Ebd.

[25] Vgl. Seng, Kirchenbauten und konfessionelle Konflikte in bikonfessionellen Städten und Orten in der Frühen Neuzeit (s. Anm. 5), 200.

[26] Vgl. ebd., 22f.; Dämmig, Das Simultaneum – ein Raum: mehrere Konfessionen (s. Anm. 7), 17f. Dieses Simultaneum bestand bis 1936.

[27] Die Grundlage war die am 26. November 1705 erlassene Religionsdeklaration, nach der nur die Kirchen zum Simultaneum umgewandelt werden durften, die bereits 1673 eine Simultankirche gewesen waren. – Vgl. Henke, Wohngemeinschaften unter deutschen Kirchendächern (s. Anm. 4), 18.

gentliche Gestaltung des Sakralbaus eine Mauer einzubauen, die fortan das Kirchenschiff vom Chor trennte. Diese blieb bis 1936 bestehen; in dem Jahr ist das Gotteshaus gänzlich an die evangelische Gemeinde gekommen. Mit Blick auf die Ereignisse in Heidelberg deutet sich bereits an, dass das Simultaneum normativ als Friedensinstrument verstanden werden kann, aber in der konkreten Anwendung Ambivalenzen auslöste.

2 Glückliches Miteinander? Zwei Konfessionen – eine Kirche

Das Simultaneum in Badbergen war vermutlich nah dran an dem, was die Verhandlungspartner in Münster und Osnabrück im Sinn hatten, als sie das Simultaneum als Friedensinstrument errichtet haben. Mit dem Friedensschluss ist die St.-Georgs-Kirche Badbergens als „doppelpfarrig"[28] erklärt worden, hatte sich also nach den Bestimmungen zum Normaljahr zu richten. Fortan wurde alles geteilt: die Benutzung des Friedhofs, die Vermögensmasse, die Bau- und Unterhaltspflicht ebenso wie der Taufstein, die Kanzel und der Altar.[29] Bemerkenswert ist auch der „Pastorengang", durch welchen die Sakristei der Kirche mit dem Pfarrhof verbunden war und der beiden Pfarrern als Pfründe gedient hat. Die Pfarrer hatten also einen gemeinsamen Weg zur Kirche. Genauer: Die katholische Gemeinde duldete es, dass der evangelische Pfarrer auf dem Weg zur Kirche über katholischen Grund ging.[30]

Gleichwohl gab es auch Episoden konfessionalistischer Auseinandersetzungen, wenn etwa der katholische Geistliche den Gottesdienst über Gebühr ausdehnte und damit den Ärger der Evangelischen auf sich zog. Dabei wurde im 19. Jahrhundert auch der „Pastorengang" zum Streitpunkt, als von protestantischer Seite versucht wurde, „ein öffentliches Recht für einen Weg über privaten

---

[28] H. Schuckmann, Zwei Konfessionen unter einem Dach. Das Badberger Simultaneum, in: S. Tauss, U. Winzer (Hg.), Miteinander leben? Reformation und Konfession im Fürstbistum Osnabrück 1500 bis 1700. Beiträge der wissenschaftlichen Tagung vom 3. bis 5. März 2016 (Kulturregion Osnabrück 31), Münster – New York 2017, 263–275, hier: 263.

[29] Vgl. ebd., 264–269.

[30] Vgl. ebd., 274.

Grund zu erzwingen“[31]. Dazu wurden alle Tore und Schlösser auf der Strecke entfernt.

Dieser Streit bildete jedoch die Ausnahme; grundsätzlich zeigte sich in Badbergen ein „pragmatische[s], weitgehend spannungsfreie[s] und sogar freundschaftliche[s] Verhältnis der Geistlichkeit der beiden Konfessionen“[32]. Deshalb wurden auch die Tore wieder eingehängt, aber der evangelische Pfarrer musste fortan dennoch einen anderen Weg in die Kirche nehmen.

Ähnlich zugewandt gestaltete sich zumindest bis 1628 die Situation in Ravensburg, wo 1540 die Reformation eingeführt wurde.[33] Zwar erließ der Rat 1546 ein Mandat, dass „in allen pfarren aller bapslicher ritus und die baptslichen ceremonein gentzlich abgestölt sein sollen“[34] und auch in die umliegenden Dörfer sollte niemand ausweichen, um zur Messe zu gelangen – dennoch sollte friedlich miteinander gelebt werden. Wie dies praktisch geschah, zeigt sich etwa am Beispiel der Karmeliterkirche, wo getreu dem politischen Willen nun die evangelische Gemeinde ihre Gottesdienste hielt, ohne deshalb die Mönche zu vertreiben. Im Gegenteil: Erste Baumaßnahmen sorgten dafür, dass das Kirchenschiff (evangelisch) und der Chor (katholisch) erkennbar voneinander getrennt wurden. Und mehr noch: 1554 regelte ein Vertrag das Miteinander und sprach den Evangelischen den vollen Besitz des Langhauses zu.[35] Anschließend ereigneten sich kaum Zwischenfälle, das Zusammenleben funktionierte bis 1628 offenbar so gut, dass Gottesdienste mitunter sogar gleichzeitig in der Kirche stattfinden konnten.[36]

---

[31] Ebd.

[32] Ebd., 273.

[33] Zu Ravensburg vgl. Warmbrunn, Zwei Konfessionen in einer Stadt (s. Anm. 2), 203–210.

[34] Anweisung zur Abschaffung altgläubiger Zeremonien 1546, in: EKO 17 IV/2 (2009) 472.

[35] Vgl. Vertragsauszug zur bikonfessionellen Nutzung der Karmeliterkirche 1554, in: EKO 17 IV/2 (2009) 495. Beide Parteien verpflichteten sich hier, der jeweils anderen Konfession die freie Ausübung „ire predigten und kirchengebrauch“ zu gestatten. – Vgl. dazu auch Warmbrunn, Zwei Konfessionen in einer Stadt (s. Anm. 2), 228f.

[36] Vgl. Seng, Kirchenbauten und konfessionelle Konflikte in bikonfessionellen Städten und Orten in der Frühen Neuzeit (s. Anm. 5), 209.

Jedoch zeigt sowohl die Situation in Ravensburg als auch in Badbergen, wie fragil ein solches Miteinander letztlich war – und wie sehr das Simultaneum von dem Wohlwollen aller Beteiligten abhing. Denn als die Karmeliter 1628 die gesamte Kirche für sich zurückforderten, musste die evangelische Gemeinde weichen – aber nur bis 1649, denn die Regelungen des Westfälischen Friedens zum Normaljahr 1624 sprachen ihr ihren Platz in der Kirche wieder zu. Allerdings war das Miteinander nun vergiftet, auch wenn es bis 1806 fortbestand.

Das Zusammenleben der Konfessionen kann dann als geglückt gelten, wenn sich das Simultaneum aus der stillschweigenden Akzeptanz einer Glaubensgemeinschaft ergab und zudem Rechte zur Gestaltung des Kirchenraumes übertragen wurden. So ist es in Biberach geschehen,[37] dessen Kirche St. Martin mitsamt der dazugehörigen Pfarrei ungeachtet der Einführung der Reformation in der Stadt (1531)[38] katholisch blieb, die Zisterzienserabtei Eberbach – seit 1349 und bis 1566 Patronatsherr der Kirche – hier aber evangelische Gottesdienste ermöglichte.

Das Simultaneum begann mit dem Interim (1548), weil die Kirche nun wieder für den katholischen Gottesdienst geöffnet wurde, aber auch die evangelischen Prediger mit Duldung des Rates hier weiterhin ihren Dienst taten.[39] In dieser Zeit sah sich die Stadtvertretung genötigt, zu einem gedeihlichen Miteinander aufzurufen, was wohl dem Spott geschuldet war, den die Evangelischen dem Geistlichen entgegenbrachten, der vonseiten der Abtei eingesetzt worden war. Grundsätzlich drang der Rat darauf, das Interim anzunehmen, wollte aber gewahrt wissen, dass das Abendmahl unter beiderlei Gestalt gespendet wurde, schließlich sei ihm an der „eer Gottes unnd der seellen haill gelegenn"[40], wie es im entsprechenden Mandat von 1548 heißt.

Das Simultaneum zeigte sich gerade in der Ausgestaltung des Raumes: Das Kirchenschiff war für die Evangelischen bestimmt, der

---

[37] Zu Biberach vgl. Warmbrunn, Zwei Konfessionen in einer Stadt (s. Anm. 2), 210–215.

[38] Vgl. Ratsbeschluss zum Verbot der Messe 1531, in: EKO 17 IV/2 (2009) 439.

[39] Vgl. Warmbrunn, Zwei Konfessionen in einer Stadt (s. Anm. 2), 223f.

[40] Ratsmandat für die Prediger zur Gewissensfreiheit nach Annahme des Interims [1548], in: EKO 17 IV/2 (2009) 449f., hier: 449.

Chorraum mitsamt der Seitenkapelle sowie die Sakristei blieben katholisch. Bemerkenswerterweise wurde den Protestanten 1553 erlaubt, einen Taufstein aufzustellen. War dies in anderen Simultankirchen der Kern verschärfter Auseinandersetzungen, ging es in Biberach – anders als der Versuch, auf evangelischer Seite eine zweite Empore einzurichten – problemlos vonstatten. Und auch die Reparatur der Kirche wurde gemeinschaftlich getragen: Als 1584 ein Blitz einschlug, gründeten beide Konfessionsparteien eine gemeinsame Stiftung, um den Wiederaufbau zu gewährleisten. Genauso fanden die Ausmalungen, die im 18. Jahrhundert erfolgten, überkonfessionelle Zustimmung.[41]

Grundsätzlich war es auch Kaiser Ferdinand I. (1558–1564) nicht verborgen geblieben, dass das Miteinander der Konfessionen in Biberach – mit Abstrichen – gelang. In seinem Mandat vom 21. Januar 1563, in dem er den Rat der Stadt um sechs Plätze aufstockte, hielt er fest, dass hier „numehr ein lange zeitt hero beede, die alte religion undt dan die Augspurgische Confession, mit- undt nebeneinander herkommen“[42] – und dass dies auch weiterhin so geschehen solle.

Gleichwohl waren Auseinandersetzungen nicht ausgeschlossen. Wie bei anderen Simultaneen auch gingen sie in erster Linie von „Übergriffen und Fehlverhalten der Geistlichen beider Konfessionen“[43] aus. Diese endeten auch nicht, als das Simultaneum 1566 vertraglich abgesichert wurde, im Gegenteil: Als das Kloster Eberbach die Patronatsrechte und den Grundbesitz der Pfarrei an das Biberacher Spital verkaufte, wurde der Stadtrat als Verwalter des Stifts qua Vertrag gebunden, dass die Gemeinde St. Martin katholisch blieb.[44] Eine erneute Festschreibung erfolgte dann durch die Normaljahresregelung von 1624 – daran änderte auch der eingangs benannte Fund des „Rotzklümpchens“ im katholischen Weihwasser nichts.

---

[41] Vgl. Seng, Kirchenbauten und konfessionelle Konflikte in bikonfessionellen Städten und Orten in der Frühen Neuzeit (s. Anm. 5), 205f. Seit 2000 gibt es in der Kirche zudem eine lutherische Altarbibel, die – und das ist ein Novum – auch während der Woche ausliegen darf (vgl. ebd., 208).

[42] Mandat Kaiser Ferdinands I. zur Biberacher Religionstoleranz 1563, in: EKO 17 IV/2 (2009) 453f., hier: 453.

[43] Warmbrunn, Zwei Konfessionen in einer Stadt (s. Anm. 2), 224.

[44] Vgl. ebd., 225.

3 Konfliktreiches Miteinander? Zwei Konfessionen – eine Kirche

„Simultaneen haben begreiflicherweise allezeit viel Anlaß zu Streit gegeben.“[45] Auch wenn dieses Votum von Georg May (* 1926) arg zugespitzt ist, legen Auseinandersetzungen um den Umfang des Simultanrechts, die Nutzung der Kirchengüter und nicht zuletzt über das Läuten der Glocken und dem damit verknüpften „Anspruch auf Öffentlichkeit des Gottesdienstes“[46] nahe, eher von einem „spannungsreichen“[47], weil konfliktbeladenen Nebeneinander auszugehen. Genauer: Es ging beständig um die Frage, ob „Konflikt oder Anpassung“[48] die richtige Strategie darstellte.

Simultaneen wurden insbesondere dann strittig, wenn sie nach 1648 von Landesherrn eingeführt wurden, die zuvor zum Katholizismus konvertiert waren. Das Problem lag darin, dass die entsprechenden Territorien meist evangelisch waren – und das Simultaneum deshalb als offener Versuch verstanden wurde, das gesamte Land zu rekatholisieren.[49]

Deutlich älter, weil aus der Reformationszeit hervorgegangen war das Simultaneum in der St.-Petri-Kirche in Bautzen.[50] Jedoch lassen sich an seiner Geschichte in fast schon paradigmatischer Weise unterschiedliche Eskalationsstufen ablesen, die so oder in weniger scharfer Form auch im Streit um weitere Simultankirchen erkennbar sind. Die intensivere Auseinandersetzung in Bautzen begann im Jahr 1559, als der Dompropst zur lutherischen Lehre wechselte, die seit 1523 in der Stadt gepredigt wurde. Johann Leisentritt (1527–1586),

---

[45] G. May, Die Simultankirche in Zweibrücken vornehmlich zur Zeit des Bischofs Joseph Ludwig Colmar von Mainz (1802–1818), in: ZSRG.K 61 (1975) 258–323, hier: 266.

[46] Ebd., 267.

[47] R. Kießling, Vom Ausnahmefall zur Alternative. Bikonfessionalität in Oberdeutschland, in: C. A. Hoffmann, M. Johanns, A. Kranz (Hg.), Als Frieden möglich war. 450 Jahre Augsburger Religionsfrieden, Regensburg 2005, 119–130, hier: 127.

[48] Seng, Kirchenbauten und konfessionelle Konflikte in bikonfessionellen Städten und Orten in der Frühen Neuzeit (s. Anm. 5), 199.

[49] Dies ist zu beobachten in der Landgrafschaft Hessen-Rheinfels (1654), im Herzogtum Mecklenburg-Schwerin (1663) oder in der Grafschaft Hohenlohe (1667). – Vgl. Schäfer, Das Simultaneum (s. Anm. 10), 13f.

[50] Vgl. grundsätzlich R. Vötig, Die simultankirchlichen Beziehungen zwischen Katholiken und Protestanten zu St. Peter in Bautzen, Leipzig 1911.

seit 1559 Domdekan, und das Domkapitel blieben indes katholisch, waren aber deutlich in der Minderheit.[51] Dies jedoch hinderte Leisentritt nicht, weiterhin das Recht wahrzunehmen, die Kasualien in der Kirche allein durchzuführen. Zudem bestand er darauf, dass das Domstift die Prediger an der Kirche anstelle – und deshalb der lutherische Pfarrer dem Dekan zumindest präsentiert werden müsse.[52]

Räumlich war die Trennung zwischen den Konfessionen deutlich erkennbar. So wurde der Dom aufgeteilt – Kirchenschiff für die evangelische, Chorraum für die katholische Gemeinde – und durch ein Gitter getrennt; beide Altäre lagen dadurch dies- und jenseits des Gitters nebeneinander: Die „konfessionelle Spaltung [war also] durch die sichtbare Verdoppelung der liturgischen Orte“[53] mit Händen zu greifen. Konsequenterweise scheiterte auch der Versuch, so ein reibungsloses Miteinander zu gewährleisten. Dies lag nicht zuletzt daran, dass die Evangelischen nicht jederzeit Zugang zu ihrem Bereich hatten – verblieb doch das Schlüsselrecht weiterhin beim Domstift, dessen Verantwortliche bis ins 17. Jahrhundert immer wieder den Dom abschlossen, um protestantische Gottesdienste zu verhindern.[54] Zudem gab es harsche Auseinandersetzungen um den evangelischen Taufstein, der 1597 unmittelbar nach dem Aufstellen wieder entfernt werden musste. Erst 1599 gab es die Erlaubnis, allerdings nur für eine mobile und damit leicht zu entfernende Variante.[55] Dies wurde von evangelischer Seite als Affront aufgefasst – und es ist davon auszugehen, dass es auch genauso gemeint war. Deutlich wird der Schmähcharakter beim ergänzenden Blick auf die Marburger Elisabethkirche, die ebenfalls ein Simultaneum war. Hier ging es nicht um einen Taufstein auf Rollen, sondern um einen Altar. Der Theologe an der Universität Marburg, Leander van Eß (1772–1847), wollte den Evangelischen in einer Denkschrift allein

---

[51] Zum Folgenden vgl. Dämmig, Das Simultaneum – ein Raum: mehrere Konfessionen (s. Anm. 7), 16f.

[52] Vgl. Seng, Kirchenbauten und konfessionelle Konflikte in bikonfessionellen Städten und Orten in der Frühen Neuzeit (s. Anm. 5), 201.

[53] M. Binaghi, Ökumenische Kirchenzentren: Bild der Einheit oder Spiegel der Trennung? Architekturanalyse und theologisch-soziologische Reflexion (Bild – Raum – Feier 16), Regensburg 2015, 23.

[54] Vgl. Seng, Kirchenbauten und konfessionelle Konflikte in bikonfessionellen Städten und Orten in der Frühen Neuzeit (s. Anm. 5), 203.

[55] Vgl. ebd.

einen „Tisch auf Rollen" zugestehen, der dann „während unseres Gottesdienstes aus der Mitte zur Seite gerollt werden"[56] sollte. Die Lutheraner lehnten dies einigermaßen empört ab.

In Bautzen indes wurde nicht allein über den zu rollenden Taufstein, sondern auch über Prozessionen in der Kirche gestritten, die ausgerechnet während des evangelischen Gottesdienstes abgehalten wurden. Darüber hinaus ging es auch und gerade um die Eigentümerschaft an dem Sakralgebäude. Diese Aushandlungsprozesse wurden bisweilen von Beschimpfungen und Schlägereien begleitet, was verdeutlicht, dass hier das Simultaneum keineswegs als Friedensinstrument, sondern vielmehr als eifersüchtig bewachtes Hoheitsrecht verstanden wurde. Davon erzählen auch die Regelungen, die in den Jahren 1556, 1583, 1589 und 1850 getroffen werden mussten, um das Miteinander zumindest erträglich zu gestalten.[57] Schlussendlich zeichnete sich ab, dass in Bautzen kein gedeihliches Zusammenleben möglich war. So war es folgerichtig, dass 1782 die Konfessionsparteien qua Rezess weitgehend getrennt wurden, bevor ein Kirchenvertrag 1850 auch die Eigentumsverhältnisse regelte.[58]

Gerade bei der Umsetzung des Interims (1548) entbrannte der Streit zwischen den Konfessionen. Deutlich lässt sich dies nicht zuletzt an den Ereignissen in Augsburg zeigen.[59] Hier wurde bereits frühzeitig die Reformation eingeführt, doch mit einem Vertrag zwischen Bischof, Domkapitel und Rat der Stadt vom 2. August 1548 wurden die Vertreter der katholischen Kirche wieder in Amt und Würden gebracht.[60] Allerdings war das nur der Beginn umfänglicher Maßnahmen zur Restitution der alten Kirche – und sie wurden von der Stadt auch deshalb eingegangen, weil der kaiserliche Druck groß

---

[56] Alle Zitate aus der Denkschrift bei: M. Lemberg, Die Chorschranke in der Marburger Elisabethkirche. Ein Beispiel für die konfessionellen Auseinandersetzungen in Hessen und für den Wandel im Geschmack (Marburger Stadtschriften zur Geschichte und Kultur 86), Marburg 2006, 49f.

[57] Vgl. Seng, Kirchenbauten und konfessionelle Konflikte in bikonfessionellen Städten und Orten in der Frühen Neuzeit (s. Anm. 5), 202.

[58] Vgl. ebd., 204.

[59] Zur konfessionellen Differenzierung im Augsburger Alltag vgl. E. François, Die unsichtbare Grenze. Protestanten und Katholiken in Augsburg 1648–1806, aus dem Französischen übersetzt von A. Steiner-Wendt (Abhandlungen zur Geschichte der Stadt Augsburg 33), Sigmaringen 1991.

[60] Vgl. Warmbrunn, Zwei Konfessionen in einer Stadt (s. Anm. 2), 194.

war und die Sorge bestand, andernfalls den Status als Freie Reichsstadt zu verlieren.[61] Letztlich entwickelte sich die Situation in Augsburg dahin, dass „eine knappe katholische Ratsmehrheit [...] nach 1555 unter dem Druck der stets wachsamen evangelischen Bevölkerungsmehrheit einen vorsichtigen Mittelkurs“[62] steuerte. Die so entstehende Spannung, die bisweilen von den Konfessionen als „existenzbedrohend“[63] wahrgenommen wurde und im Kalenderstreit einen „Kulminationspunkt“[64] fand, begleitete die Stadt bis in die Zeit nach 1648[65] und machte sich nicht zuletzt an der Situation der Doppelkirche St. Ulrich fest.

Die Stiftskirche war 1537 der evangelischen Gemeinde zugeeignet worden, bevor sie durch die Bestimmungen des Interims 1548 an den Benediktinerorden zurückging. Für die Evangelischen blieb die St.-Michaels-Kapelle an der Nordseite des Klosters.[66] Diese nunmehr evangelische Pfarrkirche war qua Bau mit der katholischen Stiftskirche verbunden. Darüber hinaus – und das war für die Herstellung von Öffentlichkeit von entscheidender Bedeutung – teilten sich beide Konfessionen die Glocken und die Uhr,[67] was häufig zu Konflikten führte. Auch das Ringen um Umbauarbeiten, die Frage nach den Eigentumsrechten am benachbarten Friedhof sowie das Treiben auf dem Kirchhof sorgten für Verstimmungen. Mit anderen Worten:

> „Hier wurde die Bereitschaft zum friedlichen und vorurteilsfreien Umgang miteinander täglich neu auf eine Bewährungsprobe gestellt.“[68]

---

[61] Vgl. H. Immenkötter, Kirche zwischen Reformation und Parität, in: G. Gottlieb, W. Baer, J. Becker (Hg.), Geschichte der Stadt Augsburg von der Römerzeit bis zur Gegenwart, Stuttgart 1984, 391–412, hier: 402.

[62] Ebd., 403.

[63] S. Dieter, Die bikonfessionelle Stadt (1648 bis ca. 1750), in: S. Fischer (Hg.), Kaufbeuren. Anfänge, Umbrüche, Traditionen. 900 Jahre Stadtgeschichte 1116–2016, Neustadt an der Aisch 2016, 151–191, hier: 190.

[64] Kießling, Vom Ausnahmefall zur Alternative (s. Anm. 47), 126.

[65] Zur Entwicklung bis 1648 vgl. Fuchs, Ein „Medium zum Frieden“ (s. Anm. 20), 219–225.

[66] Vgl. Seng, Kirchenbauten und konfessionelle Konflikte in bikonfessionellen Städten und Orten in der Frühen Neuzeit (s. Anm. 5), 209.

[67] Vgl. Kießling, Vom Ausnahmefall zur Alternative (s. Anm. 47), 128.

[68] Warmbrunn, Zwei Konfessionen in einer Stadt (s. Anm. 2), 230.

Diese Proben begangen mit der Bitte, die Schüssel für die nunmehr evangelischen Kirche zu überlassen, um zur Predigt läuten zu können, gefolgt vom Ersuchen, auch die Stühle für das Gotteshaus zurückzugeben. Letzteres wurde ohne Aufheben getan; die Schlüsselgewalt allerdings wollte Abt Jakob Köplin (1548–1600) nicht ohne Weiteres übertragen.[69] Noch intensiver war die Auseinandersetzung über den Friedhof, der zwischen Klostergebäude und Predigthaus lag. Dabei ging es um Eigentumsrechte, aber auch um die Möglichkeit, das Areal zu gestalten. Erst 1616 konnte darüber eine Einigung getroffen werden.[70]

Eine besondere Problematik stellte sich in Kaufbeuren. Hier gab es eine evangelische Mehrheit in der Bevölkerung. Dennoch zielte 1628 eine herzogliche – und damit katholische – Kommission darauf, die evangelische Konfession zu verbieten. Erst der Siegeszug der schwedischen Truppen durchs Alte Reich änderte daran etwas, bevor wieder eine gegenläufige Entwicklung einsetzte, an deren Ende der Rat der Stadt 1648 ausschließlich mit Katholiken besetzt war.[71] So war es schon fast konsequent, dass es auch zu Streitigkeit bei der Nutzung der Spitalkirche kam, die ebenso wie die Stadtpfarrkirche St. Martin eine Simultankirche war.[72] Das Simultaneum endete 1627, wurde aber unter schwedischer Besatzung 1632 wieder eingeführt und schließlich durch den Friedensschluss 1648 festgeschrieben. Besoldung und insbesondere die Gestaltung des Kirchenraumes wurden nun zum Zankapfel: Erst sollten Heiligenbilder im Choraltar aufgestellt werden, der allerdings von den Evangelischen als Gottesdienstort genutzt wurde. Dem entsprechend konterten diese mit dem Wunsch, daneben ein Lutherbild aufzuhängen, zogen ihre Bitte aber schließlich in dem Wissen zurück, dass dieses Ansinnen den Konflikt nur beschleunigen würde. Gleichwohl blieb der Argwohn gegeneinander bestehen.

Reich sind die Konfliktfälle, die sich aus Simultaneen ergaben. Und mehr noch:

---

[69] Vgl. ebd., 231.

[70] Vgl. ebd., 235–238.

[71] Vgl. Dieter, Die bikonfessionelle Stadt (1648 bis ca. 1750) (s. Anm. 63), 153–155.

[72] Für das Folgende vgl. ebd., 167–169.

> „Was als Beginn einer Ökumene anzusehen ginge, war wohl eher ein ‚Kalter Krieg‘ zwischen den Konfessionen.“[73]

Politische Erwägungen zur Sicherung des Friedens trafen hier auf das Ringen um konfessionelle Identität und Vorherrschaft. Dieses Konglomerat entlud sich nicht selten in gewaltsamen Auseinandersetzungen; mindestens aber bezeugten die Konflikte um die Gestaltung und Nutzung des Kirchenraumes die Trennung der Konfessionen.

4 Frieden oder Zank? Ein Fazit

Ein Simultaneum war kaum der Ausdruck einer „Liebesheirat“ zwischen den Konfessionen. Dies war auch vor dem Hintergrund des in der Frühen Neuzeit vorherrschenden Anspruchs, eine einzige und damit einheitliche Konfession im Alten Reich zu haben, kaum denkbar und deshalb auch nicht wahrscheinlich, sondern vielmehr ein Ideal. Schließlich war die Wahrheitsfrage nicht eindeutig zu entscheiden – doch genau das hätte es gebraucht, um letztlich vollständige Einheit herzustellen.[74] Stattdessen galt es also, ein Simultaneum als „notwendiges Übel“[75] zu akzeptieren und auf diese Weise den Frieden des Gemeinwesens über die konfessionelle Identität zu stellen. Gelang es wie in Badbergen oder an anderen Orten, war es ein Glücksfall.

Die baulichen Veränderungen, die in Simultankirchen vorgenommen wurden, sowie die Streitigkeiten um mobile Taufsteine, das Glockenläuten oder schlicht das Eigentum am Grund und Boden oder an den Schlüsseln der Kirche legen nahe, dass es viele Wege gegeben hat, mit diesem „notwendigen Übel“ umzugehen. Gleichwohl machen sie auch deutlich: „Erst das Innere offenbart das Trennende“[76]. Eingezogene Gitter, Mauern oder Lettner, mehre-

---

[73] Henke, Wohngemeinschaften unter deutschen Kirchendächern (s. Anm. 4), 23.

[74] Vgl. V. Leppin, Den anderen aushalten. Bikonfessionalität als Problem in Spätmittelalter und Früher Neuzeit, in: Tauss, Winzer (Hg.), Miteinander leben? (s. Anm. 28), 23–49, hier: 24–33.

[75] Schunka, Aus Liebe und Moderation? (s. Anm. 8), 214.

[76] Seng, Kirchenbauten und konfessionelle Konflikte in bikonfessionellen Städten und Orten in der Frühen Neuzeit (s. Anm. 5), 213.

re, dann auch noch direkt nebeneinander liegende Altäre, Streit um Bilder – all dies verweist darauf, dass und wie intensiv und bei jedem Gottesdienst sichtbar die Auseinandersetzungen der Konfessionen bisweilen geführt wurden. Und auch wenn manch ein Streit einen fast schon ritualisierten Verlauf nahm, so war doch klar, dass nur in Ausnahmefällen das „Friedensinstrument“ Simultaneum zur vollen Entfaltung kommen konnte. Dem standen nicht nur die Betonung der eigenen konfessionellen Identität sowie der ausgeprägte Wunsch entgegen, als Gemeinde mit allen kirchlichen Vollzügen öffentlich sichtbar zu sein, sondern auch manche Pfarrer, die das Ringen mit dem religiösen Nachbarn fast schon zum Lebensinhalt machten. Dem Gedanken der Friedenssicherung, der diesem Rechtsinstrument zugrunde lag, entsprach ein solches Verhalten nicht. Und so bleibt festzuhalten, dass in einer Zeit, in der Ökumene keine Option im konfessionellen Gefüge darstellte, das Simultaneum nur dann hinreichend funktionierte, wenn deutlich erkennbar war, dass ansonsten der soziale Friede im höchsten Maß gefährdet, die Einübung einer friedlichen Koexistenz also geradezu überlebensnotwenig war.[77] Gleichwohl war dies kein einfacher Vorgang, sodass am Ende fast jedes Simultaneum zum „notwendigen Übel“ und damit letztlich auch zum Zankapfel wurde.

[77] Vgl. Kießling, Vom Ausnahmefall zur Alternative (s. Anm. 47), 129.

Ökumenische Architektur?

Überlegungen zur Typisierung bikonfessioneller Bau- und Raummodelle

Stefanie Lieb / Jakob Scheffel

1 Modellversuche für eine „ökumenische Architektur" – eine architekturhistorische Herleitung

Im Winter 2020 wurde in Krefeld die evangelische Lukaskirche abgerissen – ein Nachkriegsgebäude, das nur noch von einer kleinen Gemeinde als Gottesdienstraum genutzt wurde und dessen Sanierung und Unterhalt finanziell nicht mehr gestemmt werden konnte. Nur einige hundert Meter weiter an derselben Hauptstraße befindet sich die katholische Kirche St. Pius X., die in etwa zeitgleich mit dem evangelischen Gotteshaus in den 1960er-Jahren für das neu errichtete Wohnviertel Krefeld-Gartenstadt entstand.

Abb. 1: Außenansicht der Pius-Lukas-Kirche in Krefeld-Gartenstadt.
© *Stefanie Lieb*

Die Piuskirche ist ein auffälliger Bau mit einem riesigen Zeltdach, entworfen vom Architekten Josef Lehmbrock (1918–1999) und von der Fachwelt seinerzeit aufgrund ihrer Form und technischen Konstruktion hochgeschätzt und ausgezeichnet.[1] Da die ökumenische Zusammenarbeit in Krefeld-Gartenstadt bereits eine längere Tradition aufweist – nicht zuletzt aufgrund der räumlichen Nähe beider Kirchen zueinander –, fiel die Entscheidung leicht, die evangelische Lukasgemeinde mit in der katholischen Kirche St. Pius zu beherbergen.[2] Und so ist aktuell durch die ökonomischen Rationalisierungsmaßnahmen beider Kirchenbehörden das seit der Reformation im 16. Jahrhundert auftretende Modell der Simultankirche[3] plötzlich wieder relevant: Damals wie auch heute kommt dieses Nutzungskonzept in einer räumlichen Notsituation zum Einsatz, und ein bereits vorhandenes „monokonfessionelles" Kirchengebäude wird nun bikonfessionell (um-)genutzt.

Aber was bedeutet das eigentlich für das Baukonzept der Kirche? Erfordert dieser Transformationsprozess größere architektonische Umbauten oder Änderungen in der Raumkonfiguration? Muss die nun bikonfessionelle Kirche in ihrer Außenwirkung im städtischen Umfeld als solche erkennbar sein, und wie sollte das architektonisch markiert werden? Marta Binaghi (* 1980) resümiert am Schluss ihrer Dissertation über ökumenische Kirchenzentren als Ergebnis ihrer Analyse, dass die Architektur hier die schwierige Aufgabe habe,

---

[1] Vgl. Reformiertes Gemeindezentrum Lukas-Kirche in Krefeld-Gartenstadt. Architekt Dipl.-Ing. Ernst Fohrer, Krefeld, in: KuKi 26 (1963) 100f.; S. Strauß, Josef Lehmbrock. Kirchenbauten der Nachkriegsmoderne, in: Mün. 66 (2013) 338–344, hier: 343; K. Wittmann-Englert, Zelt, Schiff und Wohnung. Kirchenbauten der Nachkriegsmoderne, Lindenberg im Allgäu 2006, 70–75.

[2] Vgl. S. Schmitt, Krefeld. Hier teilen sich Protestanten und Katholiken eine Kirche (20. August 2020), in: https://www1.wdr.de/nachrichten/rheinland/krefeld-lukas kirche-piuskirche-ziehen-zusammen-kirche-teilen-evangelisch-katholisch-100.html (Zugriff: 1.7.2021). – Vgl. dazu auch den Beitrag von C. Tebbe und C. Zettner in diesem Band.

[3] Zum Typus der Simultankirche vgl. H. Henke, Wohngemeinschaften unter deutschen Kirchendächern. Die simultanen Kirchenverhältnisse in Deutschland – eine Bestandsaufnahme, Leipzig 2008; weiterhin zur historischen Herleitung: U. Verstegen, Normalität oder Ausnahmesituation? Multireligiöse Raumnutzungen aus historischer Perspektive, in: B. Beinhauer-Köhler, M. Roth, B. Schwarz-Boenneke (Hg.), Viele Religionen – ein Raum?! Analysen, Diskussionen und Konzepte, Berlin 2015, 77–98; den Beitrag von N. Grochowina in diesem Band.

> „einerseits dem theologischen Fundament für das ökumenische Zusammenleben Form und Gestalt zu verleihen, und andererseits die Beziehungen zwischen den Gemeinden räumlich so umzusetzen, dass der Bau als Verpflichtung zur ökumenischen Zusammenarbeit erlebt werden kann“[4].

Die Architektur sei in diesem Zusammenhang „gebaute Theologie“[5] und habe demgemäß die Aufgabe, einen spezifischen ökumenischen Bautypus zu entwickeln.

Ausgehend von dieser These soll im Folgenden nach der architekturhistorischen und -systemischen Konfiguration ökumenischer bzw. – enger gefasst – bikonfessioneller Bautypen gefragt werden. Voraussetzung ist hierbei die kunsthistorische Differenzierung in die zwei Sakralbautypen „Kirche“ und „Gemeindezentrum“: Als „Kirche“ wird in erster Linie ein singulärer, monolithischer Bau angesehen, der den Gottesdienstraum aufnimmt und nach außen durch entsprechende Bauformen (z. B. Kirchturm) markiert ist; als „Gemeindezentrum“ gilt indessen ein architektonisches Ensemble, das aus mehreren Bau- und Raumeinheiten besteht und neben dem häufig auch multifunktional ausgerichteten Gottesdienstraum weitere Sozial- und Wirtschaftsräume aufweist. Letzterer Typus entstand erst in den 1960er-Jahren als eine Folge der ersten größeren „Kirchenkrise“ der Moderne und sollte durch eine „entsakralisierte“ Bauwirkung und -funktion die Menschen weiterhin kirchlich beherbergen.[6]

Einen Bautypus „ökumenische Kirche“, abgeleitet aus der Architekturgeschichte, fixieren zu wollen, scheint zunächst wenig sinnvoll, denn auch nach der katholischen „Freigabe“ für ein ökumenisches Miteinander im Zuge des Zweiten Vatikanischen Konzils (1962–1965) kam es nicht zur Ausbildung eines spezifischen bikonfessionellen

---

[4] M. Binaghi, Ökumenische Kirchenzentren: Bild der Einheit oder Spiegel der Trennung? Architekturanalyse und theologisch-soziologische Reflexion (Bild – Raum – Feier 16), Regensburg 2015, 187.

[5] Ebd.

[6] Vgl. dazu B. Kahle, Deutsche Kirchenbaukunst des 20. Jahrhunderts, Darmstadt 1990, 205–213; Wittmann-Englert, Zelt, Schiff und Wohnung (s. Anm. 1), 129f.150–171; S. Lieb, Himmelwärts. Geschichte des Kirchenbaus von der Spätantike bis heute, Berlin 2010, 141; Binaghi, Ökumenische Kirchenzentren (s. Anm. 4), 35–43.

Bau- und Raummodells.[7] Das zuvor in der Architekturgeschichte seit dem 16. Jahrhundert auftretende Konzept der Simultankirche beinhaltet nicht die Generierung eines neuen Bautyps, sondern vielmehr die Umnutzung eines bereits vorhandenen Sakralgebäudes zu bikonfessionellen Zwecken. Als bekannte Beispiele seien hier genannt: die mittelalterliche ehemalige Klosterkirche St. Michael in Hildesheim, die seit 1542 von einer evangelischen und einer katholischen Gemeinde gleichermaßen genutzt wird (der katholische Gottesdienstraum befindet sich in der Westkrypta),[8] oder der sog. Altenberger Dom als gotische ehemalige Zisterzienserkirche, die seit 1856 mit einer kombinierten Zeit- und Raumseparierung den Gottesdienstraum für die evangelische sowie für die katholische Gemeinde stellt.[9] Vergleicht man die von Heinz Henke (* 1944) im Jahr 2008 aufgeführten, bis heute erhaltenen 64 Simultankirchen[10] miteinander, wird jedoch deutlich, dass es innerhalb dieser Gruppe vereinzelt bautypische, am Außenbau erkennbare Unterschiede gibt: Besonders hervorzuheben sind hier die zwei klassizistischen Kirchen in Rödgen in der Gemeinde Wilnsdorf im Erzbistum Paderborn, erbaut 1779 bis 1782, und Althaldensleben in der Stadt Haldensleben im Bistum Magdeburg, erbaut 1827 bis 1829, die beide den Grundriss einer „Doppelkirche" mit separaten Langhäusern für die jeweilige Konfession und einem gemeinsamen Kirchturm in der Mitte aufweisen.[11]

Da diese Beispiele aber absolute Einzelfälle für eine konfessionelle Differenzierung am Außenbau geblieben sind, kann man auch hier keinen eigenständigen „ökumenischen" Kirchbautypus ausmachen.

Das ökumenische Gemeindezentrum schließlich, das sich mit seinem modularen Konzept vom Typus des Gemeindezentrums als einer multifunktionalen Anlage ableitet, ist als eine Variante dessen für den Zeitraum der 1960er- bis 1980er-Jahre einzuordnen. Reprä-

---

[7] Vgl. Binaghi, Ökumenische Kirchenzentren (s. Anm. 4), 91–93.

[8] Vgl. H.-D. Heckes, Die Michaeliskirche in Hildesheim – Ihre nachmittelalterliche Baugeschichte von 1542 bis 1910 [Diss. masch.], Berlin 1985.

[9] Vgl. H. Ritter-Eden, Der Altenberger Dom zwischen romantischer Bewegung und moderner Denkmalpflege. Die Restaurierung von 1815 bis 1915 (Veröffentlichungen des Altenberger Dom-Vereins 7), Bergisch Gladbach 2002.

[10] Vgl. Henke, Wohngemeinschaften unter deutschen Kirchendächern (s. Anm. 3).

[11] Vgl. ebd., 50f.95–97; Binaghi, Ökumenische Kirchenzentren (s. Anm. 4), 23.

Abb. 2: Außenansicht der Simultankirche in Althaldensleben.
Aus: https://de.m.wikipedia.org/wiki/Datei:Althaldensleben_Kirche.JPG; genutzt unter den Bedingungen der Lizenz „CC0 1.0 Verzicht auf das Copyright", vgl. https://creativecommons.org/publicdomain/zero/1.0/deed.de.

sentative Beispiele dafür sind das ökumenische Gemeindezentrum in Essen-Kettwig von Gottfried Böhm (1920–2021), erbaut 1977 bis 1983, oder das Kirchenzentrum Buchholz in Boppard von Walter Förderer (1928–2006) aus dem Jahr 1979.[12] Die in der Folgezeit ab den 1990er-Jahren entstandenen interkonfessionellen Architekturmodelle nähern sich dann eher wieder dem Bautypus des monolithisch wirkenden Kirchengebäudes an, das nach außen eine starke architektonische Aussage macht, wie beispielsweise das 2005 eingeweihte ökumenische Kirchenzentrum in München-Messestadt Riem von Florian Nagler (* 1967)[13] oder das 2004 fertiggestellte ökumenische Kirchenzentrum Maria Magdalena in Freiburg-Rieselfeld vom Architekturbüro Kister Scheithauer Gross mit der korrespondierenden Anordnung von katholischem und evangelischem Gottesdienstraum unter einer aufgebrochenen dekonstruktivistischen

[12] Vgl. Binaghi, Ökumenische Kirchenzentren (s. Anm. 4), 63, Abb. 29.
[13] Vgl. ebd., 80, Abb. 45.

Sichtbeton-Hülle, verbunden durch eine Transitzone, die den gemeinsamen Taufort aufnimmt.[14]

Abb. 3: Blick in das ökumenische Kirchenzentrum Maria Magdalena in Freiburg-Rieselfeld.
© *Christian Richters*

Generell ist zu konstatieren, dass nur aufgrund der architektonischen Konstruktion, Formgebung und Ausstattung von modernen Kirchenbauten keinerlei Rückschlüsse auf eine spezifische „konfessionelle Außenwirkung" (und entsprechende Identifikation) gezogen werden können. Wenn hier überhaupt eine Differenzierung festzumachen ist, dann kann sich diese ausschließlich an der Innenraumdisposition sowie der Wahl und Positionierung von Prinzipal- und Ausstattungsstücken orientieren. Aber selbst in diesem Bereich sind bei modernen Kirchen und Gemeindezentren keine klaren architektonischen sowie

---

[14] Vgl. dazu auch das Gespräch von S. Wahle mit S. Weber und S.-L. Müller in diesem Band.

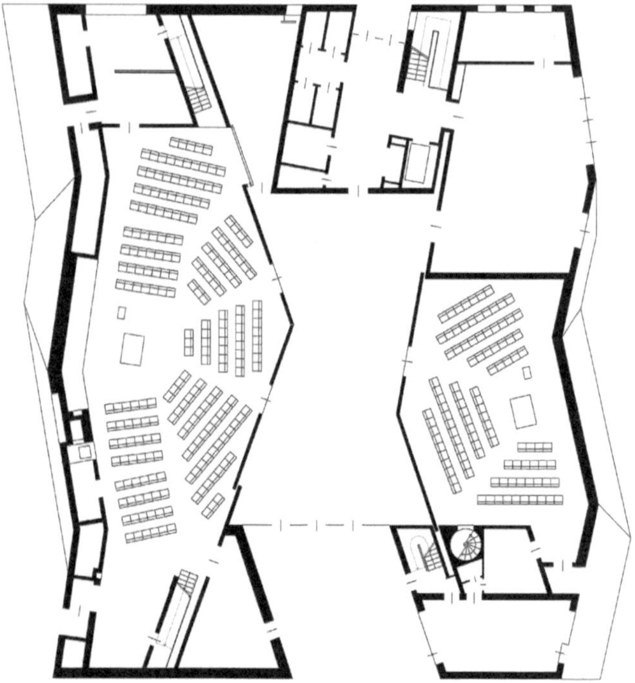

Abb. 4: Grundriss des ökumenischen Kirchenzentrums Maria Magdalena in Freiburg-Rieselfeld. © *Kister Scheithauer Gross Architekten, Köln*

künstlerischen Unterschiede auszumachen. Walter Zahner (* 1961) formuliert es 2005 folgendermaßen:

> „Die Unterschiede zwischen protestantischem und katholischem Kirchenbau, die bis in das letzte Viertel des 20. Jahrhunderts hinein in etwa so charakterisiert wurden, dass die Kirchen der Katholiken eher poetisch, künstlerisch oder emotional, die der Protestanten dagegen intellektuell seien, lösen sich mehr und mehr auf. Heute sind sie von außen kaum und im Innern nur schwer voneinander zu unterscheiden."[15]

Trotz dieses ernüchternden Zwischenergebnisses sollen im Folgenden – für einen Überblick zu ökumenischen Baukonzepten in der

[15] Zit. nach: ebd., 101, Anm. 122.

Moderne bis heute – die ersten multifunktionalen Gemeindehäuser der frühen Moderne aus den 1920er-Jahren, die ökumenischen Gemeindezentren der 1960er- bis 1980er-Jahre und schließlich die zeitgenössischen ökumenischen Kirchenbauten der 2000er-Jahre auf den transformatorischen Charakter ihrer mono- bzw. bikonfessionell ausgerichteten Architektur hin analysiert werden.

2 Der Typus des evangelischen „Gemeindehauses" in den 1920er-Jahren als Vorläufer des Gemeindezentrums – ein Exkurs

Als Vorläufer der Gemeindezentren, die ab den 1960er-Jahren entstanden, sind die Gemeindehäuser der ersten Hälfte des 20. Jahrhunderts anzusehen, da in ihnen Grundkonzepte wie Multifunktionalismus und Profanisierung von Bauformen und -räumen vorgedacht und umgesetzt wurden. Insbesondere die 1920er-Jahre sind hier eine wichtige Phase, in der sich der Gemeindehausbau zu einer Hauptaufgabe des kirchlichen Bauens entwickelte, vor allem im evangelischen Bereich. Die Idee, Gemeindehäuser zu bauen, stammt aus dem späten 19. Jahrhundert. Als Vater der Idee des modernen Gemeindezentrums gilt der Dresdner Pfarrer Emil Sulze (1832–1914).[16] Während der Industrialisierung wuchs die Einwohnerzahl der Städte sprunghaft an, wobei die Anzahl der Gemeinden jedoch unverändert blieb. Dadurch entstanden extrem große Gemeinden mit bis zu 70 000 Mitgliedern. Dies führte zu einer Entfremdung der Bevölkerung von der Kirche, weil in den Riesengemeinden kein Gemeindeleben und keine ausreichende Seelsorge entstehen konnte, zumal die Zugezogenen kaum Anschluss an die bestehende pastorale Struktur fanden. Sulze selbst war von 1876 bis 1895 Pfarrer der 60 000-Seelen-Gemeinde Dresden-Neustadt und hatte, um diesem Problem zu begegnen, seinen Verantwortungsbereich in mehrere kleine Seelsorgebezirke aufgeteilt, die von Laien betreut wurden. In seiner 1891 veröffentlichten programmatischen Schrift „Die evangelische Gemeinde" schlug er vor, entgegen der vorherrschenden Praxis kleinere Einheiten zu bilden, in denen besser Kontakt zu den Mitgliedern gepflegt und durch soziale Tätigkei-

[16] Vgl. E. Spitzbart, J. Schilling, Martin Elsaesser. Kirchenbauten, Pfarr- und Gemeindehäuser, Tübingen 2014, 15.

ten wie z. B. Kinderbetreuung und Krankenpflege ein direkter Bezug zum Alltagsleben der Menschen hergestellt werden könne. Dadurch solle eine engere Verbindung von Kirche und Gesellschaft entstehen und der Anonymität in der Großstadt entgegengewirkt werden. Zu diesem Zweck sollten an den Kirchen Gebäude entstehen, die zu sozialen und kirchlichen Zentren der Gemeinden werden. Damit war die Idee des Gemeindehauses geboren.[17]

Emil Sulzes Gedanken wurden u. a. vom Berliner Architekten Otto March (1845–1913) aufgenommen. Er entwickelte um die Jahrhundertwende sein Konzept vom „Gruppierten Bau", um das Kirchengebäude und die Räumlichkeiten für das Gemeindeleben in architektonisch ansprechender Weise zu kombinieren. Dabei sollten Kirche, Pfarrer- und Küsterwohnung sowie Gemeindehaus zu einem einheitlich gestalteten Baukörper verschmelzen. Dieser neue Gebäudetyp sollte in seinem Raumprogramm an den Bedürfnissen der Gemeinde ausgerichtet und so zu einem Lebensmittelpunkt ihrer Mitglieder werden. Die Kritik, dass das Kirchengebäude durch die Nähe zu den Gemeinderäumlichkeiten zu „profan" werden könnte, wies March als „mittelalterliche Werthschätzung weltflüchtiger Andacht" ab, der Martin Luther (1483–1546) das neue Ideal eines das ganze (Alltags-)Leben durchdringenden Christentums entgegengesetzt habe. Eine „Vermenschlichung unserer Gotteshäuser" sei daher nur wünschenswert.[18] Architektonisch setzte er seine Gedanken z. B. in der 1893 errichteten Bergkirche in Osnabrück um, die als erster „Gruppierter Kirchenbau" in Deutschland gilt.[19] Ein anderes Beispiel ist die evangelische Matthäuskirche in Frankfurt, die 1905 im Zuge der dortigen Stadterweiterung nach Plänen von Friedrich Pützer (1871–1922) im neogotischen Stil errichtet wurde. Pützer verschmolz das Kirchengebäude mit dem Gemeinde- und dem Küsterhaus; das Pfarrhaus jedoch stand eigenständig und war nur durch einen überdachten Gang mit der Kirche verbunden. Äußerst interes-

---

[17] Vgl. ebd.

[18] Wörtliche Zitate aus: O. March, Unsere Kirchen und Gruppierter Bau bei Kirchen, Berlin 1896, 19. Vgl. dazu auch Spitzbart, Schilling, Martin Elsaesser (s. Anm. 16), 24f.

[19] Vgl. Institut für Denkmalpflege (Hg.), Denkmaltopographie Bundesrepublik Deutschland. Baudenkmale in Niedersachsen, Bd. 32: Stadt Osnabrück, bearbeitet von C. Kämmerer, Braunschweig 1986, 117.

sant war dabei die zweigeschossige Aufteilung des Gebäudes im Inneren: In der oberen Etage befand sich der Gottesdienstraum, unten ein Gemeindesaal, Gruppenräume und eine Kleinkinderschule.[20]

In den 1920er-Jahren nahm die Entwicklung zu Gemeindehäusern erneut Fahrt auf, wie folgendes Zitat vom Evangelischen Kirchenbaukongress in Magdeburg 1928 verdeutlicht:

> „Das Gemeindehaus ist eine völlig neue Erscheinung im kirchlichen Bauwesen. Seine Entstehung datiert etwa 30–50 Jahre zurück. Vorher wusste kein Mensch etwas davon. Ich bin überzeugt: wenn eine ferne Zukunft einmal die kirchliche Baugeschichte unserer Zeit schreiben wird, so wird man uns die Generation nennen, in der der Gemeindehausbau begonnen hat."[21]

Jürgen Wiener (* 1959) schätzt, dass etwa ein Drittel der evangelischen Neubauten in dieser Zeit im heutigen Nordrhein-Westfalen (auf Kirchengrund) als Gemeindehäuser konzipiert wurden.[22] Dies hängt mit einer krisenhaften Phase der Neuverortung der evangelischen Kirche in Stadt und Gesellschaft zusammen. Nach dem Ersten Weltkrieg wuchs in den evangelischen Landeskirchen das Bewusstsein, dass zu weiten Teilen der Bevölkerung der Kontakt verloren werden könnte. Im Gegensatz dazu war der Einfluss linker und kommunistischer Parteien vor allem auf die Arbeiterschaft gewachsen. Um einerseits dem zunehmenden Bedeutungsverlust entgegenzuwirken und andererseits die Not und Armut vieler Menschen in den Großstädten zu lindern, begann man, sich insbesondere in der rheinischen Landeskirche verstärkt der sozialen Arbeit zuzuwenden. Damit einhergehend vollzog sich in den 1920er-Jahren an vielen Orten verstärkt der Bau von Gemeindehäusern. In diesen sollten die an die Kirche gekoppelten sozialen Dienste, aber auch Möglichkeiten

---

20 Vgl. J. Proescholdt, J. Telschow, Frankfurts evangelische Kirchen im Wandel der Zeit, Frankfurt a. M. 2011, 113–120.

21 Zit. nach: W. Distel, Protestantischer Kirchenbau seit 1900 in Deutschland, Zürich – Leipzig 1933, 110.

22 Vgl. J. Wiener, Stadt – Konfession – Kirche. Die evangelische Matthäikirche in Düsseldorf, in: H. Körner, J. Wiener (Hg.), „Liturgie als Bauherr?". Moderne Sakralarchitektur und ihre Ausstattung zwischen Funktion und Form, Essen 2010, 41–68, hier: 48. Da es kein architekturhistorisches Überblickswerk zu Gemeindehäusern als kirchlicher Bauaufgabe gibt, können keine genaueren Zahlen genannt werden.

Abb. 5: Gemeindezentrum der Kreuzkirche in Düsseldorf-Pempelfort.
© *Silvia Margrit Wolf, LVR-Amt für Denkmalpflege im Rheinland*

zur Freizeitgestaltung wie etwa verschiedene Vereine untergebracht werden, um so die Kirchenbindung der Menschen zu stärken.[23]

Im Zuge dieser Entwicklung ist erkennbar, dass sich bei den neu entstehenden Gemeindehäusern eine Profanisierung der Formensprache abzeichnete. War dieser Trend bereits bei den im traditionelleren Heimatschutzstil entstandenen Gebäuden vorhanden, wurde er nochmals verstärkt bei den Gemeindehäusern, die im Stil des Neuen Bauens errichtet wurden.[24] Zu nennen wären hier beispielsweise das Gemeindezentrum der Kreuzkirche in Düsseldorf, 1929/30 nach Plänen des Architektenbüros von Karl Wach (1878–1952) und Heinrich Rosskotten (1886–1972) entstanden.

Das Hauptgebäude des Gemeindehauses – ein dreigeschossiger, weißer Kubus – nimmt im Erdgeschoss eine Sparkasse und im Ober-

---

[23] Vgl. K. Schlösser-Kost, Evangelische Kirche und soziale Fragen 1918–1933. Die Wahrnehmung sozialer Verantwortung durch die rheinische Provinzialkirche (SVRKG 120), Köln 1996, 481–488; G. Langmaack, Evangelischer Kirchenbau im 19. und 20. Jahrhundert. Geschichte, Dokumentation, Synopse, Kassel 1971, 46.

[24] Vgl. Wiener, Stadt – Konfession – Kirche (s. Anm. 22), 46–48.

geschoss einen kleinen und großen Saal mit Bühne auf. Durch einen zweigeschossigen Seitenflügel wird das Hauptgebäude mit der 1910 fertiggestellten Kreuzkirche verbunden. Zum umfangreichen Nutzungsprogramm des Gebäudes gehörten auch ein Kindergarten und eine Turnhalle. Auffallend ist hier der starke stilistische Bruch zwischen der neuromanischen Kirche und dem funktionalistisch anmutenden, weiß verputzten Gemeindezentrum.[25] Die in den 1920er-Jahren von Otto March entwickelte Idee, die Räume für verschiedene Aufgaben und Aktivitäten in einem einzigen Gebäudekomplex zu vereinigen, wurde nun fortgesetzt, indem man überlegte, wie sich Gemeindesäle und Kirchenräume verbinden ließen, um mehr Platz für die Gottesdienstbesucher(innen) zu erhalten. Dabei spielten Raumkonzepte eine Rolle, die den Gemeinde- ebenerdig neben dem Kirchsaal anordneten und durch verschiebbare Wände eine Verbindung beider Räume ermöglichten. Ein Beispiel dafür ist die evangelische Kreuzkirche in Stuttgart-Hedelfingen, die 1929/30 nach den Plänen von Paul Trüdinger (1895–1961) realisiert wurde. Hier ist ein Gemeindesaal, der die volle Länge des Kirchenschiffes misst, an dieses seitlich angebaut. Durch eine faltbare Wand können die Räume miteinander verbunden werden, wenn Bedarf nach einem größeren Kirchenraum besteht. Im Turm sind weitere Gemeinderäume untergebracht.[26]

Oftmals aus Kostengründen versuchte man die Baukörper kompakt zu halten und die vorhandenen Räume durch flexible, multifunktionale Lösungen optimal zu nutzen. Noch einen Schritt weiter gingen Entwürfe, die auch den Kirchensaal, also den Sakralraum selbst, als multifunktional nutzbaren Raum ansahen. Hier zeichnete sich ein deutlicher Sprung von den Konzepten der Jahrhundertwende ab, die den Sakralraum unangetastet ließen. Als Beispiele können hier die Melanchthonkirche in Köln-Zollstock, 1929/30 nach Plänen von Theodor Merrill (1891–1978) entstanden, und die von Gottlob Schaupp (1891–1977) zeitgleich errichtete Paul-Gerhardt-Kirche in

---

[25] Vgl. B. Gropp, M. Kieser, S. Kuhrau, Neues Bauen im Rheinland. Ein Führer zur Architektur der Klassischen Moderne, Petersberg 2019, 114f.; Evang. Kirche und Gemeindehaus in Düsseldorf, in: Bauwarte 35 (1929) 73–80.

[26] Vgl. Distel, Protestantischer Kirchenbau seit 1900 in Deutschland (s. Anm. 21), 107; P. Trüdinger, Evangelische Kirche in Hedelfingen, in: Der Baumeister 1 (1931) 18–21.

Abb. 6: Historische Außenansicht der Melanchthonkirche in Köln-Zollstock um 1930.
Aus: ZBV 52 (1930) 895.

Frankfurt-Niederrad genannt werden. Für beide Gebäude gab es ein ausgeklügeltes Nutzungskonzept, das im Untergeschoss Gemeinderäume und darüber einen multifunktional einsetzbaren Kirchenraum vorsah.

So befand sich in beiden Kirchen an der dem Altar gegenüberliegenden Seite eine Bühne für Theateraufführungen, Vorträge, Filmvorführungen, Gemeindefeiern u. Ä. Bei profaner Nutzung des Raumes konnte die Bestuhlung einfach in die andere Richtung gedreht werden; der Altar wurde zusätzlich verborgen, in Köln-Zollstock durch einen Vorhang, bei der Frankfurter Kirche wurde er in eine Nische weggerollt.[27]

---

[27] Vgl. Evangel. Gemeindehaus in Frankfurt A. M.-Niederrad. Architekt G. Schaupp, Frankfurt a. Main, in: ZBV 52 (1930) 897–900; G. Lampmann, Evangelische Kirche in Köln-Zollstock, in: ZBV 52 (1930) 893–897.

3 Der Typus des Gemeindezentrums und ökumenische Kirchenzentren der 1960er- bis 1980er-Jahre

In den 1960er-Jahren knüpften die neu entstehenden Gemeindezentren an die skizzierte Bautradition der evangelischen Gemeindehäuser der 1920er-Jahre an. Meist wurden sie im Kontext von neu geplanten Stadtteilen realisiert und waren gezielt als religiös-soziale Zentren gedacht.[28] Wurden jedoch die Gemeindehäuser zumeist durch einen Kirchturm als Bautyp „Kirche" nach außen hin markiert, fiel diese Erkennbarkeit bei Gemeindezentren der Nachkriegszeit weg. Die Gebäude waren durch „eine zunehmende architektonische Anonymität gekennzeichnet"[29]. Für die Kirchbauentwicklung in dieser Zeit seien, so Kerstin Wittmann-Englert (* 1962), vor allem zwei Faktoren wesentlich: einerseits der Geldmangel und andererseits „der wachsende Wunsch nach einer Demokratisierung des Planungsprozesses"[30]. Sie verweist hier als paradigmatisches Beispiel auf den Bauwettbewerb von 1969 für ein ökumenisches Gemeindezentrum für die ab den 1960er-Jahren entstehende Trabantenstadt Darmstadt-Kranichstein und konstatiert eine „nicht zu übersehende Orientierungslosigkeit"[31] bezüglich der baulichen Konzeption.

Architektonisch funktionierten die Gemeindezentren als horizontale, additiv zusammengesetzte Baukörper. Sie wurden als „geistliche und gesellschaftliche Lebensmitte der Gemeinde"[32] geplant; dementsprechend sollten die Gebäude für verschiedene Nutzungen ausgelegt werden und die Räume selbst flexibel anzupassen sein. Daher wurden in den Gemeindezentren neben den Gottesdiensträumen nicht nur Räume für diverse Aktivitäten der Gläubigen untergebracht, sondern häufig auch mobile Trennwände eingesetzt, um Bereiche zu öffnen und zu schließen, Bereiche zu verkleinern oder zu vergrößern. Auch der Gottesdienstraum selbst wurde z. T. multifunktional nutzbar verstanden, der nicht mehr eindeutig liturgisch

---

[28] Vgl. Binaghi, Ökumenische Kirchenzentren (s. Anm. 4), 36f.
[29] Ebd., 36.
[30] Wittmann-Englert, Zelt, Schiff und Wohnung (s. Anm. 1), 160.
[31] Ebd.
[32] Binaghi, Ökumenische Kirchenzentren (s. Anm. 4), 38.

konnotiert war und ebenfalls mit den anderen Gemeinderäumen durch Trennwände erweitert werden konnte.[33]

Von der äußeren Form her sind Gemeindezentren durch ihre niedrige Höhe und die Erstreckung in die Fläche gekennzeichnet, wodurch sie oft deutlich niedriger als die umgebende Bebauung sind. Der Verzicht auf eine repräsentative Fassade und oftmals auch auf kirchliche Erkennungszeichen wie Glockentürme sowie die Einordnung in das übrige Stadtbild sollten das Kirchengebäude auf ein „menschliches Maß" reduzieren, so den Bewohner(inne)n des neuen Viertels Zugänglichkeit signalisieren und potenziellen Berührungsängsten mit der Kirche vorbeugen.[34]

Vor dem hier skizzierten Hintergrund entwickelten sich zu Beginn der 1970er-Jahre die ökumenischen Kirchenzentren, die als eine Art Subkategorie von monokonfessionellen Gemeindezentren gelten können.[35] Aufgrund der komplizierteren Planungslage, bei der die Bedürfnisse von zwei Gemeinden unterschiedlicher Konfession berücksichtigt werden musste, zog sich die Konzeption solcher Projekte zeitlich immer sehr hin. So wurden ab ca. 1965, nach dem Ende des Zweiten Vatikanischen Konzils, Planungen für ökumenische Zentren angegangen, die teilweise erst Mitte der 1970er-Jahre baulich realisiert werden konnten. Das ökumenische Zentrum Thomaskirche in Marburg-Richtsberg, das 1973 eingeweiht wurde, gilt als das erste seiner Art in Deutschland.[36]

Entworfen wurde es von den Architekten Dirk Bäumer (*1936), Johann Georg Graf zu Solms (* 1938) und Karl Hermann Stärk (*1939) von der Architektengruppe Theodor London Collective. Es entstand in einem Neubauviertel und bildet dort zusammen mit einem Ladenensemble das städtebauliche Zentrum. Zur Fußgängerzone hin präsentiert sich das Gebäude mit großen Glasflächen, die

---

[33] Vgl. ebd., 36. Allerdings stellt Wittmann-Englert fest, dass die Auffassung des Gottesdienstraumes als neutraler Mehrzweckraum vor allem bei evangelischen Gemeindezentren anzutreffen ist. Auf katholischer Seite blieb der Gottesdienstraum als rein liturgisch genutzter Raum in aller Regel bestehen. – Vgl. Wittmann-Englert, Zelt, Schiff und Wohnung (s. Anm. 1), 129.

[34] Binaghi, Ökumenische Kirchenzentren (s. Anm. 4), 39.

[35] Vgl. ebd., 35.

[36] Vgl. G. Hagmann, Ökumenische Zusammenarbeit unter einem Dach. Eine Studie über evangelisch-katholische Kirchen- und Gemeindezentren (APrTh 32), Leipzig 2007, 76f.

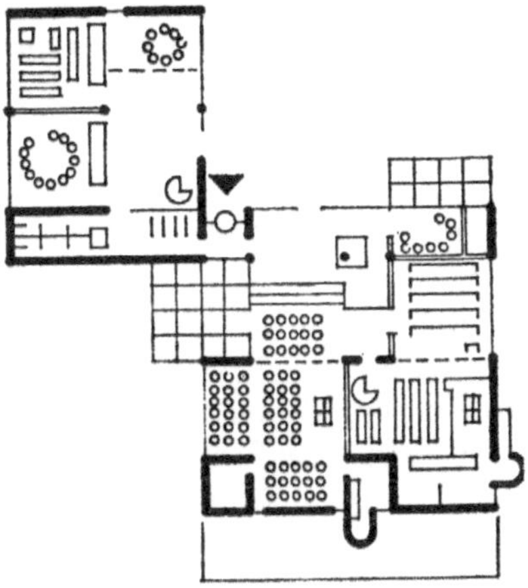

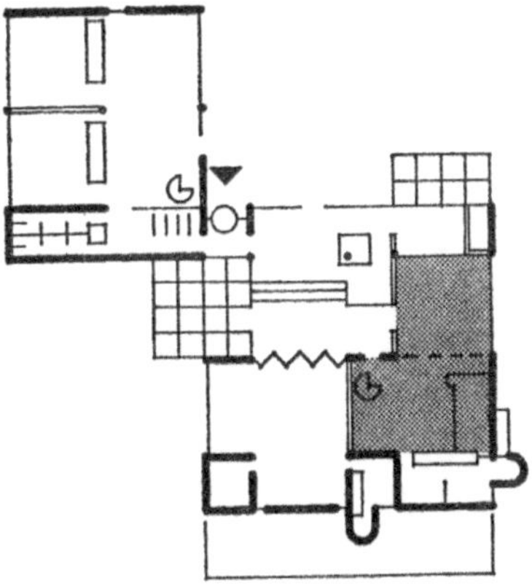

Kleinerer Gottesdienst, Taufe

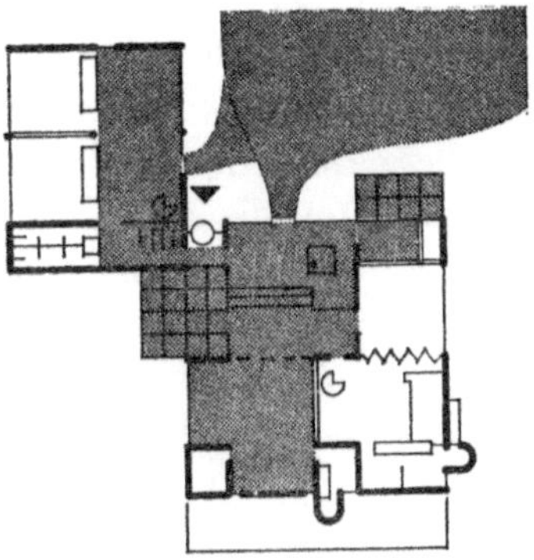

Großes Fest

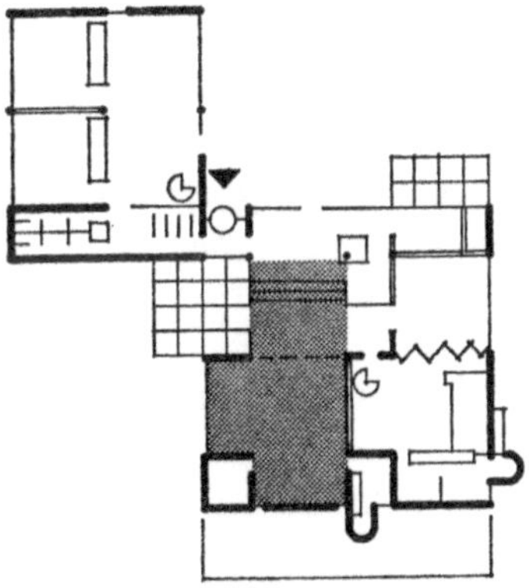

Festgottesdienst, Theater

Abb. 7: Grundrisse mit verschiedenen Nutzungsdiagrammen für das ökumenische Zentrum Thomaskirche in Marburg-Richtsberg.
Aus: H. Gerlach, Zum Beispiel Marburg-Richtsberg, in: R. Volp, H. Schwebel (Hg.), Ökumenisch planen. Dokumentation und Beiträge (SIKKG 4), Gütersloh 1973, 40–50, hier: 45f.

Rückseite hingegen ist als skulptural anmutende Betonfassade geschlossener gehalten. Dies entspricht dem Wunsch, den Komplex für die Bewohner(innen) des Viertels zu öffnen und durch zahlreiche Freizeit- und Sozialangebote die Kirche attraktiv zu machen; „Scheu und Hemmnisschwellen“[37] galt es abzubauen. Die beiden Gottesdiensträume werden im Außenbau durch zwei erhöhte, mit Kunstschiefer verkleidete Kuben gekennzeichnet. Das Raumprogramm des Gebäudes umfasst eine katholische Kapelle, einen evangelischen Gottesdienstraum, der multifunktional genutzt werden kann, ein geräumiges Foyer, Gemeinde- und Jugendräume sowie die Wohnung des evangelischen Pfarrers. Durch faltbare Wände sind die Räume z. T. erweiterbar und für unterschiedlichste Nutzungen umzubauen. Ursprünglich wollten die beiden Gemeinden nur einen gemeinsam genutzten Sakralraum im Gebäude einrichten, die Argumente dafür verdeutlichen anschaulich den Zeitgeist:

> „Oft genug sind Kirchenbauten kritisiert worden, da sie in der Erbauung und Unterhaltung enorme Gelder verschlingen, jedoch vergleichsweise selten benutzt werden. Warum sollte man angesichts der Welthungerkatastrophe und anderer Notstände, die den Einsatz kirchlicher Geldmittel herausfordern, unter *einem* Dach *zwei* Kapellen bauen. Auch schienen uns die unterschiedlichen Auffassungen darüber, wie gottesdienstliche Räume ausgestaltet werden können, durch die Entwicklung seit dem Vaticanum II – weitgehender Fortfall der Altarschranken, Verzicht auf besondere Marien-Altäre, freistehender Altar – relativ belanglos zu sein.“[38]

Auch bezüglich der liturgischen Raumgestaltung scheint man in Marburg zu dem Schluss gekommen zu sein, dass die konfessionellen Unterschiede nicht mehr allzu schwer ins Gewicht fielen – eine Auffassung, die die Kirchenleitungen auf beiden Seiten nicht teilten und ihr Veto einlegten. Man fand dann die Lösung, die beiden Sakralräume nebeneinander anzuordnen und nur durch eine statisch nicht tragende Wand zu verbinden, sodass diese in der Zukunft ein-

---

[37] H. Gerlach, Zum Beispiel Marburg-Richtsberg, in: R. Volp, H. Schwebel (Hg.), Ökumenisch planen. Dokumentation und Beiträge (SIKKG 4), Gütersloh 1973, 40–50, hier: 48.

[38] Ebd., 43 [Hervorhebung im Original].

mal eingerissen werden könne, wenn die Ökumene sich weiterentwickelt haben würde. Der evangelische Gottesdienstraum wurde als Mehrzweckraum ausgelegt, wohingegen die katholische Kapelle als Andachtsraum gedacht war. Wie Karin Berkemann (* 1972) feststellt, machte sich jedoch auch in Marburg in den letzten Jahrzehnten der Trend zur Sakralisierung von Gemeindezentren bemerkbar: Die Gottesdiensträume wurden durch weitere ortsfeste Ausstattungsstücke als Sakralräume festgeschrieben, und 2003 errichtete man einen Glockenträger auf dem Vorplatz, um das Gebäude auch nach außen als kirchlichen Bau zu kennzeichnen.[39]

Insgesamt stellt sich die Situation für viele der Gemeindezentrumsbauten aus den 1960er- bis 1980er-Jahren momentan sehr kritisch dar, da ihre architektonische „Neutralität" nicht mehr gefragt ist – in Deutschland wurden bereits etliche abgerissen, ohne jemals in ihrer architekturhistorischen und soziologischen Bedeutung erfasst worden zu sein. Eine fundierte kunstwissenschaftliche Erarbeitung und Publikation des Themas steht nach wie vor aus.

4 Zeitgenössische Kirchenarchitektur als ökumenisches Zukunftsmodell?

Die aktuelle Tendenz der gestalterischen „Resakralisierung" von in den 1960er- bis 1980er-Jahren als profan und multifunktional angelegten (ökumenischen) Gemeindezentren sowie die Entstehung von neuen „ökumenischen Kirchen" wie dem Zentrum Maria Magdalena in Freiburg-Rieselfeld[40] oder dem Kirchenzentrum in München-Riem[41] führen auf die anfängliche Fragestellung nach einer möglichen architektonischen Typisierung von bikonfessionellen Bau- und Raummodellen für das 20. und 21. Jahrhundert zurück.

---

[39] Vgl. K. Berkemann, Marburg. Ökumenisches Gemeindezentrum Thomaskirche. Liturgie und Raum, in: https://www.strasse-der-moderne.de/portfolio/marburg-richtsberg-oekumenisches-gemeindezentrum-thomaskirche (Zugriff: 1.7.2021).

[40] Vgl. M. Ludwig, R. Mawick (Hg.), Gottes neue Häuser. Kirchenbau des 21. Jahrhunderts in Deutschland (Edition Chrismon), Frankfurt a. M. 2007, 124–129. – Vgl. dazu auch das Gespräch von S. Wahle mit S. Weber und S.-L. Müller in diesem Band.

[41] Vgl. Ludwig, Mawick (Hg.), Gottes neue Häuser (s. Anm. 40), 106–113.

Abb. 8: Außenansicht des ökumenischen Kirchenzentrums Maria Magdalena in Freiburg-Rieselfeld.
© *Christian Richters*

Abb. 9: Außenansicht des Kirchenzentrums München-Riem mit dem gemeinsamen freistehenden Glockenturm.
© *Stefan Müller-Naumann*

Abb. 10: Blick auf den Glockenturm des Kirchenzentrums München-Riem.
© *Stefan Müller-Naumann*

Beide Grundtypen – die monolithische Kirche mit tradierter Sakralsymbolik und -liturgie sowie das Gemeindezentrum mit seiner profaner wirkenden, multifunktionalen und konfessionsoffenen Struktur – bleiben als Bau- und Raummodelle auch in Moderne und Postmoderne erhalten und haben je nach gesellschaftlicher Lage sowie konfessionellen Richtlinien und Trends wellenartig mal mehr und mal weniger Zuspruch erhalten. Beide Modelle bieten aufgrund des architektonischen Gestaltungspotenzials mit offenen Grundrissstrukturen und schlichten Raumkonzepten mit der Integration unterschiedlicher Atmosphäre-Konstellationen hinreichend Freiheiten für transformatorische Prozesse, die eine bikonfessionelle Nutzung ermöglichen. Die derzeitige Entwicklung des anhaltenden, rasanten

Mitgliederschwunds in katholischer sowie evangelischer Kirche und der damit einhergehende „Abbau“ von Gebäuden beider Konfessionen macht anscheinend vielerorts die anfänglich erwähnten „Notlösungen“ – wie das bikonfessionelle Zusammenziehen von zwei Gemeinden in einem Kirchengebäude – notwendig; hier werden Erinnerungen an die historischen Simultankirchen wach, wie sie u. a. nach der Reformation oder in Kulturkampf und Säkularisierung des 19. Jahrhunderts eingerichtet wurden.

Es kann nicht Aufgabe der Architektur sein, das zukünftige ökumenische Leben zu konfigurieren oder gar zu retten. Die bereits bestehenden christlichen Sakralgebäude mit ihren vielfältigen Bau- und Raumangeboten für ein religiöses Miteinander und ihrem transformatorischen Potenzial reichen zunächst einmal hinlänglich aus, um Menschen auf der Suche nach ihrer christlichen (ökumenischen) Identität einen Treffpunkt und ein Zuhause zu bieten. Darüber hinaus gibt es einige neu errichtete „ökumenische Kirchen“, die nach außen dezent, aber klar als christliche Architektur markiert sind und aufgrund ihrer Positionierung und Monumentalität eine Rolle im Stadtbild spielen. Im Inneren bieten diese Bauten variable Raumkonzepte an, die eine multiple liturgische, aber auch soziale Nutzung ermöglichen. Vonseiten des vorhandenen Bau- und Raumangebots steht einer verstärkten Ökumenisierung nichts mehr im Weg!

2. Ökumenische Räume in reflektierter Praxis

Ökumenische Kirchenzentren in der Schweiz

Erfahrungen aus 50 Jahren gemeinsamen christlichen Lebens, Betens und Bauens

Stefan Kopp

Reformationsgeschichtlich zeichnet sich die Schweiz, besonders in ihren östlichen Teilen und eng verbunden mit der Kantonbildung, durch die Entwicklung gemischtkonfessioneller lokaler Gemeinschaften aus, die sich seit dem 17. Jahrhundert – vor allem bei einem Mangel an Ressourcen – häufig auch mobile und immobile Kirchengüter teilten. Deshalb entstanden dort – vorwiegend in den Kantonen Thurgau, St. Gallen, Glarus und Graubünden – Simultankirchen.[1] Zum Teil wurden diese von zwei konfessionellen Gruppen paritätisch genutzten Sakralgebäude im Laufe des 20. Jahrhunderts aufgelöst, weil sich entweder konfessionelle Mehrheitsverhältnisse änderten oder eine der (bzw. beide) Gemeinden eine neue Kirche baute(n). Wenn eine solche Entscheidung zusammen getroffen wurde, entstanden seit den 1970er-Jahren vermehrt auch gemeinsame Gebäudekomplexe.[2]

1 Zu den Grundlagen ökumenischen Bauens

Konkrete ökumenische Impulse für solche Konzepte gingen im 20. Jahrhundert in der Schweiz von katholischer Seite – abgesehen von einzelnen Gebetsinitiativen für die Einheit der Kirche bzw. die

[1] Vgl. U. Pfister, Konfessionelle Parität (20. Mai 2010), in: https://hls-dhs-dss.ch/de/articles/030550/2010-05-20 (Zugriff: 1.7.2021); F. Brentini, Bauen für die Kirche. Katholischer Kirchenbau des 20. Jahrhunderts in der Schweiz (Brückenschlag zwischen Kunst und Kirche 4), Luzern 1994, 236f.

[2] Vgl. dazu etwa den Einblick in: J. Stückelberger, Ökumenischer Kirchenbau als Folge der Liturgiereform nach 1960, in: M. Klöckener, B. Jeggle-Merz, P. Spichtig (Hg.), „Die sichtbarste Frucht des Konzils". Beiträge zur Liturgie in der Schweiz – „Le fruit le plus visible du Concile". Études sur la liturgie de l'Église en Suisse, Fribourg 2015, 339–361, hier: 349f.

Wiedervereinigung im Glauben[3] – erstmals in den Jahren nach dem Zweiten Weltkrieg (1939–1945) aus. 1952 wurde in Fribourg etwa die „Katholische Konferenz für ökumenische Fragen“[4] gegründet. Dieses Netzwerk setzte sich aus Theologen zusammen, die sich gemeinsam mit den Bischöfen dem ökumenischen Anliegen verschrieben und aktuelle, zeitgleich im Ökumenischen Rat der Kirchen (ÖRK) angesprochene Fragen vertieften. Für die Entstehung konfessionsverbindender Bauprojekte war die Schweizerische Landesausstellung Expo 64 in Lausanne ein wichtiger Impulsgeber.[5] Dynamisiert wurden gemeinsames christliches Leben, Beten und Bauen in der Folge einerseits durch die gesamtkirchlichen Reformaufträge des Zweiten Vatikanischen Konzils (1962–1965) mit seinem Dekret *Unitatis redintegratio* (UR) über den Ökumenismus von 1964 und andererseits auf ortskirchlicher Ebene durch „Richtlinien und Empfehlungen für das gemeinsame Beten und Handeln der Kirche in der Schweiz“[6], die 1970 gemeinsam von den evangelischen, römisch-katholischen und christkatholischen Verantwortlichen herausgegeben wurden und einen deutlichen Aufbruch im Bereich der Ökumene signalisierten. Von 1972 bis 1975 fand in der Schweiz die sog. „Synode 72“ statt. Wie die „Würzburger Synode“ (1971–1975) in Deutschland[7] diente diese zur Umsetzung der Konzilsbeschlüsse auf ortskirchlicher Ebene. Anders als im Nachbarland meint der Begriff „Synode“ in der Schweiz allerdings nicht ausschließlich gemeinsame Beratungen in einem einzigen Versammlungsformat, sondern die

[3] So erfolgte 1929 etwa die Gründung des sog. Einsiedler Gebetsbundes. – Vgl. Ökumene-Kommission der Schweizer Bischofkonferenz (Hg.), Für die Einheit der Kirche in der Schweiz. Eine ökumenische Orientierung – Verso l’unità della Chiesa in Svizzera. Orientamenti ecumenici – Vers l’unité de l’Église en Suisse. Orientations œcuméniques, Fribourg 2005, 9.

[4] Ebd.

[5] Vgl. Brentini, Bauen für die Kirche (s. Anm. 1), 236f.

[6] Vorstand des Schweizerischen Evangelischen Kirchenbundes, Konferenz der römisch-katholischen Bischöfe der Schweiz, Bischof und Synodalrat der christkatholischen Kirche der Schweiz (Hg.), Richtlinien und Empfehlungen für das gemeinsame Beten und Handeln der Kirchen in der Schweiz, Tenniken – Fribourg – Bern 1970.

[7] Vgl. dazu zuletzt H. Haslinger (Hg.), Wege der Kirche in die Zukunft der Menschen. 50 Jahre nach Beginn der Würzburger Synode (Kirche in Zeiten der Veränderung 9), Freiburg i. Br. 2021.

> „Synode 72 wurde auf zwei Ebenen durchgeführt: als Diözesansynode im Rahmen der sechs Bistümer der Schweiz (Basel, Chur, Lausanne-Genf-Fribourg, Lugano, Sitten, St. Gallen) und in der Gebietsabtei St.-Maurice und gleichzeitig als interdiözesane Koordination auf gesamtschweizerischer Ebene“[8].

Nachdem im Dezember 1970 von der interdiözesanen Vorbereitungskommission ein zwölf Themen umfassender Katalog verabschiedet wurde, begannen die Diözesansynoden mit dessen Bearbeitung und brachten Texte hervor, die dieser Kommission zur Kenntnisnahme vorgelegt wurden.[9] Die Rezeptionsprozesse der einzelnen Bistümer waren dementsprechend unterschiedlich – auch *in oecumenicis*. Die Frage nach der ökumenisch orientierten kirchlichen Bautätigkeit wurde nicht etwa mit dem fünften Thema „Ökumenischer Auftrag in unseren Verhältnissen“ verhandelt, sondern in dem vierten Kommissionsbericht „Kirche heute“. In dem verabschiedeten Text der Diözese Basel wird in dem Abschnitt „Dienende und arme Kirche“ formuliert:

> „Die Kirchgemeinden sollen auf luxuriöse, kostspielige und überdimensionierte Bauten verzichten. Die Schaffung von Räumen mit sinnvoller künstlerischer Ausgestaltung für Liturgie, Sammlung, Gebet und Meditation, für Bildung und kulturelle Veranstaltungen ist hingegen ein Dienst an den Menschen der Gegenwart. Als Ort der Begegnung sollen kirchliche Räume möglichst Vielen offenstehen.
> Neue kirchliche Bauten sind wenn möglich in ökumenischer Zusammenarbeit zu errichten.“[10]

---

[8] M. Belok, Die Synode 72 in der Schweiz (1972–1975), in: PThI 31 (2/2011) 21–42, hier: 21. – Vgl. dazu M. Ries, Auf der Suche nach Ausgleich. Die Schweizer Synode 72, in: J. Schmiedl (Hg.), Nationalsynoden nach dem Zweiten Vatikanischen Konzil. Rechtliche Grundlagen und öffentliche Meinung (ThBer 35), Fribourg 2013, 101–115.

[9] Vgl. R. Weibel, Synode 72. Themenfindung und Beteiligung der Öffentlichkeit, in: Schmiedl (Hg.), Nationalsynoden nach dem Zweiten Vatikanischen Konzil (s. Anm. 8), 236–257, hier: 248–251.

[10] Sachkommission 4 „Kirche heute“, Synode 72. Verabschiedete Texte. Diözese Basel, Abschnitt 8.10 [in: Entscheidungen und Empfehlungen (von der Synode am 9. Mai 1975 und von Bischof Dr. Anton Hänggi genehmigt)], Solothurn ^{6}1998 [Erstausgabe: 1975].

Dabei stellt Johannes Stückelberger (* 1958) zu Recht fest:

> „Das ökumenische Bauen wird empfohlen nicht primär als Manifest des Miteinanders, sondern als Zeichen für ein Selbstverständnis der Kirche als armer und dienender."[11]

Im Übrigen gilt: Die Ökumene sollte – schon im Sinne des Konzils – kein Solitär neben anderen theologischen und kirchlichen Themenkomplexen sein, die einer stetigen Neubestimmung im Sinne des Evangeliums bedürfen, sondern jene zunehmend in selbstverständlicher Weise mitprägen und integraler Bestandteil davon werden. In eine ähnliche Richtung denkt und argumentiert ein weiteres grundlegendes Dokument von 1973, das den Titel „Was ist beim Bau von kirchlichen Zentren zu beachten? Empfehlungen und Richtlinien zum Pfarreizentrenbau"[12] trägt und von einem Zentrum – nicht von einem einzelnen Sakralgebäude – als Normalfall kirchlicher Bautätigkeit in den Gemeinden ausgeht. Bezogen auf gemeinsames christliches Bauen heißt es hier:

> „Wenn Ökumenismus besagt, dass die Kirchen sich einander annähern und sich teilweise einig sind, dann hat das wiederum soziologische Bedeutung und sollte sich auch baulich äussern. ‚Ökumenische Kirchenzentren' dürfen nicht nur vereinzelte Schaustücke sein, sondern sollten überall dort in die ordentliche Überlegung einbezogen werden, wo beiderseits Raumbedürfnisse bestehen. Das Problem kann nötigenfalls differenziert werden in die Frage des Gottesdienstraumes einerseits, der sonstigen Räume anderseits."[13]

---

[11] Stückelberger, Ökumenischer Kirchenbau als Folge der Liturgiereform nach 1960 (s. Anm. 2), 343.

[12] Pastoralplanungskommission (Hg. im Einverständnis mit der Schweizer Bischofskonferenz), Was ist beim Bau von kirchlichen Zentren zu beachten? Empfehlungen und Richtlinien zum Pfarreizentrenbau, St. Gallen 1973.

[13] Ebd., 13 [Kapitel 4.4].

2 Zur Realisierung unterschiedlicher Bautypen von ökumenischen Kirchenzentren

Von den 1970er-Jahren bis heute entstanden in der Schweiz neben acht ökumenischen Kapellen[14] 21 ökumenische Kirchenzentren[15], deren Bau Ende der 1960er-Jahre mit dem ersten Schweizer Bauprojekt dieser Art in Langendorf begann und von denen 20[16] noch bestehen. Das vorerst letzte wurde 2013 in Augst eröffnet.[17]

Mit Marta Binaghi (* 1980) können insgesamt fünf Bautypen von ökumenischen Kirchenzentren differenziert werden, von denen drei eigenständige Kirchenräume aufweisen sowie zwei einen gemeinsamen und die größtenteils auch in der Schweiz realisiert wurden.[18] Die drei Varianten mit eigenständigen liturgischen Räumen sind: eigenständige Gottesdiensträume in getrennten Gebäuden, eigenständige Gottesdiensträume unter einem Dach und verbindbare Gottesdiensträume. Bei einem gemeinsamen liturgischen Raum kommen die beiden Optionen infrage, dass dieser von zwei bzw. mehreren konfessionellen Gruppierungen schlicht zusammen genutzt wird oder – etwa durch Schiebewände – teil- bzw. erweiterbar ist.[19] Das ökumenische Kirchenzentrum in Langendorf

---

[14] Schweizer Kirchenbautag. Datenbank Moderner Kirchenbau in der Schweiz. Konfession und Bautypus [Ökumenisch – Kapelle], in: https://www.schweizerkirchenbautag.unibe.ch/moderner_kirchenbau/konfession_und_bautypus/oekumenisch/index_ger.html (Zugriff: 1.7.2021).

[15] Ebd. [Ökumenisch – Gemeindezentrum]. Aus den 1970er-Jahren bestehen noch sieben Zentren (drei davon waren schon in den späten 1960er-Jahren in Planung), aus den 1980er-Jahren acht und aus den 1990er-, 2000er- sowie 2010er-Jahren je zwei.

[16] Das 1977 erbaute Centre Communautaire Oecuménique Les Avanchets (Vernier) wurde im Jahr 2015 an die Pentecôtiste Church for the Nations verkauft. – Vgl. V. Sauterel, Centre communautaire oecuménique d'Avanchet (2018), in: https://vitrosearch.ch/fr/buildings/2261690 (Zugriff: 1.7.2021).

[17] Vgl. dazu auch die Übersicht im Anhang dieses Beitrags.

[18] Vgl. M. Binaghi, Ökumenische Kirchenzentren: Bild der Einheit oder Spiegel der Trennung? Architekturanalyse und theologisch-soziologische Reflexion (Bild – Raum – Feier 16), Regensburg 2015, 44–65; zur Sache auch G. Hagmann, Ökumenische Zusammenarbeit unter einem Dach. Eine Studie über evangelisch-katholische Kirchen- und Gemeindezentren (APrTh 32), Leipzig 2007.

[19] Vgl. dazu ausführlich S. Kopp, *lex orandi – lex credendi – lex aedificandi*. Zu den liturgietheologischen Grundlagen gebauter Ökumene, in: ders., J. Werz (Hg.), Ge-

(1971)[20] weist zwei eigenständige Gottesdiensträume in getrennten Gebäuden auf, die architektonisch allerdings aufeinander bezogen sind, da sie beide in einen quadratischen Gesamtgrundriss eingeschrieben wurden.[21] Kirchenzentren, die zwei Gottesdiensträume haben, welche durch ein Foyer oder einen Saal miteinander verbunden sind, befinden sich in Meyrin (1976)[22], Steinhausen (1981)[23] und Ehrendingen (1984)[24]. Verbindbare Gottesdiensträume hat das ökumenische Kirchenzentrum von Ittigen (1980)[25]. Ökumenische Kirchenzentren mit einem liturgischen Raum, der von zwei konfessionellen Gruppierungen genutzt wird, sind in Flüh (1974)[26], Kehrsatz (1976)[27], Les Avanchets (1977)[28], Niederglatt (1979)[29], Rüttenen (1979)[30], Stansstad (1980)[31], Zürich (1982)[32],

---

baute Ökumene. Botschaft und Auftrag für das 21. Jahrhundert? (ThIDia 24), Freiburg i. Br. 2018, 201–228, hier: 207–221.

20 Angegeben werden hier jeweils die Jahre der Fertigstellung.

21 Vgl. Brentini, Bauen für die Kirche (s. Anm. 1), 240.

22 Vgl. V. Sauterel, Centre paroissial œcuménique (2014), in: https://vitrosearch.ch/fr/buildings/2176472 (Zugriff: 1.7.2021).

23 Vgl. Brentini, Bauen für die Kirche (s. Anm. 1), 241.

24 Vgl. SAK-EHR002 Ehrendingen, Ökumenisches Kirchengemeindezentrum, 1983–1984, in: https://www.ag.ch/denkmalpflege/suche/detail.aspx?ID=127879 (Zugriff: 1.7.2021).

25 Vgl. Stückelberger, Ökumenischer Kirchenbau als Folge der Liturgiereform nach 1960 (s. Anm. 2), 351–353.

26 Vgl. ebd., 348–351.

27 Vgl. U. Kaufmann, Auf dass sie alle eins seien. Die Entstehung der reformierten Kirchgemeinde Kehrsatz. Lebendige Ökumene in Kehrsatz (betrachtet von 1972–1976), Kehrsatz 1993, in: https://www.oeki.ch/fileadmin/documents/home/Kirchengeschichte_Kehrsatz.pdf (Zugriff: 1.7.2021), 10f.

28 Vgl. Sauterel, Centre communautaire oecuménique d’Avanchet (s. Anm. 16).

29 Vgl. Ökumenischer Kirchenbau, in: https://www.refkinini.ch/www.zh.ref.ch/gemeinden/niederhasli-niederglatt/content/e13601/e13689/e2183/Oekumenischer_Kirchenbau_Niederglatt_1981_blank.pdf (Zugriff: 1.7.2021), 32f.

30 Vgl. K. Schmid, Sakral und profan, in: https://www.kirchenblatt.ch/index.php/links/archiv/2020/ausgabe-75/sakral-und-profan (Zugriff: 1.7.2021).

31 Vgl. Ökumenisches Kirchgemeindehaus 6362 Stansstad (NW), in: Schweizer Architektur 71 (15/1986) 21–25.

32 Vgl. Kirchliches Zentrum Suteracher, in: Amt für Städtebau, Archäologie und Denkmalpflege im Hochbaudepartement der Stadt Zürich (Hg. in Zusammenarbeit mit dem Verband der stadtzürcherischen evangelisch-reformierten Kirchgemeinden), Reformierte Kirchen der Stadt Zürich. Spezialinventar, September 2006, Zürich 2006, 183.

Arni (1983)[33], Laupen (1985)[34], St. Gallen (1986)[35], Pieterlen (1995)[36], Wolfhausen (1997)[37], Lausanne (2002)[38], Wilen (2004)[39], Dättwil (2011)[40] und Augst (2013)[41]. Nur der Bautyp eines Zentrums mit einem gemeinsamen, teil- bzw. erweiterbaren Gottesdienstraum, der für gleichzeitig laufende Veranstaltungen genutzt wird, kommt in der Schweiz nicht vor. Typisch für die religiöse Prägung der Eidgenossenschaft ist, dass in vielen der erwähnten Kirchen(-zentren) der hl. Niklaus von Flüe (1417–1487), der sich als Einsiedler und Friedensstifter tief in die Geschichte des Landes eingeprägt hat, eine Rolle spielt. Da ihm sowohl von katholischer als auch von protestantischer Seite eine hohe Wertschätzung entgegengebracht wird, gilt er häufig als „ökumenischer Heiliger“. So wurden

---

33 Vgl. SAK-ARN001 Arni, Ökumenische Kirche Johannes, 1982–1983, in: https://www.ag.ch/denkmalpflege/suche/detail.aspx?ID=127837 (Zugriff: 1.7.2021).

34 Vgl. dazu die Interviews mit dem reformierten Pfarrer Jan Ludwig Reintjes vom 11. Juli 2021 und der Verwaltungsmitarbeiterin Ursula Kündig vom 28. Juni 2021. – Alle in diesem Beitrag berücksichtigten Interviews wurden von meiner studentischen Mitarbeiterin Cecille Franziska Müller geführt, der ich dafür und für die engagierten und aufschlussreichen Recherchen an den beiden gewählten Schweizer Beispielorten herzlich danke.

35 Vgl. Ökumenische Gemeinde Halden, Gemeindeportrait. „Kirche sind wir“ – am liebsten mit Ihnen! Geschichtliches, in: https://www.haldenstgallen.ch/DE/71/Gemeindeportrait.htm (Zugriff: 1.7.2021).

36 Vgl. Einwohnergemeinde Pieterlen, Erlebnispfad „Kirche“, 42: Ökumenisches Zentrum, in: https://www.pieterlen.ch/de/erlebnispfade/kirche.php (Zugriff: 1.7.2021).

37 Vgl. A. Kurz, Ökumenisches Zentrum Wolfhausen feiert Jubiläum. Turbulenzen vor 20 Jahren (29. Juni 2017), in: https://zueriost.ch/bezirk-hinwil/bubikon/oekumenisches-zentrum-wolfhausen-feiert-jubilaeum/762136 (Zugriff: 1.7.2021).

38 Vgl. Paroisse de St-André Lausanne. Présentation, in: https://www.cath-vd.ch/paroisses/st-andre (Zugriff: 1.7.2021).

39 Vgl. Katholische Pfarr- und Kirchgemeinde Wil, Wilen: Kirchen- und Gemeindezentrum, in: https://www.kathwil.ch/kirchen-orte/wilen/kirchen-und-gemeindezentrum (Zugriff: 1.7.2021).

40 Vgl. Katholische Kirchgemeinde Baden-Ennetbaden, Seelsorgestelle Dättwil, in: https://www.pastoralraum-aargauer-limmattal.ch/baden/pfarreileben/seelsorgedienste/seelsorgestellen/seelsorgestelle-daettwil (Zugriff: 1.7.2021).

41 Vgl. Römisch-katholische Kirche im Kanton Basel-Landschaft, Pfarrei Pratteln-Augst, St. Anton, in: https://www.kathbl.ch/pastoralraeume-pfarreien/pfarreien/pratteln-augst-st-anton (Zugriff: 1.7.2021).

im Jahr 2017 das 500-jährige Reformationsgedenken und sein 600. Geburtstag miteinander verknüpft.[42]

Diese unterschiedlichen Bauformen ökumenischer Zentren bringen auch unterschiedliche theoretische und praktische Verständnisse des christlichen Miteinanders zum Ausdruck. So beobachtet Johannes Stückelberger für den erstgenannten Bautyp am Beispiel von Langendorf:

> „Da die beiden Konfessionen ausserdem je ein eigenes Foyer haben, begegnen sie sich ohne gegenseitige Einladung ‚nur' auf dem Weg, der durch den Komplex führt. Der Bautypus behandelt die beiden Konfessionen als gleichwertig, respektiert aber deren Eigenständigkeit. Ökumene bedingt gegenseitige Gastfreundschaft. Man könnte hier von einem Typus des Nebeneinanders und Füreinanders sprechen."[43]

Ohne dieses respektvolle Nebeneinander und doch freundschaftliche Füreinander zu gefährden, ermöglichen der zweit- und der drittgenannte Bautyp mit eigenständigen Gottesdiensträumen unter einem Dach aber darüber hinaus auch die Stärkung des Verbindenden. Besonders ein gemeinsames Foyer kann bereichernd als Zone der Begegnung erfahren und (auch liturgisch) genutzt werden.[44] Einen Typus des (zumindest vordergründig) vorbehaltlosen Miteinanders repräsentieren ökumenische Kirchenzentren mit einem gemeinsamen liturgischen Raum, die in der Schweiz überraschenderweise am häufigsten auftreten – überraschenderweise deshalb, weil dieses Konzept wohl das anspruchsvollste und schwierigste ist, wenn es noch ausstehende ökumenische Klärungen gibt, und darum in anderen Ländern Europas häufig in der Praxis nicht favorisiert wurde. Auch wenn diese Räume liturgisch natürlich nicht nur gemeinsam, sondern auch simultan genutzt werden, gibt es einen we-

---

[42] Vgl. F. Gloor, Bruder Klaus und die Reformierten. Der Landesheilige zwischen den Konfessionen, Zürich 2017, bes. 124–128.

[43] Stückelberger, Ökumenischer Kirchenbau als Folge der Liturgiereform nach 1960 (s. Anm. 2), 358f.

[44] Vgl. dazu etwa auch die Beobachtungen und Erfahrungen am Beispiel des ökumenischen Kirchenzentrums Maria Magdalena in Freiburg-Rieselfeld im Gespräch von S. Wahle mit S. Weber und S.-L. Müller in diesem Band sowie am Beispiel des ökumenischen Kirchen- und Begegnungszentrums Chilematt in Steinhausen in Abschnitt 3.2 dieses Beitrags.

sentlichen Punkt, der Kompromisse erfordert: „Die beiden Konfessionen müssen hier einen Teil ihrer eigenen Identität abgeben zugunsten einer Gestaltung, zu der beide ja sagen können."[45] Schon aus ästhetischer Sicht, die z. T. mit religiösen Prägungen der Menschen zusammenhängt, ist deshalb bei aller Kompromissbereitschaft, die dieses Modell voraussetzt, beispielsweise zu fragen, wie eine synkretistisch-multikonfessionelle Aura in solchen liturgischen Räumen vermieden werden kann, die kaum echte Beheimatung und Identifikation der Gläubigen (verschiedener Prägung) ermöglichen würde. Noch grundlegender als konkrete Gestaltungsfragen sind Klärungen zum Sakralitäts- bzw. Sakralraumverständnis, die im ökumenischen Austausch mit Blick auf gemeinsame Grundlagen differenziert und differenzierend, aber nicht nivellierend vorzunehmen sind. Aus (katholisch-)theologischer Perspektive setzt dieses Modell ökumenischer Kirchenzentren mit einem gemeinsamen liturgischen Raum zudem einen hohen Grad an kirchlicher Gemeinschaft oder sogar die volle kirchliche Gemeinschaft voraus.[46]

Grund für die konkrete Realisierung von ökumenischen Kirchenzentren war in der Schweiz – wie auch anderswo – häufig, dass (neue) Ortsteile bzw. Viertel gewachsen sind und diese eine Kirche gebraucht haben (wie in Arni[47], Dättwil[48], Flüh[49], Ittigen[50], Kehrsatz[51], Langendorf[52], Les Avanchets[53], Meyrin[54], Niederglatt[55],

---

[45] Stückelberger, Ökumenischer Kirchenbau als Folge der Liturgiereform nach 1960 (s. Anm. 2), 359.

[46] Vgl. dazu auch Kopp, *lex orandi – lex credendi – lex aedificandi* (s. Anm. 19), 207–213.

[47] Vgl. Berichterstattung im Wohler Anzeiger, Nr. 59 vom 25. Juli 2008; wiederveröffentlicht in: https://www.ref-kelleramt.ch/dok/443 (Zugriff: 1.7.2021).

[48] Vgl. Katholische Kirchgemeinde Baden-Ennetbaden, Seelsorgestelle Dättwil (s. Anm. 40).

[49] Vgl. Ökumenische Kirche Flüh. Die erste ökumenische Kirche der Schweiz. Die Kirche, in: https://oekumenische-kirche.ch/kirche (Zugriff: 1.7.2021).

[50] Vgl. H. Gugger, Ittigen. Eine junge Gemeinde mit alter Geschichte, hg. von der Einwohnergemeinde Ittigen, Bern 1998, 75f.

[51] Vgl. Kaufmann, Auf dass sie alle eins seien (s. Anm. 27).

[52] Vgl. Langendorf. Reformierte Gemeinde, in: Solothurner Zeitung vom 22. März 1960.

[53] Vgl. Sauterel, Centre communautaire oecuménique d'Avanchet (s. Anm. 16).

[54] Vgl. Sauterel, Centre paroissial œcuménique (s. Anm. 22).

[55] Vgl. Ökumenischer Kirchenbau (s. Anm. 29), 32f.

St. Gallen[56] und Wilen[57]). In bestehenden Quartieren, in denen sich z. T. über Jahrhunderte Traditionen verfestigt hatten, entstanden ökumenische Kirchenzentren, weil alte Kirchen baufällig oder verkauft wurden und durch Neubauten ersetzt werden sollten (wie in Lausanne[58], Pieterlen[59], Rüttenen[60], Wolfhausen[61] und Zürich[62]); oder man wollte die bisherige Prägung des Ortes ökumenisch erweitern, sei es durch einen direkten Anbau an (Ehrendingen[63]) oder eine „Bezogenheit" auf ein bestehendes Sakralgebäude (wie in Augst[64], Laupen[65], Stansstad[66] und Steinhausen[67]).

Der Auftrag der „Synode 72", einfache und zweckmäßige Kirchen(-zentren) zu errichten, wurde in der Schweiz vielfach sehr ernst genommen. Einige solcher Bauten liegen – wohl zufälligerweise – in der Nähe von katholischen Wallfahrtsorten. Kein Zufall

---

56 Vgl. V. Rothenbühler, Halden (10. August 2006), in: https://hls-dhs-dss.ch/de/articles/001876/2006-08-10 (Zugriff: 1.7.2021).

57 Vgl. Katholische Pfarr- und Kirchgemeinde Wil, Wilen: Kirchen- und Gemeindezentrum (s. Anm. 39).

58 Vgl. Paroisse de St-André Lausanne (s. Anm. 38).

59 Vgl. C. Colombo, B. Caspar, 20 Jahre Ökumenisches Zentrum – eine Erfolgsgeschichte, in: Pieterlen Post 32 (3/2015) 28f.31.

60 Vgl. C. Sutter, Das Kirchenzentrum soll wieder allen dienen (6. Juni 2019), in: https://www.solothurnerzeitung.ch/solothurn/lebern-bucheggberg-wasseramt/das-kirchenzentrum-soll-wieder-allen-dienen-ld.1368298 (Zugriff: 1.7.2021).

61 Vgl. Kurz, Ökumenisches Zentrum Wolfhausen feiert Jubiläum (s. Anm. 37).

62 Vgl. Quartiersverein Zürich-Altstetten, Chroniken, in: https://qva.traberweb.ch/ortsgeschichte/chroniken (Zugriff: 1.7.2021).

63 Vgl. SAK-EHR002 Ehrendingen, Ökumenisches Kirchengemeindezentrum, 1983–1984 (s. Anm. 24).

64 Vgl. Ökonomische Ökumene beim Kirchenzentrum in Pratteln-Augst, in: https://www.kath.ch/newsd/oekonomische-oekumene-beim-kirchenzentrum-in-pratteln-augst (Zugriff: 1.7.2021).

65 Vgl. Oekumenisches Zentrum. Gemeinsames Zentrum der reformierten und katholischen Kirche in Laupen, in: https://www.kirchenregion-laupen.ch/kg/laupen/laupen-oekumenisches-zentrum (Zugriff: 1.7.2021); speziell zur reformierten Kirche vgl. Die Kirchengebäude im Gebiet der Reformierten Kirchen Bern-Jura-Solothurn. Laupen: Ökumenisches Zentrum, in: https://kirchenvisite.ch/baujahr/20-jahrhundert/150-laupen-oekumenisches-zentrum (Zugriff: 1.7.2021).

66 Vgl. Ökumenisches Kirchgemeindehaus 6362 Stansstad (s. Anm. 31).

67 Vgl. dazu B. Keller, H. Horat, Pfarrkirche St. Matthias Steinhausen, in: Regierungsrat des Kantons Zug (Hg.), Tugium. Jahrbuch des Staatsarchivs des Kantons Zug, des Amtes für Denkmalpflege und Archäologie, des Kantonalen Museums für Urgeschichte Zug und der Burg Zug 4, Zug 1988, 85–109.

dürfte sein, dass auf dem Gebiet des Bistums Basel die meisten ökumenischen Kirchenzentren in der Eidgenossenschaft entstanden sind. Dafür können vor allem zwei Gründe angeführt werden: Zum einen gab und gibt es hier überdurchschnittlich viele gemischtkonfessionell zusammengesetzte Gemeinden; zum anderen war der Baseler Bischof Anton Hänggi (1967–1982), von 1956 bis zu seiner Bischofsernennung Liturgiewissenschaftler an der Universität in Fribourg, für den sein Wahlspruch *Ut unum sint* wirklich Programm war, ein wichtiger Förderer des ökumenischen Anliegens insgesamt und deshalb auch solcher Projekte.[68]

3 Zum ökumenischen Miteinander in zwei Schweizer Kirchenzentren

In den folgenden beiden Abschnitten sollen nun exemplarisch zwei ökumenische Kirchenzentren in der Schweiz untersucht werden – das in Langendorf und das in Steinhausen. Dabei kommen jeweils Geschichte und Bauidee, architektonische und künstlerische Gestaltung sowie das liturgische Leben in den Blick. Beide Beispiele stehen für unterschiedliche Bautypen und zeigen eindrücklich, wie sich ökumenisches Leben, Beten und Bauen konkret vor Ort über die Jahre etablieren und zu einer neuen Prägung von Dorfgemeinschaften führen konnten. Anhand der Planung des ökumenischen Kirchenzentrum in Langendorf als dem ältesten Schweizer Projekt dieser Art können zudem die Aufbrüche und Entwicklungen nach dem Zweiten Vatikanischen Konzil verdeutlicht werden, die mit der Zeit oder zwischenzeitlich auch stagnierten bzw. an bestimmten Stellen nicht mehr weiterführten – ein bis heute andauernder Prozess des Ringens und Suchens nach gemeinsamen Wegen. Das ökumenische Kirchen- und Begegnungszentrum Chilematt in Steinhausen zeichnet sich dagegen durch eine völlig andere Geschichte aus, die von einer langen katholischen Tradition geprägt ist und damit andere Voraussetzungen als an anderen Orten bietet. Nicht zuletzt stehen beide Beispiele für unterschiedliche Modelle, wie man heute vor

[68] Vgl. dazu E. Sauser, Hänggi, Anton, in: BBKL 21 (2003) 608–610; I. Pahl, Anton Hänggi (1917–1994), in: B. Kranemann, K. Raschzok (Hg.), Gottesdienst als Feld theologischer Wissenschaft im 20. Jahrhundert. Deutschsprachige Liturgiewissenschaft in Einzelporträts (LQF 98/1), Münster 2011, 439–448.

dem Hintergrund historischer Entwicklungen sowie theologischer Konvergenzen und Divergenzen zwischen den Konfessionen gemeinsam christlich leben und ökumenisch Liturgie gestalten kann. Beide Zentren zeichnet überdies aus, dass sie von bedeutenden Architekten in unterschiedlichen Konzepten und Stilen realisiert wurden.

3.1 Das ökumenische Kirchenzentrum in Langendorf

3.1.1 Geschichte und Bauidee

Mit zwei Quadratkilometern ist Langendorf flächenmäßig eine der kleinsten Gemeinden des Kantons Solothurn. Ihre Ursprünge sind bis in die Römerzeit zurückverfolgbar, wobei der Ortsname im Jahr 1315 erstmals urkundlich erwähnt wurde. Im Mittelalter war das Dorf geprägt vom St. Ursenstift mit seinen Wirtschaftsbetrieben. Um 1500 bildete sich eine kleine Ortsgemeinschaft heraus, die erst zu Beginn des 19. Jahrhunderts im Zuge der Industrialisierung wuchs. Von 1900 bis in die 1970er-Jahre verdreifachte sich die Bevölkerungszahl auf über 3 000 Menschen.[69] Heute leben in Langendorf fast 4 000 Bürger(innen), von denen ca. ein Drittel, die keiner Konfession (mehr) angehören, – knapp – die größte Gruppe bilden. Ebenfalls ca. ein Drittel sind katholisch, etwas weniger – fast 1 000 Personen – reformiert, einzelne christkatholisch; die übrigen gehört einer der nichtchristlichen Religionen an,[70] was auch für das ökumenische Miteinander völlig andere Voraussetzungen und Rahmenbedingungen bietet als vor 50 Jahren.

Schon seit seinen Anfängen war Langendorf gemischtkonfessionell; sowohl die katholische als auch die reformierte Gemeinde, denen die allermeisten Menschen angehörten, hatten allerdings keine eigene Kirche, sondern wichen auf benachbarte Orte aus: Die katholischen Liturgien wurden in Oberdorf gefeiert, die reformierten in

---

[69] Vgl. dazu J. Altermann, A. Schneiter, Von der Römersiedlung zum Industrieort. Stationen der historischen Entwicklung eines Dorfes, in: Kirchliches Zentrum Langendorf, Regensburg 1981, 2–10.

[70] Vgl. Pastoralraum Mittlerer Leberberg, in: https://pastoralraum-mlb.ch/assets/Konzept-Pastoralraum-Mittlerer-Leberberg.pdf (Zugriff: 1.7.2021), 3. Die statistischen Daten darin beziehen sich auf Ende 2013.

Solothurn.[71] Mit wachsender Bevölkerung veränderte man diese Praxis Mitte des 20. Jahrhunderts, verlegte die Sonntagsgottesdienste beider Konfessionen in die Aula des neu errichteten Bezirksschulhauses und nutzte dieses damit als eine Art ökumenisches Notzentrum. Etwa zur selben Zeit erwarben sowohl der katholische Kultusverein als auch die reformierte Kirchengemeinde Grundstücke (an der Stöcklimatt- und an der Grünernstrasse), weil „der Wunsch nach einem kirchlichen ‚Zuhause' immer dringender"[72] wurde. Nachdem von katholischer Seite 1958 das Pfarrhaus und ein Pfarrsaal als eigene Notkirche errichtet worden waren, entstand schon in den 1960er-Jahren der Gedanke an ein gemeinsames Kirchenzentrum, woraufhin die reformierte Gemeinde 1963 einen Grundstückstausch vollzog und damit Bauland erhielt, das an den Grundbesitz der katholischen Gemeinde angrenzte. 1964 erfolgte die offizielle Kontaktaufnahme, 1966 ein Architektenwettbewerb für ein ökumenisches Kirchenzentrum mit zwei eigenständigen Gottesdiensträumen und einem gemeinsamen Kirchturm. Im Ausschreibungstext heißt es dazu programmatisch:

> „Die Zusammenfassung des Areals beider Kirchgemeinden soll die Möglichkeit geben, ein gemeinsames kirchliches Zentrum zu schaffen, das dem paritätischen Charakter der Gemeinde Langendorf entspricht und ein sichtbares Zeugnis des Zusammenwirkens beider Konfessionen darstellt."[73]

Wichtig war es, die bereits bestehenden Bauten der katholischen Kirchgemeinde miteinzubeziehen. Ihr Kirchenraum sollte 400 Sitzplätze für alle Gläubigen und weitere 50 Plätze für die Sänger(innen)

---

[71] Dies geht aus einem Brief des reformierten Gemeindevereins Langendorf an den Präsidenten der reformierten Kirchengemeinde Solothurn vom 27. Mai 1964 hervor, der sich in deren Archiv befindet. Von dort stammen auch alle folgenden Quellen zum ökumenischen Kirchenzentrum in Langendorf. Besonderer Dank gilt in diesem Zusammenhang Ariane Zellweger, Präsidentin des Kirchenkreisteams Selzach-Lommiswil und verantwortlich für das Archiv, für die Bereitstellung des Materials.

[72] Langendorf. Reformierte Gemeinde (s. Anm. 52).

[73] Projekt-Wettbewerb für ein kirchliches Zentrum der römisch-katholischen Kirchgemeinde Oberdorf und der reformierten Kirchgemeinde Solothurn in Langendorf, Juni 1966, 3.

haben, dazu zwei Beichtstühle. In der reformierten Kirche wurden 320 Sitzplätze, weitere 100 in Reserve und 40 für Sänger(innen) vorgesehen. Zudem sollte sich in diesem Komplex ein (gemeinsam zu nutzender) Gemeindesaal für 150 Leute mit Teeküche und Eingangshalle befinden; auch zwei Jugendräume mit Platz für bis zu 50 Jugendliche sowie Bibliothek und Archiv waren gewünscht.[74]

Insgesamt wurden 125 Entwürfe eingereicht. Der Zürcher Architekt Manuel Pauli (1930–2002) konnte die Jury, deren Mitglieder aus Theologie, Architektur und Gemeinde stammten, überzeugen und erhielt den Zuschlag, das Projekt – inspiriert von Le Corbusier (1887–1965) und Louis I. Kahn (1901–1974) – ohne nennenswerte Änderungen auszuführen.[75] Der Spatenstich erfolgte 1969, die Weihe der katholische Christuskirche durch Bischof Anton Hänggi am 31. Oktober 1971.[76] Aus ökumenischer Verbundenheit tragen sowohl die katholische als auch die reformierte Kirche denselben Namen.[77] Die Einweihung des Zentrums wurde von vielen Menschen nicht als Ausgangspunkt, sondern als Durchbruch in der Ökumene empfunden und – im Gefolge des Konzils auf zeittypische Weise – z. T. euphorisch begrüßt, wovon u. a. ein Gedicht Zeugnis gibt, das anlässlich eines mit großem Erfolg durchgeführten Basars zugunsten des gemeinsamen Bauprojekts entstand:

> „Was isch Oekumene i üsem Dorf?
> Wenn Protestante und Katholike tüe zämesitze
> mitnanger rede, plane, bis sie schwitze
> de git's öppis Gfreut's und Bestand het's au
> de entstoht e gmeinsame Chilchebau
> zwee Chilche ei Turm e gmeinsame Platz

[74] Vgl. ebd., 5f.

[75] Vgl. dazu Wettbewerb für ein paritätisches kirchliches Zentrum Langendorf SO, in: Schweizerische Bauzeitung 85 (1967) 558f.; I. Bösch, Zwei Kirchen – ein Turm, in: TEC21 130 (2004) 132–135.

[76] Vgl. dazu G. J. Preyer, Kirchenweihe in Langendorf [Archivmaterial]; C. Knoch (Hg.), Ökumenisches Kirchenzentrum Langendorf 1971–1991–2011 (Video vom 26. August 2011), in: https://www.youtube.com/watch?v=N1fTtdwotig (Zugriff: 1.7.2021).

[77] 50 Jahre ökumenisches Kirchenzentrum Langendorf. Das ÖKZ, in: https://www.kirchenzentrum.ch/das-oekumenische-kirchenzentrum (Zugriff: 1.7.2021).

und Verständnis und Liebi für e Ander het Platz
wenn während Johre, Manne, Ching und flyssegi Fraue
lisme, nähie, bastle, bache, mole, hämmere, baue
de mues das guete Wärch doch glinge
und däm Dorf au Sääge bringe
und är isch vom Himmel gflosse
bym Spatestich het's grägnet, bym Grundsteilegge gosse
will's Feschte räntiert und d'Spände schön fliesse
cha me d'Glogge scho vor dr Chilchweih lo giesse
mit Ross und Wage mit Blueme verziert
wärde sie stolz dur's Dorf duregfüehrt
und d'Schuelching zieh se mit Lärm und Schwung
voll Begeisterig ufe, i gmeinsam Turm."[78]

3.1.2 Architektonische und künstlerische Gestaltung

Zum Baukonzept in Langendorf formulierte der Architekt Manuel Pauli programmatisch:

> „Das ökumenische kirchliche Zentrum bildet eine integrierte Baugruppe, in der jeder Bestandteil nur in der Gesamtheit seinen Sinn findet. Und wenn hier der Vergleich erlaubt ist: auch die christlichen Glaubensbekenntnisse dürfen ja heute keine Kampffronten mehr bilden, sondern ein ausgewogenes, sich ergänzendes Nebeneinander."[79]

Durch das gemeinsame geometrische Konzept – die Grundrisse der beiden Kirchenräume bilden Viertelkreise, die sich in einem Quadrat spiegelbildlich aufeinander beziehen – sollte dieses ausgewogene, sich ergänzende Nebeneinander seinen baulichen Ausdruck finden. Nach dem Architekten sollten gemeinsamer Vorplatz und Turm – neben denselben Baumaterialien für die beiden Gebäude – schon rein äußerlich sichtbar verbindende Elemente sein.

---

[78] Pastoralraum Mittlerer Leberberg (s. Anm. 70), 4.

[79] M. Pauli, Gedanken zum kirchlichen Zentrum Langendorf vom 18. Oktober 1971, 2.

Abb. 1: Außenansicht des ökumenischen Kirchenzentrums in Langendorf.
© *Johannes Stückelberger*

Als subtile architektonische bzw. räumliche Verbindung der beiden eigenständigen Sakralräume kann mit der aktuell in Langendorf tätigen reformierten Pfarrerin Sabine Palm (* 1962) das sog. ökumenische Fenster gesehen werden, das sich jeweils gegenüber dem Altar befindet und die beiden Zelebrierenden während der eigenständigen Gottesdienstfeiern miteinander verbindet.[80]

Über die architektonische Gestaltung durch Manuel Pauli hinaus bzw. ergänzend dazu wurde bei Entstehung des ökumenischen Kirchenzentrums in Langendorf eine eigene Kommission damit beauftragt, Künstler(innen) für die Innengestaltung auszusuchen. Diese sollten allerdings aus Kostengründen nur Ideen liefern, die anschließend von Handwerksbetrieben praktisch ausgeführt werden.[81] In der katholischen Kirche sollten Haupt- und Nebenaltar, Ambo, Tabernakel, Taufstein, Weihwasserbecken, (Apostel-)Kreuz(e), Kerzen-

---

[80] Vgl. dazu das Interview mit der reformierten Pfarrerin Sabine Palm vom 11. März 2021.

[81] Vgl. Pauli, Gedanken zum kirchlichen Zentrum Langendorf (s. Anm. 79), 6.

Abb. 2: Innenansicht der katholischen Christuskirche.
© *Johannes Stückelberger*

ständer etc. vom Schweizer Maler und Bildhauer Gianfredo Camesi (* 1940) entworfen werden.[82] Zum Konzept schreibt dieser:

> „Armut, Transparenz (Unkörperlichkeit) haben die Wahl des Materials für die Kultus-Gegenstände bestimmt (vorwiegend Plexiglas und Chromstahl). Sie erzeugen durch Überwindung des Materiellen und Körperlichen eine geistige Ausstrahlung und stellen einen Dialog und eine innige Verbindung der Gläubigen mit den Symbolen her.
> Diese Symbole basieren auf den Grundformen von Kugel und Würfel. Diese geben der Wechselbeziehung zwischen den verschiedenen Kultus-Gegenständen einen prägnanten und leicht ablesbaren Zusammenhang."[83]

[82] Vgl. Brief des Architekturbüros Manuel Pauli BSA/SIA an die Künstler, Experten und Mitglieder der Kunstkommission vom 11. Juni 1971, 1.

[83] G. Camesi, Katholische Kirche Langendorf. Konzeption und Ausführung der Kultus-Gegenstände vom 18. Oktober 1971.

Abb. 3: Innenansicht der reformierten Christuskirche.
© *Johannes Stückelberger*

In der reformierten Kirche wurden Abendmahlstisch, Kanzel, Taufstein und Kreuz vom Schweizer Maler und Grafiker Rolf Iseli (* 1934) entworfen. Unter seinen zehn Punkten zur (vom Anspruch her möglichst reduktionistisch-puristischen und trotzdem oder gerade deshalb ausdruckstarken) Gestaltung des liturgischen Raumes sind etwa programmatische Aussagen zu lesen wie „Einfachheit [als] Resultat eines langen Prozesses" oder – in Erklärung der gestalterischen Bezogenheit von Altar, Kanzel und Taufstein aufeinander – „Kanzel und ‚Taufstein' je ¼ Stück vom Stamme des Altars".[84]

Eindrucksvoll ist der Anblick eines Pfostens im Keller, der als wurzelartiges Element den Kirchenbau zu tragen scheint – eine Schenkung der Ortsbürgergemeinde.[85]

---

[84] Wörtliche Zitate aus: R. Iseli, Kirchliches Zentrum Langendorf. Künstlerischer Schmuck vom 15. Oktober 1971. – Vgl. dazu auch T. Gerlach, „Du bist Christus, der Sohn des lebendigen Gottes", in: Gemeindeblatt der reformierten Kirchgemeinde Solothurn 56 (12/1971) bes. 4f.

[85] Vgl. Bericht des Architekturbüros Manuel Pauli BSA/SIA: Reformierte Kirche Langendorf. Ergänzende künstlerische Gestaltung in der Eingangshalle (Schenkung der Ortsgemeinde) vom 7. März 1973.

Abgesehen von Überlegungen zur künstlerischen Gestaltung der Prinzipalien und weiteren Ausstattungsgegenstände für die beiden Kirchenräumen tritt in den Quellen ein bemerkenswertes Detail zur Ikonografie des katholischen Sakralgebäudes zutage. Offenbar gab es Diskussionen zur Mariendarstellung. In einem Brief des Architekturbüros Manuel Pauli an den Präsidenten des Kirchengemeinderates Oberdorf von 1972 werden entweder eine „antike Skulptur" oder ein Entwurf des Schweizer Bildhauers, Grafikers und Zeichners Hugo Imfeld (1916–1993) als Möglichkeiten genannt, in die Kirche dieses Motiv einzubringen, denn eine Neuinterpretation müsse man „aus prinzipiellen und künstlerischen Überlegungen grundsätzlich ablehnen"[86]. Die Lösung bestand offensichtlich darin, einen „Gipsabguss der sitzenden Balmer Madonna, ebenfalls aus der Kirche Oberdorf, an der in Frage kommenden Wand aufzustellen"[87]. Doch solle die Figur nach dem Willen des Architekten „nicht gefärbt werden, da sie sich bei der vorgesehenen Beleuchtung wohltuend der weissen Wand"[88] anfüge.

3.1.3 Liturgisches Leben[89]

Anlässlich des 50-jährigen Bestehens des ökumenischen Kirchenzentrums in Langendorf 2021 haben Florian Kirchhofer (* 1979), Leiter des katholischen Kirchenchores Langendorf, und Gilbert Schuppli (* 1963), katholischer Pfarreiseelsorger am Ort, die Idee der sog. „anderen Gottesdienste"[90] entwickelt. Sie wollten dabei ein innovatives Gottesdienstformat finden, das sich mit aktuellen Themen wie Gerechtigkeit, Klimawandel oder Bewahrung der Schöpfung auseinandersetzt und auch jene Leute anspricht, die sich längst von

---

[86] Brief des Architekturbüros Manuel Pauli BSA/SIA an A. Kaufmann, den Präsidenten des Kirchengemeinderates Oberdorf vom 7. März 1972, 2.

[87] Ebd., 1.

[88] Ebd.

[89] Vgl. dazu die Interviews mit dem katholischen Pfarreiseelsorger Gilbert Schuppli vom 18. März 2021 und der reformierten Pfarrerin Sabine Palm (s. Anm. 80); Musikgruppe Ld – Jahresprogramm – 2020; Pastoralraum Mittlerer Leberberg (s. Anm. 70).

[90] 50 Jahre ökumenisches Kirchenzentrum Langendorf. Die anderen Gottesdienste, in: https://www.kirchenzentrum.ch/die-anderen-gottesdienste (Zugriff: 1.7.2021).

der Kirche verabschiedet haben. Grundlage der „anderen Gottesdienste“, die Anregungen für alle Sinne bieten sollen, ist eine Wort-Gottes-Feier.[91] Zur Eröffnung des Jubiläumsjahres Anfang Januar 2021 wurde die Zusammenkunft – passend zur Dreikönigsfeier – z. B. mit „Komm in den Sternenhimmel“ überschrieben. Nach einer dialogischen Eröffnung von Gilbert Schuppli und Sabine Palm wurden abwechselnd Impulse zu verschiedenen Texten der Bibel gegeben und Melodien gespielt. In der reformierten Kirche gab es besondere Lichtinstallationen, die immer wieder einen anderen Sternenhimmel projizierten.[92] Der „andere“ Valentinsgottesdienst im Februar 2021 stand beispielsweise unter der Überschrift „Liebe geht durch den Magen“ und fand in der katholischen Kirche statt. Dabei wurden Pralinen verkostet, die man mit einer paraphrasierten Bibelstelle in Verbindung brachte.[93]

Die gemeinsamen liturgischen Initiativen in Langendorf werden jedes Jahr im Oktober in einer Koordinationssitzung, an der die Seelsorgenden und beteiligten Vereinspräsidien teilnehmen, geplant und vom ganzen Dorf gestaltet; so wirken daran die „Concert Band“, der Männerchor „Chuts“ oder der Handharmonikaclub mit, die dann auch bei der anschließenden Zusammenkunft im Gemeindezentrum helfen. Durchschnittlich wird in Langendorf ein Gottesdienst pro Monat gemeinsam gehalten. Der Feierort wechselt jährlich zwischen den beiden zur Verfügung stehenden Kirchenräumen des Gebäudekomplexes. Früher wurden die regelmäßigen Gottesdienste entweder als katholische Messe oder als reformierte Liturgie mit Abendmahl gefeiert, nachdem in der Aufbruchsstimmung des Konzils auch die zuständigen kirchlichen Autoritäten katholischerseits in der Schweiz Interkommunion teilweise offiziell erlaubten – so etwa Bischof Hänggi bei der Einweihung des Zentrums.[94] Bis heute ist die Frage

---

[91] Vgl. dazu G. Schuppli im Interview (s. Anm. 89).

[92] Vgl. dazu ebd.; Ablaufplan ÖK – „Der andere Gottesdienst“ – Jubiläumseröffnung.

[93] Vgl. dazu G. Schuppli im Interview (s. Anm. 89); Ablaufplan ÖK – „Der andere GD“ – Valentinstag.

[94] So meinte etwa der 1968 von Bischof Hänggi zum Generalvikar des Bistums Basel berufene Joseph Candolfi (1922–2011), später Weihbischof, mit Blick auf die Praxis in Langendorf: „Bei euch in Langendorf ist dies sinnvoll, denn ihr seid einen längeren Weg aufeinander zugegangen“ (zit. nach: Pastoralraum Mittlerer Leberberg [s. Anm. 70], 6).

nach der eucharistischen Gastfreundschaft für das liturgische Leben in Langendorf ein zentrales Thema geblieben. Im Jahr 2003 begaben sich deshalb die Gremien der Gemeinden in Klausur, um offene ökumenische Fragen zu besprechen und Wege für die Praxis zu erschließen; daraus gingen sieben Leitsätze hervor. Im dritten wird etwa allgemein und relativ vage formuliert:

> „Wir spüren, dass es zwischen einer ‚Ökumene von oben' (Kirchenleitung, Theologen) und einer ‚Ökumene von unten' (unser alltägliches Zusammenleben am Zentrum) auch Spannungen geben kann. ‚Von oben' stellen sich andere Fragen als ‚von unten'. Manchmal drängen sich sogar andere Antworten auf. Aber auch da möchten wir im Gespräch bleiben."[95]

Für die gemeinsame Feier von Eucharistie bzw. Abendmahl folgte aus dieser Verständigung konkret: Wenn man sich seither gemeinsam gottesdienstlich versammelt, feiert man nicht mehr die amtliche katholische oder reformierte Liturgie und lädt dazu die jeweils andere Gruppe ein, sondern eine Wort-Gottes- mit anschließender Agape-Feier.[96]

Seit 2009 wird in Langendorf über die regelmäßigen Treffen hinausgehend die Gebetswoche für die Einheit der Christen gemeinsam begangen,[97] an der sich auch die Christkatholischen beteiligen.

---

[95] Ebd.

[96] Vgl. dazu G. Schuppli im Interview (s. Anm. 89). Der Pfarreiseelsorger erklärt, dass die Agape-Feier in Langendorf im Wesentlichen aus einer Art „Gabengebet", dem Herbeibringen von Brot und Wein, einem schlichten „Agapegebet" (in Anlehnung an altkirchliche Texte, ohne Einsetzungsworte oder weitere Elemente, die an das Eucharistische Hochgebet der Messfeier erinnern könnten), dem Vaterunser, einem Friedensgruß und dem Herumreichen des Brotes (seltener auch des Weines) bestehe, wenn die katholische Gemeinde den Gottesdienst vorbereite, und verweist dabei neben einem eigenen, unveröffentlichten Entwurf auch auf eine Handreichung aus dem Bistum Speyer. – Vgl. Stabstelle Ökumene und Theologische Grundsatzfragen des Bischöflichen Ordinariats (Hg.), Brot stärkt das Menschenherz (Ps 104,15). Die Feier der Agape, Speyer 2015, in: https://www.bistum-speyer.de/fileadmin/user_upload/1-0-0/Hauptabteilung_I/Downloads/Ökumene/Agapefeier.pdf (Zugriff: 1.7.2021).

[97] Zur Sache vgl. D. Heller, Seele der ökumenischen Bewegung. Zur Geschichte und Bedeutung der Gebetswoche für die Einheit der Christen, in: H. Vorster (Hg.), Ökumene lohnt sich. Dankesgabe an den Ökumenischen Rat der Kirchen zum 50-jährigen Bestehen (ÖR.B 68), Frankfurt a. M. 1998, 312–320; J. Außer-

In einem Drei-Jahres-Rhythmus versammelt man sich zu einer liturgischen Feier in der reformierten und der römisch-katholischen Kirche vor Ort sowie der christkatholischen Franziskanerkirche Solothurn. Auch der Weltgebetstag der Frauen hat mittlerweile einen festen Platz im Kalender der Gemeinden.[98]

Der Weg zu einer gemeinsamen ökumenischen Feier der Osternacht wird dagegen von den liturgisch Verantwortlichen vor Ort als beschwerlich beschrieben. Der katholischen Seite war die Liturgie dieser Nacht mit ihrem rituellen Reichtum seit jeher ein besonderes Anliegen, worauf man nicht verzichten wollte. Viele Jahre haben sich daher katholische und reformierte Gemeinde am Osterfeuer getroffen, um anschließend in der eigenen konfessionellen Prägung die Feier zu begehen und danach im Keller des Kirchenzentrums zum Ausklang wieder zusammenzukommen – in nur einem Kirchenraum hätten die Gläubigen auch gar nicht Platz gehabt, wie sich der langjährige reformierte Pfarrer Christoph Knoch (* 1957) erinnert, der von 1986 bis 2002 in Langendorf wirkte.[99] Dies hat sich inzwischen geändert: Die reformierte Gemeinde nimmt jetzt an der katholischen Osternachtfeier teil. Ähnlich war die Praxis lange auch am Palmsonntag, bis an diesem Tag die reformierte Abendmahlseinführung ihren festen Platz fand.[100] Gemeinsam gefeiert werden weiterhin Christi Himmelfahrt, die Kirchweihe (früher noch mit Chilbi = Kirmes), Allerheiligen, Silvester sowie ein Familiengottesdienst an Heiligabend. Über die katholisch-reformierte Verbindung in Langendorf hat sich noch eine katholisch-orthodoxe Form der Gastfreundschaft ergeben, denn im katholischen Kirchenraum feiert wö-

---

mair, Einheit als Gabe des Geistes. 100 Jahre Weltgebetswoche für die Einheit der Christen, in: IKaZ 37 (2008) 55–62.

[98] Zur Sache vgl. U. Baumann, B. Hilberath (Hg.), Der Weltgebetstag der Frauen – Situation und Zukunft der Ökumene. Mit Beiträgen von H. Hiller, W. Kasper, U. Bechmann, O. Fuchs, A. Holzem, B. J. Hilberath und E. Jüngel (Tübinger Ökumenische Reden 2), Berlin u. a. 2006; H. Lüllau, Weltmission und Weltgebetstag. Ein Beitrag zur Geschichte des Weltgebetstages der Frauen, in: ZThG 17 (2012) 259–272; H. Hiller, Inspiriertes Handeln. Der Weltgebetstag der Frauen hat die Kirchen verändert, in: Zeitzeichen 18 (2/2017) 14–16.

[99] Vgl. dazu anlässlich des 50-Jahr-Jubiläums F. Vonarburg, Das erste ökumenische Zentrum der Schweiz wird 50 Jahre alt (7. Januar 2021), in: https://www.solothurnerzeitung.ch/solothurn/lebern-bucheggberg-wasseramt/das-erste-okumenische-kirchenzentrum-der-schweiz-wird-50-jahre-alt-ld.2083184 (Zugriff: 1.7.2021).

[100] Vgl. Pastoralraum Mittlerer Leberberg (s. Anm. 70), 7.

chentlich auch die eritreisch-orthodoxe Gemeinde ihren Gottesdienst.[101]

Trotz aller Umbrüche im Laufe der letzten 50 Jahre, zu denen die Erfahrung von Fort- und Rückschritten gehört, lebt also das ökumenische Miteinander in Langendorf, hat sich aus Sicht der Menschen vor Ort bewährt und ist mittlerweile so etwas wie eine Institution geworden, wenn mutatis mutandis auch für entstandene Gemeinschaften das gilt, was der Architekt Manuel Pauli als Faustregel für Bauwerke formuliert hat: „Das kritische Alter, das ein Bauwerk hat, sind die 50 Jahre. Wenn es die 50 Jahre überlebt, dann zählt es als Baudenkmal."[102]

3.2 Das ökumenische Kirchen- und Begegnungszentrum Chilematt in Steinhausen

3.2.1 Geschichte und Bauidee

Steinhausen ist zwar flächenmäßig die kleinste Gemeinde im Kanton Zug, bevölkerungsmäßig heute allerdings eine der größeren. Seit Mitte des 20. Jahrhundert verzehnfachte sich die Zahl der Einwohner(innen) auf heute etwa 10 000, wobei das Bevölkerungswachstum in den 1970er-Jahren einsetzte.[103] Anders als etwa Langendorf hat Steinhausen eine lange katholische Tradition, die u. a. an der Geschichte der Matthiaskirche im Dorfzentrum abzulesen ist. 1173 als Ortschaft erstmals in der Bulle des Gegenpapstes Calixt III. (1168–1178) im Kontext von Besitzungen des Klosters St. Blasien urkundlich erwähnt – ein Kirchenbau erst 1260 –, war Steinhausen um 1600 von unterschiedlichen Orten abhängig: Kirchlich gehörte das Dorf zur Pfarrei Baar, politisch zur Stadt Zug und gerichtlich teilweise zu Zürich. Die Gründung der Pfarrei und damit die Stärkung der Selbstständigkeit des Ortes in jeder Hinsicht erfolgte 1611.[104]

---

[101] Vgl. dazu G. Schuppli im Interview (s. Anm. 89).

[102] M. Pauli im Interview, in: C. Knoch (Hg.), 25 Jahre Kirchenzentrum Langendorf. Interviews mit der Baukommission von 1971 im Restaurant Chutz vom 26. Oktober 1996 (Video vom 17. Mai 2020), in: https://www.youtube.com/watch?v=lWew_vXgOd4 (Zugriff: 1.7.2021).

[103] Vgl. Gemeinde Steinhausen (Hg.), Willkommen. Das Dorf zum Leben, 3.

[104] Vgl. dazu P. Bart, „Eine eigne Pfarri daselbsten zu Steinhusen". Die Anfänge

Die bis zur Mitte des 20. Jahrhunderts traditionell fast ausschließlich (streng und von manchen zu diesem Zeitpunkt als zu eng empfundene) katholische Prägung von Steinhausen endete spätestens mit dem Rücktritt des katholischen Pfarrers, der – wohl aufgrund von persönlichen Grenzüberschreitungen im seelsorglichen Kontakt mit Kindern und Jugendlichen – strafrechtliche Konsequenzen zu tragen hatte (die näheren Umstände sind bis heute nicht bekannt), just im Jahr 1968 und es begann von da an eine „Umgestaltung des religiösen Lebens“[105] von großer Tragweite: nicht nur innerkirchlich, sondern auch in Bezug auf das christliche Miteinander. Damals betrug die Zahl der Katholik(inn)en ca. zwei Drittel der Gesamtbevölkerung, reformiert waren ca. ein Viertel; heute ist dieses Verhältnis ca. 50 zu etwa 15 Prozent, d. h., die beiden Gemeinden erreichen zusammen gerade noch die Größe der damaligen katholischen Gemeinschaft am Ort.[106] Bewegt vom ökumenischen Impuls des Konzils, fiel 1971 die Entscheidung zum Bau eines gemeinsamen Kirchen- und Begegnungszentrums von katholischer und reformierter Gemeinde. Es folgte ein jahrelanger und aufwändig durchgeführter Prozess von mehreren Vorbereitungsphasen, Wettbewerben und Planungsstufen, aus denen ein weiterentwickeltes Konzept des Zürcher Architekten Ernst Gisel (1922–2021) siegreich hervorging und von 1979 bis 1981, also genau zehn Jahre nach Langendorf, realisiert wurde. 1981 erhielt das Zentrum den Namen „Chilematt“.[107] Gisel hatte sich bis dahin im (ökumenischen) Kirchenbau bereits einen Namen gemacht; u. a. wirkte er maßgeblich an dem in dieser Form ersten konfessionsverbindenden Schweizer Bauprojekt auf der Expo 64 in Lausanne mit.[108]

---

der Pfarrei Steinhausen, in: Kirchenrat Steinhausen (Hg.), Pfarrei St. Matthias Steinhausen 1611–2011. Unterwegs im Glauben, Steinhausen 2011, 99–127.

[105] A. Odermatt, „Der Würde selbständiger Menschen gemäss“. Zur Geschichte der Pfarrei Steinhausen, in: Kirchenrat Steinhausen (Hg.), Pfarrei St. Matthias Steinhausen 1611–2011 (s. Anm. 104), 131–175, hier: 163.

[106] Vgl. ebd., 166.

[107] Zur Entstehungsgeschichte vgl. den instruktiven und detailreichen Überblick in: F. Brentini, Kopie des Barock und Juwel der Moderne. Die Kirche St. Matthias und das ökumenische Zentrum „Chilematt“, in: Kirchenrat Steinhausen (Hg.), Pfarrei St. Matthias Steinhausen 1611–2011 (s. Anm. 104), 175–204.

[108] Vgl. dazu auch Anm. 5.

3.2.2 Architektonische und künstlerische Gestaltung

In Verbindung mit der barocken Pfarrkirche entstand durch den Neubau in Steinhausen im doppelten Sinne des Wortes ein neues Zentrum (für die christlichen Gemeinden und den Ort), wobei nach dem Konzept des Architekten der nun ergänzte Komplex – im Gegensatz zur alten Kirche als traditionellem Sakralbau mit Turm – nach außen hin nicht „auffallen“ sollte, wenn er dazu schreibt:

> „Mit Rücksicht auf die vielfältige Nutzung wird auf herkömmliche Sakralbauformen verzichtet.
> Von außen ablesbar ist lediglich die – räumlich eng auf die historische katholische Kirche bezogene – liturgische Zone der katholischen Werktagskirche.
> Der Problematik räumlicher Erweiterungs- und Verkleinerungsanforderung wird mit der durchgehenden Dachhöhe und den sich wiederholenden Oberlichtkörpern begegnet.“[109]

Das ökumenische Kirchen- und Begegnungszentrum Chilematt weist unter einem Dach zwei – nach Bedarf durch mobile Wände um benachbarte Säle erweiterbare – Gottesdiensträume auf. Der katholische kann durch eine zusätzliche Schiebewand zu einer Werktagskapelle verkleinert werden. Beide Kirchenräume sind durch ein Foyer miteinander verbunden, wo sich neben Funktionsräumen und der Bibliothek im Obergeschoss – liturgietheologisch sinnvoll – auch ein gemeinsamer Taufstein befindet. Dieser besteht wie der Altar in der katholischen und der Ambo in der reformierten Kirche aus *Nero Assoluto*, einem hochwertigen schwarzen Granit, wodurch schon allein künstlerisch eine wichtige ökumenische Verbindungslinie gezogen bzw. verstärkt wird.[110]

Die Türen der beiden Kirchenräume haben transparente Fenster; diese befinden sich jedoch nicht direkt auf Augenhöhe, sondern etwas darunter, sodass man sich leicht bücken muss, wenn man hi-

---

[109] E. Gisel, Kirchen- und Gemeindezentrum Steinhausen, Kanton Zug, in: Werk, Bauen und Wohnen 69 (7–8/1982) 26; zur Bauform vgl. auch Brentini, Bauen für die Kirche (s. Anm. 1), 241.

[110] Vgl. dazu die Interviews mit dem reformierten Pfarrer Hubertus Kuhns vom 16. März 2021 und mit dem katholischen Pfarreileiter Ruedi Odermatt vom 14. April 2021.

neinschauen will, was vom Architekten bewusst so gedacht sein soll, wie im persönlichen Gespräch mit Pfarreileiter Ruedi Odermatt (* 1964) zu erfahren ist. Schon den Eingang in das Zentrum zeichnet eine besondere Gestaltung aus: Das Hauptportal, das immer nur sonntags geöffnet wird, ist so hoch wie der Bau selbst (6,20 Meter) und aus Glas. Dies dient nicht nur der Lichtdurchflutung des Foyers, sondern soll auch Offenheit und Transparenz signalisieren sowie die Möglichkeit bieten, der Einladung in den Raum leichter folgen zu können, um sich dort anschließend frei selbst zu orientieren.[111]

Die Wandmalereien stammen vom Schweizer Maler Ferdinand Gehr (1896–1996);[112] auch die Wandteppiche haben nicht nur einen ästhetischen oder künstlerischen Wert, sondern auch eine ökumenische Aussage und sind deshalb besonders bemerkenswert. Sie werden von den beiden Kirchengemeinden laufend ergänzt und prägen jeweils – dem Kirchenjahr entsprechend – für eine gewisse Zeit das verbindende Element im Eingangsbereich des Gebäudekomplexes, wie der reformierte Pfarrer Hubertus Kuhns (* 1976) im Gespräch erklärt, der dazu noch ergänzt: „Häufig haben die auch ein Thema: Versöhnung, Himmelfahrt, Welt-Sozial-Projekt."[113]

Gemeinsam ist dem Komplex auch ein Carillon, also ein Glockenspiel, das sich aber nicht in einem Turm befindet. Wie herausfordernd „praktische Ökumene" schon im Kleinen sein kann, zeigt dieses Beispiel. Allein die Frage, welche Lieder zu welcher Zeit erklingen, ist ein anhaltender Abstimmungsprozess.[114] Das Carillon in Steinhausen stammt übrigens von der Expo 64 in Lausanne; der hier wie dort wirkende Architekt Ernst Gisel konnte es für das Zentrum Chilematt günstig erwerben.[115]

---

[111] Vgl. dazu R. Odermatt im Interview (s. Anm. 110); weitere Assoziationen zum Bau u. a. von einer ehemaligen reformierten Pfarrerin am Ort: N. Kuhns, Mein Kirchenraum: Steinhausen, in: https://www.ref-zug.ch/kanton-zug/kirche-z/serie-mein-kirchenraum/steinhausen (Zugriff: 1.7.2021).

[112] Vgl. dazu Zuger Neujahrsblatt 1983, 84f.; A. Faessler, Steinhausen: Der „Engel" im Foyer, in: Zuger Zeitung vom 20. Dezember 2017 [https://www.luzernerzeitung.ch/nachrichten/zentralschweiz/zug/der-engel-im-foyer;art9648,1165315 (Zugriff: 1.7.2021)].

[113] H. Kuhns im Interview (s. Anm. 110).

[114] Vgl. dazu R. Odermatt im Interview (s. Anm. 110).

[115] Vgl. dazu S. Brehm u. a., Versuch eines Pfarreiporträts, in: Kirchenrat Stein-

Abb. 4: Taufstein im Foyer des ökumenischen Kirchen- und Begegnungszentrums Chilematt, auf der linken Seite der Wandteppich zum Thema Taufe.
© *Patricia Althaus, Hochschule Luzern, Technik & Architektur*

Abb. 5: Außenansicht des Kirchen- und Begegnungszentrums mit dem Carillon.
© *Patricia Althaus, Hochschule Luzern, Technik & Architektur*

3.2.3 Liturgisches Leben

Ähnlich wie in Langendorf ist auch im ökumenischen Kirchenzentrum Chilematt in den letzten Jahren die Anzahl der gemeinsamen Gottesdienste von drei auf jetzt neun gestiegen, die hier allerdings überwiegend in den geprägten Zeiten gefeiert werden: am ersten Adventssonntag (in Erinnerung an die Einweihung des Kirchenzentrums an diesem Tag 1981), an Silvester, im Januar zur Gebetswoche für die Einheit der Christen, an Fastnacht, am Aschermittwoch, vor der Karwoche (als Versöhnungsfeier für die vierten Schulklassen; dazu variabel im Juni eine Segnungsfeier für die sechsten Schulklassen), zum Schweizer eidgenössischen Dank-, Buß- und Bettag im September und im Oktober zur Chilbi, also dem ursprünglich katholischen Kirchweihfest, das jetzt ökumenisch und zusammen mit einer großen Kirmes begangen wird. Zudem findet jährlich an unterschiedlichen Terminen ein ökumenischer Gottesdienst für das gemeinsam initiierte Welt-Sozial-Projekt statt; ökumenisch verbindend ist auch die „Lange Nacht der Kirchen“ im Mai mit thematischen Impulsen und musikalischen Beiträgen.[116]

In der Gestaltung der regelmäßigen gemeinsamen Gottesdienste haben sich das katholische und das reformierte Seelsorgeteam dafür entschieden, den Gastcharakter zu wahren, um den Gläubigen die Riten der je anderen Konfession näherzubringen. Deswegen werden je drei Gottesdienste in katholischer Tradition als Messen und in Form von Wort-Gottes-Feiern sowie drei in reformierter Tradition mit Abendmahl begangen. Die Predigt in solchen Gottesdiensten hat sich über die Zeit gewandelt: War es vorher ein recht schematisches Vorgehen – der reformierte Gast legt im katholischen Bereich das Wort Gottes aus und umgekehrt –, hat sich mittlerweile eine dialogische Form der Predigt herausgebildet, teilweise in der Art, dass jemand primär am biblischen Text bleibt und jemand schwerpunktmäßig nach dessen Lebensrelevanz fragt. Über den Ort des Gottesdienstes wird recht pragmatisch entschieden: Aufgrund der vielen Mitfeiernden wird etwa an Fastnacht oder zur Chilbi im größeren katholischen Teil des Zentrums gefeiert, ansonsten finden die

---

hausen (Hg.), Pfarrei St. Matthias Steinhausen 1611–2011 (s. Anm. 104), 47–99, hier: 55–59.

116 Vgl. dazu H. Kuhns im Interview (s. Anm. 110).

Gottesdienste immer im Wechsel statt. Nach der Liturgie schließt sich eine Begegnung bei einem Empfang, der von der jeweils vorbereitenden Gemeinde organisiert wird, im Foyer an.[117] Ebenfalls im Eingangsbereich des Kirchenzentrums ist der inhaltliche Ausgangspunkt für eine besondere Form des Taufgedächtnisses: Für jeden Täufling wird in der jeweiligen Kirche ein Stern an die Decke gehängt, nach drei Jahren abgenommen und in einer ökumenischen, kindgerecht gestalteten Feier daran gedacht.[118]

Die konfessionellen Sonntagsgottesdienste finden immer zur selben Uhrzeit statt: Um 10:15 Uhr rufen die Glocken der alten Matthiaskirche die Gläubigen. Dies erleichtert eine gemeinsame Begegnung danach. Zu größeren besonderen konfessionellen Liturgien wie der Konfirmation nutzt auch die reformierte Gemeinde teilweise den katholischen Gottesdienstraum, da dieser fast die doppelte Anzahl an Sitzmöglichkeiten bietet.[119]

Dass Ökumene in Steinhausen darüber hinaus in freudigen wie mühsamen Momenten des Alltags inzwischen selbstverständlich gelebt wird und man bereit ist, dafür auch miteinander zu ringen, zeigt etwa das Beispiel der Renovierung der alten katholischen Kirche, bei der auch die reformierten Gemeindemitglieder emotional mitdiskutiert haben, wie ihr derzeitiger Pfarrer Hubertus Kuhns zu berichten weiß.[120] Einigkeit zwischen den beiden Gemeinden besteht indessen in der Einsicht, dass das gemeinsame Kirchenzentrum gebaute Vision, Auftrag und Herausforderung zugleich ist. Dazu äußerten ihre leitenden Verantwortlichen unlängst:

> „‚Im Grund ist das Kirchenzentrum die Stein gewordene Vision der damaligen Initianten', so Nicole Kuhns. ‚Es bleibt uns gar nichts anderes übrig als zusammenzuarbeiten; die Steine schaffen Tatsachen, die man nicht umgehen kann, und das ist gut so.' Die Herausforderung der heutigen handelnden Personen, ergänzt Ruedi Odermatt, bestehe darin, diese ökumenische Zusammenarbeit weiterzuentwickeln."[121]

---

[117] Vgl. dazu H. Kuhns und R. Odermatt im Interview (s. Anm. 110).

[118] Vgl. dazu speziell H. Kuhns im Interview (s. Anm. 110).

[119] Vgl. dazu H. Kuhns und R. Odermatt im Interview (s. Anm. 110).

[120] Vgl. dazu H. Kuhns im Interview (s. Anm. 110).

[121] E. Brühlmann, Ökumene: Spaziergang oder Hindernisparcours?, in: Kirche Z (3/2017) 4–7. Diese Aussage bestätigen auch die Interviews.

Einigkeit besteht (bis) heute auch darüber, dass es dafür neben den gemeinsamen Anliegen und Räumlichkeiten auch das je Eigene braucht, das gepflegt werden muss und nicht verschwinden darf, sondern sich gegenseitig produktiv ergänzen soll, wenn das ökumenische Projekt glaubwürdig bleiben will. Nicht zuletzt die Herausforderungen einer pluralen Gesellschaft mit verschiedenen persönlichen und religiösen Prägungen erfordern dies, darin stimmt die Einschätzung der Gemeindeleitungen in Chilematt vollkommen überein. Im schulischen Kontext versucht man hier deshalb bereits seit 15 Jahren, interreligiöse Brücken zu bauen.[122]

Dass solche Initiativen, trotz unterschiedlicher konfessioneller und religiöser Identitäten gemeinsam zu leben, zu beten und sogar zu bauen in Steinhausen wie auch in Langendorf nicht ohne Irritationen und Schwierigkeiten ablaufen, ist selbstverständlich. Neben der aktuellen demografischen Entwicklung, zu der noch Kirchenaustritte, Veränderungen in der Beteiligung der Menschen am kirchlichen und kulturellen Leben sowie strukturelle Problemfelder in der kirchlichen Organisation etc. kommen, zeigt sich gerade auch im Bereich ökumenischer Kirchenzentren und ihrer Verlebendigung in der Schweiz (und darüber hinaus), wie sehr es auf die konkret handelnden Menschen ankommt bzw. von personellen Konstellationen abhängt, ob und wie gemeinsames christliches Leben vor Ort gelingt und auch 50 Jahre nach den wichtigen Impulsen des letzten Konzils weiterwächst.[123]

---

[122] Vgl. dazu H. Kuhns und R. Odermatt im Interview (s. Anm. 110).

[123] Das ist der einhellige Tenor in den geführten Gesprächen. Bei dieser Gelegenheit danke ich abschließend allen Vertreter(inne)n der Gemeinden vor Ort für ihre Auskunftsbereitschaft und ihr echtes Interesse an einer reflektierten Praxis im Gespräch mit der akademischen Theologie.

Anhang: Übersicht über die in der Schweiz realisierten ökumenischen Kirchenzentren von 1971 bis 2013[124]

1. Arni, Ökumenische Johanneskirche
Eröffnung | 1983
Adresse | 8905 Arni, Staldenstrasse 6
Kanton | Aargau
Bistum | Basel
Architekt | Walter Moser

2. Augst, Kirchenzentrum Romana
Eröffnung | 2013
Adresse | 4302 Augst, Rheinstrasse 5
Kanton | Basel-Landschaft
Bistum | Basel
Architekt | Robert Winter, Jost Trueb, Robert Ellenrieder

3. Dättwil (Baden), Ökumenisches Zentrum
Eröffnung | 2011
Adresse | 5405 Dättwil (Baden), Hochstrasse 8
Kanton | Aargau
Bistum | Basel

4. Ehrendingen, Ökumenisches Zentrum
Eröffnung | 1984
Adresse | 5420 Ehrendingen, Dorfstrasse 21
Kanton | Aargau
Bistum | Basel
Architekt | Walter Moser

5. Flüh, Ökumenische Kirche
Eröffnung | 1974
Adresse | 4112 Hofstetten-Flüh, Buttiweg 26
Kanton | Solothurn
Bistum | Basel
Architekt | Hans Ruedi Bühler

6. Ittigen, Ökumenisches Zentrum
Eröffnung | 1980
Adresse | 3063 Ittigen, Rain 13
Kanton | Bern
Bistum | Basel
Architekt | Charles Nauer, Kurt Scheurer

7. Kehrsatz, Ökumenisches Zentrum
Eröffnung | 1976
Adresse | 3122 Kehrsatz, Mättelistrasse 24–26
Kanton | Bern
Bistum | Basel
Architekt | Benedikt Huber

8. Langendorf, Ökumenisches Kirchenzentrum
Eröffnung | 1971
Adresse | 4513 Langendorf, Stöcklimattstrasse 22–26
Kanton | Solothurn
Bistum | Basel
Architekt | Manuel Pauli

9. Laupen, Ökumenisches Zentrum
Eröffnung | 1985
Adresse | 3177 Laupen, Noflenweg 6
Kanton | Bern
Bistum | Basel

10. Lausanne, Centre oecuménique et de quartier du Bois-Gentil
Eröffnung | 2002
Adresse | 1018 Lausanne, Chemin du Bois-Gentil 9
Kanton | Waat
Bistum | Lausanne
Architekt | Jean-Pierre Merz

124 Vgl. Schweizer Kirchenbautag (s. Anm. 14) [Ökumenisch – Gemeindezentrum]. Auf dieser Grundlage wurde die hier gebotene Übersicht ergänzt und korrigiert.

11. Les Avanchets (Vernier), Centre Communautaire Oecuménique
Eröffnung | 1977 [2015 verkauft]
Adresse | 1220 Les Avanchets (Vernier), Rue du Grand Bay 17
Kanton | Genf
Bistum | Lausanne

12. Meyrin, Centre Paroissial Œcuménique
Eröffnung | 1976
Adresse | 1217 Meyrin, Rue de Livron 20
Kanton | Genf
Bistum | Lausanne

13. Niederglatt, Ökumenisches Zentrum Eichi
Eröffnung | 1979
Adresse | 8172 Niederglatt, Grafschaftstrasse 51
Kanton | Zürich
Bistum | Chur
Architekt | Rudolf Manz

14. Pieterlen, Ökumenisches Zentrum
Eröffnung | 1995
Adresse | 2541 Pieterlen, Kürzeweg 6
Kanton | Bern
Bistum | Basel

15. Rüttenen, Kirchenzentrum Rüttenen
Eröffnung | 1979
Adresse | 4522 Rüttenen, Kirchstrasse 1–3
Kanton | Solothurn
Bistum | Basel
Architekt | Werner Egli, Robert Obrist, Hans Rohr

16. St. Gallen, Ökumenische Kirche Halden
Eröffnung | 1986
Adresse | 9016 St. Gallen, Oberhaldenstrasse 25
Kanton | St. Gallen
Bistum | St. Gallen
Architekt | Roberto Montanarini

17. Stansstad, Ökumenisches Zentrum
Eröffnung | 1980
Adresse | 6362 Stansstad, Kirchenmatte 12
Kanton | Nidwalden
Bistum | Chur
Architekt | Walter Rüssli

18. Steinhausen, Ökumenisches Kirchen- und Begegnungszentrum Chilematt
Eröffnung | 1981
Adresse | 6312 Steinhausen, Dorfplatz 1
Kanton | Zug
Bistum | Basel
Architekt | Ernst Gisel

19. Wilen, Kirchenzentrum
Eröffnung | 2004
Adresse | 9535 Wilen, Freudenbergstrasse 9
Kanton | Thurgau
Bistum | Basel
Architekt | Markus Häne, Paul Stäheli

20. Wolfhausen (Bubikon), Ökumenisches Zentrum Sonnenberg
Eröffnung | 1997
Adresse | 8633 Wolfhausen (Bubikon), Sunnenbergstrasse 1
Kanton | Zürich
Bistum | Chur
Architekt | Thomas Halter

21. Zürich, Kirche Suteracher
Eröffnung | 1982
Adresse | 8048 Zürich, Am Suteracher 2
Kanton | Zürich
Bistum | Chur
Architekt | Benedikt Huber, Martha Huber, Alfred Trachsel

Gottesdienstliche Praxis im ökumenischen Kirchenzentrum Maria Magdalena in Freiburg-Rieselfeld

Stephan Wahle im Gespräch mit Sarah Weber und Sarah-Louise Müller

Im Freiburger Westen entsteht seit 1995 für etwa 10 000 Menschen der neue Stadtteil Rieselfeld. Im Herzen des jungen Quartiers befindet sich seit 2004 das ökumenische Kirchenzentrum Maria Magdalena. Trotz seines jungen Alters ist der Sakralbau aus dem religiösen Leben der Breisgau-Metropole kaum noch wegzudenken. Neben dem spätgotischen Münster, der neuen Synagoge in der Nußmannstraße und der evangelischen Christuskirche zählt der monumentale Kubus aus Leichtbeton zu den herausragenden Bauten der Freiburger Sakraltopografie. Unter einem Dach vereinen sich hier in zwei getrennten, aber durch bewegliche Wände verbindbaren Gottesdiensträumen eine katholische und evangelische Gemeinde. Im Foyer, der mittleren Eingangshalle der dreischiffigen Anlage, befindet sich als sichtbares Zeichen der Einheit die großzügig gestaltete Taufstelle. Die Konzeption des international stark beachteten und preisgekrönten Kirchenbaus stammt von Susanne Gross vom Architekturbüro Kister Scheithauer Gross aus Köln. 1999 hat sie sich in einem internationalen Wettbewerb gegen 165 Mitbewerber(innen) erfolgreich durchgesetzt.

Während der exponierte Bau bereits mehrfach Gegenstand des architektur- und kunstwissenschaftlichen Diskurses und vereinzelt auch der theologischen und liturgiewissenschaftlichen Forschung war,[1] soll im Folgenden der Blick auf die gottesdienstliche Praxis ge-

[1] Vgl. A. Lederer, Doppelkirche für zwei Konfessionen, Freiburg – Dual Denomination Church, Freiburg, in: DAM-Jahrbuch 2003. Architektur in Deutschland, München u. a. 2003, 58–63; A. Bauhofer, Ökumenisches Kirchenzentrum Freiburg-Rieselfeld, in: Mün. 57 (2004) 244f.; S. Gross, Zwei Kirchen – eine Kirche, in: ebd., 245–247; U. Kleefisch-Jobst, Verschiebbare Wände für zwei Konfessionen, in: Bauwelt 95 (2004) 24–29; C. Holl u. a., Schutzbau und Auffanggefäß. Doppelkirche für zwei Konfessionen, in: DBZ 138 (2004) 36–45; F. Jaeger, Die Doppelkirche Maria Magdalena in Freiburg, in: KuKi 68 (2005) 192f.; W. Zahner, Maria Magdalena. Katholische und evangelische Kirche in Freiburg-Rieselfeld, Lindenberg 2006; M. Ludwig, R. Mawick (Hg.), Gottes neue Häuser. Kirchenbau

Abb. 1: Das ökumenische Kirchenzentrum Maria Magdalena mit der charakteristischen Solaranlage im Zentrum des neuen Stadtteils Rieselfeld der GreenCity Freiburg.
© *Thomas Kunz*

worfen werden. Vor allem in den letzten Jahren – verstärkt durch die pandemiebedingten Auflagen der letzten Monate – hat sich die konfessionelle und ökumenische Feierkultur deutlich verändert. Sarah Weber, Pastoralreferentin und Ansprechpartnerin der katholischen St. Maria-Magdalena-Gemeinde, und Sarah-Louise Müller, Pfarrerin der evangelischen Maria-Magdalena-Gemeinde, geben hier einen Einblick in das aktuelle liturgische Leben in einem ökumenischen Kirchenzentrum.

---

des 21. Jahrhunderts in Deutschland (Edition Chrismon), Frankfurt a. M. 2007, 124–129; W. Zahner (Hg.), Baukunst aus Raum und Licht. Sakrale Räume in der Architektur der Moderne, Lindenberg 2012, 44–47; M. Binaghi, Ökumenische Kirchenzentren: Bild der Einheit oder Spiegel der Trennung? Architekturanalyse und theologisch-soziologische Reflexion (Bild – Raum – Feier 16), Regensburg 2015, 172–181; S. Kopp, *lex orandi – lex credendi – lex aedificandi*. Zu den liturgietheologischen Grundlagen gebauter Ökumene, in: ders., J. Werz (Hg.), Gebaute Ökumene. Botschaft und Auftrag für das 21. Jahrhundert? (ThIDia 24), Freiburg i. Br. 2018, 201–228, hier: 214–221; S. Orth, Gleitende Wände. Das ökumenische Kirchenzentrum Maria Magdalena in Freiburg-Rieselfeld und seine beiden Gemeinden, in: ÖR 67 (2018) 491–496.

1 „Kirche im Rieselfeld"

Stephan Wahle: In der damaligen Ausschreibung zum Wettbewerb heißt es programmatisch: „Das Kirchenzentrum soll das ganzheitliche Verständnis von Kirche in der heutigen Zeit zum Ausdruck bringen und gerade im Kontext mit dem neuen Stadtteil Rieselfeld einen Weg für die Kirche ins nächste Jahrhundert zeigen."[2] Wie steht nach Ihrem Eindruck die Kirche im Rieselfeld heute dar?
Sarah Weber: Wenn man grundsätzlich auf den immer noch recht jungen Stadtteil schaut, werden wir als Kirche durchaus wahrgenommen, auch von jenen Menschen, die sich säkular verstehen. Unser Kirchenbau ist unumgänglich, zumal er sehr zentral liegt. Vor allem unser Engagement im Sozialraum wird sehr positiv gesehen. Wir sind sehr an Kooperationen interessiert und bei sämtlichen Vernetzungen mit dabei: Kinder- und Jugendarbeit, Quartiersarbeit, Aktivitäten von und mit Senior(inn)en, Menschen mit Behinderungen oder bei der Flüchtlingshilfe.
Stephan Wahle: Die Kirche im Rieselfeld nimmt also einen selbstverständlichen Platz im neuen Stadtteil ein?
Sarah Weber: Im positiven Sinne sind wir selbstverständlich. Auch Menschen, die grundsätzlich skeptisch gegenüber den Kirchen eingestellt sind, nehmen unser vielfältiges gesellschaftliches Engagement wahr, etwa bei den Fridays-for-Future-Demonstrationen. Vor allem der Kirchenraum wird als Ort der Stille und des Rückzuges sehr geschätzt – auch von Menschen, die sonst keinen Kontakt zur Kirche oder zur Sonntagsliturgie haben. Im Unterschied zu anderen Kirchenräumen ist er leicht und fast immer zugänglich. Er ist ein Ort der Stille, der im besten Sinne eine Andacht ermöglicht. Dieser offene Raum ist für viele ein guter Ort.
Stephan Wahle: Ursprünglich plante die Stadt Freiburg den neuen Stadtteil mit zwei getrennten Grundstücken für zwei Kirchbauten. Es waren Ihre Vorgänger im Amt, die die Idee zu einem ökumenischen Kirchenzentrum hatten. Gab es Situationen, in denen Sie sich doch eine eigene Kirche gewünscht hätten? Oder überwiegen die positiven Erfahrungen?

---

[2] Kirchzentrum im Stadtteil Rieselfeld, Freiburg, in: Wettbewerbe aktuell 30 (3/2000) 65–74.

Sarah Weber: Inhaltlich ganz eindeutig positiv! Vor allem, weil die Ausstrahlung des ökumenischen Kirchenzentrums nach außen und nach innen äußerst positiv ist. Probleme bereiten organisatorische Dinge. So gibt es keine gemeinsame kirchliche Corona-Verordnung. Solche fehlenden ökumenischen Abstimmungen machen das Leben vor Ort unnötig schwer. Ein anderes Problem ist der Zuschnitt der Pfarreien. Freiburg-Südwest-Katholisch ist nicht gleich dem Zuschnitt Freiburg-Südwest-Evangelisch. Es braucht ganz viele Absprachen in sämtliche Richtungen. Dennoch bin ich der Meinung, dass nur noch ökumenisch die Kirche in Zukunft Bestand haben wird.
Stephan Wahle: Fließen Ihre ökumenischen Erfahrungen vor Ort demnach zu wenig in kirchliche Planungs- und Entscheidungsprozesse ein?
Sarah Weber: Ich würde mir wünschen, dass die Kirchenleitungen sehr viel selbstverständlicher ökumenisch denken und handeln. Nach meinem Eindruck gewinnen wir als Kirche im Rieselfeld so sehr an Stärke, weil wir hier als Team agieren können. Wir wollen jedoch nicht bloß ein Leuchtturmprojekt sein. Natürlich trägt unser markanter Bau wesentlich zur Präsenz von Kirche hier im Stadtteil – und weit darüber hinaus – bei. Aber sicherlich wäre es auch andernorts wertvoller, die Kräfte zu bündeln und eine größere Strahlkraft nach außen zu haben.
Sarah-Louise Müller: Wir sind nicht das einzige ökumenische Projekt in Freiburg. Es gibt auch den Stadtteil Vauban, zwar ohne einen großen Sakralbau, aber doch mit ähnlichen Rahmenbedingungen: ein junger Stadtteil, in dem Christ(inn)en nicht mehr die Mehrheit bilden. Vieles, was wir hier diskutieren, verhandeln und erleben, wird in ein paar Jahren andere Gemeinden in traditionell geprägten oder konfessionell einheitlichen Gebieten beschäftigen. Ich empfinde, was hier im Rieselfeld erdacht, erprobt und gelebt wird, ist in vieler Hinsicht zukunftsweisend.

2 Ökumene und Identität

Stephan Wahle: Im theologischen Diskurs gibt es Stimmen, die sagen: Eine neue Stärke können die Kirchen nur gewinnen, wenn sie ihre konfessionelle Identität und das eigene Profil schärfen. Katholisch müsse katholisch bleiben und evangelisch eben evangelisch.

Sarah Weber: Ich spreche ungern von Identität, lieber von Sozialisation. Ich nehme ernst, dass ich katholisch sozialisiert bin und in einem anderen Dialekt spreche. Tatsächlich wurde mir erst hier im ökumenischen Kirchenzentrum bewusst, wie sehr meine Sozialisation mein Bild von Gemeinde, von der Priesterrolle oder der Frau in der Kirche geprägt hat. Um sich darüber austauschen zu können, braucht es ein Vertrauensverhältnis. Weil wir uns in letzter Zeit sehr viel nähergekommen sind – auch im gottesdienstlichen Miteinander –, spüren wir noch einmal mehr unsere eigenen Sprachen, die für uns gewohnt sind, und die anderen Dialekte, die für uns neu sind. Es gibt hier einzelne, die die Sorge in sich tragen, dass ihre katholische Kirche nicht genügend repräsentiert wird. In Freiburg gibt es aber genügend Gotteshäuser, in denen täglich oder zumindest sonntäglich eine Eucharistiefeier stattfindet. Wir tragen hier als Erbinnen dieses Kirchenbaus die Verantwortung gegenüber Christ(inn)en, die stärker von dem Gemeinsamen her denken und ökumenisch leben wollen.
Sarah-Louise Müller: Wenn man so eng zusammenarbeitet wie wir, dann gibt es auch immer wieder Momente, in denen man sich der eigenen konfessionellen Identität bewusst wird. Die Situation der evangelischen Kirche in Freiburg ist immer noch eine Minderheitenposition. Natürlich sind die katholischen Gemeinden größer. Auch gibt es eine andere Mentalität hinsichtlich der Häufigkeit von Gottesdienstbesuchen in den evangelischen Gemeinden. Die normale evangelische Mitgliedschaft zeichnet sich durch wohlwollende Distanz aus, obwohl es natürlich auch immer noch die hoch verbundene Kerngemeinde gibt. Im ökumenischen Miteinander wird mir immer wieder bewusst, dass viele Kämpfe in meiner Kirche bereits ausgefochten sind. Es ist selbstverständlich, dass ich als Frau in der evangelischen Kirche Leitungsverantwortung wahrnehmen kann. Ende April 2021 haben wir 50 Jahre Frauenordination in Baden gefeiert. Das ist etwas, was mich persönlich bewegt. Ich wünsche meinen katholischen Schwestern, dass es irgendwann auch bei ihnen so weit ist.
Sarah Weber: Die Maria-2.0-Bewegung hat im Rieselfeld einen großen Stellenwert. Wir ringen hier miteinander um eine zeitgemäße und gerechte Sprache und um eine antidiskriminierende Kirche. Und dann hängen die Thesen an der Kirche, und die evangelischen Christ(inn)en sagen: „Das haben wir eigentlich schon alles."
Stephan Wahle: Stimmt der Eindruck, dass das Erscheinungsbild auch katholischer Gottesdienste während der Pandemie weiblicher gewor-

Abb. 2: Blick in den gemeinsamen Kirchenraum mit „ökumenischer" Bestuhlung vor der Corona-Pandemie.
© *Katholische Kirchengemeinde Freiburg Südwest*

den ist? Ich denke nur an die beiden Online-Gottesdienste, die Sie ökumenisch zu Ostern und Pfingsten im vergangenen Jahr gefeiert und die in der Region eine breite Beachtung erfahren haben.[3]
Sarah Weber: Ich arbeite hier nicht zuerst als Frau, sondern als Pastoralreferentin und Diplom-Theologin. Gewiss eröffnen sich für mich in einem ökumenischen Kirchenzentrum mehr Möglichkeiten und Gestaltungsräume als in anderen Gemeinden. Das hängt sicherlich auch damit zusammen, dass durch meine Kollegin auch die katholischen Gemeindemitglieder an das Bild einer Frau am Altar gewohnt sind. Das prägt und baut Vorbehalte ab. Jeder Mensch hat seine eigene Sprache und seine eigene Art, über Gottesbegegnung zu sprechen. Und diese ist weiblich, eben weil ich eine Frau bin. Und das nehmen viele Menschen auch als inspirierend für ihren eigenen Glauben wahr.

---

[3] Vgl. dazu Ökumenische Kirche im Rieselfeld, Ökumenischer Ostergottesdienst 2020 Maria Magdalena Kirche Freiburg-Rieselfeld, in: https://www.youtube.com/watch?v=1YKw9vN99tg (Zugriff: 1.7.2021); Ökumenische Kirche im Rieselfeld, Ökumenischer Pfingstgottesdienst 2020 Maria Magdalena Kirche Freiburg-Rieselfeld, in: https://www.youtube.com/watch?v=YM5etj56ql8 (Zugriff: 1.7.2021).

3 Der Sonntagsgottesdienst

Stephan Wahle: Blicken wir auf die demografische Situation. Rieselfeld ist immer noch ein überdurchschnittlich junges Quartier mit vielen Kindern und Jugendlichen, gleichwohl die Kinder der Anfangsjahre mittlerweile erwachsen sind. Wie spiegelt sich diese veränderte Altersstruktur in der Feiergestalt der Gottesdienste wider?

Sarah-Louise Müller: Im Rieselfeld gibt es immer noch viele Kinder, aber sie gehören nicht mehr unbedingt einer christlichen Konfession an. Im Bereich Kinder- und Jugendarbeit, bei Kinder- und Teeniegottesdiensten lief immer schon sehr viel ökumenisch. Das haben wir die letzten Jahre intensiviert. Das Problem ist die hohe Fluktuation. Viele junge Familien ziehen beim zweiten oder dritten Kind ins Umland oder in ein Neubaugebiet von Freiburg und verwurzeln deshalb nicht bei uns. Es ist wirklich eine Tragik, dass Menschen, die hierbleiben möchten, keinen adäquaten Wohnraum finden und wegziehen müssen. Gemeindeaufbau, wie man ihn klassisch kennt, ist nicht möglich. Vieles bleibt dadurch in hauptberuflicher Verantwortung wie zum Beispiel das noch recht junge Format der „Kleinen Kirche". Das ist ein Gottesdienst für Null- bis Vierjährige mit ihren Familien, der stark ritualisiert und ganzheitlich gefeiert wird.

Sarah Weber: Zur sogenannten Kerngemeinde gehören jene, die vor 20 Jahren hergezogen sind. Deren Kinder sind jetzt in der Leiterrunde oder ziehen in Kürze weg. Ein Umbruch steht also bevor. Bislang war der eine konfessionelle Gemeindegottesdienst am Sonntag der Dreh- und Angelpunkt; parallel dazu fand der Kindergottesdienst und anschließend das Kirchencafé statt. Jetzt haben wir die „Kleine Kirche" zeitlich vor dem Gemeindegottesdienst angesetzt, sodass man sich zumindest noch wahrnehmen kann. Wir haben gemerkt, dass der Gedanke der liturgischen Einheit nicht mehr so sehr trägt und die Schnittmengen zwischen Kinder- und Gemeindegottesdienst geringer geworden sind.

Stephan Wahle: In einer Rahmenvereinbarung werden die Felder der ökumenischen Partnerschaft detailliert aufgelistet: Neben dem gemeinsamen Kirchenchor, der Jugendarbeit, dem Kirchenladen und sozialen Engagement wird als zentrales Moment der Gottesdienst genannt. Welche Rolle nimmt der Sonntagsgottesdienst in Ihrer pastoralen Arbeit tatsächlich ein?

Sarah-Louise Müller: Ich erkenne hier einen konfessionellen Unterschied. In der evangelischen Kirche dreht sich nicht alles um den Sonntagsgottesdienst. Es gibt hoch verbundene Kirchenmitglieder, die ganz selten kommen, die aber andere Aufgaben in der Gemeinde übernehmen, auch mit großer Verbindlichkeit. Als evangelische Kirche spüren wir aber schon jetzt, was vielleicht in den nächsten Jahren in allen Kirchen noch wichtiger wird: punktuelle Begleitung im Lebenslauf, also bei Taufe, Beerdigung, Trauung, Konfirmation oder Einschulungsgottesdienst, sowie die vielen anderen sogenannten neuen Kasualien.
Sarah Weber: Wir legen einen großen Wert auf eine gemeinsame Vorbereitung und Gestaltung der Liturgie. Bereits meine Vorgänger haben Gemeindemitglieder bei der Planung der Gottesdienste an Ostern und Weihnachten einbezogen. Die intensive Auseinandersetzung mit dem jeweiligen Festgehalt kommt einer Art Glaubensgespräch nahe. Die Beteiligung bei der Suche nach einer zeitgemäßen und situationsgerechten Gottesdienstgestaltung war und ist immer sehr hoch. So kam es auch, dass bei uns in der katholischen Gemeinde Wort-Gottes-Feiern sehr früh eingeführt worden sind. Auf evangelischer Seite sind zudem neue Gottesdienstformate wie der „Einer für alle“-Gottesdienst entwickelt worden, die wir nun ökumenisch feiern. Verschiedene Generationen beginnen hier unter einem gemeinsamen Thema den Gottesdienst, während die Auslegung in altershomogenen Gruppen oder auch mal bewusst generationenübergreifend im Dialog geschieht. Ein Gottesdienst bietet immer auch die Gelegenheit zum Diskurs und zur Begegnung über die Feier hinaus. Dazu lädt nach jedem Sonntagsgottesdienst das sogenannte Kirchencafé im Foyer des Zentrums ein.

4 Konzeption und Rezeption des Kirchenraumes

Stephan Wahle: Gewiss ist es auch der Raum, der Begegnungen eröffnet und quasi wie ein Liturge auf die Feierkultur einwirkt. Durch seine Außenfassaden wirkt der Bau mal als „geschlossener und bergender Ort“, mal als „offenes Haus“.[4]

---

[4] Vgl. dazu die Bildunterschriften in: Zahner, Maria Magdalena (s. Anm. 1), 2f.

Sarah-Louise Müller: Dieser Kirchenraum ist einfach genial gestaltet. Er lebt von einer unglaublichen Flexibilität. Er schafft Orientierung in verschiedene Richtungen und in unterschiedlichen Konfessionen. Und er bietet die Möglichkeit, verschiedene räumliche Schwerpunkte zu setzen. Er ist ein „Spielraum“, in dem viel ausprobiert werden kann. Viele Kirchenräume erlebe ich als heilige Orte, an denen nichts verrückt oder verändert werden darf. Mit einem solchen Tabu ist unsere Kirche nicht gestaltet. Sie lädt vielmehr dazu ein, sich darin in unterschiedliche Perspektiven und Aktionen zu bewegen. Auf diese Weise prägt der Raum unser dynamisches Gottesdienstleben.

Sarah Weber: Der Raum verleiht unseren Gottesdiensten einen dialogischen Charakter und fördert vielfältige Partizipationsmöglichkeiten. Allein, dass man nicht nur in einer Richtung geordnet in starren Bänken sitzt und niederkniet, sondern sich während des Gottesdienstes anschaut und in mehrere Richtungen umdreht, führt zu einem körperlichen und ganzheitlichen Beten. Der moderne

Abb. 3: Gottesdienst im Dialog mit „0", einem artistischen Tanzsolo mit dem *Cyr Wheel* von und mit Sandra Hanschitz.
© *Fidel Gómez Sanchez*

Raum eignet sich auch für den Dialog zwischen zeitgenössischer Kunst und Kirche. Teilweise ergibt sich eine Verbindung zum Gottesdienst. Ich denke beispielsweise an einen Gottesdienst, der im Dialog mit einem zeitgenössischen Tanzstück gestaltet wurde oder Predigtreihen ausgehend von einem Kunstwerk. Solche Aktionen gehen weniger von unserer Initiative aus, sie ergeben sich vielmehr durch die Außen- und Innenwirkung des markanten Kirchenbaus.

Stephan Wahle: In ihrer Konzeption will die Architektin Susanne Gross die beiden Feierräume wirkungsästhetisch voneinander abheben.[5] Während von dem evangelischen Feierraum – aufgrund seiner Erhellung durch das Morgenlicht – ein eher klarer, lichter Raumeindruck ausgehen soll, will der katholische Feierraum „von Anfang an dämmriger sein und gleichsam eine mystische Atmosphäre vermitteln“[6]. Würden Sie diesem Urteil zustimmen oder wie nehmen Sie die jeweiligen Räume wahr?

Sarah-Louise Müller: Das wollte ich die Architektin immer schon fragen, inwieweit sie ihr eigenes katholisches Selbstverständnis bei der Planung und Gestaltung des Kirchenbaus eingebracht hat. In manchen Kirchenführern steht zum Beispiel, das große Fenster zum Marktplatz symbolisiere im evangelischen Feierraum die Offenheit der evangelischen Kirche zur Welt. Für mich sind das aber eher Klischees. Wenn alle Wände offen sind, entfaltet der Raum seine ganze Schönheit. Und diese Raumsituation entspricht auch am ehesten unseren beiden Gemeinden, die ja zusammen die Kirche im Rieselfeld sind.

Sarah Weber: Bei Kirchenführungen erzähle ich immer davon, dass der Architektin die „Poligkeit“ des Baus ein großes Anliegen war. Und das finde ich sehr wertvoll. Einerseits wenden wir uns mit dem Kirchenbau nach außen, anderseits haben wir hier einen Ort, der uns birgt und bei uns sein lässt. Beides gehört zum Christsein dazu, ebenso wie das Sakrale und das Profane. Diese Poligkeit des

---

[5] Vgl. Gross, Zwei Kirchen – eine Kirche (s. Anm. 1); Maria-Magdalena-Kirche, Freiburg, in: https://www.ksg-architekten.info/de/projekte/sakralbauten/maria-madgalena-kirche-freiburg (Zugriff: 1.7.2021).

[6] Kleefisch-Jobst, Verschiebbare Wände für zwei Konfessionen (s. Anm. 1), 28; vgl. dazu auch R. Stegers, Entwurfsatlas Sakralbau, Basel – Boston, MA – Berlin 2008, 178–181, hier: 180; Binaghi, Ökumenische Kirchenzentren (s. Anm. 1), 176f.

Baus prägt die Liturgie, in der Gott quasi im Dazwischen wahrgenommen werden kann.
Stephan Wahle: Die Architektin Marta Binaghi hat ihrer Dissertation über ökumenische Kirchenzentren den schillernden Titel gegeben: „Bild der Einheit oder Spiegel der Trennung?“[7] Seit der Corona-Pandemie werden die Wände dauerhaft geöffnet. Dominiert jetzt mehr das „Bild der Einheit“? Wie verändert die neue Raumsituation das Gestalten und Erleben der Gottesdienste?
Sarah Weber: Bereits vor der Pandemie haben wir begonnen, öfter als nur an den fünf festen Terminen im Jahr – Heiligabend, Silvester, Neujahr, Erntedank, Maria-Magdalena-Fest – ökumenisch Gottesdienst in dem vereinten Raum zu feiern. Seit Corona öffnen wir dauerhaft die Wände und feiern zweimal im Monat sonntags eine schlichte halbstündige Liturgie nach einem Ablauf, der beiden konfessionellen Traditionen folgt. Die Gottesdienste werden nicht nur von den Hauptamtlichen, sondern auch von ehrenamtlichen Teams gestaltet.
Sarah-Louise Müller: Die pandemiebedingten Einschränkungen mit weniger Stühlen und viel Abstand führen zu einer neuen Wahrnehmung des weit geöffneten Raumes – und zwar nicht nur im Gottesdienst, sondern auch durch die vielen künstlerischen Aktionen und spirituellen Angebote, die im letzten Jahr entstanden sind. Vor allem aber ist es der große Raum selbst, der einen aufatmen, zur Ruhe kommen lässt, der zur Konzentration führt, der aber auch über das eigene Selbst hinausführt, transzendiert. Auch in Zukunft gilt es, diesen großen Raum gemeinsam, ökumenisch und teilweise auch wieder konfessionell zu bespielen.
Sarah Weber: Der „neue“ Raum prägt das Selbstverständnis der Gemeindemitglieder. Lange war das Bewusstsein vorhanden, Teil der katholischen oder evangelischen Gemeinde zu sein, die sich immer mal wieder ökumenisch verbindet. Und jetzt gibt es mehr das Verständnis: Wir sind Kirche im Rieselfeld und überlegen gemeinsam, wie wir mit der Pandemie umgehen. Die Gremien, der Ortsältestenrat, die Gemeindeteams haben sich in den letzten zwölf Monaten viel häufiger gemeinsam getroffen, etwa wenn es um folgende Fragen ging: Wie feiern wir jetzt Weihnachten? Oder Ostern? Braucht

---

[7] Binaghi, Ökumenische Kirchenzentren (s. Anm. 1). Eine liturgiewissenschaftliche Beschreibung der beiden Feierräume bietet: Kopp, *lex orandi – lex credendi – lex aedificandi* (s. Anm. 1), 214–217.

Abb. 4: Blick in den katholischen Feierraum mit einer Ausstellung von Lisa Kötter zu Beginn der Corona-Pandemie.
© *Katholische Kirchengemeinde Freiburg Südwest*

es neue liturgische Formen? Auch digitale? So sind die Youtube-Gottesdienste zu Ostern und Pfingsten entstanden, beide Male unter großer Beteiligung der Gemeindemitglieder und mit immenser Außenwirkung im Stadtteil. Aus diesen Impulsen heraus entwickeln wir unsere Gottesdienstkultur stetig weiter. Dabei bewegt uns in letzter Zeit auch die Frage, ob die Leitung der Gottesdienste paritätisch besetzt werden muss, um als ökumenische Feier erlebt zu werden, oder ob die Feiergestalt, der Raum oder die weiteren liturgisch Tätigen für die Ökumene bürgen können.

5 Ökumenische Basisliturgie

Stephan Wahle: In der Liturgiewissenschaft wird die Tagzeitenliturgie als die Basisliturgie ökumenischer Kirchenzentren empfohlen.[8] Welche Rolle spielen tägliche Gebetzeiten in Ihrer gottesdienstlichen Praxis?

---

[8] Vgl. Kopp, *lex orandi – lex credendi – lex aedificandi* (s. Anm. 1), 222–224; ders., J. Werz, Gebaute Ökumene und ihr Potenzial für das 21. Jahrhundert, in: dies.

Sarah-Louise Müller: Tagzeitengottesdienste passen nach meinem Eindruck mehr zur *High Church*; unsere Kirche im Rieselfeld ist eher eine *Low Church*. Um mit einem Bild zu sprechen: In Maria Magdalena kann man mit dem Kinderwagen genauso wie mit dem Roller reinrollen, es gibt keine Stufen oder Barrieren, sondern eine große Fläche. Und ich glaube, so sind auch die Gottesdienste. Was gerne angenommen wird, sind individuelle, aber auch gemeinsame Zeiten der Stille und persönliche Meditationen, auch gemeinsame Taizé-Gebete.
Sarah Weber: Wir haben gemeinsam eine ökumenische Basisliturgie entwickelt, mit vertrauten Elementen des evangelischen Predigtgottesdienstes und der katholischen Wort-Gottes-Feier: Versammlung, Begrüßung, Votum, Kyrie, Gloria, Tagesgebet, Lesung, eine Form der Auslegung, Fürbitten, Vaterunser, Friedensgruß und Segen. Diese Form hat sich so sehr bewährt, dass wir derzeit keinen grundsätzlichen Bedarf der liturgischen Veränderung erkennen können. Seit wir jedoch häufiger miteinander ökumenisch feiern, nehmen wir die unterschiedlichen Dialekte bewusster wahr, beispielsweise die Eröffnung mit oder ohne Einzug der liturgischen Dienste oder die spezifischen Antworten auf die Wechselgebete, die Auswahl des Schrifttextes nach katholischer oder evangelischer Leseordnung oder die Form des Schlusssegens. All das sind eher kleinere Fragestellungen, die aber doch für die Beheimatung im Gottesdienst wichtig sind. Ein bleibendes Thema sind die Partizipationsmöglichkeiten der Menschen am Gottesdienst. Dem Still-werden-vor-Gott wird dementsprechend mehr Raum und Zeit gegeben. Wir schauen außerdem nach neuen, kreativen Ausdrucksformen der körperlichen Beteiligung, etwa Riten der Salbung, Einzelsegnungen oder das Teilen von Brot und Weintrauben. Außerdem haben wir durch die digitalen *Zoom*-Gottesdienste einmal stärker erlebt, wie berührend eine dialogische Predigt mit der Gemeinde wirkt oder wie stärkend es ist, wenn beim Fürbittgebet alle laut ihre Bitten im Chat vorbringen können. Grundsätzlich ist es uns ein Anliegen, dass der Antwortteil im Gottesdienst nach der Wortverkündigung eine stärkere ästhetische und sinnenhafte Gestalt erhält.

(Hg.), Gebaute Ökumene (s. Anm. 1), 471–480, hier: 473–476. Grundsätzlich zur Tagzeitenliturgie vgl. A. Budde, Gemeinsame Tagzeiten. Motivation – Organisation – Gestaltung (PTHe 96), Stuttgart 2013.

Stephan Wahle: Und wie gehen Sie mit der vielfach gespürten Sehnsucht nach einem gemeinsamen Abendmahl bzw. gemeinsamer Eucharistie um?

Sarah-Louise Müller: Kürzlich habe ich einen Vortrag zum Thema „200 Jahre Unionsjubiläum evangelische Landeskirche in Baden" gehört.[9] Man muss sich klarmachen: Damals gab es nicht nur schlicht eine evangelische, katholische und jüdische Gemeinde in Baden, sondern innerhalb der evangelischen Kirche die Zweige lutherisch und reformiert. Diese haben sich später zusammengeschlossen. Gerade bei der Feier des Abendmahls hat man die unterschiedlichen Zugänge erkannt und akzeptiert. Den Lösungsansatz, beide gleichberechtigt nebeneinander stehen zu lassen, empfinde ich angesichts des heutigen Wunsches, gemeinsam feiern zu wollen, immer noch als zukunftsweisend.

Sarah Weber: Es wäre seltsam, wenn der Wunsch nach gemeinsamer Eucharistie in einem ökumenischen Kirchenzentrum nicht aufkommen würde, schließlich zeigt sich hier besonders eindrücklich das Trennende zwischen den Gemeinden. Das Mahl der Einheit wird immer mehr zum Mahl der Spaltung, und das macht mich traurig. Vor allem an Hochfesten wird diese Trennung besonders spürbar. Zu Ostern, der Feier des Paschamysteriums Jesu Christi, gehört die Eucharistiefeier unbedingt dazu und hemmt uns dadurch gleichzeitig im ökumenischen Feiern. Bei der langfristigen Planung der Gottesdienste im Kirchenjahr muss sich die evangelische immer der Eucharistieplanung der katholischen Gemeinde unterordnen, weil wir uns einen Priester mit drei Gemeinden teilen. Ich frage mich immer mehr, welche Feierform die Menschen nährt. Bislang wollen wir auf keinen Fall eine Verwechslung oder eine rechtlich illegitime Praxis; dennoch bleibt die schmerzliche Erfahrung der Hilflosigkeit. Man muss die Erfahrungen der Menschen ernst nehmen, und diese erleben beispielsweise ein einfaches Brotbrechen im Gottesdienst als stärkend. Wir suchen also in aller Vorsicht Formen wie eine Agape mit Segnung von Brot, um dem Bedürfnis vor Ort gerecht zu werden. Gleichzeitig wird der Wunsch nach einer gemeinsamen und verbindenden Feierform immer größer. Hier sind wir gerade durch

9 Für weitere Informationen vgl. Evangelische Landeskirche in Baden, Unisono – 200 Jahre EKiBa, in: www.unisono2021.de (Zugriff: 1.7.2021).

Abb. 5: Blick in den gemeinsamen Kirchenraum mit „ökumenischer" Bestuhlung auf Abstand unter Corona-Bedingungen.
© *Katholische Kirchengemeinde Freiburg Südwest*

die intensive gemeinsame Praxis während der Corona-Zeit an einen Punkt gelangt, an dem wir uns dieser Frage zuwenden möchten.

6 Praktizierte Gottesdienstgemeinschaft

Stephan Wahle: Als einheitsstiftender Ort wirkt die Taufstelle im Foyer des Kirchenbaus. Für die Taufpraxis haben Sie zusammen mit Ihrem Kollegen, dem katholischen Pfarrer Siegfried Huber, eine gemeinsame Feiergestalt entwickelt.[10]

[10] Vgl. F. Neumann, Wo Gemeinde schon ökumenisch ist. Zwei Konfessionen, eine Kirche (10. Januar 2020), in: https://www.katholisch.de/artikel/24148-wo-gemeinde-schon-oekumenisch-ist (Zugriff: 1.7.2021). Zum Rieselfelder Taufort vgl. S. Wahle, Taufe mit fließendem und lebendigem Wasser. Überlegungen zur Gestalt des Taufortes aus liturgiewissenschaftlicher Sicht, in: Mün. 62 (2009) 171–173; M. Langel, Tauforte im Kirchenraum. Bedeutung und Gestaltung im Wandel der Zeit, in: ebd., 187–189; Kopp, *lex orandi – lex credendi – lex aedificandi* (s. Anm. 1), 224f.; ders., Werz, Gebaute Ökumene und ihr Potenzial für das 21. Jahrhundert (s. Anm. 8), 476–478.

Sarah-Louise Müller: Bei uns leben viele gemischtkonfessionelle Familien. Zwei Familien kamen auf uns zu und haben gefragt, ob wir nicht einen ökumenischen Taufgottesdienst feiern könnten. Und das geht natürlich. Wir verwenden dabei unsere schon bestehende ökumenische Liturgie für die Sonntagsgottesdienste; mein katholischer Kollege vollzieht die Taufe nach katholischem und ich nach dem evangelischen Ritus. Die Taufe ist das einheitsstiftende Band zwischen den Konfessionen und zutiefst ökumenisch.
Stephan Wahle: Mittlerweile taufen Sie also fast immer an der Taufstelle und nicht mehr wie früher mit Taufschale während des Gemeindegottesdienstes im evangelischen Feierraum?
Sarah-Louise Müller: Ja, die evangelische Gemeinde hat vor Corona oft im Sonntagsgottesdienst im evangelischen Kirchenraum die Taufe gefeiert. Es ist ein Zeichen, dass das Kind in die Gemeinde hinein getauft wird. Wäre die ganze evangelische Gottesdienstgemeinde zur Taufe hinaus ins Foyer zum Taufstein gegangen, hätten wir die katholische Gemeinde, die Wand an Wand Eucharistie feiert, akustisch gestört. Glücklicherweise ist unser Taufstein in gewisser Weise ein mobiler Taufstein. Wenn man den Deckel abnimmt, hat man eine zweite Schale. Dazu gibt es ein Eisengestell, auf dem man die Schale platzieren kann. So kann man in den konfessionellen Räumen die Taufe feiern, aber auch beispielsweise draußen. Ich bin gespannt, wie sich unsere Taufpraxis nach Corona entwickeln wird. Vielleicht wird durch den großen ökumenischen Raum auch die Nachfrage nach ökumenischen Tauffeiern wachsen.
Sarah Weber: Einmal im Jahr feiern wir einen ökumenischen Tauferinnerungsgottesdienst, zu dem wir alle Neugetauften des Jahres zusammen mit ihren Familien einladen. Dieser Gottesdienst stärkt das Bewusstsein der Taufe. Zugleich könnte er zu einem weiteren Modell für unsere ökumenische Feierpraxis werden.
Stephan Wahle: Und wie feiern Sie die gemeinsame Trauung? Für Baden gibt es das sogenannte Formular C. Das Modell ist aus ökumenischer Sicht nicht unproblematisch, vor allem, weil es rechtlich vorschreibt, dass immer der katholische Priester oder Diakon den Konsens der Brautleute entgegennimmt.[11]

---

[11] Vgl. Gemeinsame kirchliche Trauung. Formular C. Ordnung der Trauung für konfessionsverschiedene Paare unter Beteiligung der Pfarrer beider Kirchen. Im

Sarah-Louise Müller: Die kirchliche Trauung nehme ich als stark rückläufig wahr. Bei den wenigen Trauungen, für die ich angefragt werde, ist zumindest ein Partner evangelisch, der andere ist oft konfessionslos. Dann erfolgt die Trauung nach evangelischer Ordnung. Auch bei katholisch-evangelischen Paaren wird in der Regel nach einer konfessionellen Ordnung getraut, die allerwenigsten kennen überhaupt das Formular C. Einige wenige Paare, denen die ökumenische Dimension der Trauung wichtig ist, machen sich im Vorfeld auf die Suche und entdecken das Formular. In den acht Jahren, seit ich hier bin, habe ich aber nur eine ökumenische Trauung erlebt. Wir haben uns an dem Formular C orientiert, aber ich habe es so wahrgenommen, dass die einzelnen liturgischen Parts dann doch stark konfessionell geprägt waren.
Stephan Wahle: Gibt es noch weitere gemeinsame Feiern, etwa besondere Riten der Buße und Versöhnung[12] oder Segensfeiern zu verschiedenen Anlässen und Situationen im Leben?
Sarah Weber: Wir haben in Maria Magdalena keinen Beichtstuhl. Auch Beichtgespräche werden nur ganz selten in Anspruch genommen.
Sarah-Louise Müller: Zum Reformationsjubiläum 2017 gab es einen ökumenischen Gottesdienst unter den Aspekten Verzeihen und Anerkennen. Dazu gibt es auch immer wieder Ansätze und Überlegungen zu einer Liturgie der Versöhnung. Im letzten November konnte der zentrale evangelische Buß- und Bettagsgottesdienst nicht stattfinden. Wir haben daher eine Abendandacht vor Ort gefeiert. Dafür konnte ich auf einen Entwurf von Thomas Hirsch-Hüffell zurückgreifen. Darin wurde den Fragen nachgegangen: Welche Beziehung habe ich zu mir selbst, zur Welt und zu Gott?
Stephan Wahle: Gibt es eigentlich Grenzgänger(innen) zwischen den Gottesdiensten? Also beispielsweise katholische Christ(inn)en, die am evangelischen Karfreitagsgottesdienst teilnehmen?
Sarah-Louise Müller: In Maria Magdalena gibt es die Tradition, dass der ökumenische Kirchenchor alle zwei Jahre im evangelischen Karfreitagsgottesdienst mitwirkt. Das war für die katholischen Gemein-

---

Auftrag der Erzdiözese Freiburg und der Evangelischen Landeskirche in Baden, Freiburg i. Br. 1974.

[12] Vgl. Kopp, *lex orandi – lex credendi – lex aedificandi* (s. Anm. 1), 226f.; ders., Werz, Gebaute Ökumene und ihr Potenzial für das 21. Jahrhundert (s. Anm. 8), 478–480.

demitglieder zu Beginn wie eine kleine liturgische Exkursion, weil sich die Liturgien an Karfreitag ja sehr unterscheiden. Wir haben schon immer ökumenische Gastfreundschaft praktiziert. Zum Beispiel waren die evangelischen Gemeindemitglieder auch immer zur katholischen Osternacht eingeladen, und dieses Angebot wurde auch wahrgenommen.

Stephan Wahle: Stefan Kopp schreibt: „[Ö]kumenische Kirchenzentren [sollen] authentische Begegnungs- und Kraftorte für das gemeinsame christliche Leben sein."[13] Wie schaffen Sie es, dass im Rieselfeld Menschen, die als Eheleute, Freunde oder Bekannte mit unterschiedlichen Konfessionen zusammenleben, ihren Glauben konfessionell als auch ökumenisch feiern können?

Sarah Weber: Seit der Pandemie feiern wir zwei Mal im Monat einen ökumenischen und je ein Mal einen evangelischen und katholischen Gottesdienst. Seitdem gibt es vermehrt katholische Christ(inn)en, die jetzt auch sonntäglich am evangelischen Gottesdienst teilnehmen. Vor Corona fanden dagegen die katholische Messfeier und der evangelische Gottesdienst zeitgleich statt, wobei die Teilnahme am Gottesdienst der eigenen Konfession nahezu fraglos war. Hier ist derzeit viel in Bewegung. Interessant ist auch der Fall einer reformierten Familie, die auf eigenen Wunsch bei der katholischen Kommunionvorbereitung mit dabei war. So stellt sich die Frage, wie wir die Sakramentenvorbereitung zukünftig verstehen und durchführen wollen. Für mich ist noch nicht klar, in welche Richtung es nach dem Ende der volkskirchlich strukturierten Sakramentenpraxis gehen wird. Sowohl bei der Konfirmations- als auch bei der Firmvorbereitung geht es um eine Auseinandersetzung mit dem Glauben, wobei das Konfessionelle nicht unbedingt vorrangig sein muss.

Sarah-Louise Müller: Ich sehe das ganz ähnlich. Wir haben in Baden das Abendmahl für Kinder, das heißt, auch Kinder vor der Konfirmation können am Abendmahl teilnehmen. Es gibt aber auch in einigen Gemeinden Konfi-3, angelehnt an die Erstkommunion, wo die zukünftigen Konfis bereits in der dritten oder vierten Klasse zu ein paar Treffen eingeladen werden und sich mit den Themen Abendmahl, Taufe und Gemeinde beschäftigen. Durch einen Kontakt mit der deutschen Gemeinde in Nairobi habe ich von der Praxis

---

[13] Kopp, *lex orandi – lex credendi – lex aedificandi* (s. Anm. 1), 222.

Abb. 6: Gottesdienst zum Maria-Magdalena-Fest 2020.
© *Katholische Kirchengemeinde Freiburg Südwest*

erfahren, dass dort für die katholische und evangelische Gemeinde die Konfirmations- und Firmvorbereitung gemeinsam stattfindet und in einem ökumenischen Gottesdienst gefeiert wird. Die einen Jugendlichen werden gefirmt, die anderen konfirmiert. Soweit sind wir hier natürlich noch nicht, aber an anderen Orten der Welt ist eine solch verbindende Praxis schon längst Realität. Ich erkenne hier ein Zukunftsmodell.

7 Ein Blick über Rieselfeld hinaus

Stephan Wahle: Schauen wir kurz über Rieselfeld hinaus. In Ihrer unmittelbaren Nachbarschaft wird derzeit der neue Stadtteil Freiburg-Dietenbach geplant. Es wird die Frage diskutiert: Braucht dieser Stadtteil eine Kirche? Was würden Sie aus Ihrer Erfahrung raten?

Sarah-Louise Müller: Die heutige Situation ist völlig anders als in den 1990er-Jahren, als Maria Magdalena gebaut wurde. Damals konnte man sich darauf einigen, dass die evangelische Kirche sich mit 29 bis 30 Prozent an einem Neubau beteiligt. Manche waren sogar enttäuscht, dass das Projekt nicht im Verhältnis 50:50 realisiert wurde. Jetzt ist ganz klar, dass die evangelische Kirche in Dietenbach nicht bauen wird, weil schlicht und einfach kein Geld da ist. Die katholische Kirche hat dagegen Grundbesitz und wird bauen. Wir bemühen uns aber, von vornherein ökumenisch präsent zu sein. Und vielleicht wird sich die evangelische Kirche, sofern es Personal und Finanzmittel gibt, in fünf, zehn oder 20 Jahren bei ihrer „großen Schwester" in einem katholischen Gebäude einmieten. Entscheidend ist doch: Stadtteile brauchen Räume, in denen sich Menschen unterschiedlicher Kulturen und Religionen begegnen können, in denen anders gedacht, miteinander gestaltet und unverzagt geträumt werden darf. Die Kirche im Rieselfeld ist ein solcher Ort. Wer das Gebäude baut oder einen großen Raum dem Stadtteil zur Verfügung stellt, ist in 20 oder 30 Jahren gar nicht mehr so wichtig.

Stephan Wahle: Ist ein „ökumenisches Kirchenzentrum" deshalb kein Modell für die Zukunft?

Sarah-Louise Müller: Ökumene ist sehr wichtig, und sie wird in Zukunft noch wichtiger sein. Aber langfristig muss man sich in einer pluralen Gesellschaft vom christlichen Mehrheitsgedanken verabschieden, in der Großstadt sowieso. Dazu gehört auch eine Offenheit für andere Religionen. Das wird in Dietenbach sicherlich in Zukunft ein Thema sein. Die katholische und evangelische Kirche haben bereits eine erste ökumenische Rahmenvereinbarung für den neuen Stadtteil ausgearbeitet. Neben der Ökumene spielt auch der Gedanke von interreligiöser Gastfreundschaft schon eine Rolle.

Stephan Wahle: Gehört also einem „Haus der Religionen" die Zukunft? Wie zum Beispiel dem religiösen und kulturellen Begegnungszentrum in Bern?

Sarah-Louise Müller: Ja, auf jeden Fall! Es ist wichtig, dass es Orte und Räume gibt, wo Menschen unterschiedlicher Herkunft und Religion willkommen sind und andocken können. Mitunter kann eine Religionsgemeinschaft den Raum zur Verfügung stellen, auch wenn sie in der Zukunft vielleicht nicht mehr die Mehrheit stellt.

8 Spirituelle Heimat

Stephan Wahle: Zum Abschluss eine persönliche Frage: Ist Ihnen das ökumenische Kirchenzentrum Maria Magdalena zur spirituellen Heimat geworden?
Sarah Weber: Das kann ich wirklich aus vollem Herzen bejahen. Hier wird Kirche gelebt, wie ich sie mir vorstelle – eine offene Kirche, visionär, ökumenisch. Dass ich eine evangelische Kollegin an meiner Seite habe, könnte ich mir anders gar nicht mehr vorstellen. Gerade weil ich dadurch eine höhere Anerkennung und einen stärkeren Vertrauensvorschuss in meinem beruflichen Tun als Frau erfahre als in herkömmlichen Gemeinden. Deshalb bedeutet mir auch das Patronat der Maria Magdalena sehr viel. Die Maria-Magdalena-Nische mit dem Bibelzitat „Halte mich nicht fest“ (Joh 20,17) ist für mich ein wichtiger Glaubenssatz geworden, weil er mir vor Augen führt, dass sich mein Gottesbild und unsere Glaubensvorstellungen stetig wandeln. Ich verbringe viel Zeit meines Gebetslebens in dieser Nische.
Sarah-Louise Müller: Mir geht es genauso. Mich fordert die ökumenische Situation heraus, aber sie motiviert auch. Wir haben die Möglichkeit, so viel auszuprobieren. Selten habe ich das Gefühl einer festgefahrenen, um sich selbst kreisenden Kirche, wie sie doch an vielen anderen Orten erscheint. Aber Kirche ist immer im Wandel und meine Frömmigkeit drängt auch auf Veränderung. Ich glaube und spüre, dass all das in diesem Kirchenraum oder in dieser Gemeindesituation möglich ist.

Neuer Schwung in der gelebten Ökumene vor Ort

Die Pius-Lukas-Kirche in Krefeld-Gartenstadt

Christoph Tebbe / Christoph Zettner

1 Zur Vorgeschichte

Gartenstadt ist ein Krefelder Stadtteil, dessen Bebauung in der Mitte der 1950er-Jahre begann und 1963 einen vorläufigen Abschluss fand.[1] Am 25. April 1959 wurde der Grundstein für die evangelische Lukaskirche mit ihrem Gemeindezentrum gelegt; am 13. März 1960 erfolgte die Einweihung der neuen Räume.[2] Pfarrer war Hellmut Coerper (1960–1969), ein immer nach neuen Formen kirchlichen Lebens Suchender. 1959 war etwa 500 Meter entfernt eine erste katholische Notkirche gebaut worden, deren Leitung am 1. Januar 1960 der Salvatorianerpater Florian Hermann übernahm. Am 18. September 1963 wurde die Pfarre St. Pius X. selbstständig. 1966 begann man mit dem Bau der heutigen Piuskirche, der „Zeltkirche".

Später wird Florian Hermann formulieren: „Als wir vor Zeiten auf Architektensuche für die zu bauende Kirche in Gartenstadt waren, haben wir nicht einfach auf von hoher Obrigkeit offerierte Personen zurückgegriffen." Den Verantwortlichen fielen stattdessen „besonders bemerkenswert ‚Lehmbrockkirchen' in Form, Gestalt und baulichem Zustand auf"[3]. Der Düsseldorfer Architekt Josef Lehmbrock (1918–1999) konstruierte das Sakralgebäude im Grundriss in einem Quadrat von 33 Metern Seitenlänge. In seiner Mitte, aber diagonal dazu ausgerichtet steht der Altar, genau gegenüber in einer der vier Ecken der Taufbrunnen. Die Bankreihen sind um den Tisch des Herrn angeordnet. Darüber erhebt sich die Spitze des Daches, das ein über die vier diagonalen tragenden Streben gespanntes

---

[1] Vgl. M. Läckes (Hg.), Unsere Gartenstadt. Krefeld jüngster Stadtteil und seine Bewohner, Krefeld 1997.

[2] Vgl. Evangelische Kirchengemeinde Krefeld-Nord (Hg.), Festschrift 50 Jahre Lukaskirche 1960–2010, Krefeld 2010, 13–18.

[3] Läckes (Hg.), Unsere Gartenstadt (s. Anm. 1), 63.

Abb. 1: Die Pius-Lukas-Kirche von Westen.
© *Harald Ruppelt*

Zelttuch nachbildet.[4] Schon die Entscheidung für diesen Bau bezeugt ein modernes Kirchenbild. Es erinnert an die Kirche als Volk Gottes, das immer unterwegs ist. Ein Glockenturm wird erst 1988 ergänzt. In der Zwischenzeit hat die evangelische Lukaskirche durch ihr Geläut den katholischen Schwestern und Brüdern ausgeholfen – ein sprechendes und anrührendes Zeichen gelebter Ökumene. (Seit vor einigen Jahren der Glockenturm der Lukaskirche marode wurde und schließlich abgetragen werden musste, läuteten die Glocken der Piuskirche für die evangelischen Mitchrist[inn]en.)

Was schon unter Florian Hermann sichtbar wurde, erhielt unter dessen Nachfolger, Pfarrer Josef Höckels (1968–1994), eine deutliche Bestätigung. Einer seiner Zeitgenossen beschrieb sein Wirken so: Mit ihm „wurden auch bei uns die Türen und Fenster für den Geist des II. Vatikanischen Konzils weit aufgerissen. Der Freiraum […] war auf einmal vorhanden, an die Stelle der Abgrenzung trat der Dialog"[5].

Dem entsprach auf evangelischer Seite die ökumenische Offenheit der Pfarrer Hellmut Coerper, Gustav-Adolf Zulauf (1969–1986),

---

[4] Vgl. ebd., 60–67; Pius X. Kirchenführer 1986, Krefeld 1986; Bischöfliches Generalvikariat Aachen (Hg.), Handbuch des Bistums Aachen, Mönchengladbach [3]1994, 976f.

[5] M. Dicks, Lukas- und Piusgemeinde als Nachbarn, in: 25 Jahre St. Pius X. Krefeld-Gartenstadt/Elfrath, Krefeld 1988, 45–47, hier: 45.

Klaus Schneider (1986–2001) und Bernd Krause (2002–2008). Pfarrgemeinderat und Presbyterium suchten das Gespräch und planten gemeinsame Wege. Zeichen und dauerhafte Institution dafür wurde, dass seit September 1969 je ein(e) Vertreter(in) des Presbyteriums in die Sitzungen des Pfarrgemeinderats entsandt und ein Mitglied des Pfarrgemeinderats in das Presbyterium abgeordnet wurde. Und die Verbundenheit wurde einfach gelebt – über die Jahrzehnte hinweg bis zur Gegenwart. Den Menschen ist das Miteinander selbstverständlich geworden: Basare werden gemeinsam ausgerichtet, Seniorengruppen treffen sich zum gemeinschaftlichen Kaffeetrinken, Kinderbibelwochen und Schulgottesdienste finden zusammen statt, das Sternsingen ist hier eine auch evangelische Herzenssache. Lange Jahre tauschten die Gemeinden auch ihre Prediger aus, der katholische Pfarrer predigte in Lukas, der evangelische in Pius. In gemeinsamen Gottesdiensten wurde den Gästen der jeweils anderen Konfession das Abendmahl nicht verweigert.

> „Tieferer Grund unseres Dialogs war aber immer die Sehnsucht nach der Abendmahlsgemeinschaft. Wir wollen einfach nicht werktags in ökumenischen Gottesdiensten miteinander ‚Vater unser' beten, um uns sonntags wieder in unchristliche Nachbarn zu verwandeln, die von Gastfreundschaft nie etwas gehört haben."[6]

Es ließen sich weitere Beispiele nennen. Wichtig ist vor allem noch der Bau des „Gemeinsamen Hauses" in Elfrath. Der eigene Gemeindebezirk im Rahmen der evangelischen Kirchengemeinde Krefeld-Nord liegt im Gebiet der katholischen Pfarre. Am 16. Oktober 1994 konnte dort dieses ökumenisch geplante und genutzte Haus durch die Elfrather Pfarrerin Almut Gätjen (1986–2001) und Pfarrer Josef Höckels eröffnet werden. Der Einrichtung waren zwei eher provisorische, gleichfalls überkonfessionell konzipierte Bauten vorausgegangen. Katholik(inn)en und Evangelische planten zusammen, bauten zusammen, betrieben und wirkten zusammen. Sie lebten hier zusammen. Der das Leben regelnde Vertrag vom März 1991 sollte eine der Vorlagen für den Pius-Lukas-Vertrag von 2020 werden.

---

[6] Ebd., 46.

2 Zur Planung

Im Juni 2014 benannte Presbyterin Barbara Delmes im evangelischen Bezirksausschuss der Lukaskirche erstmals offiziell die Chancen und Möglichkeiten, evangelisches und katholisches Gemeindeleben unter einem Dach zusammenzuführen. Im Oktober desselben Jahres fand ein erstes konkreteres Gespräch zwischen den Gemeinden statt; im Januar 2015 wurde das Generalvikariat in Aachen einbezogen, im Februar das Landeskirchenamt in Düsseldorf. Noch im selben Monat entstand ein vorläufiges Ideenpapier, das nach Sondersitzungen von Kirchenvorstand und Rat der Gemeinschaft der Gemeinden (GdG-Rat) einerseits und Presbyterium andererseits am 18. März 2015 von allen Gremien prinzipiell bestätigt wurde. Ein erster Pius-Lukas-Arbeitskreis trat zusammen, um nötige organisatorische Fragen in den Blick zu nehmen und zu klären. Schon kurze Zeit nach den konkreten Planungen gingen die Verantwortlichen im November/Dezember 2015 über Pfarrbriefe, Presse und einen Fernsehbeitrag an die Öffentlichkeit. Die Resonanz auf diese Nachricht fiel noch positiver aus als erwartet. Am 9. Januar 2016 wurde zur gleichen Stunde der Stand der Gespräche und Planungen in Gemeindeversammlungen in der Pius- und der Lukaskirche präsentiert und zur Diskussion gestellt. Beide Veranstaltungen zeichnete eine hoffnungsfrohe Stimmung aus, wenngleich es auf evangelischer Seite auch Äußerungen von Trauer gab. Um einen weiteren Austausch zu ermöglichen, gründete sich im September 2016 der Arbeitskreis „Ökumenisches Leben", der bis heute besteht.

In zwei Sitzungen, am 6. Februar und am 14. Juni 2017, erörterten Vertreter(innen) des Bischöflichen Generalvikariats Aachen bzw. des Landeskirchenamts und der Pfarren architektonische, finanzielle, personelle und juristische Fragen. Im Zuge des zweiten Termins stockte dieser Prozess kurzfristig. Als entscheidender Streitpunkt erwies sich die Frage, ob einer der Vertragspartner dem anderen alle Gottesdienstformen zugestehen könne oder sich manche sogar verbitten müsse.

Ende Mai 2018 dann erfuhren die Gemeinden aus Gartenstadt aus der Presse von der Einrichtung des ökumenischen Zentrums Metzkausen. In dem Stadtteil Mettmanns (Erzbistum Köln) ist die evangelische Gemeinde gleich wie in unserem Fall unter das Dach der katholischen Gemeinde gezogen. Auch hier war dem eine lange

Zeit gemeinsamen ökumenischen Lebens vorausgegangen. Wir haben noch im Juni den katholischen Pfarrer Herbert Ullmann (seit 2012) und seinen evangelischen Kollegen Klaus Schilling (seit 1992) besucht und Erfahrungen ausgetauscht. Aus der in Metzkausen bereits am 16. April 2018 geschlossenen Vereinbarung ließen sich wichtige Impulse für die Erarbeitung des eigenen Vertragsentwurfs gewinnen: So klärten die dortigen Partner die Frage nach dem Zugeständnis umstrittener Gottesdienstformen durch die Verpflichtung zu gegenseitiger Rücksicht und Wertschätzung (Anlage 4, § 1).

Es galt, die Zwischenzeit, in der es zu einer Klärung der Schwierigkeiten kommen sollte, zu überbrücken. Einerseits wurden in diesen Monaten die Verhandlungen über organisatorische und finanzielle Fragen fortgesetzt. Andererseits sollte das Interesse der Öffentlichkeit durch gemeinschaftliche Aktionen und Veranstaltungen der beiden Gemeinden wachgehalten werden: So wurden eine erste gemeinsame Osternacht festlich begangen, eine Spruchband-Aktion mit Texten aus dem Lukasevangelium zwischen Lukas und Pius organisiert, exegetische Bibelabende veranstaltet usw.

Als die wesentlichen Fragen geklärt waren, entstand ein erster Vertragsentwurf, aus dem nach weiteren Feinabstimmungen schließlich der „Vertrag über die gemeinsame Nutzung der katholischen Kirche St. Pius X. und des Pfarrheims Oscar-Romero-Haus als gemeinsames Kirchenzentrum Gartenstadt zwischen der katholischen Kirchengemeinde St. Nikolaus und der evangelischen Kirchengemeinde Krefeld-Nord" hervorging, der dann in einem feierlichen Rahmen im Beisein von Mitgliedern aller Gremien unterschrieben werden konnte. Bei einem Treffen von Vertreter(inne)n der verschiedenen Ebenen – des Bistums und des Landeskirchenamts, der Region und der Superintendantur sowie der Pfarren – wurden noch einmal Dank und Anerkennung ausgesprochen und die gegenseitigen Verpflichtungen angemahnt.

3 Zum Vertrag

Der „Vertrag über die gemeinsame Nutzung der katholischen Kirche St. Pius X. und des Pfarrheims Oscar-Romero-Haus als Gemeinsames Kirchenzentrum Gartenstadt" bestimmt nach der Präambel, die dankbar an die jahrzehntelange Geschichte ökumenischer Gemeinschaft erinnert und die gemeinsame Nutzung von Kirchengebäude und Gemeindezentrum als ökumenisches Zeichen verstanden wissen will, in zehn Paragrafen den Inhalt der Vereinbarung. Er umschreibt die genutzten Räumlichkeiten und die Verpflichtungen auf bestehende Regelungen wie Brandschutzordnung, Hausordnung usw. (vgl. § 1).

Um die Definition der „Laufzeit", die in Paragraf 2 „zunächst" auf vier Jahre festgelegt ist, wurde intensiv gerungen. Paragraf 7 überträgt dem Beirat des Kirchenzentrums darüber hinaus die konkrete Aufgabe, „vor Ablauf der ersten 3 Jahre [...] eine Evaluierung des gemeinsamen Nutzungsverhältnisses vor[zulegen]". Die Ergebnisse dieser Bewertungen sind in einem Bericht „den jeweiligen Leitungsgremien der Beteiligten, dem Generalvikariat des Bistums und dem Landeskirchenamt der evangelischen Kirche im Rheinland mit[zuteilen]". Alle drei Jahre hat der Beirat außerdem zu prüfen, „ob die Rahmenbedingungen des Vertrags noch den tatsächlichen Verhältnissen entsprechen". Nach den genannten vier Jahren verlängert sich das Nutzungsverhältnis auf „unbestimmte Zeit" (§ 2).

Die Paragrafen 3 bis 6 betreffen die laufenden Kosten, die Küster(innen)- und Organist(inn)endienste, Haftpflicht- und Versicherungsschutz. Der oben schon genannte Beirat, der das Kirchenzentrum begleitet, ist paritätisch besetzt und zählt insgesamt acht Mitglieder (vgl. § 7). Laut Geschäftsordnung, die dem Vertrag als Anlage 2 beigefügt ist, hat er die Aktivitäten im Kirchenzentrum zu koordinieren, das gemeinsame Nutzungsverhältnis regelmäßig zu evaluieren, die Rahmenbedingungen zu prüfen, Konflikte zu bearbeiten und jährliche Baubegehungen durchzuführen. Konkret setzt er sich aus drei vom Kirchenvorstand und drei vom Presbyterium berufenen Mitgliedern, dem leitenden katholischen Pfarrer und dem bzw. der vom Presbyterium bestimmten Pfarrer(in) zusammen. Der Beirat wählt aus seiner Mitte für zwei Jahre die bzw. den Vorsitzende(n) sowie Stellvertreter(in) und den Schriftführer(in).

In Paragraf 9 verpflichten sich die Vertragsbeteiligten, im Fall von Meinungsverschiedenheiten „ein Mediationsverfahren durchzuführen". Die evangelische Seite benannte dafür vorab die „Fördergemeinschaft Mediation" in Hamburg, doch sind die Parteien frei, sich auf „jede andere Mediatorin oder jeden anderen Mediator" zu einigen.

Dem eigentlichen Vertrag sind vier Anlagen beigefügt. In der „Vereinbarung über die Lebensordnung“ (Anlage 1) steht der für das Zustandekommen des Kirchenzentrums wichtige Paragraf 1:

> „Beide Kirchengemeinden werden bei ihren Gottesdiensten/Veranstaltungen darauf Rücksicht nehmen, dass Anlass und Durchführung ihrer Gottesdienste/Veranstaltungen nicht zu einer Belastung für die jeweils andere Kirchengemeinde werden.“

Die konkrete Ausführung und Kontrolle dieser Erklärung sind in die Verantwortung der Seelsorger(innen) der beiden Gemeinden und des Beirats gelegt. Von zentraler Bedeutung ist auch Paragraf 3 dieser Anlage, in dem es u. a. heißt:

> „Das Gemeinsame Kirchenzentrum Gartenstadt intensiviert
> 1. das gemeinsame geistliche Leben, um die Sprachfähigkeit für das christliche *Zeugnis* in der Gegenwart zu stärken,
> 2. durch gemeinsame Aktionen und Feiern die *Gemeinschaft* der Gemeindeglieder beider Konfessionen,
> 3. den gemeinsamen christlichen *Dienst* für das Leben aller Menschen in den umliegenden Stadtteilen.“

Über die „Betriebs- und Nebenkosten“ (Anlage 3), genauer gesagt über das prozentuale Verhältnis der finanziellen Verpflichtungen ist, wie man sich vorstellen kann, lange gerungen worden. Sollte es sich nach der Zahl der evangelischen bzw. katholischen Mitbürger(innen) im Gemeindegebiet richten? Nach der Summe der durchschnittlichen Gottesdienstbesucher(innen)? Nach der Kubikmeterzahl der benutzten Räume? – Damals wurde von evangelischer Seite zu bedenken gegeben, dass es sich bei der zu schließenden Vereinbarung nicht einfach um ein Verhältnis zwischen Mieter(in) bzw. Nutzer(in) und Besitzer(in) der Immobilie handeln solle. Vielmehr gelte es, sich das Zusammengehen zweier gleichberechtigter Partner(innen) zu vergegenwärtigen. Schließlich einigte man sich bei der Aufteilung der Instandhaltungs- und Betriebskosten auf 65 Prozent, die von katholischer Seite zu zahlen sind; die restlichen 35 Prozent trägt der evangelische Vertragspartner. Ausschlaggebend war die statistische Erhebung der Mitglieder der Konfessionen vor Ort. Als vierte Anlage sind Grundrisse des Gebäudes, der Außenanlagen und ein Auszug aus dem Katasterbuch beigefügt.

4 Zur Gründungsfeier

Zur eigentlichen Feier des Umzugs luden wir für den 6. September 2020 ein. In der Einladung hieß es in Würdigung der Vorgeschichte: „Mit diesem Tag krönt sich eine lange Zeit, über ein halbes Jahrhundert gemeinsamen Lebens und Wirkens der evangelischen und katholischen Gemeinden in Gartenstadt."

Die Feier selbst verlief Corona-bedingt bescheidener als ursprünglich geplant. Immerhin war sie – den Möglichkeiten entsprechend – gut besucht und wurde eine würdige Veranstaltung. Die Rückmeldungen jedenfalls waren durchgehend positiv. Das Fest begann in der evangelischen Lukaskirche u. a. mit der Schriftlesung und der offiziellen Entwidmung des Gotteshauses. Wir gingen miteinander hinüber nach St. Pius, jetzt „Pius-Lukas-Kirche". Mitglieder der Gemeinde nahmen auf dem Weg die Altarbibel, die Osterkerze, die Taufschale und die Abendmahlsgeräte mit. Die evangelischen Brüder und Schwestern wurden in ihrem neuen Domizil offiziell begrüßt, der Gottesdienst fortgeführt und abgeschlossen, in offiziellen Ansprachen das Ereignis gewürdigt. Das Interesse der kirchlichen und weltlichen Öffentlichkeit zeigte sich in der Anwesenheit von Vertreter(inne)n der katholischen Region, des Landeskirchenamtes, der Superintendentin, des Oberbürgermeisters und des Bezirksvorstehers.

5 Zur Umgestaltung des Kirchenraumes

Die evangelische Gemeinde sollte ihre sie über sechs Jahrzehnte beheimatende Kirche aufgeben und ihr neues Zuhause in der Piuskirche finden, die ursprünglich für die katholische Feier und Spiritualität konzipiert wurde. Eine „ökumenische WG" stellte für die Gestaltung des Kirchenraumes eine besondere Herausforderung dar. Es ergaben sich Fragen der Umgestaltung in dem katholisch geprägten Raum. Eine Maxime der Umgestaltung sollte die erklärte Absicht der beiden Gemeinden sein, einander auf Augenhöhe und nicht wie in einem Verhältnis von Hausherr(in) und Gast zu begegnen, auch wenn vertragsrechtlich tatsächlich der Unterschied von Eigentümer(in) und Mitnutzer(in) besteht. Dementsprechend sollte der *gesamte* Kirchenraum mit seinen beiden verschieden großen Teilen *gemeinsam* genutzt werden; es sollte keine konfessionell abgetrennten Bereiche geben.

So wie Menschen auch im Alltag, wenn sie zusammenziehen und dabei das eigene Zuhause aufgeben, gerne liebgewonnene und für sie bedeutsame Einrichtungsgegenstände in das neue gemeinsame Heim mitbringen, so wünschte sich die evangelische Gemeinde, den Altar mit dem Tischkreuz und dem Antependium, das Predigtpult, die Altarbibel und das schlichte große hölzerne Wandkreuz in die gemeinsam genutzte Kirche einzubringen. Verabschieden musste sie sich von Orgel und Kirchenbänken, die verkauft wurden. Die katholische Seite war gefragt, die „fremden" Einrichtungsgegenstände in die eigene Kirche aufzunehmen. Für beide Seiten stellte sich die doppelte Aufgabe: sich mit anderskonfessionell geprägten Gestaltungselementen auseinanderzusetzen und die eigene Kirchenraumvorstellung mit den Augen der anderen Seite zu betrachten. Insgesamt galt es, mithilfe eines für solche Themen sensiblen Architekten ein Umgestaltungskonzept zu finden, das für die beiderseitige Nutzung des Kirchenraumes akzeptabel ist.

Damit konkretisiert sich im Thema der Kirchenraumgestaltung die Herausforderung der ökumenischen Nutzung. Denn außer ökumenischen Gottesdiensten sollen ja in ein und derselben Kirche die vielen katholischen und evangelischen Gottesdienste gefeiert werden. Also werden mit den anderskonfessionell geprägten Gestaltungselementen alltäglich Fragen des ökumenischen Zusammenlebens angeregt. Wo grenzen wir uns ab und wo lassen wir uns anregen? Was haben wir gemeinsam und was ist unsere ureigene Spiritualität? Wie ist versöhnte Verschiedenheit lebbar und wann beginnt „Einheitsbrei"? Worin besteht unsere christliche Gemeinschaft und worin stehen wir als Verschiedene nebeneinander? Wo streiten wir um Unaufgebbares im eigenen Bekenntnis und welche Rolle spielt die Demut angesichts der Transzendenz Gottes? Tolerieren etwa die Evangelischen lediglich die „typisch katholischen" Einrichtungselemente im neuen Kirchenraum, aber auch die hier vorkommenden Körperhaltungen und Symbole – oder können sie diese möglicherweise sogar als Ausdruck der eigenen Spiritualität entdecken: das Knien vor Gott, das Kreuzzeichen mit dem Wasser von der Taufe usw.? Wenn wir permanent mit der anderen Seite konfrontiert sind – was ist für uns dran: die Pflege und Bewusstmachung des konfessionell Eigenen oder das Finden und Stärken des Gemeinsamen?

Abb. 2: Der Tabernakel am neuen Standort.
© *Harald Ruppelt*

Konkret wurden für die Pius-Lukas-Kirche folgende Lösungen gefunden: Der Tabernakel wurde aus dem Zentrum des kleinen Kirchenraumes entfernt und erhielt im großen einen besonderen, von neuen Wandscheiben markierten Platz auf der rechten Seite, wo ursprünglich der Ort der Marienverehrung in Form einer Schutzmantelmadonna war. Diese kam nun gegenüberliegend an die Wand eines früheren Beichtraumes. In das Zentrum des kleinen Kirchenraumes wurden der Altartisch und das Predigtpult aus der Lukaskirche gestellt. Damit ist auch er gut für beide Konfessionen nutzbar.

Als zur Taufmulde passendes Gestaltungselement zog das hohe schlichte Wandkreuz aus der Lukaskirche dort frei hängend zwischen die Betonscheiben, wo es quer durch den großen Kirchenraum mit dem aufragenden bronzenen Kruzifix vor dem zentralen Altar korrespondiert. Das Kiefernholz von Kreuz und Altartisch wurde durch Beize in einem Eicheton dem Raum angepasst. Die Bibel der Lukaskirche findet – je nach Nutzung – entweder im großen oder im kleinen Kirchenraum auf dem Altar ihren Platz. Als weitere Reminiszenz an den aufgegebenen evangelischen Kirchenbau wurde eine seiner drei Glocken in einem kleinen Gestell aufgehängt und zur Taufmulde gestellt; ihr Klöppel ist weiterhin benutzbar.

Abb. 3: Gesamtansicht des kleinen Kirchenraumes mit Altar und Predigtpult aus der aufgegebenen Lukaskirche.
© *Harald Ruppelt*

Abb. 4: Gesamtansicht des großen Kirchenraumes.
© *Harald Ruppelt*

Abb. 5: Taufbrunnen mit dem Kreuz und der Glocke aus der Lukaskirche.
© *Harald Ruppelt*

6 Zur spirituellen Haltung der Partner

6.1 Eigene Prägung und Bereitschaft zum Wandel

Der katholische Pfarrer hat es selbst erlebt: Als vor etlichen Jahren im Zuge der Entwidmung einer katholischen Kirche die Gemeindemitglieder der Nachbarkirche zugeordnet wurden, da wurden sie sehr freundlich aufgenommen; aber die gastlich Aufgenommenen hatten sich im Folgenden immer lediglich als Gäste, nie als gleichwertige Partner(innen) gefühlt. Es war auf Jahre hin ein Gefälle entstanden. Diese Gefahr sollte jetzt vermieden werden.

Beide Seiten werden in der Zukunft anders leben, und alle Änderungen können als Verlust empfunden werden. Der Verlust der Lukaskirche hat beim evangelischen Partner schon jetzt Trauer ausgelöst. Die Katholik(inn)en werden Gewohntes möglicherweise erst im Laufe der Zeit vermissen. Der Tabernakel steht jetzt an anderer Stelle, auch die Marienverehrung hat ihren Platz gewechselt. Überhaupt hat sich die Gestaltung des Raumes gewandelt.

Außerdem: Im Alltag werden einem die Eigenarten im gelebten Glauben des jeweils anderen möglicherweise ein wenig seltsam erscheinen; sie können aber auch faszinieren. Beiden Gemeinden ist zuerst und vor allem gegenseitige Wertschätzung abverlangt. Schon die gemeinsam gefeierte Osternacht 2018 zeigte, wie viele kostbare Traditionen jede Konfession mitbringt. Das Fronleichnamsfest birgt als Demonstration christlichen Glaubens grundsätzlich eine große Chance; ökumenisch gefeiert kann es für alle neue Perspektiven eröffnen. In einer der gemeinsamen Aktionen der letzten Jahre waren Gruppen und Einzelpersonen beider Gemeinden aufgerufen, an der Erstellung eines Spruchbandes mit Texten aus dem Lukasevangelium mitzuwirken; die verschieden gestalteten Blätter wurden an eine Leine geheftet und zwischen beide Kirchengebäude gehängt; viele waren beteiligt, viele sahen das Ganze und den Grund, in dem unser Glaube wurzelt.

Das Zusammenziehen beider Gemeinden, zweier Konfessionen, ist ein (dialogischer) Prozess, der nicht mit dem 6. September 2020 endete. Er erfordert von allen Beteiligten Selbstreflexion und Verantwortungsbewusstsein.

6.2 Verheißung auf Vollendung der Einheit

Der Vertrag, der den Rahmen des Zusammenlebens an der Pius-Lukas-Kirche absteckt, beginnt mit zwei der Präambel vorangestellten Bibelstellen:

> „Ein neues Gebot gebe ich euch, dass ihr euch untereinander liebt, wie ich euch geliebt habe, damit auch ihr einander lieb habt. Daran wird jedermann erkennen, dass ihr meine Jünger seid, wenn ihr Liebe untereinander habt." (Joh 13,34f., Lutherbibel 2017)
>
> „Und [Jesus] erhob seine Augen zum Himmel und sagte: Vater, die Stunde ist gekommen. […] Alle sollen eins sein: Wie du, Vater, in mir bist und ich in dir bin, sollen auch sie in uns sein, damit die Welt glaubt, dass du mich gesandt hast." (Joh 17,1.21, Einheitsübersetzung 2016)

Neben dem ersten Zitat, das für den Umgang miteinander das Gebot der geschwisterlichen Liebe vorgibt, bestimmt das zweite mit der Bitte Jesu, dass alle eins in Gott sein sollen, unsere theologische Perspektive – mit Rücksicht darauf, dass wir aus einer Geschichte der Spaltung zwischen den Konfessionen und der gegenseitigen Schuld kommen.[7] Dabei wollen wir auf das Zeugnis der Heiligen Schrift hören, dass wir zu der Gemeinschaft des einen Leibes Christi berufen sind und unsere Spaltung einer Spaltung Christi gleichkommt (vgl. 1 Kor 1,10–13; 12,12f.) – im Horizont der Erwartung des Reiches Gottes und damit der Überwindung aller (konfessionellen oder andersartigen) Spaltungen (vgl. Jes 25,6–8; Lk 13,29).

Vor diesem Hintergrund hören wir das Gebet Jesu und erleben unsere Gegenwart der ökumenischen Versuche und Schritte. So ist ein ökumenisches Gemeindezentrum eine Etappe auf dem Weg, ermöglicht punktuelles, in kleinem Rahmen stattfindendes Erleben der verheißenen Einheit. Wir sehen uns hineingenommen in eine Ökumene als Einheit der ganzen bewohnten Erde und herausgefordert zu weiteren Schritten. Wir wollen aus unserem Zusammenkommen lernen, auch für das Gespräch mit anderen Religionen. Wir

---

[7] Vgl. dazu auch Evangelische Kirche in Deutschland, Sekretariat der Deutschen Bischofskonferenz (Hg.), Erinnerung heilen – Jesus Christus bezeugen. Ein gemeinsames Wort zum Jahr 2017 (GeTe 24), Hannover – Bonn 2016.

freuen uns auf Begegnungen mit allen Menschen aus den verschiedenen Religionen und allen Menschen guten Willens. Wir wollen beitragen zu einer Gesellschaft, in der die Verschiedenen in Frieden und Gerechtigkeit in Gottes guter Schöpfung zusammenleben können. Gegen jegliche Tendenzen der Abgrenzung und der Spaltung in der Gesellschaft sehen wir die Gründung unseres ökumenischen Gemeindezentrums als Beispiel für ein bereicherndes Zusammenleben der Verschiedenen.

7 Zu ersten Aufbrüchen in das gemeinsame Leben in der WG

Der anfängliche Blick auf unsere Geschichte hat schon gezeigt, dass es bei uns in Krefeld-Gartenstadt – wie andernorts auch – schon lange Formen ökumenischen Zusammenlebens, ökumenische Gottesdienste und Veranstaltungen gegeben hat. Darüber hinaus ist das Zusammenziehen in eine „ökumenische WG" ein deutlich wahrnehmbarer neuer Impuls für die Gemeinden und ihre Mitglieder; es gilt mehr und auch fester installierte Formen ökumenischen Lebens und Arbeitens zu finden. Das war auch der erklärte Wunsch hinter dem gemeinsamen Vorhaben.

Konkret zeigt sich seit der Eröffnung des Kirchenzentrums im September 2020 für ökumenische Gottesdienste bereits eine Intensivierung. Jede Konfession feiert in der Pius-Lukas-Kirche ihre wöchentliche Liturgie: die katholische Gemeinde als Vorabendmesse, die in das acht Andachtsorte umfassende Angebot der Großgemeinde St. Nikolaus eingebunden ist; die evangelische als Sonntagsgottesdienst und einmal im Monat am Samstagabend (statt Sonntag). Modifizierend haben die beiden Gemeinden nun monatliche ökumenische Gottesdienste beschlussmäßig vereinbart, immer am Samstag des zweiten Wochenendes, die dann die jeweilige konfessionelle Feier ersetzen. Charakteristisch für sie ist ihre besondere musikalische Ausgestaltung („Klangvoller Gottesdienst"); der liturgische Ablauf orientiert sich am katholischen Wortgottesdienst bzw. an der evangelischen Grundform II (Predigtgottesdienst).

Bemerkenswert ist erstens, dass die Einrichtung dieser monatlichen ökumenischen Gottesdienste nicht von vornherein geplant war, sondern sich relativ kurzfristig aus dem anfänglichen Zusammenleben ergeben hat, und zweitens, dass man sehr klar sagen kann, dass diese häufige Frequenz ohne die Situation des gemeinsamen Kirchenraumes nicht eingerichtet worden wäre.

Darüber hinaus feiern wir weiterhin die eingeübten ökumenischen Gottesdienste an besonderen Stationen im Jahr: Neujahr, Kar-/Ostertage, Schöpfungstag im September sowie anlässlich des ökumenischen Gemeindefests. Bislang verzichten wir darauf, das Anliegen einer gemeinsamen Eucharistie-/Abendmahlsfeier umzusetzen – obwohl es viele vor Ort teilen –, weil wir uns bewusst nicht außerhalb unserer konfessionell-kirchlichen Gemeinschaften positionieren wollen.

Im Bereich der weiteren Gemeindearbeit können seit Eröffnung des Zentrums wegen der Corona-Pandemie keinerlei Zusammenkünfte oder Veranstaltungen stattfinden. Insofern ist das Zusammenkommen und -wachsen leider noch ausgebremst; auch unser offener Arbeitskreis „Ökumenisches Leben in Gartenstadt“ trifft sich zurzeit nicht. Wohl ist die Teambesprechung aller am Zentrum hauptamtlich Mitarbeitenden monatlich installiert (Gemeindereferentin, Hausmeister, Küster, Pfarrer). Gemeinsam nutzen wir zum Zweck der Öffentlichkeitsarbeit Schaukästen vor Kirche und Gemeindehaus.

Perspektivisch möchten wir uns – sobald die Corona-Pandemie es zulässt – auf den Weg machen, bestehende Arbeitsbereiche ökumenisch miteinander zu verbinden bzw. gemeinsam zu betreiben: Seniorennachmittage, Kinderbibeltage, Besuchsdienst. In der Weiterentwicklung der ökumenischen Gemeindearbeit stellen wir uns die Frage: Was haben die Menschen in Gartenstadt und den umliegenden Stadtteilen davon, dass die Kirchen in einem gemeinsamen Zentrum vor Ort sind? Denn wir sind überzeugt davon: Kirche und Ökumene bleiben kein Selbstzweck.

Fronleichnam in ökumenischer Gastfreundschaft

Zur Entstehung eines gemeinsamen „Segensraumes" im Bonner Norden

Dominik Arenz

„Das Fest von Fronleichnam ist ein seltsames Fest"[1], brachte schon Karl Rahner (1904–1984) in einem seiner geistlichen Texte die Eigentümlichkeit einer Feier auf den Punkt, die auf den ersten Blick keinen anderen Inhalt hat als das, was letztlich jeden (Sonn-)Tag aufs Neue in der Eucharistie begangen wird. Was also ist das Besondere dieses einen Anlasses im Jahreskreis, der seit dem 13. Jahrhundert nicht nur in der Kirche, sondern auch *draußen* gefeiert wird?

Fronleichnam – so ließe sich in Fortführung Rahners sagen – ist ein gleichermaßen bewegtes wie bewegendes Fest. In der Regel verlässt das Gottesvolk an diesem Tag die Kirchen, um mit dem Allerheiligsten – also mit dem, was die Gläubigen regelmäßig zusammenruft – auf den Straßen des Viertels weiterzufeiern, um Segen zu bringen und in aller Öffentlichkeit zu zeigen: Der HERR ist da.

Das Bestreben, an Fronleichnam zu den benachbarten Menschen zu gehen und das Innerste nach außen zu tragen, gab auch den Anstoß zur Neubelebung der Prozessionstradition in der katholischen Pfarrei St. Petrus in der Bonner Nordstadt. Im Rahmen eines gemeinsamen Gebetsabends und einer Gesprächsrunde mit der Equipe St. Marien – einer Gruppe von Ehrenamtlichen, die im Geiste der Kirchenreform des französischen Erzbistums Poitiers Gemeindeleitungsaufgaben übernimmt[2] – wurde der Wunsch formuliert, im

---

[1] K. Rahner, Das große Kirchenjahr. Geistliche Texte, hg. von A. Raffelt, Freiburg i. Br. ⁴1987, 337.

[2] Die Pfarrei St. Petrus hat dieses Modell bei der Zusammenlegung der früher eigenständigen (Stifts-)Gemeinden St. Johannes Baptist und Petrus, St. Marien und St. Joseph für die eigene Gremienarbeit adaptiert. Der sog. Petrus-Weg besteht darin, dass Ehrenamtliche als Team – genannt: Equipe – für die Grundvollzüge der Kirche an den jeweiligen Orten (Leitungs-)Verantwortung übernehmen. Die Equipen bestehen jeweils aus einem bzw. einer Moderator(in) und vier weiteren Engagierten, die den besagten Hauptaufträgen der Gemeinde zugeordnet sind: „Gebet

Viertel wieder einen eigenen Festzug zu gestalten, nachdem die Gläubigen der Pfarrei zuvor viele Jahre lang die Innenstadtprozession besucht hatten. Sofort begann die Suche nach einer der Gemeinde und dem Viertel angemessenen Form der Feier, wobei zwei Aspekte entscheidend waren:

(1) das Herzstück des Glaubens, das, was Christ(inn)en (aller-)heilig ist, aus der Kirche in die Pluralität der Lebenswelten der Bonner Nordstadt zu tragen und
(2) diesen Weg auf die Straße zusammen mit der evangelischen Lukaskirchengemeinde zu wagen, mit der bereits eine lebendige Beziehung vor Ort existierte.

Die weiteren Schritte hin zu diesem gemeinsamen Fest, zu einer Fronleichnamsprozession in ökumenischer Gastfreundschaft, wurden von einer ehrenamtlich getragenen, überkonfessionellen und bunten Vorbereitungsgruppe in enger Abstimmung mit dem Pastoralteam und vielen engagierten Gemeindemitgliedern gegangen.

1 Fronleichnam ökumenisch? Geistlich-theologische Vorüberlegungen

Fronleichnam – diese Erfahrung teilen vielleicht noch einige ältere Mitchrist(inn)en, jüngere kennen sie aus Erzählungen – wurde oftmals begangen als ein Fest der Kirchentrennung: Mähten Katholische an Karfreitag etwa provokativ den Rasen, hängten Evangelische an Fronleichnam beispielsweise die Wäsche raus, um zu zeigen, dass der Feiertag der anderen für einen selbst keine Bedeutung habe. Das Handeln machte unmissverständlich deutlich: „Ich habe damit, ich habe mit Euch nichts zu tun."

In der Tat scheint gerade die Fülle und Pracht des Fronleichnamsfestes paradigmatisch zu sein für die katholische „Anfassbarkeit" des Glaubens, während die Leere des Karfreitags den protestan-

---

und Glauben feiern" (*Leiturgia*), „Glaubenszeugnis und Glaubensvertiefung" (*Martyria*), „Solidarität und Nächstenliebe" (*Diakonia*) sowie „Begegnung und Gastfreundschaft" (*Koinonia*). – Vgl. zur Architektur des Petrus-Wegs vor allem: Pfarrgemeinderat der katholischen Kirchengemeinde St. Petrus, Der Petrus-Weg, Bonn 2019, in: https://www.sankt-petrus-bonn.de/_Resources/Persistent/323d7d03a8bd5cca3ee3f6426bf0bcb5fb8f21f9/Petrus-Weg_Papier%20final%202019_03_25.pdf (Zugriff: 1.7.2021); dazu die weiteren erläuternden Texte in: https://www.sankt-petrus-bonn.de/st-petrus/petrus-weg (Zugriff: 1.7.2021).

tischen Zeigefinger – sola scriptura – auf die Entzogenheit Gottes richtet. Die Art und Weise, Christi Tod zu feiern – nahösterlich die einen, eucharistisch die anderen –, könnte unterschiedlicher nicht sein. Und doch ist es das Handeln Jesu, sein Tod und seine Auferstehung, die an diesen Festen gewürdigt werden. Dennoch bleibt die Frage: Wie kann es praktisch funktionieren, Fronleichnam in ökumenischer Gemeinschaft zu feiern?

1.1 Zwei Geschichten zum Ursprung des Festes

Wer den Blick auf die Entstehung des Fronleichnamsfestes richtet, begegnet dabei zunächst der hl. Juliana von Lüttich (um 1193–1258), die noch im Kindesalter als Waise in eine Gemeinschaft von Augustinerinnen kam, die sich in der Stadt und ihrer Umgebung um die Leprakranken kümmerten. Neben der medizinischen Versorgung gehörte dazu auch der Dienst, Leib und Blut des Herrn im Anschluss an die Messfeier aus der Kirche zu denen zu bringen, die gestärkt und geheilt werden wollten. Gefühlt erlebte Juliana gewissermaßen schon in diesem Zusammenhang ihre erste Fronleichnamsprozession.

Eine weitere Geschichte zum Ursprung des Festes erzählt von einer Vision, in der die Heilige einen unvollständigen Mond sah. Bereits zur Zeit der Kirchenväter galt dieser als ein Bild der Kirche, in deren Antlitz das Licht Jesu Christi widerstrahlen solle. Der teilweise verdunkelte Mond ließ sich in diesem Wissen als Zeichen für das Fehlen eines Feiertages zur Verehrung der Eucharistie deuten.

Angeregt von Vision und Auslegung fand 1247 im Bistum Lüttich schließlich das erste Fronleichnamsfest statt. 1264 erfolgte mit der Bulle *Transiturus de hoc mundo*[3] von Papst Urban IV. (1261–1264) die Erhebung zum weltkirchlichen Feiertag, der seither einmal jährlich eben das in den Mittelpunkt stellt, was nach katholischem Verständnis Zentrum und Antrieb des Glaubens ist. Gleichermaßen brachte die erste Prozession 1277 in Köln die wesentlichen Aspekte der beiden Geschichten zum Ursprung von Fronleichnam zusammen: die Eucharistie zu zeigen, zu verehren und dabei quasi Christus selbst nach draußen zu den Menschen zu tragen. Genau darauf zielt auch das Fest im Bonner Norden ab.

---

[3] DH 846f.

1.2 Gedenkzeichen, Stärkung, Spannung

In seiner Bulle zur Erhebung des Fronleichnamsfestes bezeichnet Urban IV. das Sakrament als „ein hervorragendes und ausgezeichnetes Gedenkzeichen [d]er außerordentlichen Liebe [...], mit der [Christus] uns liebte", und betont: „In diesem sakramentalen Gedenken Christi aber ist Jesus Christus bei uns gegenwärtig". Ausdrücklich knüpft er seine Ausführungen dabei an die beiden Schriftworte „Tut dies zu meinem Gedächtnis" (Lk 22,19) und „Siehe, ich bin bei euch alle Tage bis zur Vollendung der Zeit" (Mt 28,20).[4] Zum anderen hebt der Papst die Eucharistie als stärkende und wandelnde Speise hervor, die die Freigebigkeit (*liberalitas*) Jesu selbst verkörpert, „da der Schenker zum Geschenk wurde"[5].

Knapp 300 Jahre später setzt das Konzil von Trient (1545–1563) in seiner 13. Sitzung mit dem „Dekret über das Sakrament der Eucharistie"[6] vom 11. Oktober 1551 einen anderen Akzent. In klarer gegenreformatorischer Ausrichtung stellt es die Fronleichnamsprozession als „Kundgebung" von „Sieg und Triumph" Jesu Christi heraus:

> „Und zwar sollte die siegreiche Wahrheit einen solchen Triumph über Lüge und Häresie feiern, daß ihre Gegner [...] entweder entkräftet und gebrochen dahinschwinden oder von Scham erfüllt und verwirrt irgendwann einmal wieder zur Einsicht kommen."[7]

---

[4] Wörtliche Zitate aus: DH 846.

[5] DH 847. Einerseits weist Hansjörg Auf der Maur (1933–1999) zwar auf die „beträchtliche theologische Verengung und Isolierung" des Festverständnisses in der Bulle Urbans hin, die sich darin zeige, dass letztlich die Gedächtnisfeier selbst und nicht das Sakrament verehrend objektiviert werde, was gleichwohl nach innen und nach außen wirke, wenn die Gläubigen so Versäumnisse in der Verehrung nachholen und die Häretiker bekämpft werden könnten (vgl. H. Auf der Maur, Feiern im Rhythmus der Zeit, Bd. 1: Herrenfeste in Woche und Jahr [GDK 5/1], Regensburg 1983, 204f.); andererseits hebt er aber auch hervor, dass sich die oben genannten Aspekte der stärkenden Speise, des Gedächtnisses und der biblischen Einsetzung direkt im Messformular und somit in den deutenden Texten der praktischen Feier niedergeschlagen haben (vgl. ebd., 205). Hier spielt der Einfluss Thomas von Aquins (1225–1274) eine entscheidende Rolle (vgl. ebd., 202).

[6] DH 1635–1661.

[7] Wörtliche Zitate aus: DH 1644.

Vergleicht man nun die Akzentsetzungen der beiden lehramtlichen Verlautbarungen zu Fronleichnam, wird ebenso die Spannung bezüglich seines Feiergehalts deutlich wie die kirchenpolitische Unwucht, die sich das Fest zusätzlich im Gefolge von Reformation und Gegenreformation einhandelte, nachdem schon seine Einsetzung im 13. Jahrhundert von Eucharistiestreitigkeiten geprägt war.

Auch die Fronleichnamsfeier in ökumenischer Gastfreundschaft in Bonn steht in dieser Spannung: Christus unter den Menschen – in unterschiedlicher Gestalt.

1.3 In Wort und Sakrament

Nachdem sich im 14. Jahrhundert Prozessionen zu Fronleichnam allmählich etablierten, entwickelte sich auch der Ritus, diese in der Art von Flurprozessionen zu vollziehen. So wurde das Gebiet – sozusagen als *dieser eine* Teil der Welt – in allen vier Himmelsrichtungen segnend umschritten.[8] Im deutschsprachigen Raum kam zu Fronleichnam zudem der Brauch auf, an den vier *Stationes* jeweils den Anfang eines der Evangelien vorzulesen und den sakramentalen Segen zu spenden.[9] So verbinden sich von Beginn der liturgischen Feier bzw. der Prozession an Wort und Sakrament zu einer umfassenden Segnung der Orte und der dort wohnenden Menschen. Dieses Miteinander hat Thomas von Aquin (1225–1274) in der zweiten Strophe seines berühmten Eucharistiehymnus *Adoro te devote* („Gottheit tief verborgen“) lyrisch verbunden:

---

[8] Vgl. dazu Rahner, Das große Kirchenjahr (s. Anm. 1), 331. Interessanterweise scheint gerade die Prozession, die sich ja erst deutlich nach der Einsetzung des Festes entwickelte, diesem Fest seine Verankerung im Leben der Kirche gegeben zu haben, da nämlich nach der Einsetzung „das dekretierte Fest“ zunächst eine zögerliche Rezeption erfuhr, die erst mit Aufkommen der Prozessionen fester Bestandteil der gelebten Frömmigkeit wurde. – Vgl. dazu Auf der Maur, Feiern im Rhythmus der Zeit 1 (s. Anm. 5), 201.206.

[9] Vgl. dazu G. Fuchs, Fronleichnam. Ein Fest in Bewegung (Liturgie & Alltag), Regensburg 2006, 17f.; Auf der Maur, Feiern im Rhythmus der Zeit 1 (s. Anm. 5), 203.

Visus, tactus, gustus in te fallitur, *sed auditu solo tuto creditur:* *credo, quidquid dixit Dei filius,* *verbo Veritatis nihil verius.*[10]	„Der Sehsinn, der Tastsinn und der Geschmackssinn täuschen sich jeweils in dir, / aber allein durch das Hören wird sicher geglaubt: / Ich glaube alles, was der Sohn Gottes gesprochen hat, / nichts ist wahrer als das Wort der Wahrheit.“[11]

Der lateinische Text offenbart die Bedeutung des Wortes für den Glauben angesichts des Sakraments in der eucharistischen Anbetung. Unzweifelhaft durch die persönliche Anrede (*te*) glaubt der bzw. die Beter(in) Christus selbst im Sakrament; zugleich aber schließt er/sie die Täuschung der Gestalt (*fallitur*), die Diskrepanz zur (messbaren) Sicherheit des Glaubens, ein, den nur der Dialog mit dem Wort Gottes (*auditu solo*; *quidquid dixit Dei Filius*) sicher macht (*tuto creditur*; *nihil verius*). Es ist die Präsenz Jesu in Wort und Sakrament und die Spannung ihrer Wahrnehmung, die die eucharistische Anbetung im Hymnus des Thomas prägen.

In den folgenden Strophen werden diese biblisch begründete Täuschung und dieser biblisch fundierte Glaube weiter ausgefaltet: Schon im Kreuz ist Jesu Gottheit *verborgen*, in der Eucharistie zudem auch seine *humanitas* (dritte Strophe); der Apostel Thomas wird zur Referenz eines Glaubens, der den Zweifel einschließt (vierte Strophe); schließlich atmet die letzte Strophe den paulinischen Geist (vgl. 1 Kor 13,12), dass – auch in der Eucharistie – Gott verhüllt gesehen und erkannt wird, den unverhüllt optisch zu erfassen die christliche Hoffnung auf Vollendung ist. Der Hymnus des Thomas ist klar österlich geprägt und schafft die theologisch wichtige Verbindung zum Gründonnerstag als dem Festtag der Einsetzung des Abendmahls. Wie dieser der letzte Donnerstag vor Ostern ist, so der Fronleichnamstag der erste nach der Osterzeit.[12] Entsprechend bietet der Hymnus den Betenden eine Annäherung an das bleibende

---

[10] Zit. nach: A. Adam, Te Deum Laudamus. Große Gebete der Kirche, lateinisch-deutsch, Freiburg i. Br. 1987, 74.

[11] Eigener Versuch einer wörtlichen Übertragung des lateinischen Textes.

[12] Vgl. Auf der Maur, Feiern im Rhythmus der Zeit 1 (s. Anm. 5), 201f. Auf der Maur warnt davor, das Fest losgelöst von Ostern zu feiern und zu betrachten (vgl. ebd., 204).

Geheimnis der Anwesenheit des Auferstandenen in der Eucharistie und stellt sie dabei – ganz im Stil der Bulle Urbans, in dessen Auftrag der Hymnus entstand – als Gedenkzeichen (*memoriale*, fünfte Strophe), das im Dialog mit dem Wort Gottes das Christusmysterium als Geschehen sich selbst schenkender Liebe (vgl. das Bild des Pelikans, sechste Strophe) – anamnetisch – vergegenwärtigt.[13]

Das Zweite Vatikanische Konzil (1962–1965)[14] betont – gut 400 Jahre nach Trient – in der Dogmatischen Konstitution *Dei verbum* (DV) über die göttliche Offenbarung die bleibende Anwesenheit Jesu und die Fruchtbarkeit Christi in Wort und Sakrament:

> „Die Kirche hat die Heiligen Schriften immer verehrt wie den Herrenleib selbst, weil sie, vor allem in der heiligen Liturgie, vom Tisch des Wortes Gottes wie des Leibes Christi ohne Unterlaß das Brot des Lebens nimmt und den Gläubigen reicht." (DV 21)

Nahrung zu geben von diesen beiden Tischen sei die hervorragende Aufgabe des Priesters, unterstreicht das Konzil in dem Dekret *Presbyterorum Ordinis* (PO) über Dienst und Leben der Priester (vgl. PO 18); denn in Wort und Sakrament ist Christus – wie die Liturgiekonstitution *Sacrosanctum Concilium* (SC) ausführt – selbst gegenwärtig:

> „Gegenwärtig ist er im Opfer der Messe sowohl in der Person dessen, der den priesterlichen Dienst vollzieht [...], wie vor allem unter den eucharistischen Gestalten. Gegenwärtig ist er mit seiner Kraft in den Sakramenten, so daß, wenn immer einer tauft, Christus selber tauft. Gegenwärtig ist er in seinem Wort, da er selbst spricht, wenn die heiligen Schriften in der Kirche gelesen werden. Gegenwärtig ist er schließlich, wenn die Kirche betet und singt, er, der versprochen hat: ‚Wo zwei oder drei versammelt

---

[13] Zur Anamnese als wesentlichem Bestandteil einer Theologie der Liturgie vgl. A. Gerhards, B. Kranemann, Einführung in die Liturgiewissenschaft (Einführung Theologie), Darmstadt 2006, 142f.; auch R. Meßner, Einführung in die Liturgiewissenschaft (UTB 2173), Paderborn 2001, 202: „Das sakramentliche Handeln der Kirche ist nun der Modus, wie die in der Anamnese vor Gott verlautete Geschichte ‚unsere' Geschichte wird."

[14] Die Texte des Zweiten Vatikanischen Konzils werden zitiert nach der Übersetzung von K. Rahner, H. Vorgrimler, Kleines Konzilskompendium, Freiburg i. Br. ²⁹2002.

sind in meinem Namen, da bin ich mitten unter ihnen‘ (Mt 18,20).“ (SC 7)

Die Gegenwart Jesu Christi in seiner Kirche – sowohl in Wort als auch in Sakrament – und sein heilsames, Segen bringendes Wirken in der Welt ist der gemeinsame Bezugspunkt der Fronleichnamsfeier im Bonner Norden. ER wird mit seiner Reich-Gottes-Botschaft in Wort und Tat als gegenwärtig gezeigt und verehrt.

2 Fronleichnam in ökumenischer Gastfreundschaft: die Feier im Bonner Norden

2018 fand die erste Fronleichnamsprozession in St. Petrus statt. Von Beginn an waren neben den Ehren- und Hauptamtlichen der Pfarrgemeinde auch Vertreter(innen) des Presbyteriums sowie der Pfarrer der evangelischen Lukaskirchengemeinde eingeladen und an den Planungen beteiligt, in deren Verlauf lebendig diskutiert und überlegt wurde, wie dieses Fest gemeinsam gefeiert werden könne. Denn – das war allen Beteiligten klar – die gemeinsame Feier soll nicht kaschieren oder beschönigen, was uns trennt, sondern ehrlich – in aller bleibenden Spannung – den beide betreffenden Auftrag der Christ(inn)en vor Ort und in der Welt abbilden: Segen zu bringen und Zeugnis abzulegen für die heilsame Anwesenheit Gottes in Jesus Christus.

Als St. Petrus und die Lukasgemeinde am Pfingstmontag 2019 die *Charta Oecumenica* unterzeichneten, betonten sie zu deren zwölf Punkten eigene Schwerpunkte in der Umsetzung. Leitend soll in dieser ökumenischen Verbundenheit sein, an einem neuen Verständnis der Einheit im Glauben zu arbeiten, sichtbar gemeinsam zu handeln, wertschätzend die Gaben der jeweiligen Tradition kennenzulernen und auch liturgisch Schritte auf dem Weg zu einer geistlichen Gemeinschaft zu machen.[15] Am Fronleichnamstag konnten u. a. diese Schritte gegangen werden: der Blick auf die grundlegende Einheit in Christus – nicht als kleinster gemeinsamer Nenner, sondern als

[15] Zu den Schwerpunkten der Charta Oecumenica im Bonner Norden vgl. Unterzeichnung Charta Oecumenica 2019, in: https://www.sankt-petrus-bonn.de/g/unterzeichnung-charta-oecumenica-2019 (Zugriff: 1.7.2021).

leitendes Prinzip und ins Handeln strebende Kraftquelle –, die bewusste Wahrnehmung des unterschiedlichen Glaubens an die Gegenwart Christi und seine Verehrung in der jeweiligen konfessionellen Tradition, schließlich ein neues gemeinsames liturgisches Feiern.

Ökumenische Gastfreundschaft wurde zum Programm, denn die evangelische Gemeinde beteiligte sich nicht nur an der Messfeier und der Prozession, sondern lud selbst zum Abschlusssegen und einer anschließenden Agape in die Lukaskirche ein. Dabei ist Gastfreundschaft ein wechselseitiger Begriff: Beide Gemeinden sind an diesem Tag Gastgeberin und Gast zugleich und haben die gegenseitige Einladung mit Freude und nicht aus Pflichtbewusstsein oder politischer Agenda angenommen. „Haben wir in unserer ökumenischen Gemeinschaft schon so viel Vertrauen und so viel Offenheit, dass wir auch diesen Schritt gehen können?“, war die entscheidende Frage. Die Antwort war positiv.

2018 und 2019 wurde jeweils die Heilige Messe in einer der Kirchen der Pfarrgemeinde St. Petrus gefeiert. Anschließend zogen die Gläubigen von der Kirche aus an zwei *Stationes* im Viertel vorbei bis zur Lukaskirche, in der der feierliche Schlusssegen gespendet wurde. 2020 und 2021 wurden Corona-konform nach der Messe statt einer Prozession ein individueller Segensspaziergang im Viertel und eine abschließende gemeinsame Segensfeier in der Lukaskirche angeboten. Die einzelnen Elemente dieser Feier seien im Folgenden näher beschrieben.

2.1 Christus unter den Menschen

Das Motto des Fronleichnamsfestes im Bonner Norden lautet „Christus unter den Menschen“. Es bringt programmatisch das gemeinsame Verständnis zum Ausdruck, dass Gott der „Ich-bin-da“ ist und macht zugleich deutlich, dass dieser in Christus Mensch geworden ist und sich als der offenbart hat, der sich aus Liebe bis in den Tod hinein schenkt. Mit anderen Worten: Christus ist da unter den Menschen, besonders bei denen, die von Tod und Leid gezeichnet sind, bei denen, die am Rande des Viertels und der Gemeinschaft stehen. Christus ist unter den Menschen; das heilt und stärkt: Daran erinnern die Christ(inn)en, wenn sie an Fronleichnam nach draußen gehen.

„Wir tragen das Sakrament durch die Fluren und Wüsten unseres Lebens und bekennen: Wir sind dabei begleitet von dem, der alle Wege gerade und zielvoll machen kann, wenn nur *er* mitgeht.“[16]

2.2 Messfeier, Prozession und Segen

Das Fest beginnt mit der Messfeier, in der das Geheimnis gefeiert und jeweils auch der Pfarrer bzw. die Pfarrerin der Lukasgemeinde zur Auslegung des Wortes beiträgt. Es ist sozusagen die Sammlung vor der Sendung nach außen. Danach startet die Prozession vor der Kirche, um durch das Viertel zu ziehen. Dabei geht das Wort im Zeichen der Heiligen Schrift – in diesem Fall eine große Ausgabe der Lutherbibel – vor der Monstranz in der sog. Sakramentsgruppe. Wie von den liturgischen „Tischen“ *in* der Kirche Nahrung gegeben werden soll, so *vor* der Kirche vom Wort und dem Sakrament in der Prozession. Christus ist unter den Menschen auf unterschiedliche Weise gegenwärtig.

Abb. 1: Wort und Sakrament bei der Fronleichnamsprozession 2018.
© *Beate Behrendt-Weiß*

[16] Rahner, Das große Kirchenjahr (s. Anm. 1), 334 [Hervorhebung im Original].

Die Texte und Lieder der Prozession betonen sowohl das Gedenken der Heilsgeschichte in der Gegenwart Jesu Christi und der Stärkung des Volkes durch diese als auch den gemeinsamen Auftrag und das Bemühen um Einheit aus der Taufe. Neben dem oben genannten Hymnus sind es z. B. auch das auf Martin Luther (1483–1546) zurückgehende, sowohl im „Evangelische[n] Gesangbuch“[17] (EG) als auch im „Gotteslob“[18] (GL) verzeichnete Lied „Gott sei gelobet und gebenedeiet“[19] (EG 214; GL 215), aber auch die „Litanei von der Gegenwart Gottes“ („Sei hier zugegen […]“) (GL 557), die in besonderer Weise die genannten Aspekte miteinander verbinden. Zugleich markieren die Texte und Lieder den Weg- und Segenscharakter der Prozession als Bild für den Glauben an die Anwesenheit Gottes, für die Liebe als Auftrag und für die Hoffnung auf eine Vollendung in Gott; sie bringen ins Wort, was die Gemeinde schon tut:

> „Lasset uns gehen, heute und immerdar, unverdrossen alle Straßen dieses Lebens, die ebenen und die rauhen, die seligen und die blutigen, der Herr ist dabei, das Ziel und die Kraft des Weges ist da. Unter dem Himmel Gottes zieht auf den Straßen der Erde eine heilige Prozession. Sie wird ankommen. Denn schon heute feiern Himmel und Erde zusammen ein seliges Fest.“[20]

Die Prozessionen 2018 und 2019 machten jeweils an zwei *Stationes* halt, an denen Menschen aus dem Viertel anwesend waren, die die Prozession in Empfang genommen und mit Texten und Liedern bereichert haben, die für ihren Glaubensvollzug wichtig sind. So führte der Weg einmal zu einer Begegnungsstätte für Senior(inn)en und zum Jugendzentrum, einmal zu einem Altenheim und zu den Fundamenten der Dietkirche, der ältesten Bonner Pfarrkirche, die heute mitten in einer belebten Wohnanlage zu finden sind – sozusagen

---

[17] Evangelisches Gesangbuch. Stammausgabe der Evangelischen Kirche in Deutschland, Stuttgart 1993.

[18] Gotteslob. Katholisches Gebet- und Gesangbuch, Stuttgart 2013.

[19] Vgl. hier die dritte Strophe: „Gott geb uns allen seiner Gnade Segen, / dass wir gehn auf seinen Wegen / in rechter Lieb und brüderlicher Treue, / dass die Speis uns nicht gereue. Kyrieleison.“

[20] Rahner, Das große Kirchenjahr (s. Anm. 1), 336. Dieses Zitat ist zugleich Motto des Festes 2021. Die Verwundbarkeit des Menschen, die die blutigen Straßen des Lebens ins Bild setzen, korrespondiert in gewisser Weise auch mit dem „Blut des Bundes“ der Tageslesung (vgl. Ex 24,3–8).

Abb. 2: Station am Jugendzentrum Campanile zu Fronleichnam 2018.
© *Ingo Reßler*

dem Gründungsort des christlichen Lebens in der Stadt. Jede Prozession ist also Menschen an einem bedeutenden sozialen und einem pastoralen Ort im Viertel begegnet. Sie hat einen Segen hinterlassen und ein Wort des Glaubens sowie Fürbitten für den weiteren Weg mitgenommen.

Das Ziel der Prozessionen war jeweils die evangelische Lukaskirche, in der der abschließende Segen gespendet wurde – zum einen in der für evangelische Christ(inn)en üblichen Form des Aaronitischen Segens und zum anderen als sakramentaler Segen mit dem Allerheiligsten. Auf den letzten Metern des Weges hieß jeweils feierliches Glockengeläut der Lukaskirche die Gottesdienstgemeinschaft willkommen. Auch dieses Zeichen verdeutlichte das Bewusstsein eines gemeinsamen Fests – verschieden und versöhnt.

Die Beteiligung der Gemeinden in diesen beiden Jahren war groß: Etwa 250 Teilnehmende feierten und beteten mit, auch auf den Balkonen nahmen viele Menschen für den Moment an der vorüberziehenden Prozession teil.

2.3 Segensspaziergang und Segensfeier

Wegen der Corona-Pandemie konnte 2020 und 2021 keine Prozession durchgeführt werden. Um aber den für das Fronleichnamsfest eigenen Charakter des „Nach-draußen-Gehens", der stärkenden Zuwendung Gottes und des Gedenkzeichens zu erhalten, hat die Vorbereitungsgruppe stattdessen einen „Segensspaziergang" initiiert, der die Menschen im Viertel einlud, bestimmte Orte individuell oder mit der Familie zu besuchen, dort innezuhalten, zu beten, einen Segen zu empfangen und ihn weiterzugeben. Auf eine Einschränkung der Anzahl der Altäre wurde bewusst verzichtet: Mehr oder weniger spontan haben kleine Gruppen ihren Ort zu einem Segensaltar für die Besucher(innen) gestaltet, von denen es 2020 vier gab, und im Jahr 2021 sogar sechs.

Die Gestaltungen der *Stationes* des Segensspaziergangs waren dabei sehr unterschiedlich – je nach dem „Esprit" des Ortes und der Menschen: eine eucharistische Anbetung in der Kirche St. Joseph, ein Wort-Segen an der Lukaskirche, ein geschmückter Altartisch

Abb. 3: Nur eine der Stationen des Segensspaziergangs 2021: der Altar unter dem Motto „Jesus Christus, Quelle lebendigen Wassers" vor dem Frauenmuseum mit Reliquien aus der dortigen Gertrudiskapelle, gesammelt von Curt Delander, und Kunstwerken der Direktorin Marianne Pitzen. © *Ingeborg Rathofer*

Abb. 4: Die Stationen des Segensspaziergangs zu Fronleichnam 2021.
© *Barbara Schwerdtfeger*

am Rhein, ein Corona-Gedenken an der „Wand der Kreuze" im Jugendzentrum, einer im Innenhof des Frauenmuseums und eines Altenheims, ein Segensaltar für Kinder auf dem Schulhof etc. Auch hier fanden sich viele Menschen, die alleine oder in kleinen Gruppen den ganzen Spaziergang oder nur einen Teil gegangen sind – auf den Straßen ihres Lebens.

Manche haben Segenspostkarten vom Altar an der Lukaskirche an einen lieben Menschen geschickt, der in der Corona-Zeit nicht besucht werden konnte oder einen solchen Segen besonders brauchte, andere nahmen Blumen im Gedenken an oder für diejenigen mit, denen die Pandemie auf der Seele liegt. Zum Abschluss des Tages fand 2020 und 2021 die Segensfeier wieder in der evangelischen Lukaskirche statt, um die Wege dieses Tages und des Lebens der Gläubigen noch einmal sammelnd vor Gott zu bringen.

3 Ein Fazit

Das Fronleichnamsfest im Bonner Norden wird in ökumenischer Gastfreundschaft gefeiert. Der ganze Stadtteil wird damit praktisch zu einem „ökumenischen Kirchenzentrum“ im Sinne eines Segensraumes. Die Gemeinden feiern die heilsame Gegenwart Jesu Christi, die auf dem Versprechen gründet, dass er mit uns ist „alle Tage bis zum Ende der Welt“ (Mt 28,20) und dass er sich selbst als Brot und Wein schenkt. Das gemeinsame Fest heilt dabei nicht die Wunde der Kirchentrennung, die sichtbar bleibt, aber es lenkt den Blick auf die grundlegende Einheit der beiden Kirchen in Christus.

Fronleichnam – jenes Fest, das in der Gegenreformation viele Jahrhunderte eine zentrifugale ökumenische Kraft entwickelt hat, weil es die Konfessionen voneinander entfernt hat – hat in St. Petrus sozusagen eine zentripetale Kraft gewonnen, die auf den Mittelpunkt gerichtet ist: auf IHN, der stärkt, heilt und befreit. Das gemeinsame Fest ist im Sinne der *Charta Oecumenica* ein Zeichen auf dem gemeinsamen Weg und wird gefeiert aus der gemeinsamen Berufung: Es lässt Christus selbst Segen sein. ER macht das Viertel zu einem ökumenischen „Segensraum“.

Gemeinsame Kirchennutzung

Ein Beispiel orthodoxer Ökumene in der Diaspora

Alexander Radej

Seit 1978 ist die serbisch-orthodoxe Gemeinde des Heiligen Lukas des Evangelisten im ökumenischen Zentrum der Christuskirche beheimatet. Am Beispiel des ökumenischen Zentrums Christuskirche in Frankfurt am Main, in welchem sich neben der serbisch-orthodoxen Gemeinde auch eine evangelische, eine ostafrikanische evangelische Oromo-Gemeinde und eine evangelische chinesische Gemeinde befinden, soll exemplarisch gezeigt werden, wie simultane Kirchennutzungen aus orthodoxer Perspektive realisierbar sind und inwieweit sie den interkonfessionellen Dialog fördern. Nach einigen allgemeinen Bemerkungen sollen an diesem Beispiel konkret der Umgang im Miteinander, Vorteile und Probleme aufgezeigt werden.

Unterstützt werden die Erläuterungen durch Aussagen des befragten serbisch-orthodoxen Priesters Stojan Barjaktarević, der seit 20 Jahren in der Gemeinde tätig ist. Das schriftliche Interview soll die Analyse der Situation durch die praktische Nutzung und die 20-jährige Erfahrung mit Simultanraum und interkonfessionellem Dialog ergänzen. Die Analyse soll eine Perspektive aufzeigen, inwieweit Simultanräume im serbisch-orthodoxen Verständnis genutzt werden können.

1 Zur Frage eines spezifisch orthodoxen Baustils

Der orthodoxe Kirchenbau ist heute nicht exklusiv von einem bestimmten architektonischen Stil bestimmt. Aktuelle Beispiele aus den Patriarchaten Rumäniens, Russlands, Bulgariens und der Metropolie Griechenlands zeigen aber, dass in manchen Ortskirchen dennoch zunehmend Wert auf eine „traditionell orthodoxe“ Bauart gelegt wird.[1]

[1] Vgl. B. Manić, A. Niković, I. Marić, Relationship Between Traditional and Contemporary Elements in the Architecture of Orthodox Churches as the Turn

Darüber hinaus wurde im Moskauer Patriarchat im Jahre 2013 die Überprüfung des Kirchenbaustils an die Bischöfe übergeben, was zu unterschiedlichen Bauregelungen in der russisch-orthodoxen Kirche führte.[2] Božidar Manić, Ana Niković und Igor Marić beschreiben die Situation als willkürlich und für Architekten äußerst schwierig, da es keine einheitlichen Regelungen gebe.[3] Grundsätzlich, so beschreibt William Craft Brumfield (* 1944), gebe es in der orthodoxen Kirche historisch betrachtet keine Normierung von Stilen für den Bau von Sakralgebäuden, was sich in Russland deutlich zeigt. Deswegen ist die Annahme, es gebe einen traditionellen-orthodoxen Baustil, eine moderne Meinung innerhalb der orthodoxen Nationalkirchen. Hier hat die russisch-orthodoxe Kirche historisch betrachtet im 19. Jahrhundert versucht, sich vom byzantinischen Stil zu lösen und einen eigenen russischen Stil mit den heute bekannten Zwiebeltürmen zu kreieren.[4] Beispiele für die Unterschiedlichkeit des neuen Stils sind hier die Erlöserkirche in Abramtsevo[5] und die Trinitätskathedrale des Pochaev Klosters.[6] Demnach ist der Bezug zu einem traditionellen Stil zwar ein populäres, jedoch modernes Phänomen.

In der Praxis zeigt sich: Die Akzeptanz des Baustils eines Kirchengebäudes ist stark vom zuständigen Bischof abhängig. In der Diaspora scheint dies anders zu sein, da Gelder für einen Neubau kaum vorhanden sind, der Denkmalschutz eingehalten werden muss oder der Umbau aufgrund von anderen Regularien nicht möglich ist. Beispielsweise wurde die Pariser Stadtplanung für eine russische Gemeinde zum Problem, da die ursprünglichen Baupläne die Kirche im „traditionellen" Stil zeigten, aufgrund der Nähe zum Eiffelturm die Errichtung des Baus jedoch untersagt wurde. Dabei entstand ein moderner Kirchenbau, welcher sich in das Stadtbild einfügt.[7] Es zeigt sich, dass das Problem eines vermeintlich traditionellen ortho-

---

of the Millennium, in: Facta Universitatis: Architecture and Civil Engineering 13 (2015) 283–300, hier: 297.

[2] Vgl. ebd., 291.

[3] Vgl. ebd., 297.

[4] Vgl. W. C. Brumfield, New Directions in Russian Orthodox Church Architecture at the beginning of the Twentieth Century, in: Journal of Siberian Federal University. Humanities & Social Sciences 9 (2016) 5–40, hier: 7.

[5] Vgl. ebd., 8f.

[6] Vgl. ebd., 19f.

[7] Vgl. Manić, Niković, Marić, Relationship Between Traditional and Contempo-

doxen Kirchenbaus besonders in Westeuropa besteht.[8] Architekt Klaus Hönig spricht von „falsch verstandener Treue zur Tradition, exotische Gebäude zu errichten, die nichts mit dem gewachsenen Umfeld zu tun hätten“[9].

Demnach ist die architektonische Darstellung des Äußeren der Kirche kein theologisches Problem, sodass die Nutzung eines Kirchengebäudes wie der Christuskirche problemlos möglich ist. Jedoch muss die Gestaltung des Innenraumes dem Ritus entsprechen. Beispielsweise sollen entweder eine Ikonostase oder behelfsmäßig Ikonen den Altarraum liturgisch vom Kirchenschiff trennen, damit der Charakter des Selbstentzugs Gottes liturgisch verdeutlicht wird.[10] Die Ikonostase dient jedoch nicht als trennbares Element zwischen Priester und Mönchen gegenüber dem Kirchenvolk, sondern als Versammlungsort vor dem Angesicht Gottes[11] und ist somit Bestandteil der Liturgie. Besonders deutlich wird es beim Akathistos an die Gottesgebärerin, welcher entweder vor der Ikonostase mit Gottesmutterikone oder nur vor der Gottesmutterikone stattfindet. Ebenso sind behelfsmäßige Ikonen aufgrund der Theologie der Ikonografie und damit für das Verständnis des Kirchenraumes unabdingbar, da die Ikonen das Heilige vergegenwärtigen.[12]

Besonders während der Liturgie dienen die zwei Türen und die Königstür der Ikonostase als liturgisches Element, durch die der Priester zu bestimmten liturgischen Handlungen, wie beispielsweise Evangeliumsverkündigung oder Eucharistie, tritt.[13] Der Kirchenraum ist theologisch gesehen die Verbindung zwischen der überirdi-

---

rary Elements in the Architecture of Orthodox Churches as the Turn of the Millennium (s. Anm. 1), 293.

[8] Vgl. R. C. Miron, Kirchennutzung und Kirchenbau orthodoxer Gemeinden in Deutschland, in: ÖR 67 (2018) 476–483, hier: 482.

[9] Ebd., 483.

[10] Vgl. A. Butzkamm, Faszination Ikonen. Geschichte – Bildsprache – Spiritualität (TTB 1023), Kevelaer 2015, 223.

[11] Vgl. M. Schneider, Die neue byzantinische Kirche vom „Heiligen Kreuz zu Jerusalem“ in Sankt Georgen zu Frankfurt am Main (Edition Cardo 190), Köln 2015, 86.

[12] Vgl. D. Savramis, Zwischen Himmel und Erde. Die orthodoxe Kirche heute, Stuttgart 1982, 18.

[13] Vgl. M. Binaghi, Ökumenische Kirchenzentren: Bild der Einheit oder Spiegel der Trennung? Architekturanalyse und theologisch-soziologische Reflexion (Bild – Raum – Feier 16), Regensburg 2015, 97f.

schen und der diesseitigen Welt. Dieser theologischen Deutung ordnet sich die Kultur – also Ikonen, Altar und Kirchenbau – unter.[14] Aufgrund der Darstellung des Pantokrators in der Kuppel und des ikonografischen Bildprogramms an den Wänden der Kirchenbauten wurden in der byzantinischen Reichskirche und später in der gesamten Orthodoxie Basiliken durch Zentralbauten ersetzt, um den Effekt der Repräsentation des Kaisers und insofern die Wirkung eines thronenden Herrschers zu nutzen.[15] Somit bestimmt die Liturgie den Kircheninnenraum. Damit müssen Rüsttisch[16], Altar und Ikonostase zumindest provisorisch vorhanden sein, um die Liturgie feiern zu können. Separate Kirchenräume wären in dieser Argumentation gegenüber einem gemeinsamen Kirchenraum bevorzugt zu nutzen, da somit etwaige liturgische Gerätschaften nicht verschoben werden müssen und der Raum in seiner theologischen Ausdeutung bestehen bleibt. Diese Denkweise fördert das liturgische Verständnis der byzantinischen Liturgie zutage. Die Göttliche Liturgie kennt keinen Anfang und kein Ende, wie es in den westlichen Kirchen der Fall ist. Sie ist Abbild der immerwährenden himmlischen Liturgie. Somit ist auch der Raum theologisch Abbild des *Eschaton* und sollte unveränderlich sein, da die Liturgie im Diesseits endet, sich jedoch nicht auf die jenseitige Liturgie auswirkt.

Grundsätzlich bestimmt also die liturgische Ordnung den Gottesdienstraum, was auch bei Simultanräumen wie dem ökumenischen Zentrum Christuskirche zu beachten ist. Bei gemeinsam genutzten Räumen werden grundsätzlich große portable Ikonen, bei getrennt genutzten meist eine Ikonostase, Proskomedie und Ikonen aufgestellt. Der Außenbau spielt hierbei keine große Rolle, weswegen jedes Kirchengebäude – bis hin zu alten Vereinsräumen – zu einem Gottesdienstraum, wenn auch nur provisorisch, ausgebaut werden kann.

---

[14] Vgl. ebd., 20.

[15] Vgl. H. R. Seeliger, Rotunden und Zentralbauten. Kleine Geschichte einer kirchlichen Architekturform, in: S. Kopp, J. Werz (Hg.), Gebaute Ökumene. Botschaft und Auftrag für das 21. Jahrhundert? (ThIDia 24), Freiburg i. Br. 2018, 349–373, hier: 356.

[16] Der Rüsttisch ist bedeutsam für den ersten Teil der Göttlichen Liturgie des Heiligen Johannes Chrysostomos (um 345–407). Dieser wird für die Gabenbereitung vor der Liturgie der Katechumenen benötigt.

2 Die Christuskirche in Frankfurt-Westend

Die im neogotischen Stil 1883 von Aage von Kauffmann (1852–1922) als Stiftung des Emil Moritz von Bernus (1843–1913) errichtete Kirche[17] wurde mithilfe aufwendiger Renovierungsarbeiten nach starken Beschädigungen durch Fliegerangriffe während des Zweiten Weltkriegs (1939–1945) im Jahre 1978 als ökumenisches Zentrum Christuskirche wiederaufgebaut[18] und steht heute unter Denkmalschutz.[19] Der Innenraum ist aufgeteilt in einen separaten Raum der serbisch-orthodoxen Gemeinde, einen größeren Gemeindesaal und einen kleinen Gottesdienstraum, den überwiegend die evangelische Gemeinde nutzt. Die serbisch-orthodoxe Kirchengemeinde beansprucht ungefähr ein Drittel der gesamten Kirche. Dieses Drittel ist mit einer Ikonostase, Altarraum, hängenden Ikonenbildern und Ikonenampeln, Kreuzen, Bischofsstuhl, einer Gottesmutterikone sowie Kerzenständer und Kirchenlädchen ausgestattet. Das Taufbecken ist beweglich und wird nur für Taufen aus dem Lagerraum geholt. Da dieses zu klein ist, um das vollkommene Untertauchen des Täuflings zu gewährleisten, wird hier nur über das Haupt des Täuflings Wasser übergossen, was für den Taufritus der orthodoxen Kirche untypisch, jedoch aufgrund der Kirchenraumsituation zulässig ist. Vor Jahren besaß die orthodoxe Gemeinde zusätzlich einen Gemeinderaum außerhalb des Kirchengebäudes. Dort befanden sich Ikonenwerkstatt, Bibliothek, Küche und Aufenthaltsräume. Jedoch wurde dieser aus Kostengründen aufgegeben.

2.1 Nutzung der Kirche durch die serbisch-orthodoxe Lukasgemeinde

Während der sonntäglichen Nutzung des orthodoxen Gottesdienstraumes wird die verschiebbare Wand zwischen Gemeindesaal und orthodoxen Gebetsraum entfernt, da die orthodoxe Gemeinde mehr Besucher(innen) empfängt, als der vorgesehene Kirchenraum fassen kann. Besonders deutlich wird die Problematik, wenn nach

---

[17] Vgl. Christuskirche, in: https://denkxweb.denkmalpflege-hessen.de/153955 (Zugriff: 1.7.2021).

[18] Vgl. Ökumenisches Zentrum Christuskirche, in: http://www.christus-immanuel.de/home (Zugriff: 1.7.2021).

[19] Vgl. Christuskirche (s. Anm. 17).

dem julianischen Kalender, welchen die serbisch-orthodoxe Kirche nutzt, Feiertage wie Ostern, Weihnachten oder das Fest des hl. Evangelisten Lukas oder des hl. Georg[20] stattfinden, da sich die Gottesdienstzeiten mit den Sonntagsgottesdiensten der anderen Gemeinden überschneiden können. An den Feiertagen sind meist so viele Gottesdienstbesucher(innen) anwesend, dass fast die gesamte Kirche, inklusive dem außen anliegenden Park, voll belegt ist. Außerdem werden bis weit nach Ende des Gottesdienstes Kerzen von Gottesdienstbesucher(inne)n angezündet, was teilweise zu stundenlangem Andrang von Gläubigen führt. Das liegt besonders an dem sehr großen Einzugsbereich der serbisch-orthodoxe Gemeinde. Mit zwei Gemeinden in Frankfurt hat die Pfarrei den Einzugsbereich des Rhein-Main-Gebietes sowie Teile Gießens und Marburgs, des Vogelbergkreises, des Wetteraukreises, Hochtaunuskreises, Groß-Geraus, des Landkreises Offenbach, Darmstadts und Darmstadt-Dieburgs. Die nächsten kleineren Gemeinden befinden sich in Aschaffenburg, Neuwied und Wiesbaden, die größeren in Bonn, Kassel, Fulda und Mannheim. Laut Angabe des serbisch-orthodoxen Priesters ist die Gemeinde für knapp 30 000 Gläubige zuständig.

Um Störungen der anderen Gottesdienste zu vermeiden, steht der Priester Stojan Barjaktarević mit den Mitgliedern der anderen Gemeinden in ständigem Kontakt, sodass die orthodoxen Gläubigen meist vom Priester aufgefordert werden, den Park zu nutzen sowie die Zwischenwand zu schließen, wenn andere Gemeinden ihren Gottesdienst feiern wollen. Die Kommunikation zwischen den Gemeinden findet im gegenseitigen Verständnis statt, was grundsätzlich Konflikte vermeiden kann. Besonderen Kontakt pflege die serbisch-orthodoxe Gemeinde zur Oromo-Gemeinde, da die Gottesdienste beider Gemeinden nacheinander stattfinden, so der serbisch-orthodoxe Priester. Bei regulären Gottesdiensten, an denen die Zahl der orthodoxen Gläubigen geringer ausfällt und somit der Kirchenraum nicht erweitert werden muss, kommt es zu Überschneidungen der Gottesdienste, wobei der jeweils andere Gottesdienst gehört wird. Laut Aussagen des Priesters komme es zu keinen Problemen bezüglich Störungen der Gemeinden untereinander.

---

[20] Der Gottesdienst zum Feiertag des hl. Georg (Đurđevdan) ist aufgrund des weitverbreiteten Familienpatroziniums äußerst gut besucht.

Die abgetrennte Seitenkapelle der serbisch-orthodoxen Gemeinde wird von keiner anderer der Gemeinden mitbenutzt. Das liegt laut Aussagen des Priesters an der konfessionellen Alleinstellung der Gemeinde, da der unterschiedliche Ritus den orthodoxen Kirchenraum für die anderen Gemeinden unbenutzbar macht. Die Folge der Differenzierung des Kirchenraumes, was zur Folge hat, dass keine Menschen ohne priesterliche oder bischöfliche Erlaubnis den Altarraum betreten dürfen, macht den Kirchenraum aus orthodoxtheologischer Sicht für die meisten anderen Konfessionen unbenutzbar und würde zu großen Auseinandersetzungen unter den Gemeinden führen. Dessen sind sich die Gemeinden untereinander bewusst.

2.2 Ökumenische Gottesdienste und Veranstaltungen

Jährlich finden in der Kirche zwei ökumenische Gottesdienste statt. Diese werden von einem gemeinsamen Gremium organisiert. Meist wird als Motto des ökumenischen Gottesdienstes ein bestimmtes Thema gewählt, beispielsweise ein Bibelzitat, zu welchem die unterschiedlichen Gemeinden mit Kirchenliedern und Gebeten ihrer eigenen Tradition beitragen. Im Anschluss findet eine gemeinsame Feier statt, welche eine Brücke zwischen den Konfessionen und Nationalitäten im interkulturellen und interkonfessionellen Austausch schlagen soll. Während der Corona-Pandemie wurde am 4. Oktober 2020 um 10 Uhr ein ökumenischer Gottesdienst der Christusgemeinde gefeiert, unter dem Namen „Glauben in Coronazeit – gemeinsam wachsam".[21]

Zu gegenseitigen Besuchen der jeweils anderen Gottesdienste kommt es seltener. Der orthodoxe Priester meint hierzu, dass er aufgrund der großen Gemeinde und den damit verbundenen zahlreichen priesterlichen Pflichten den evangelischen Gottesdienst an Feiertagen nicht besuchen könne. Jedoch bekomme er mit, dass einzelne Gläubige an Feiertagen der anderen Gemeinden am evangelischen Gottesdienst teilnehmen. Gleichzeitig sah er vereinzelt evangelische Gläubige, welche den orthodoxen Gottesdienst an Ostern und Weihnachten besuchten. Jedoch beschreibt er das gemeinsame Miteinander als eher distanziert.

---

[21] Vgl. Ökumenisches Zentrum Christuskirche (s. Anm. 18).

Die Gottesdienste innerhalb der Christuskirche gehen über die Ökumene in den eigenen vier Wänden hinaus. Beispielsweise wurde am 4. März 2016 zum gemeinsamen Weltgebetstag aufgerufen, jedoch ohne erkennbaren Grund nicht mit Beteiligung der serbisch-orthodoxen Gemeinde.[22]

Die serbisch-orthodoxe Gemeinde veranstaltet jedes Quartal nationale Kulturveranstaltungen. Hierbei werden explizit auch die anderen Gemeinden eingeladen, seien es Theateraufführungen, Auftritte des serbischen Kirchenchors oder Tanzveranstaltungen des serbischen Kulturvereins. Jedoch herrscht hier die Hürde der Sprachbarriere, da diese Veranstaltungen lediglich in serbischer Sprache stattfinden und dadurch die Anzahl der Gläubigen anderer Gemeinden überschaubar bleibt. Andere gemeinsame Kulturveranstaltungen bzw. Begegnungsmöglichkeiten, etwa im Rahmen von ökumenischen Bibelgesprächen, kommen kaum vor.

2.3 Begegnungen auf organisatorischer Ebene

Organisatorische Treffen auf Leitungsebene gibt es in der Christuskirche dagegen mindestens einmal monatlich. Von großer Bedeutung ist bei den Treffen die Kommunikation der unterschiedlichen Festtagskalender der Gemeinden. Laut Aussagen des serbisch-orthodoxen Priesters sind diese Gespräche von konstruktiver und freundlicher Natur. Ebenso wird regelmäßig auf der Webseite des ökumenischen Zentrums Christuskirche zum orthodoxen Osterfest der serbischen Gemeinde gratuliert.

Am 19. Januar 2020 kam es zum Streit um die serbisch-orthodoxe Kapelle. Die orthodoxe Priesterschaft hatte aufgrund des Kaufs einer eigenen Kirche in Frankfurt am Main versucht, die Gemeinde in die neue Kirche umzusiedeln. Daraufhin kam es zu einer breiten Auseinandersetzung zwischen Klerus und Gläubigen. Auch die Leitungsebene der Christusgemeinde wurde informiert. Während der Auseinandersetzung wurde seitens der orthodoxen Gläubigen mehrfach deutlich betont, dass das Verhältnis zwischen den Gemeinden in der Christuskirche gut sei und sich keiner den Auszug der ser-

[22] Vgl. 04 – 2016 – Einladung zum Weltgebetstagsgottesdienst (20.6.2018), in: http://www.christus-immanuel.de/neuigkeiten/2016einladungzumweltgebets tagsgottesdienst (Zugriff: 1.7.2021).

bisch-orthodoxen Gemeinde wünsche. Interessant ist hierbei zu beobachten, dass nicht nur der Kirchenraum als solcher entscheidend für den Erhalt der serbischen Gemeinde in der Christuskirche war, sondern auch das ökumenische Miteinander als Grund für das Verbleiben der serbisch-orthodoxen Kapelle im ökumenischen Zentrum genannt wurde.

Darüber hinaus wurde von der serbisch-orthodoxen Gemeinde eine Petition für den Erhalt der Heiligen-Lukas-Gemeinde in der Christusgemeinde ins Leben gerufen. An dieser Petition haben sich auch die anderen Gemeinden des ökumenischen Zentrums beteiligt.

Aufgrund der Aussage des serbisch-orthodoxen Pfarrers der Auferstehungskirche, Simon Turkić, welcher u. a. Leiter der Frankfurter Pfarrei ist, dass die Kapelle im ökumenischen Zentrum wegen der wenigen Gläubigen nicht zu bezahlen sei, entgegnete die Gemeinde, dass die Finanzierung des Kirchenraumes erschwinglich für die serbisch-orthodoxe Pfarrei sei. Das zeigten die zahlreichen Kirchenbesucher(innen). Dasselbe führte auch der serbisch-orthodoxe Priester im Interview auf: Die gemeinsame Nutzung, die Kostenaufteilung auf die einzelnen Gemeinden und somit der Unterhalt der Kirche sind Vorteile, die aus solchen ökumenischen Zentren gewonnen werden können. Auch der kulturelle Austausch sei ein entscheidender Vorteil der gemeinsamen Kirchennutzung. Nachteile entstünden jedoch in der freien Nutzung des Gebäudes, da Kompromisse einerseits aufgrund der Nutzungszeit bezüglich der Gottesdienstzeiten getroffen und beim Bau und der Einrichtung Verzichte geleistet werden müssen.

3 Probleme der ökumenischen Kirchennutzung – zwischen Theologie und Antiokzidentialismus

In Anbetracht der Tatsache, dass die serbisch-orthodoxe Gemeinde bis auf ökumenische Gottesdienste kaum weitere Veranstaltungen gemeinsam mit den anderen Gemeinden anbietet, scheint der kulturelle und ökumenische Austausch eingeschränkt zu sein. Jedoch findet ein gegenseitiges Anerkennen – viel stärker noch: ein respektvolles Miteinander – statt, wie der Streit im Januar 2020 zeigt. Wie der serbisch-orthodoxe Pfarrer betonte, gehe es eher um eine kulturelle

Hürde, die es in der Ökumene zu überwinden gelte. Die unterschiedlichen Bräuche, Kalender, Sprachen und Gottesdienste bilden eine Barriere in der Christusgemeinde. Aus orthodoxer Sicht findet der ökumenische Dialog auf der theologischen Ebene statt, welcher für die Wiederherstellung der Einheit der Kirchen zuständig ist.[23] Nach Metropolit Panteleimon Arathymos (* 1974), Bischof von Brazzaville und Gabun, sei die gemeinsame Eucharistie das Element der Einheit, denn nur durch die Überwindung von theologischen Problemen könne die Eucharistiefeier gemeinsam zwischen den Konfessionen stattfinden. Da die Eucharistie ein Strukturprinzip der Ekklesiologie ist und deswegen eine theologische Übereinstimmung der Kirche in Bezug auf die Offenbarung der Identität der Kirche, also Christus, benötigt, gipfelt in der Feier der Eucharistie die Einheit der Kirche. Für eine versöhnte Verschiedenheit müssen somit gemeinsame kirchliche Strukturen geschaffen werden.[24] Dumitru Staniloae (1903–1993) drückt es folgendermaßen aus:

> „Die Kirche ist die *eine* durch Übereinstimmung nach drei Richtungen hin: sie ist *eine* in ihren Dogmen, durch die in Begriffen und Worten der Glaube an die Heilsgegenwart Christi in der Kirche zum Ausdruck gebracht wird, sie ist *eine* in ihrem Gottesdienst, in dem die Sakramente gefeiert werden und die das Heilswerk des in ihr gegenwärtigen Christus vermitteln, und sie ist *eine* im Wirken der Hierarchie, die die Sakramente verwaltet und den Glauben an die Wirkgegenwart Christi in der Kirche verkündigt."[25]

Das bedeutet, die orthodoxe Kirche sieht die Einheit der Kirche nicht im kulturellen Austausch, sondern auf theologischer Ebene. Das zeigt sich ebenso im ökumenischen Zentrum Christuskirche: Die theologische Verschiedenheit wird stark durch die Abtrennung des Sakralraumes der orthodoxen Gemeinde verdeutlicht. Eine gemeinsame Eucharistiefeier und selbst die Benutzung der orthodoxen

---

[23] Vgl. P. Arathymos, Identität und Authentizität von Kirchen im „globalen Dorf". Eine orthodoxe Perspektive, in: D. Schon (Hg.), Identität und Authentizität von Kirchen im „globalen Dorf". Annäherung von Ost und West durch gemeinsame Ziele? (Schriften des Ostkircheninstituts der Diözese Regensburg 4), Regensburg 2019, 24–39, bes. 33.

[24] Vgl. ebd., 36.

[25] D. Staniloae, Orthodoxe Dogmatik, Bd. 2 (ÖTh 15), Solothurn – Düsseldorf 1990, 205 [Hervorhebungen im Original].

Kapelle werden aufgrund theologischer Differenzen ausgeschlossen. Das werde seitens der anderen Gemeinden akzeptiert oder toleriert, so der serbisch-orthodoxe Priester.

Die Positionierung des Metropoliten Panteleimon Arathymos zeigt auch deutlich die Akzentuierung der Differenzen: Die orthodoxe Kirche hat kein Problem mit einer kulturellen Verschiedenheit, da sie selbst in sich schon äußerst divers ist aufgrund ihrer national unterschiedlichen Patriarchate und der damit verbundenen flachen Hierarchie. Das Trennende ist nach dem orthodoxen Ökumeneverständnis die Eucharistie. Ein Bruch zwischen den orthodoxen Kirchen konnte zuletzt nach der Anerkennung der ukrainisch-orthodoxen Kirche durch das Ökumenische Patriarchat von Konstantinopel beobachtet werden, wo infolge des Streites das Moskauer Patriarchat die gemeinsame Kommunion zwischen den beiden Patriarchaten verboten hat, da es starke Unterschiedlichkeiten in der Anerkennung der kirchlichen Struktur und der Auslegung der *Canones* gab.

Jedoch findet der gemeinsame Austausch in der Christuskirche auf kultureller Ebene statt, da sich nicht nur kirchliche, sondern auch nationale Unterschiede ergeben, die zu gegenseitigen Annäherungen führen. So schreibt Metropolit Elpidophoros Lambriniadis (* 1967), griechisch-orthodoxer Erzbischof von Amerika, die orthodoxe Kirche habe zum Ziel, dass die Lehre und der Glaube der orthodoxen Kirche richtig erkannt und verstanden werde, was in der Vergangenheit aufgrund von Vorurteilen nicht immer der Fall war. Jedoch möchte die Orthodoxie den Dialog aufrechterhalten und auf die Kircheneinheit hinarbeiten. Das zeige das Dokument „Beziehungen der Orthodoxen Kirche zur übrigen christlichen Welt“[26] der Heiligen und Großen Synode der Orthodoxie vom 18. bis 26. Juni 2016 auf Kreta.[27] Andererseits existiert in der orthodoxen Kirche eine Art des Antiokzidentalismus, wie es Vasilios N. Makrides

---

[26] Dokument des Großen Konzils auf Kreta: Beziehungen der Orthodoxen Kirche zur übrigen christlichen Welt, in: https://www.cbrom.de/images/pdf/Sinode_2016/Beziehungen.pdf (Zugriff: 1.7.2021).

[27] Vgl. dazu E. Lambriniadis, Braucht der orthodox-katholische Dialog neue Impulse? Eine orthodoxe Perspektive, in: D. Schon (Hg.), Dialog 2.0 – braucht der orthodox-katholische Dialog neue Impulse? (Schriften des Ostkircheninstituts der Diözese Regensburg 1), Regensburg 2017, 42–62, bes. 44f.

(* 1961) beschreibt. Einerseits erhielt der Antiokzidentalismus aufgrund der unbestreitbaren Machtposition Westeuropas und der damit einhergehenden untergeordneten Stellung Osteuropas an Bedeutung. Andererseits entwickelte sich in Westeuropa eine zunehmend kritisch-intellektuelle Strömung, die den Eurozentrismus weitgehend kritisierte. Jedoch blieb diese Entwicklung bis auf wenige Ausnahmen in Osteuropa aus, weswegen der Antiokzidentalismus nach Makrides nicht kritisch hinterfragt und problemlos weitergetragen werden konnte.[28]

Hier kann ein ökumenischer Kirchenraum als Begegnungsmöglichkeit von Vorteil sein, denn durch die ständigen, wenn auch kleinen Begegnungen und die damit aufkommenden Fragen bezüglich der anderen Konfessionen und Kulturen und den damit aufkommenden Dialog können Vorbehalte abgebaut werden. Die Leitungsebene dient somit als vermittelndes Organ zwischen den Konfessionen, nicht nur, um den Frieden innerhalb des Kirchenzentrums zu wahren, sondern auch, um kulturelle Differenzen und Verschiedenheiten vermitteln zu können. Vielmehr noch benötigen Geistliche in diesem Rahmen ein hohes Reflexionsniveau. Da jedoch verhältnismäßig viele serbisch-orthodoxe Priester und auch Bischöfe aus Serbien in Deutschland Gemeinden und Diözesen übernehmen, können ökumenische Zentren zum Problem werden, da einigen von ihnen schlichtweg die Erfahrung der Begegnung mit den westlichen Kirchen fehlt und somit zahlreiche Vorbehalte existieren können. Aus dieser Perspektive werden sich orthodoxe Gemeinden eher abgrenzen, als auf andere christliche Gemeinden zugehen. Allerdings zeigt die Bereitschaft einiger junger orthodoxen Gemeindemitglieder der serbisch-orthodoxen Gemeinde, evangelische Theologie an der Frankfurter Universität zu studieren statt katholischer Theologie in Frankfurt oder gar orthodoxer Theologie in München, erste Einflüsse des gemeinsamen Umgangs.

---

[28] Vgl. dazu V. N. Makrides, Orthodoxer Antiokzidentalismus und Antikatholizismus. Aktuelle Entwicklungen und Anpassungsprozesse, in: Schon (Hg.), Dialog 2.0 (s. Anm. 27), 134–159, bes. 138.

4 Ein Ausblick

Die Diaspora-Situation macht schon alleine aus pragmatischen Gründen simultane Nutzungen von Kirchenräumen möglich, wie es etwa auch im ökumenischen Zentrum in Frankfurt geschieht. Davon zeugen auch gemeinsame Nutzungen von katholischen oder evangelischen Kirchenräumen wie beispielsweise durch die eine rumänisch-orthodoxe Gemeinde in St. Notburga Viersen oder in der Michaelskirche in Krefeld-Uerdingen. Jedoch zeigt die Tendenz immer häufiger in Richtung Einmietung von orthodoxen Gemeinden in evangelische oder katholische Kirchen oder Umwidmungen von evangelischen oder katholischen Kirchen in orthodoxe.[29] Beispiele hier wären die Theresienkirche in Aachen, die von einer rumänisch-orthodoxen Kirche angemietet, oder die Kirche St. Nikolaus in Mönchengladbach, die von einer griechisch-orthodoxen Gemeinde gekauft wurde.

Ob weitere evangelische oder katholische Kirchen zu gemeinsam mit Orthodoxen simultan genutzten Kirchen entstehen werden, ist keine Frage der kulturellen Verschiedenheit, sondern der gemeinsamen Organisation der Räume. Weder Theologie noch Kultur oder Baustil machen einen Simultanraum für orthodoxe Gemeinden unmöglich. Lediglich kulturelle Vorbehalte können die gemeinsame Nutzung erschweren.

Hier ist jedoch auch auf die weiteren Möglichkeiten der Annäherung zwischen katholischen und orthodoxen Kirchen einzugehen. In der Gemeinsamen Kommission der Griechisch-Orthodoxen Metropolie von Deutschland und der Deutschen Bischofskonferenz (DBK) wird mit praktischen Anregungen empfohlen, beispielsweise zur Mitfeier der Heiligenfeste einzuladen, bei den Mariengottesdiensten der jeweiligen Schwesterkirche mitzufeiern oder auch gemeinsame Wallfahrten, etwa nach Trier oder Ellwangen zu veranstalten. Hinzu kommen gemeinsame Gedenkfeiern, die Würdigung gemeinsamer Stadtpatrone, Symposien zum Thema des ökumenischen Dialogs sowie Impulse rund um das Thema der Heiligen wie Vorträge, Publikationen, ökumenische Einkehrtage und auch die karitative

---

[29] Vgl. Miron, Kirchennutzung und Kirchenbau orthodoxer Gemeinden in Deutschland (s. Anm. 8), 480.

Zusammenarbeit zwischen den Pfarrgemeinden.[30] Die Vorschläge wären in Simultanräumen praktikabel und gut durchführbar. Besonders das gemeinsame Patrozinium hätte Potenzial, wenn sich auf einen gemeinsamen Termin geeinigt werden könnte.

Allerdings handelt es sich hierbei um ein Beispiel der griechisch-orthodoxen Kirche und sagt wenig über die Einstellung anderer Metropolien aus. Vielmehr noch ist eine gemeinsame Vereinbarung im Umgang mit Simultanräumen aller orthodoxer Metropolien in Deutschland noch unwahrscheinlicher, da aufgrund des Kirchenkonflikts zwischen dem Moskauer Patriarchat und dem Ökumenischen Patriarchat eine gemeinsame Entscheidung schwierig wird.

So wie das Dokument zeigt, geht es nur um kulturelle Annäherung und den damit verbundenen Abbau von Vorurteilen und die Stärkung des Miteinanders. Jedoch auch theologisch gesehen wird die Taufe der christlichen Kirchen untereinander und werden im orthodox-katholischen Dialog auch Heilige anerkannt, was eine theologische Basis für den ökumenischen Dialog und Perspektiven für ein Miteinander schafft.

Hierbei unterscheidet sich jedoch die gelebte Praxis von gemeinsamen Erklärungen. Praktisch gesehen finden, wie das Beispiel der Christuskirche zeigt, wenige Begegnungen statt, sei es auf kultureller oder auf gottesdienstlicher Ebene. Vielmehr lehnen Einzelpersonen, seien es Gläubige oder Klerus, das gemeinsame Miteinander aufgrund von kulturellen und theologischen Differenzen sogar ab. Es scheint so, als ob die Zustimmung zu gemeinsam verabschiedeten Dokumenten kulturelle Differenzen kaschieren soll, welche deutlich den ökumenischen Dialog belasten.

Gerade hier sind Simultankirchen ein äußerst wichtiger Begegnungsraum, in welchem die Begegnung schon allein aufgrund der Organisation unumgänglich ist und somit ein gemeinsames Kennenlernen Mauern einreißen kann. Vielmehr noch muss die gemeinsame Ökumene zur Pflicht werden. Nicht nur die gemeinsame Nutzung und somit eine mögliche Bewahrung von Kirchenräumen durch damit entstehende alternative Finanzierungsmodelle drängt

---

[30] Vgl. Sekretariat der DBK (Hg.), Die Sakramente (Mysterien) der Kirche und die Gemeinschaft der Heiligen. Dokumente der Gemeinsamen Kommission der Griechisch-Orthodoxen Metropolie von Deutschland und der Deutschen Bischofskonferenz (10. Oktober 2006) (ADBK 203), Bonn 2006, 110f.

zu einer gemeinsamen Verständigung, sondern auch konfessionsübergreifende Ehen, gemeinsame Anerkennung der Taufe, die gemeinsame christliche Tradition, die Herausforderungen des gesellschaftlichen Fortschrittes und die abnehmende Anzahl von Gottesdienstbesucher(inne)n aller Kirchen bringen alle Kirchen in Zugzwang.

Die ökumenische Kapelle in Genf – Sinnbild für das Miteinander der Kirchen?!

Verena Hammes

1 Ökumenisches Gebet und sein Ort

„Alle sollen eins sein: Wie du, Vater, in mir bist und ich in dir bin, sollen auch sie in uns sein, damit die Welt glaubt, dass du mich gesandt hast." (Joh 17,21) Dieses Gebet Jesu Christi um die Einheit seiner Jünger(innen) ist das biblische Fundament des ökumenischen Gebets. „Kaum ein biblischer Text", so formuliert es der Deutsche Ökumenische Studienausschuss (DÖSTA) in seiner Studie zu dieser Bibelstelle,

> „hat die Ökumenische Bewegung in ihrem Streben nach sichtbarer Einheit stärker herausgefordert als dieser Vers aus dem Johannesevangelium. Es sind Worte eines Bittgebets, Worte, die von der Einheit Gottes im Sinne einer engen und unauflöslichen Verbundenheit von Vater und Sohn sprechen, von einer Einheit, die den Christen geschenkt wird und ihnen zugleich als Ansporn für ihr Bemühen um Einheit dienen kann."[1]

In dieser Gewissheit, dass das Gebet Jesu zugleich Gabe und Verpflichtung ist, richten sich Gläubige aus unterschiedlichen Traditionen seit jeher auf Gott aus und bitten ihn um die Einheit der Kirche und aller Christ(inn)en.

Von Beginn an hat das Gebet seinen besonderen Platz in der Ökumenischen Bewegung als eine der wichtigsten Säulen in den internationalen und multilateralen Zusammenkünften. Bereits vor Beginn der modernen Ökumenischen Bewegungen entstanden z. B. die Gebetswoche für die Einheit der Christen, die jährlich im Januar oder in der Zeit zwischen Pfingsten und Christi Himmelfahrt gefei-

---

[1] W. A. Bienert (Hg.), Einheit als Gabe und Verpflichtung. Eine Studie des Deutschen Ökumenischen Studienausschusses (DÖSTA) zu Johannes 17 Vers 21, Frankfurt a. M. – Paderborn 2002, 15.

ert wird, die Gebetswoche der Evangelischen Allianz und der Weltgebetstag der Frauen, die bis heute begangen werden. Auch in den Anfängen der modernen Ökumenischen Bewegung, die ihren sichtbaren Ausdruck in der beginnenden Konstituierung des Ökumenischen Rates der Kirchen (ÖRK) fand, stand „The nature and need of prayer for unity"[2] an erster Stelle auf der Tagesordnung. Das ökumenische Gebet um die Einheit der Christ(inn)en wurde immer mehr zum Gegenstand theologischer Praxis und Diskussion.[3]

Diese Hochschätzung schlägt sich auch in konfessionellen Aussagen zur Ökumene nieder. Beispielhaft gebe ich hier nur einen kurzen Einblick in die römisch-katholische Sichtweise. Wie das Ökumenismusdekret *Unitatis redintegratio* (UR) des Zweiten Vatikanischen Konzils (1962–1965) besagt, ist

> „[d]iese Bekehrung des Herzens und die Heiligkeit des Lebens […] in Verbindung mit dem privaten und öffentlichen Gebet für die Einheit der Christen […] die Seele der ganzen ökumenischen Bewegung […]; sie kann mit Recht geistlicher Ökumenismus genannt werden." (UR 8)

Hierbei werden bereits zwei wichtige Kriterien genannt: die Bekehrung der Herzen, demnach der Respekt voreinander, und die Heiligkeit des Lebens, das gemeinsame Tun. Damit hängt das Gebet um die Einheit nicht im luftleeren Raum; vielmehr ist es eingebettet als das Herzstück der Ökumene, wie es auch Papst Johannes Paul II. (1978–2005) in der Enzyklika *Ut unum sint* ausdrückt:

> „Wenn Christen miteinander beten, erscheint das Ziel der Einheit näher. […] In der Gemeinschaft des Gebetes ist Christus wirklich gegenwärtig; Er betet ‚in uns', ‚mit uns' und ‚für uns'."[4]

---

[2] H. Lamparter, Gebet und Gottesdienst. Praxis und Diskurs in der Geschichte des Ökumenischen Rates der Kirchen, Leipzig 2019, 63.

[3] Als ausführliche und differenzierte Aufarbeitung der gottesdienstlichen Elemente im Ökumenischen Rat der Kirchen vgl. ebd., bes. 51–64.

[4] Papst Johannes Paul II., Enzyklika *Ut unum sint* über den Einsatz für die Ökumene vom 25. Mai 1995, in: ders., Enzyklika *Ut unum sint* über den Einsatz für die Ökumene vom 25. Mai 1995 und Apostolisches Schreiben *Orientale lumen* zum hundertsten Jahrestag des Apostolischen Schreibens *Orientalium dignitas* von Papst Leo XIII. vom 2. Mai 1995, hg. vom Sekretariat der Deutschen Bischofskonferenz (VApS 121), Bonn 1995, 5–80, hier: Nr. 22.

Die Kapelle oder das Gotteshaus spielen bei dieser Klassifizierung des ökumenischen Gebets eine herausragende Rolle, sind sie doch der vornehmste Ort für Durchführung und Praxis. Auf der lokalen Ebene sind dabei meistens konfessionell geprägte Gotteshäuser im Blick; ein ökumenischer Gottesdienst wird in der katholischen, der evangelischen, vielleicht auch der freikirchlichen oder der orthodoxen Gemeinde mit angeschlossenen Räumlichkeiten gefeiert. Dabei dominiert dann selbstverständlich die jeweilige Konfession in der Ausstattung ihres Gottesraumes.[5] Ein ganz anderes Projekt ist hier die Kapelle im Ökumenischen Zentrum des ÖRK in Genf. Sie ist bewusst so gestaltet, dass keine Konfession und keine Kultur dominierend wirken, sondern sich Elemente aus den verschiedenen Traditionen beinahe symbiotisch zu einem Gesamtbild ergänzen. Wie dies gelingen kann und welche Ausstattungsmerkmale in dieser Kapelle vorkommen, soll dieser Beitrag beleuchten, und er möchte einladen, diese einzigartige ökumenische Kapelle in Genf zu besuchen. Zum Abschluss will der Beitrag einen kurzen Ausblick geben, ob und wie die Kapelle in Genf auch zum Sinnbild für die ökumenische Zusammenarbeit werden kann. Es ist sicherlich nicht zu hoch gegriffen, die Kapelle im Gebäude des Ökumenischen Zentrums, das auch die Zentrale des ÖRK beherbergt, als das Herzstück des Gebäudes und im übertragenen Sinne vielleicht sogar der internationalen Ökumenischen Bewegung zu betrachten. Sie ist der Ort des ökumenischen Gebets, des Gebets um die Einheit der Christ(inn)en.

---

[5] An dieser Stelle ist es interessant zu beobachten, dass auch konfessionelle Gottesdienste, zu denen Gläubige anderer Traditionen und Denominationen eingeladen werden, zunehmend ebenfalls als ökumenische Gebete wahrgenommen werden und damit eine ökumenische Gastfreundschaft in den Vordergrund tritt. – Vgl. D. Stoltmann-Lukas, Ökumene in der Praxis der Gemeinde – Plädoyer für eine Ökumene der Sendung, in: M. Kappes u. a. (Hg.), Basiswissen Ökumene, Bd. 1: Ökumenische Entwicklungen – Brennpunkte – Praxis, Paderborn – Leipzig 2017, 323–343.

2 Ein Rundgang durch die Kapelle des ÖRK in Genf[6]

Wer die Kapelle betritt, dem fallen zugleich die Größe des Raumes und die Luftigkeit auf, in der diese konstruiert ist. Wie selbstverständlich schweift der Blick zuerst in die Mitte des Raumes, in der sich der Altar unter einem zeltähnlichen Dach befindet. Aber es lohnt sich, langsamer die Kapelle zu erkunden, nach rechts und links zu schauen und dort auch teilweise versteckte Elemente der unterschiedlichen Konfessionen zu entdecken. Und noch eines fällt auf: Die Kapelle wird genutzt, die Mitarbeiter(innen) des ÖRK treffen sich regelmäßig zu ökumenischen Andachten und Gottesdiensten. Sie selbst kommen aus unterschiedlichen Sprach- und Kulturkreisen, von verschiedenen Kontinenten und repräsentieren eine Vielfalt der Mitgliedskirchen des ÖRK. Es ist also nicht nur der Raum, der diesen Ort wohl zu einem der ökumenischsten weltweit macht, sondern es sind auch die Gottesdienstbesucher(innen), die ihn regelmäßig nutzen und somit ein lebendiges Abbild der symbiotischen ökumenischen Raumstruktur bilden. Die Andachten werden in den verschiedenen Sprachen, die die Mitgliedskirchen des ÖRK repräsentieren, gefeiert. Dass keine Konfession mit ihren Merkmalen und Elementen den Raum dominiert, wurde bereits erwähnt – es ist also im besten Sinne ein multikonfessioneller Ort. Angehörige einer bestimmten Konfession werden Bekanntes und Unbekanntes entdecken. Es stellt sich also ein Gefühl des Zu-Hause-Seins und der Geborgenheit ein; gleichzeitig macht der Raum neugierig auf die unbekannten Elemente aus anderen Traditionen, der Blick wird also automatisch über die eigenen konfessionellen Grenzen geweitet in dem Bewusstsein, eingebettet zu sein in eine weltweite Ökumenische Bewegung als Teil des Leibes Christi.

Das vier Meter hohe hölzerne Kreuz zieht alle Blicke auf sich. Es ist filigran, und dennoch bildet es das unumstößliche Zentrum der Kapelle – wie auch des christlichen Glaubens insgesamt. Die Kapelle wirkt luftig und ist aufgrund der asiatisch anmutenden Architektur

---

[6] Einige dieser Informationen habe ich bei meinem Besuch im Dezember 2019 im Ökumenischen Zentrum gesammelt. Ein großer Dank gilt an dieser Stelle Pfarrer Dr. Odair Pedroso Mateus (* 1955), Direktor der Kommission für Glauben und Kirchenverfassung, der mir schriftliche Aufzeichnungen einer Führung zur Kapelle zur Verfügung gestellt hat.

mit natürlichen Materialien ein Ort mitten in der Schöpfung. Der Architekt Svend Erik Møller (1909–2002) und der Innenraumdesigner Knud Lollesgaard (1911–1997) kamen aus Dänemark und gaben der Kapelle durch die nordische Ausstattung einen natürlichen Charme. Die zeltähnliche Struktur genauso wie die wellenartige Komposition der Decke erzeugen ein Gefühl der Verbundenheit zur Natur. Das Glasfenster, das ein abstraktes Bild eines Sonnenaufgangs und eines Sonnenuntergangs im Tagesverlauf zeigt, symbolisiert die eigentliche Bedeutung des Wortes „Ökumene", die ganze bewohnte Erde. Die ausgewählten Farben des Bildes und der gesamten Innenarchitektur repräsentieren die Farben der Natur, so wie sie natürlicherweise in der Schöpfung zu finden sind. Die hölzernen Vertäfelungen filtern einerseits das Licht in der Kapelle, lassen aber andererseits einen Blick nach außen zu: Die Betrachter(innen) können im Außenbereich die Natur, Bäume, Autos, Menschen und deren Bewegungen erkennen. Wenn die Sonneneinstrahlung sehr hoch ist, hört man sogar das Holz der Vertäfelung knacken, wenn es sich ausdehnt.

Es ist keine Architektur der Trennung oder der Verschanzung hinter dicken Mauern. Vielmehr vermittelt die Kapelle das Gefühl, mittendrin zu sein – im Leben, in der Natur, in der Schöpfung. Die Zeltarchitektur weist aber zugleich darauf hin, dass die Kapelle als Zelt, d. h. als provisorischer und nicht als endgültiger Ort gedacht ist, wie es auch der Hebräerbrief ausdrückt: „Denn wir haben hier keine bleibende Stadt, sondern wir suchen die zukünftige." (Hebr 13,14) Und auch im ersten Kapitel des Johannesevangeliums heißt es: „Und das Wort ist Fleisch geworden und hat unter uns gewohnt" (Joh 1,14), also – die wörtliche Übersetzung der griechischen Formulierung ἐσκήνωσεν heißt „gezeltet" – eine vorübergehende Wohnstatt genommen. Damit ist auch das Unvollendete gemeint, das die Kapelle durch ihre Architektur symbolisiert.

Nun zu einigen Details im Innenraum der Kapelle: Wenn man dem Verlauf der Wellen im Marmorboden folgt, scheinen sie in ein Wandmosaik zu fließen, das die Taufe Jesu im Jordan durch Johannes den Täufer zeigt. Besucher(innen) der Kapelle betreten den Gottesraum also durch die Ströme des Jordan, die zugleich die Taufe symbolisieren. Dass Christ(inn)en miteinander beten können, liegt in ihrer Taufe begründet, die „ein sakramentales Band der Einheit zwischen allen, die durch sie wiedergeboren sind" (UR 22), bildet.

Durch das Sakrament vergewissern sich die Gläubigen ihrer Funktion als Teil des Leibes Christi, durch dessen Tod und Auferstehung alle, die ihm angehören, das ewige Leben haben, wie es im Brief des Apostels Paulus an die Epheser heißt:

> „Ein Leib und ein Geist, wie ihr auch berufen seid zu einer Hoffnung in eurer Berufung: ein Herr, ein Glaube, eine Taufe, ein Gott und Vater aller, der über allem und durch alles und in allem ist." (Eph 4,4–6)

Der Epheserbrief wird genau aus diesem Grund öfter als biblischer Basistext für ökumenische Konvergenzdokumente genutzt.[7] In der Taufe gilt die Zusage:

> „Denn ihr alle, die ihr auf Christus getauft seid, habt Christus angezogen. Es gibt nicht mehr Juden und Griechen, nicht Sklaven und Freie, nicht männlich und weiblich; denn ihr alle seid einer in Christus Jesus." (Gal 3,27f.)

In dieser Verheißung betreten die Gläubigen die Kapelle, wohlwissend, dass sie zwar zumeist Mitglied einer bestimmten Kirche sind, aber getauft sind auf den Tod und die Auferstehung Jesu Christi und damit eine ganz eigene Berufung zur Einheit erfahren haben. Sich dessen zu erinnern, bedeutet auch, den Auftrag anzunehmen, für die Einheit der Christ(inn)en zu beten und zu arbeiten. Die Tradition, sich beim Betreten eines Gotteshauses der eigenen Taufe zu vergewissern und sie zu vergegenwärtigen, kennen einige christliche Traditionen – in der Kapelle des ÖRK in Genf wird die Taufe aber als das einende Band jenseits aller kirchlichen und traditionellen Unterschiede bezeugt. Das Wandmosaik selbst ist die Kopie eines im elften Jahrhundert entstandenen Originals, das die Decke eines Klosters in Daphne in Griechenland schmückt, und war ein Geschenk des Ökumenischen Patriarchats anlässlich der Einweihung des Ökumenischen Zentrums im Jahr 1965.

Die Kapelle unterlag seitdem einem Wandel, an dem auch der Wandel der Ökumenischen Bewegung nachvollzogen werden kann. Zunächst war sie sehr in der Tradition der reformierten Kirche,

---

[7] So u. a. in der Taufanerkennung von Magdeburg. – Vgl. Wechselseitige Taufanerkennung (Magdeburg, 29. April 2007), in: ÖR 56 (2007) 257; zum Hintergrund: F. Weber, Wechselseitige Taufanerkennung, in: MdKI 58 (2007) 41f.

also in einem nüchternen Stil gehalten, wie es von dem ersten Generalsekretär des ÖRK, Willem Adolf Visser 't Hooft (1900–1985), gewünscht war. Nach und nach veränderte sich aber die ökumenische Gemeinschaft durch das Hinzukommen immer neuer Mitglieder. Als die Orthodoxie und mit ihr viele unterschiedliche orthodoxe Kirchen und Gemeinschaften 1961 dem ÖRK beitraten, taten sie sich sehr schwer mit der reformierten Ausstattung der Kapelle. Daher stiftete u. a. die Griechisch-Orthodoxe Kirche 1972 die Ikonostase, die den Altarraum wie kaum ein anderes Element prägt. Sie ist aus Sandelholz gefertigt und eine Kopie der ersten griechischen christlichen Ikonostase. Das Original ist ursprünglich aus Marmor und stammt aus dem vierten Jahrhundert. Seine Überbleibsel können bis heute im Byzantinischen Museum in Athen bestaunt werden. Anders als in der orthodoxen Tradition üblich, bleibt die Ikonostase in der Kapelle des ÖRK die gesamte Zeit als ökumenische Geste geöffnet.

Mehrere Elemente in der Kapelle sind – wie bereits die Ikonostase – Geschenke aus allen Teilen der Welt, die aus bestimmten Traditionen oder Frömmigkeitsformen entnommen sind. Dazu gehört auch das hölzerne Kreuz, das ursprünglich aus Lateinamerika ist.[8] Es ist nach einer baptistischen Schullehrerin aus El Salvador benannt, María Cristina Gómez (1942–1989), die gleichzeitig auch Leiterin ihrer örtlichen Baptistengemeinde war. Sie wurde im Jahr 1989 entführt und anschließend grausam ermordet. Sie hatte zuvor die Organisation National Coordination of Salvadoran Women (CONAMUS) gegründet, die sich des Schicksals vieler Frauen in El Salvador annahm, die von häuslicher Gewalt, mangelnder Bildung, Unterdrückung und Vergewaltigung betroffen waren, und permanent auf diese Realitäten aufmerksam gemacht. Das Kreuz zeigt viele Szenen ihres täglichen Lebens, bei der Ernte, als Mutter mit Kind, ihren Schulalltag als Lehrerin. Es erinnert also auch an den Auftrag für alle Christ(inn)en, sich jedweder Gewalt zu widersetzen, die besonders betroffenen Bevölkerungsschichten zu schützen und lautstark die Stimme gegen Ungerechtigkeiten zu erheben. María Cristina Gómez steht beispielhaft für alle Männer und Frauen, die

---

[8] Eine Kopie dieses Kreuzes befindet sich auch in den Räumen der Geschäftsstelle der Arbeitsgemeinschaft Christlicher Kirchen in Deutschland (ACK), der sog. Ökumenischen Centrale in Frankfurt am Main.

die christliche Botschaft entgegen aller Widerstände verkündigen und den Schwächsten beistehen – als moderne Märtyrer(innen). Nicht unerwähnt darf in diesem Zusammenhang auch das afrikanische Kreuz bleiben, das ursprünglich aus dem Kongo stammt. Das silberne Kreuz auf dem Altar, ein Geschenk der Armenisch-Apostolischen Orthodoxen Kirche, das viele Ornamente und traditionelle Elemente enthielt, ist vor einigen Jahren gestohlen worden.

Neben der Ikonostase finden sich in der Kapelle auch weitere Ikonen, die insbesondere für die orthodoxen und orientalischen Traditionen eine Rolle spielen. Rechts vom Altar ist eine Ikone als Geschenk der Koptischen Orthodoxen Kirche in Ägypten angebracht. Es zeigt die Muttergottes, die Flucht der Heiligen Familie nach Ägypten und den hl. Pischoi – einen ägyptischer Wüstenvater, der in den orientalisch-orthodoxen Kirchen verehrt wird –, der das Christuskind auf seinen Schultern trägt. Das Bild vor der Ikonostase ist eine Kopie der berühmten Dreifaltigkeitsikone des russischen Mönchs Andrei Rubljow (um 1360–1430), deren Original sich in Moskau befindet. Sie zeigt den Besuch der drei Engel bei Abraham und Sara, wie er im Alten Testament überliefert ist (vgl. Gen 18,1–33). Traditionell wird dieser Besuch als Erscheinung der Trinität gedeutet.

Die Öllampe, die ebenfalls im Altarraum zu sehen ist, ist traditionell aus Kupfer gefertigt. Solche Öllampen werden insbesondere in Indien während Gebetszeiten angezündet, um die Gegenwart Gottes zu verdeutlichen. Der Lutherische Weltbund hat diese Öllampe von seinen indischen Mitgliedskirchen während seiner Vollversammlung 1997 in Hongkong erhalten. Das Kreuz auf der Öllampe kommt aus einer Lotusblume, die in Indien ein wichtiges Symbol für die Gottheit ist. In vielen Tempeln ist Gott auf einer Lotusblume sitzend abgebildet.

Der Altar in der Seitenkapelle kam erst später hinzu, dieser Teil der Kapelle wird vor allem für kleinere Gebetseinheiten und die Morgengebete genutzt. Das bedeutendste Element in der Seitenkapelle ist das Versöhnungskreuz. Es besteht aus Fragmenten von Bomben, die während des Zweiten Weltkrieges (1939–1945) über Dresden und Coventry in England abgeworfen wurden. Nach dem Krieg entstand eine Städtepartnerschaft zwischen diesen beiden zu großen Teilen zerstörten Städten. Das Kreuz ist durch seine Machart ein Symbol für Versöhnung und Neubeginn. So entstand ein Symbol für das Leben und die Erlösung aus Bestandteilen, die den Tod bringen sollten. Versöhnung und Neuanfang sind wichtige Bestandteile einer gelingenden und gemeinsamen Zukunft. Einheit kann nie entstehen ohne die Versöhnung der Vergangenheit. Die Versöhnung ist auch in der Ökumene ein bleibender Auftrag und wichtiger Schritt zu einer gelingenden Einheit.

In enger Verbindung zu dem Versöhnungskreuz steht die Ikone mit der Darstellung der Steinigung des hl. Stephanus. Es ist eine Kopie, die von Ordensschwestern in Rumänien auf Holz gemalt wurde. Es zeigt die Steinigung des Stephanus, wie sie in der Apostelgeschichte dargestellt wird (vgl. Apg 7,54–60), und damit den ersten christlichen Märtyrer. Einige bewerfen Stephanus mit Steinen, der Rechte von ihnen ist der spätere Apostel Paulus, hier noch als Saulus bezeichnet, der zwar keine Steine wirft, aber Stephanus mit Worten beleidigt – keine Gewalt mit den Händen, aber mit dem Mund. Diese Ikone wurde eigens für den zentralen Gottesdienst zum Auftakt der Dekade zur Überwindung von Gewalt im Jahr 2001 in der Kaiser-Wilhelm-Gedächtnis-Kirche in Berlin angefertigt und dem ÖRK übergeben.[9]

Auf der rechten Seite des Altares findet sich ein Stein aus der Kathedrale in Lausanne. Im Jahr 2002 übergaben die Kirchen des Kantons Waadt diesen an den ÖRK in Erinnerung an die erste Weltkonferenz der Kommission für Glauben und Kirchenverfassung, die 75 Jahre zuvor im August 1927 in Lausanne stattfand und den Grundstein für die Ökumenische Bewegung und den ÖRK, wie er sich heute darstellt, legte. Die Kommission für Glauben und Kirchenverfassung bildet eine der beiden Säulen, aus denen die moderne Ökumenische Bewegung besteht. Der Stein ist damit bleibende Erinnerung an die Notwendigkeit des theologischen Dialogs über alle Konfessionsgrenzen hinweg als ein wichtiger Bestandteil auf dem Weg zur sichtbaren Einheit der Christ(inn)en. Liturgisch wird er vor allem auch bei Buß- und Bittgebeten verwendet, wenn die Gläubigen ihre Lasten mit dem Blick auf das Kreuz der Versöhnung aus Coventry niederlegen.

Die Orgel ist ein Geschenk der Kirchen aus der DDR. In den frühen 1960er-Jahren hatten die Gläubigen in der DDR keine umtauschbare Währung, wollten aber ihre Verbundenheit mit dem

---

[9] Vgl. F. Enns (Hg.), Dekade zur Überwindung von Gewalt 2001–2010. Impulse, Frankfurt a. M. 2001.

Ökumenischen Zentrum anderweitig zum Ausdruck bringen. Daher organisierten sie eine Sammlung und kauften mit dem gespendeten Geld eine Orgel in Berlin, die dann stückweise nach Genf transportiert und dort wiederum von Arbeitern aus der DDR aufgebaut wurde. Neben der Orgel beherbergt die Kapelle auch noch weitere Musikinstrumente wie einen großen indonesischen Gong aus Kupfer, Trommeln aus Afrika und Brasilien, Flöten oder Saiteninstrumente aus verschiedenen Kontinenten. Sie alle sind Geschenke von unterschiedlichen Kirchen und werden des Öfteren in Gottesdiensten gebraucht.

Beim Verlassen der Kapelle fällt der Blick noch auf weitere Gegenstände, die ökumenische Momente einfangen und Erinnerungen an sie wachhalten. Zunächst ist da die Statue „Power of Prayer“, die 1988 von einem Künstler in Georgia/USA zu der Zeit der Friedensverhandlungen zwischen Michail Gorbatschow (* 1931) und Präsident Ronald Reagan (1911–2004) gefertigt wurde, deren erstes Aufeinandertreffen in Genf stattfand. Die Statue steht für das Ende der gegenseitigen Aufrüstung. Vier identische Figuren wurden von der Griechisch-Orthodoxen Kirche von Georgia an Präsident Reagan, Präsident Gorbatschow, den ÖRK und den Nationalen Kirchenrat in den USA gegeben. Ein anderes Element der Erinnerungskultur stellt die Ikone der Dritten Europäischen Ökumenischen Versammlung 2007 in Sibiu unter dem Motto „Das Licht Christi scheint auf alle – Hoffnung auf Erneuerung und Einheit in Europa“ dar, die aus Rumänien stammt und auf Glas gemalt wurde. Der bunte Kilt wurde 2011 für die Internationale ökumenische Friedenskonvokation in Jamaika angefertigt und war eine Auftragsarbeit einer Künstlerin aus den USA, die in Irland lebt. Die Künstlerin hat sich bei ihrer Arbeit von der Kapelle inspirieren lassen und den Weg zum Frieden gestaltet. Darauf sind Menschen zu sehen, die ein Boot verlassen und über das Wasser laufen, fliegende wilde Gänse etc. Das wohl neueste Element dieser Gedächtniskultur stellt das bunte Kreuz dar, das beim Versöhnungsgottesdienst zwischen dem Lutherischen Weltbund und dem Vatikan am 31. Oktober 2016, zum Auftakt des Reformationsgedenkens, den Gottesdienst in der Kathedrale in Lund prägte. Es ist ein Zeichen dafür, dass traditionelle und altgewordene, z. T. auch konfessionell zugespitzte Gedächtnistraditionen im ökumenischen Licht auf den Prüfstand gestellt und nach ihrem bleibenden konfliktiven Charakter befragt werden müssen. Der Gottesdienst in

Lund läutete eine neue Ära der Reformationsmemoria und der Erinnerung an ein die Ökumene derart entscheidendes Momentum der Geschichte ein.[10]

3 Die Kapelle in Genf – ein Modell für die Ökumene?

An drei Punkten soll zum Abschluss deutlich gemacht werden, dass die Kapelle in Genf nicht nur ein Ort der gelebten Ökumene ist, sondern darüber hinaus auch viele Elemente beinhaltet, die weiterführende ökumenische Gedanken enthalten.

3.1 Das Sammeln von Schätzen als Bereicherung der eigenen Tradition

Die Kapelle enthält viele Schätze aus den unterschiedlichen Konfessionen und den verschiedenen Erdteilen. Zumeist sind dies Geschenke, die die besondere Wertschätzung des jeweiligen Gebers für die Ökumene und ihre Ziele ausdrücken. Es gibt Kopien von wertvollen Ikonen oder Mosaiken. Dies könnte ein Sinnbild für die Ökumene sein: Anreicherung von den besonders wertvollen und edlen Merkmalen einer Konfession. So charakterisiert auch Papst Franziskus (seit 2013) in seinem Apostolischen Schreiben *Evangelii gaudium* die Ökumene:

> „Es handelt sich nicht nur darum, Informationen über die anderen zu erhalten, um sie besser kennenzulernen, sondern darum, das, was der Geist bei ihnen gesät hat, als ein Geschenk aufzunehmen, das auch für uns bestimmt ist."[11]

Es geht also nicht darum, sich auf den kleinsten gemeinsamen Nenner zu einigen, Ökumene ist nicht dazu da, etwas Liebgewordenes abgeben zu müssen. Vielmehr ist es ein Anreicherungs- und Vermehrungsprozess, in dem das Gute, das der Geist in den anderen

---

[10] Vgl. V. Hammes, Erinnerung gestalten. Zur Etablierung einer ökumenischen Gedächtniskultur am Beispiel der Reformationsmemoria 1517–2017 (KKTS 81), Paderborn 2019, bes. 417–445.

[11] Papst Franziskus, Apostolisches Schreiben *Evangelii gaudium* über die Verkündigung des Evangeliums in der Welt von heute vom 24. November 2013, hg. vom Sekretariat der Deutschen Bischofskonferenz (VApS 194), Bonn 2013, Nr. 246.

Konfessionen gesät hat, erkannt und wertgeschätzt wird. Erst in dieser Bewegung aufeinander zu werden die Christ(inn)en auch sichtbar eins in dem einen Leib Jesu Christi.

3.2 Stärkung des ökumenischen Gedächtnisses anhand von Erinnerungsstücken

Die Kapelle besteht nicht nur aus Geschenken der unterschiedlichen Kirchen, sondern hat auch viele Elemente, die eine prägende Funktion während eines historischen Ereignisses in der Ökumene hatten. Das letzte Beispiel ist hier sicherlich das Kreuz, das beim Reformationsgottesdienst des Vatikans und des Lutherischen Weltbundes im schwedischen Lund einen prominenten Ort im Kirchenraum eingenommen und somit auch zu einem Symbol der ökumenischen Reformationsmemoria wurde. Die Beherbergung solcher Elemente macht die Kapelle zunehmend zu einem Erinnerungsort[12], der die ökumenischen Fortschritte dokumentiert und anhand von Symbolen und Ereignissen in das Gedächtnis ruft. So ist die Kapelle auch ein Zeichen dafür, welche ökumenischen Fortschritte bereits erreicht wurden, wo Versöhnung möglich geworden ist und welche Wegmarken auf dem Weg zur Einheit der Christ(inn)en schon überschritten wurden. Erinnerung bedeutet dann aber zugleich den Auftrag, nicht stehen zu bleiben oder gar hinter das Erreichte zurückzugehen und sich im Vergangenen zu verlieren, sondern vielmehr neue Fortschritte auf bislang unbekannten Wegen zu wagen.

3.3 Die Symbiose aus Vielfalt und Einheit

Und als letzter Punkt ist die Kapelle ein Ort, an dem die Vielfalt in der Einheit sicht-, greif- und spürbar wird. Trotz der unterschiedlichen Elemente, deren Geschichten aus der ganzen Welt und deren Relevanz in den verschiedenen christlichen Denominationen sind sie alle vereint in der einen Kapelle, jedes Teil hat seinen eigenen Platz, aber nur sie alle miteinander ergeben ein Ganzes und machen die Kapelle zu dem, was sie ist: der vielleicht ökumenischste Ort der Welt. Das in der Ökumene durchaus viel beschworene Konzept einer

---

[12] Zur Bedeutung der Erinnerungsorte im Christentum vgl. C. Markschies, H. Wolf (Hg.), Erinnerungsorte des Christentums, München 2010.

Vielfalt in der Einheit bekommt hier seinen sichtbaren Platz, denn es ist heute allgemeine Überzeugung, „dass Einheit eine legitime Vielfalt einschließt", wie es der Deutsche Ökumenische Studienausschuss formuliert. Und zugleich stellen sich weitere Fragen:

> „Wo aber liegen die Grenzen legitimer Vielfalt? Wie viel Unterschiede verträgt die Einheit der Kirche? Wie viel an Verschiedenheit ist wünschenswert, weil sie Leben und Glauben bereichert, und wie viel an Unterschieden ist um der Freiheit des Gewissen willen notwendig?"[13]

Diese Fragen beschäftigen die Ökumene in theologischen Diskussionen, aber auch im gemeinsamen Gebet, das sich in der Herausforderung der Einheitsbezeugung in den vielfältigen liturgischen Traditionen sieht. Die Beantwortung kann nur im Miteinander erfolgen, in der gegenseitigen Wertschätzung und durch das Beschenktwerden von den Schätzen der Anderen, in der vergegenwärtigenden Erinnerung an gelungene Fortschritte, in der Versöhnung alter und neuer Wunden sowie in der beständigen Suche nach der Auslotung von Einheit und Vielfalt.

[13] Wörtliche Zitate aus: Bienert (Hg.), Einheit als Gabe und Verpflichtung (s. Anm. 1), 24.

„Gott ist rund"?
Ökumenische Andachtsräume in Fußballstadien

Georg Röwekamp

Als die neuromanische katholische Kirche mitten im Ruhrgebiet in Gelsenkirchen-Schalke (die nicht zufällig dem hl. Joseph, dem Arbeiter, geweiht ist) um 1960 neue Kirchenfenster erhielt, war das Programm in vieler Hinsicht traditionell. Das betraf auch die Darstellung des hl. Aloisius von Gonzaga (1568–1591) – der jung verstorbene Erbprinz, der wegen seines Glaubens auf seinen Titel verzichtet hatte, wurde seinerzeit vor allem wegen seines Keuschheitsgelübdes der katholischen Jugend als Vorbild nahegebracht. Aber die leicht expressionistisch angehauchte Darstellung des Glaskünstlers Walter Klocke (1887–1965) zeigte in diesem Fall neben den traditionellen Attributen des Heiligen – der Lilie für die Enthaltsamkeit und der weggeworfenen Krone für den Machtverzicht – zu Füßen des Jungen, der blaue Strümpfe und Fußballschuhe zu tragen scheint, deutlich einen blau-weißen Fußball! Eine solche Anknüpfung an die Lebenswelt des Stadtteils, der für Kohle, Stahl und den königsblauen Fußballverein Schalke 04 bekannt ist, war damals fast revolutionär – galten doch Fußball und Kirche vielfach als Gegensätze. Nicht wenige junge Leute haben in den Anfängen des Fußballs unter dem Konflikt zwischen Sonntagspflicht und ihrem Hobby gelitten. Auch die Kunstkommission des Erzbistums Paderborn hatte den von Pfarrer Franz Kohle († 1983) inspirierten Fenster-Entwurf zunächst abgelehnt; erst als Gelsenkirchen 1958 dem neuen „Ruhrbistum" Essen zugeschlagen wurde, war die Realisierung möglich.[1]

[1] Vgl. FC Schalke 04 (Hg.), An Gott kommt keiner vorbei! ... nicht mal Stan Libuda, Essen 2017, 116–119.

Abb. 1: Aloisius-Fenster der Pfarrkirche St. Joseph in Gelsenkirchen-Schalke.
Aus: https://commons.wikimedia.org/wiki/File:Aloisius-Fenster_St._Joseph_GE-Schalke.jpg; genutzt unter den Bedingungen der Lizenz „Attribution-ShareAlike 3.0 Unported", vgl. https://creativecommons.org/licenses/by-sa/3.0/deed.en.

1 Fußball und Religion

In den 1980er- und 1990er-Jahren wurde vermehrt entdeckt und untersucht, wie sich im Fußball gesellschaftliche Entwicklungen spiegeln.[2] Gleichzeitig wurde mehr und mehr bewusst, wie sehr sich vor allem Rituale der Fankultur und religiöse Praktiken zumindest äußerlich ähneln. Von einem „Umzug der Götter ins Stadion" sprachen z. B. Peter Becker (* 1943) und Gunther A. Pilz (* 1944) in einem frühen Buch über die Fußball-Fankultur. Sie verwiesen dabei auf verschiedene Phänomene: auf die Spiel- als Festtage, an denen man eine „Kutte" trägt, die Einteilung der Welt in heilige und unheilige Orte, in Anhänger des rechten Glaubens und unreine Gegner sowie auf die zahlreichen rituellen Handlungen im Umfeld des Spieltags und den Gebrauch von magischen Gegenständen und (Berührungs-)Reliquien etc.[3] Später wurden weitere Bereiche der Fußballkultur als zumindest quasi-religiös identifiziert: die Fangesänge (im Chor) als eine Art Liturgien,[4] die Stadien als so etwas wie die Kathedralen der Moderne.[5] Besonders deutlich erscheinen die Ähnlichkeiten, wenn Fußballer an die Stelle der traditionellen Heiligen treten, deren Bilder in den Wohnungen den Platz des „Herrgottwinkels" einnehmen oder sie sogar öffentlich verehrt werden: Berühmt wurde nicht zuletzt der „Hausaltar" in der Altstadt von Neapel für Diego Maradona (1960–2020), der den SSC Neapel 1987 und 1990 unerwartet zur Meisterschaft geführt hatte und dort seitdem ganz ähnlich angerufen wird wie christliche Heilige.[6]

---

[2] Als Beispiele vgl. dazu D. Schulze-Marmeling (Hg.), Der gezähmte Fußball. Zur Geschichte eines subversiven Sports, Göttingen 1992, oder – für eine Einzelperson – H. Böttiger, Günter Netzer – Manager und Rebell, Frankfurt a. M. 1994.

[3] Vgl. P. Becker, G. A. Pilz, Die Welt der Fans. Aspekte einer Jugendkultur, München 1988, bes. 70–81.

[4] Vgl. dazu R. Kopiez, G. Brink, Fußball-Fangesänge. Eine FANomenologie, Würzburg 1998.

[5] Vgl. etwa H. Rupp, Sportstadien als heilige Räume, in: H.-G. Ulrichs, T. Engelhardt, G. Treutlein (Hg.), Körper, Sport und Religion. Interdisziplinäre Beiträge (Forschen – lehren – lernen 17), Idstein 2003, 121–132.

[6] Vgl. S. Bauer (Hg.), Helden – Heilige – Himmelsstürmer. Fußball und Religion, Tübingen 2006; O. Birkner, Eines Tages im Mai. Die Geschichte des SSC Neapel, Göttingen 2013.

Abb. 2: Maradona-„Altar“ bzw. -Gedenkstätte in der Altstadt von Neapel.

Dem gesamten Themenkomplex widmete sich 2010 eine eigene Ausstellung im Diözesanmuseum Osnabrück mit dem Titel „Im Fußballhimmel und auf Erden. Was Fußball und Religion verbindet", die 2014 erneut gezeigt wurde.[7] Sie beleuchtete auch Phänomene wie den „Fußballheiligen" Luigi Scrosoppi[8] (1804–1884), religiöse Fanclubs („Mit Gott auf Schalke"[9]) oder die Herausgabe einer eigenen „Schalke-Bibel" mit Glaubenszeugnissen von Spielern und Funktionären[10]. Und so wurde schließlich sogar gefragt, ob nicht das „Geheimnis Fußball"[11] als solches eine religiöse Dimension habe. Philosophen wie Gunter Gebauer (* 1944) beschäftigten sich mit „Religiöse[n] Gemeinschaften im Sport" oder mit der „Poetik des Fußballs" und sahen im Spiel „Das Leben in 90 Minuten" dargestellt.[12] Ein Buch über die Kultur des Fußballs stellte bereits im Titel fest: „Gott ist rund"[13]. Und schließlich fühlten sich auch zunehmend Theologen herausgefordert, zu fragen, ob und bzw. inwieweit Fußball Religion oder Religionsersatz ist.[14]

Schon 1978 hatte übrigens der spätere Papst Benedikt XVI. (2005–2013), damals noch Erzbischof von München und Freising, in einer Rundfunkansprache im Bayerischen Rundfunk über tiefere

---

[7] Vgl. H. Queckenstedt, Im Fußballhimmel und auf Erden. Was Fußball und Religion verbindet, Göttingen 2014.

[8] Vgl. Der Heilige Luigi Scrosoppi. Schutzpatron aller Fußballer (Edition Life), Augsburg 2011.

[9] Vgl. D. Kadel, Mit Gott auf Schalke. 50 Jahre warten auf Erlösung, Aßlar 2007.

[10] Vgl. Missionswerk Neues Leben (Hg.), Die Schalke-Bibel, Witten 2008. – Vgl. auch das Kapitel „Glaubensbekenntnis – Schalker öffnen ihre Seele", in: FC Schalke 04 (Hg.), An Gott kommt keiner vorbei! (s. Anm. 1), 138–165.

[11] Vgl. C. Bausenwein, Geheimnis Fußball. Auf den Spuren eines Phänomens, Göttingen 1995.

[12] Vgl. G. Gebauer, Religiöse Gemeinschaften im Sport, in: Merkur 53 (1999) 936–952 [Doppelheft-Sonderband 9/10 mit dem Titel „Nach Gott fragen. Über das Religiöse"]; ders., Poetik des Fußballs, Frankfurt a. M. – New York 2006; ders., Das Leben in 90 Minuten. Eine Philosophie des Fußballs, München 2016.

[13] D. Schümer, Gott ist rund. Die Kultur des Fußballs (Suhrkamp Taschenbuch 2851), Berlin 1996. – Vgl. auch J. Altwegg, Ein Tor, in Gottes Namen! Über Fußball, Politik und Religion, München – Wien 2006.

[14] Vgl. dazu etwa C. Möller, H.-G. Ulrichs (Hg.), Fußball und Kirche – wunderliche Wechselwirkungen (Transparent 45), Göttingen 1997; P. Noss (Hg.), Fußball ver-rückt: Gefühl, Vernunft und Religion im Fußball. Annäherungen an eine besondere Welt (Forum Religion & Sozialkultur 15), Münster 2004; A. Merkt (Hg.), Fußballgott. Elf Einwürfe, Köln 2006.

Dimensionen des Fußballs nachgedacht. Ausgehend von dem Verdacht, dass Fußball der Nachfolger der „Spiele“ im Alten Rom und zusammen mit dem „Brot“ (*panem et circenses*) alles sei, was eine dekadente Welt wolle, fragte er: „Worin liegt die Faszination des Spiels, daß es mit gleicher Wichtigkeit neben das Brot tritt?“ Und antwortete u. a.:

> „Das Spiel überschreitet in gewisser Hinsicht das Alltagsleben; es hat aber zunächst, vor allem beim Kind, noch einen anderen Charakter: Es ist Einübung ins Leben. Es symbolisiert das Leben selbst und nimmt es sozusagen in einer frei gestalteten Weise voraus. Mir scheint, die Faszination des Fußballs bestehe wesentlich darin, dass er diese beiden Aspekte in einer sehr überzeugenden Form verbindet. Er nötigt den Menschen, zunächst sich selbst in Zucht zu nehmen, so daß er durch Training die Verfügung über sich gewinnt, durch Verfügung Überlegenheit und durch Überlegenheit Freiheit. Er lehrt ihn aber dann vor allem auch das disziplinierte Miteinander; Erfolg und Mißerfolg jedes einzelnen liegen in Erfolg und Mißerfolg des Ganzen. [...] Es geht darum, eine Disziplin der Freiheit zu suchen; in der Bindung an die Regel das Miteinander, das Gegeneinander und das Auskommen mit sich selbst zu üben. Vielleicht könnten wir, indem wir dies bedenken, wirklich vom Spiel her das Leben neu erlernen. Denn in ihm wird Grundlegendes sichtbar: Der Mensch lebt nicht vom Brot allein, ja, die Brotwelt ist eigentlich nur die Vorstufe für das eigentlich Menschliche, für die Welt der Freiheit. [...] Das Spiel ein Leben – wenn wir in die Tiefe gehen, könnte das Phänomen einer fußballbegeisterten Welt uns mehr geben als bloße Unterhaltung.“[15]

[15] Wörtliche Zitate aus: Fußballbegeisterung kann mehr sein als bloße Unterhaltung. Auszug aus der Ansprache von Erzbischof Joseph Kardinal Ratzinger im Bayrischen Rundfunk (BR) am 3.6.1978, in: EvOr 13 (2012) 20 [Themenheft „Spiel des Lebens“].

2 Arena-Kapellen

Etwa gleichzeitig mit der theologischen Befragung des Verhältnisses von Fußball und Religion entstanden ab Ende der 1990er-Jahre – wenn auch aus anderen Motiven heraus – in Deutschland mehrere ökumenische Gebetsräume in großen Stadien.[16] Erste Beispiele hatte es in den Fußballhochburgen Barcelona und Rom gegeben. Allerdings lag und liegt die Kirche des AS Rom, die der Madonna *Salus Populi Romani* („Heil des Römischen Volkes") geweiht ist, außerhalb des dortigen Olympiastadions und ist wie die Kapelle im Camp Nou des FC Barcelona ein „traditionelles" katholisches Gotteshaus.[17]

Die Initiative für den Bau einer Kapelle in der neuen Arena von Gelsenkirchen, die das alte Parkstadion ersetzte und 2001 vollendet wurde, ging von FC Schalke 04 aus: Die Kirche in Person des evangelischen Pfarrers Hans-Joachim Dohm (* 1943), Mitglied im Schalker Ehrenrat, hatte bereits im Auftrag des Vereins dessen Behindertenarbeit aufgebaut. Nun wollte der Verein der Kirche auch im Stadion einen festen Ort geben – und war überrascht, dass der Pfarrer zunächst dagegen war. Dohm hatte noch das Bild vor Augen, wie die Vereinsikone Karl-Heinz „Charly" Neumann (1931–2008) vor dem UEFA-Pokalfinale 1997 im Mailander Dom eine Kerze für den Sieg angezündet hatte. Nein – eine Kapelle als Ort der Siegbeschwörung wollte er nicht mitgestalten. Doch die Initiatoren blieben hartnäckig. Man wollte einen kirchlichen Ort schaffen, weil man erfahren hatte, dass viele Fans eher beim Verein als bei der Kirche Orientierung, Rat und Hilfe suchen – und nicht selten auch dort einen Ort für Trauungen und Taufen. Und die – so der damalige Geschäftsführer Peter Peters (* 1962) – konnte und wollte man nicht einfach mit zwei Fußbällen wegschicken.[18]

Und so nahm man (mit Einverständnis von Pfarrer Dohm) Kontakt zur Evangelischen Landeskirche Westfalen und zum Bistum Es-

---

[16] Zu der gesamten Thematik vgl. B. Selig, Christliche Gebetsräume in deutschen Fußballstadien [Masterarbeit masch.], Bayreuth 2010.

[17] Letztere wurde wie das Stadion 1957 errichtet und beherbergt u. a. eine Statue der Schwarzen Madonna von Montserrat. In deren Namen wurde das gesamte Stadion gesegnet; die Eröffnungszeremonie begann mit einer Heiligen Messe.

[18] Vgl. dazu u. a. H.-J. Dohm, „Ich glaube, das tut der Kirche und den Menschen gut!" Die Kapelle in der Arena auf Schalke, in: Noss (Hg.), Fußball ver-rückt (s. Anm. 14), 147–152, bes. 147f.

sen auf, die sich schließlich mit der Idee anfreundeten, nachdem der Verein deutlich gemacht hatte, dass es ihm wirklich um ein Zeichen der Zusammenarbeit mit den Kirchen gehe – im Herzen des neuen Stadions. Zur Gestaltung des „christlichen Gottesdienstraums, der von beiden großen christlichen Konfessionen gemeinsam genutzt werden soll“[19], fand ein Künstlerwettbewerb statt.[20] Erwartet wurde laut Ausschreibung

> „ein Vorschlag, der auf höchstem künstlerischem Niveau der Herausforderung der Aufgabe, eine christliche Kapelle inmitten eines multifunktionalen Fußballstadions zu schaffen, gerecht wird. Wichtig ist aber auch, deutlich zu machen, dass die eigentliche Bestimmung des Raumes, Versammlungsort für liturgische Feiern zu sein, nicht von der Tatsache überblendet werden darf, dass er inmitten der Arena eines Fußballvereins liegt.“[21]

Der Raum soll(te) also nicht ein Kultraum des Fußballgottes oder des Vereins sein, gleichzeitig aber auch nicht beziehungslos neben der ihn umgebenden „Welt“ stehen.

Umgesetzt wurde der von der Jury des Wettbewerbs – bestehend aus drei Vereinsvertretern und vier Kunstsachverständigen; Vorsitzender war der Kunstbeauftragte des Ruhrbistums, Herbert Fendrich (* 1953) – einstimmig ausgewählte Vorschlag von Alexander Jokisch (* 1953). Es war der einzige, der konsequent auf Blau und Weiß – die Vereinsfarben – in der Gestaltung verzichtete! Nach anderen Entwürfen sollten zudem z. B. die Stuhlreihen in Arenaform aufgebaut oder taktische Zeichnungen von Trainer Huub Stevens (* 1953), die er zum UEFA-Pokalfinale 1997 angefertigt hatte, integriert werden.[22]

Ausgehend von seiner Lage in der direkten Verlängerung der Mittellinie des Fußballfeldes ist der Vorraum der Kapelle als ein „Ort des

---

[19] FC Schalke 04 (Hg.), An Gott kommt keiner vorbei! (s. Anm. 1), 14.

[20] Vgl. dazu ebd., 8–17 [Kapitel „Ursprung und Entwicklung“]. Zum besseren Verständnis, was „Schalke“ – ursprünglich ja nur der Name eines Stadtteils – bedeutet, wurde den Ausschreibungsunterlagen u. a. auch ein Buch beigegeben: G. Röwekamp, Der Mythos lebt. Die Geschichte des FC Schalke 04, Göttingen 1997 [inzwischen ^{8}2012].

[21] Zit. nach: W. Zahner, Kapelle in der VELTINS-Arena Gelsenkirchen, Lindenberg 2013, 15.

[22] Vgl. dazu FC Schalke 04 (Hg.), An Gott kommt keiner vorbei! (s. Anm. 1), 18–27.

Übergangs" konzipiert: Zwei Wände rechts und links sind mit Bildern aus zahlreichen parallel geführten schwarzen Linien versehen und deuten sehr schematisch Szenen eines Fußballspiels an – gleichsam als Erinnerung daran, wo man ist, wo man herkommt. Hinter der Glastür, die den eigentlichen Kapellenraum abschließt, bilden zwei ebenfalls schwarz-weiß bemalte Blöcke eine Art „Tor"; bei näherem Hinsehen stellen sie sich als Teile eines monumentalen Kreuzes heraus. Auch deswegen verzichtet der sich dahinter öffnende Raum von acht mal acht Metern Fläche auf ein weiteres Kreuz. Dieser wirkt fast karg, setzt ganz bewusst einen Kontrapunkt zum pulsierenden Leben im Stadion. Lediglich ein filigran geformter Altar und ein ebenso gestalteter Tauftisch bilden das Interieur. Etwa 20 Hocker stehen normalerweise an den Wänden. Hinter dem Altar bildet ein „Altarbild" aus elf (!) Tafeln die Rückwand – hier scheinen die abstrakten schwarzen Linien auf der rechten Seite mit den links überwiegenden Licht-Flächen im Streit zu liegen. Die Darstellung auf der mittleren Tafel erinnert dabei fast an das Auge eines Orkans. Zusammenfassend verdeutlicht ein Kommentar des Siegers des Wettbewerbs Jokisch, was diese „Arena-Kapelle"[23] sein soll:

> „In einem Stadion, einem Ort, an dem man aus sich herausgeht, möchte ich mit der Kapelle einen Ort schaffen, an dem man zu sich kommt. Im Stadion und in der Kapelle sucht man eine Entscheidung: im Stadion im Zweikampf, in der Kapelle im Kampf mit sich selbst."[24]
> „Auf den Bildern der Mixed Zone [dem Eingangsbereich] zeige ich den Zweikampf. Durch das Kreuztor gehe ich in die Kapelle. Auf dem Altarbild zeige ich die Arena, die Schlacht, das Spiel, die Entscheidung. Ich kann sie als innere erkennen und auffassen."[25]

Denn hier kann nicht – wie im Stadion – die Mannschaft für den Zuschauer siegen: Der ist auf sich selbst und den inneren Kampf

---

[23] Jokisch benutzte den Ausdruck auch deshalb gern (mit Augenzwinkern), weil dieser in der Kunstgeschichte ein Fachterminus für die von Giotto († 1337) prachtvoll ausgemalte Cappella degli Scrovegni in Padua ist – und seine Arena-Kapelle in ihrer Nüchternheit geradezu ein Gegenentwurf dazu ist.

[24] Zit. nach: Zahner, Kapelle in der VELTINS-Arena Gelsenkirchen (s. Anm. 21), 15.

[25] Zit. nach: ebd., 19.

zwischen den Mächten des Lichts und der Finsternis zurückverwiesen. Das heißt insgesamt, dass zu dem primären Anliegen, einen „Kontaktort" zwischen Kirche und Fans zu schaffen, weitere hinzugetreten sind. Die Dokumentation des Wettbewerbes drückt das folgendermaßen aus: „Ein so hektischer und lebendiger Ort sollte eine Oase der Ruhe erhalten. Einen stillen Winkel, in den man sich zu Kontemplation und Meditation zurückziehen kann." Und man deutet an, dass man sich in einer guten religionsgeschichtlichen Linie sieht: „Es ist auch Tradition, dass Menschen an Orten, mit denen sie besondere Ereignisse verbinden, Kultstätten bauen."[26]

Gerade weil man weder eine „Schalke-Gemeinde" schaffen wollte noch insgeheim doch einem Schalke- oder Fußball-Kult „die Tür öffnen" mochte, ist diese Kapelle, die bewusst in die *Mixed Zone* unter der Haupttribüne gelegt wurde, d. h. in den Bereich, der grundsätzlich für Sportler und Besucher zugänglich ist, an Spieltagen aber nur für Spieler und Funktionäre, und nicht für Fans und Zuschauer. Rechtlich gesehen ist sie sozusagen exterritoriales Gebiet, und die beauftragten Geistlichen üben dort das Hausrecht aus. Genutzt wird sie von den Kirchen vor allem für Taufen und Trauungen.[27] Meist sind diejenigen, die um die Durchführung einer solchen Feier bitten, Menschen, die ihre Territorialgemeinde nicht (mehr) kennen. Darüber hinaus kommen viele Besuchsgruppen in die Kapelle, die dort manchmal auch Gottesdienst feiern. Oder Schülergruppen diskutieren über Sport und Glaube bzw. über religiöse Themen, die inzwischen aus der Kirche „ausgewandert" und im Sport angekommen sind. Die Pfarrer nutzen die Kapelle aber auch für seelsorgliche Gespräche – und beziehen dabei die Gestaltungselemente mit ein: Das Kreuz am Eingang ist in der Deutung dann manchmal nicht (nur) eine Mauer, vor die man rennt, sondern ist durchlässig und gibt einen Weg frei; das Altarbild aus schwarzen und weißen Linien steht dann für die unterschiedlichen, von Licht und Dunkelheit geprägten „Lebensräume" usw.[28] Es sind somit die großen Themen Leben (Taufe), Liebe (Hochzeit) und

---

[26] Wörtliche Zitate nach: Queckenstedt, Im Fußballhimmel und auf Erden (s. Anm. 7), 34.

[27] Bereits am Tag der Arena-Eröffnung fanden vier Hochzeiten in der Kapelle statt, darunter die des Vorsitzenden des Schalker Fanclub-Dachverbandes.

[28] Vgl. Dohm, „Ich glaube, das tut der Kirche und den Menschen gut!" (s. Anm. 18), 148–152.

Abb. 3: Eingang zur Kapelle in der Schalke-Arena, im Hintergrund mit Pfarrer Hans-Joachim Dohm. © *Georg Röwekamp*

Leid (Trauerfeiern), für die in der Kapelle Raum ist.[29] Sie ist deshalb tatsächlich keine Kapelle, die dem „heiligen Fußball“ geweiht ist, kein Ort, wo der „Fußballgott“ angerufen oder verehrt wird (an den Manager Rudi Assauer [1944–2019] nach der denkbar knapp verpassten Meisterschaft 2001 ohnehin nicht mehr glauben wollte), sondern ein moderner Gottesdienstort in ungewohntem, aber lebensnahem Umfeld.[30]

Eine weitere Stadionkapelle gibt es inzwischen im Olympiastadion Berlin. Ihr Bau erfolgte im Rahmen des Umbaus im Blick auf die Fußballweltmeisterschaft 2006. In diesem Fall ging die Idee nicht vom Verein Hertha BSC Berlin aus, der im Stadion seine Bundesligaspiele

---

[29] Vgl. FC Schalke 04 (Hg.), An Gott kommt keiner vorbei! (s. Anm. 1), 42–48; um mehr über die bisherigen Schalke-Pfarrer und ihre Arbeit zu erfahren, ferner: ebd., 35–41.60–85.

[30] Vgl. auch A. Gerhards, Fromm sein auf Schalke – Die Wiederentdeckung der Alterität in heutiger Lebenswelt, in: engagement. Zeitschrift für Erziehung und Schule 24 (2006) 29–31.

Abb. 4: Hochzeitspaar mit Täufling vor dem Altarbild der Kapelle in der Schalke-Arena.
© *Georg Röwekamp*

austrägt, sondern von einer Einzelperson, nämlich von Prälat Bernhard Felmberg (* 1965), Oberkonsistorialrat der Evangelischen Kirche Berlin-Brandenburg-schlesische Oberlausitz. Er überzeugte den Eigentümer, die Olympiastadion AG, bei der Planung eine Kapelle vorzusehen, die dann auch von dem mit dem Gesamtprojekt betrauten Prof. Volkwin Marg (* 1936) vom Architekturbüro gmp entworfen und realisiert wurde. Im Vorfeld wurde dabei nicht nur nach einem möglichst „praktischen" Ort gesucht; vielmehr setzte man sich ausführlich mit der Geschichte des Baus auseinander, der ursprünglich maßgeblich von nationalsozialistischer Ideologie geprägt war – wurde das Stadion doch für die Olympischen Spiele 1936 errichtet. Das gesamte „Reichssportfeld" war religiös aufgeladen. Es lag und liegt auf der Ost-West-Achse durch Berlin – und wenn Zuschauer das Stadion-Gelände durch das Osttor betraten, blickten sie auf den dahinter liegenden Glockenturm über der sog. Langemarckhalle, die an den (angeblichen) Opfertod von jungen deutschen Kriegsfreiwilligen im Jahr 1914 erinnern sollte. Deutlicher konnte man die „vorbereitende" Funktion des Sports für den Krieg nicht symbolisieren.

Die Kapelle wurde nun nicht nur bewusst direkt unter der Ehrenloge errichtet, von der aus Adolf Hitler (1889–1945) die Spiele 1936 eröffnet hatte: Vielmehr „durchkreuzt" ihre Nord-Süd-Achse (wie auf Schalke eine Verlängerung der Mittellinie), an deren Endpunkt ein Kreuz an der Wand sichtbar wird, ganz bewusst und im wahrsten Sinne des Wortes diese nationalsozialistische Linie.[31] Im Übrigen sind Gestaltung und Ausstattung ausgesprochen hochwertig – gemäß der Devise des Initiators, dass zu einem Fünf-Sterne-Stadion auch eine Fünf-Sterne-Kapelle gehört.[32] Die äußere Wand des rechteckigen Raumes ist versehen mit einem Bibelvers, das quasi als Programm für die Kapelle im Stadion steht. Wie ein Kontrapunkt zum unbedingten Siegeswillen der Sportler fragt sie mit Jesu Worten (in alter lutherischer Übersetzung): „Was hülfe es dem Menschen, wenn er die ganze Welt gewönne und nähme doch Schaden an seiner Seele?" (Mt 16,26) Im Innern ist paraventartig eine Wand in den Raum gestellt; so entsteht ein ovaler Raum, wie das Stadion es auch ist. Die Wand ist komplett mit Blattgold belegt; in diesen Grund ist ein Textfries von 1,25 Metern Höhe eingelassen. Auf dem Wandstück zwischen den Eingängen, das dem Altar gegenüberliegt, befindet sich das Vaterunser in 15 Sprachen. Der übrige, größere Teil ist mit Versen aus dem Alten und Neuen Testament versehen – in 17 Sprachen und verschiedenen Schrifttypen. Wie schon der Goldgrund das Gold der Pokale und Medaillen aufgreift und in einen neuen Zusammenhang stellt, so wollen auch diese Zitate anregen, bei aller Sehnsucht „die ganze Welt zu gewinnen", die Seele nicht zu verlieren. Sie lauten u. a. etwa: „Bei Gott ist mein Heil und meine Ehre" (Ps 62,8). – „Wisst ihr nicht: die im Stadion laufen alle, aber nur einer empfängt den Siegespreis? Lauft so, dass ihr ihn erlangt." (1 Kor 9,24) – „Lass dir an meiner Gnade genügen; denn meine Kraft vollendet sich in der Schwachheit. Darum will ich mich am allerliebsten rühmen meiner Schwachheit, auf dass die Kraft Christi bei mir wohne." (2 Kor 12,9) – „Einer trage des anderen Last; so werdet ihr das Gesetz

---

[31] Vgl. B. Felmberg, M. Röhm, „Wo harte Kerle weich werden": die Kapelle im Berliner Olympiastadion. Annäherungen an einen besonderen Kirchenraum, in: Thema: Gottesdienst 31 (2010) 64–70.

[32] Vgl. Selig, Christliche Gebetsräume in deutschen Fußballstadien (s. Anm. 16), 61.

Abb. 5: Innenansicht der Kapelle im Berliner Olympiastadion.
Aus: Max Siegmayer; veröffentlicht in: https://de.wikipedia.org/wiki/Datei:Olympiastadion_Berlin_Kapelle.jpg; genutzt unter den Bedingungen der Lizenz „Namensnennung – Weitergabe unter gleichen Bedingungen 4.0 international" (CC-BY-SA-4.0), vgl. https://creativecommons.org/licenses/by-sa/4.0/deed.de.

Christi erfüllen." (Gal 6,2) Eine flache Kuppel überwölbt den Raum. Altar, Ambo und Tauftisch sind zurückhaltend aus anthrazit durchgefärbtem Beton gefertigt; Taufschale und Buchauflage aus glänzendem Messing.[33]

Auch in Berlin wird die Kapelle häufig für Trauungen und Taufen, aber auch für Konfirmationen genutzt; die Nachwuchsspieler des Vereins hätten sonst kaum Gelegenheit, an der entsprechenden Vorbereitung in einer Gemeinde teilzunehmen). Anders als in Gelsenkirchen und Frankfurt finden hier aber auch regelmäßig Gottesdienste an den Spieltagen statt! Daran nehmen nicht nur die Mitglieder des (freikirchlich geprägten) christlichen Hertha-Fanclubs „Totale Offensive" teil; er ist vielmehr offen für alle Zuschauenden.

---

[33] Vgl. K. Wittmann-Englert, Die Kapelle im Olympiastadion Berlin. Ein ökumenischer Andachtsraum, Lindenberg 2006.

Etwa die Hälfte der 40 bis 80 Menschen besuchen den Ort regelmäßig, bilden also so etwas wie eine „Stadiongemeinde“.[34] Die Predigten in den Andachten sind betont sportorientiert – Glaube und Fußball versuchen, sozusagen „Doppelpass zu spielen“.

Das ehemalige Frankfurter Waldstadion wurde für die Benutzung während der Fußballweltmeisterschaft 2006 ebenfalls grundlegend renoviert. Im Vorfeld kam in der Projektgruppe, die diesen Umbau steuerte, nach einem Besuch in Camp Nou die Idee auf, auch in die neue Arena eine Kapelle zu integrieren. Federführend für die Umsetzung war dann der seinerzeit amtierende Kirchenpräsident der Evangelischen Kirche in Hessen- und Nassau, Peter Steinacker (1943–2015), der auch den damaligen katholischen Bischof von Limburg, Franz Kamphaus (* 1932), „ins Boot holte“. So wurde nach der Weltmeisterschaft im Jahr 2007 ein zuvor als Materiallager und erweitertes Pressezentrum genutzter Raum im VIP-Bereich der Arena in eine Kapelle umgewandelt.

Die von den Kirchen finanzierte Ausstattung des asymmetrischen Raumes schuf der Stuttgarter Bildhauer Werner Pokorny (* 1949). Altar, Ambo, Leuchter und Taufbecken sind aus schwerem, dunklem Bongossiholz, die Stühle rot und schwarz. Diese Farbwahl geschah angeblich rein zufällig, und das Rot soll in erster Linie Liebe, Feuer und Leidenschaft symbolisieren. Rot und Schwarz sind aber auch die Vereinsfarben von Eintracht Frankfurt – was einerseits eine Brücke zu den Fans schlägt, aber auch ein bisschen den Eindruck erweckt, man sei hier in einer „Eintracht-Kapelle“.[35]

Diese ist wegen ihrer Lage aus Sicherheitsgründen an Spieltagen geschlossen, aber sonst für alle Menschen frei zugänglich, die das Stadion besuchen. Zumindest in den ersten Jahren wurde sie für Gottesdienste und Kasualien nur von der evangelischen Kirche genutzt; die katholische erlaubte zunächst keine Taufen und Trauungen dort.[36] Auch sorgt die Ausgliederung der Lizenzspielerabteilung in Form der Eintracht Frankfurt AG dafür, dass es zwar eine gewisse Kooperation mit dem Verein gibt, aber das

---

[34] Vgl. Selig, Christliche Gebetsräume in deutschen Fußballstadien (s. Anm. 16), 71f.

[35] Zum Ganzen vgl. E. Eckert, Kirche in der Arena, Darmstadt 2007.

[36] Vgl. Queckenstedt, Im Fußballhimmel und auf Erden (s. Anm. 7), 34.

Abb. 6: Kapelle in der Volkswagen-Arena in Wolfsburg.
© Peter Steffen/dpa picture alliance/Alamy Stock Foto

Engagement der Kirche vollkommen losgelöst vom Profifußball stattfindet.[37]

Einige Jahre später (2015) richtete schließlich auch der VfL Wolfsburg in der Volkswagen-Arena eine Kapelle ein. Dort wurde nach dem Umzug der Profi-Abteilung der ehemalige Schuhraum von Architekt Kai Loewe in einen Andachtsraum verwandelt. Ein in die Wand eingelassener Lichtstreifen erlaubt eine variable farbliche Illuminierung des weitgehend in Weiß gehaltenen Raumes. In das Lichtband sind die Rückennummern der Spieler Krzysztof Nowak (1975–2005) und Junior Malanda (1994–2015) integriert, die 2005 und 2015 verstarben bzw. bei einem Autounfall ums Leben kamen, als sie noch Teil der ersten Mannschaft waren. Auch wenn die Einweihung (nur) durch den evangelischen Landesbischof vorgenommen wurde, steht auch diese Kapelle Angehörigen aller Religionsgemeinschaften offen.[38]

---

[37] Vgl. Selig, Christliche Gebetsräume in deutschen Fußballstadien (s. Anm. 16), 84f.

[38] Vgl. FC Schalke 04 (Hg.), An Gott kommt keiner vorbei! (s. Anm. 1), 33.

3 Ökumene im Stadion

Die Stadionkapellen sind ein bemerkenswertes Zeugnis dafür, dass in Zeiten abnehmender Kirchenbindung dennoch „Platz" für Kirche ist – wenn sie sich an neue Orte begibt, genauer: an Orte, die Menschen wichtig sind. Bei der Gestaltung der Andachtsräume war die eine Herausforderung der Brückenschlag zwischen zwei Welten – durch Integration des Andachtsraumes in eine vollkommen fremde Umgebung (nämlich in das Fußballstadion) bei gleichzeitiger Vermeidung einer Vereinnahmung der Kirche durch den Fußball oder gar einen Verein: „Zeigen, dass man im Fußballstadion ist, aber den Sport aus der Kapelle lassen. Eine solche Herausforderung leisten eben Künstler."[39] Die andere Herausforderung war und ist natürlich die ökumenische Gestaltung des Raumes und dessen gemeinsame Nutzung in einem Umfeld, das für eine konfessionelle Trennung praktisch kein Verständnis mehr hat.

Die genannten Beispiele zeigen insbesondere durch die Auswahl und Gestaltung der Prinzipalstücke (Altar, Taufbecken, Ambo) eine Konzentration auf die gemeinsamen Hauptsakramente Taufe und Abendmahl/Eucharistie sowie auf die Wortverkündigung. Ob es mit dem protestantischen Initiator zusammenhängt, dass die Kapelle in Berlin stark von Schriftzitaten geprägt ist – gemäß dem evangelischen Prinzip sola scriptura („allein die Schrift") –, ist nicht eindeutig zu sagen. Denn auch die Kapelle auf Schalke, wo der „Freigeist" Jokisch im Übergangsbereich in einer Art mystagogischen Hinführung noch mit halb-abstrakten Bildern arbeitet, erscheint vielen eher „protestantisch-nüchtern": „Für einen Katholiken, der an Pomp und Gloria in der Kirche gewöhnt ist, fehlt erst mal was."[40] Demgegenüber wirkt die goldene Kapelle in Berlin fast barock. Grundsätzlich scheint es in beiden Fällen gelungen zu sein, eine aus katholischer wie aus evangelischer Sicht ansprechende, gleichzeitig nachdenklich machende Formensprache zu finden, die das gemein-

---

[39] Herbert Fendrich, Leiter der Jury beim Künstlerwettbewerb für die Schalke-Kapelle, zit. nach: ebd., 14.

[40] Peter Peters, früherer Geschäftsführer des FC Schalke 04, zit. nach: ebd., 21. Der ehemalige Schalke-Präsident Josef Schnusenberg (* 1941), wie Peters in der katholischen Tradition beheimatet, hätte ursprünglich auch gerne eine Madonna für die Kapelle gestiftet.

sam Christliche in den Vordergrund stellt bzw. mit der Welt des Fußballs ins Gespräch bringt, ohne von ihr dominiert zu sein. Sie sind gleichzeitig ein „anderer Raum", ohne beziehungslos im „Stadion-Raum" zu schweben.

Ob man die Stadionkapellen wirklich (schon) als „ökumenische Kirchenzentren" bezeichnen kann, erscheint dennoch zweifelhaft. Betrachtet man die gottesdienstliche Nutzung, so wird man besser von „Simultankapellen" sprechen müssen, feiern doch die jeweiligen Amtsträger „ihre" Gottesdienste mit den jeweiligen Teilnehmenden meist neben- und nacheinander, während die ökumenischen (Spieltags-)Andachten eher die Ausnahme sind. Andererseits nehmen die sonstigen Menschen, die das Stadion besuchen, die Kapellen einfach als einen Ort „der" Kirche wahr.

Eine – nicht ganz ernst gemeinte – Schlussbemerkung: Dass es den Kirchen gelingt, im Umfeld des Fußballs „konfessionelle" Gegensätze zu überbrücken, zeigt eindrucksvoll die Tatsache, dass seit vielen Jahren vor jedem „Revierderby" zwischen Schalke 04 und Borussia Dortmund „Derby-Gottesdienste" gefeiert werden – mit Fans beider Mannschaften und jeweils in der Stadt des Teams, das auswärts antritt.[41] Und in Gelsenkirchen wird mit dem katholischen Pastor Georg Rücker (* 1961) von Anfang an ein Sympathisant von Bayern München als „Schalke-Pfarrer" akzeptiert.[42] Ob die Versöhnung der Gegensätze aber so weit geht, dass auch auf dem Schalker Gräberfeld, das 2012 mit insgesamt 1 904 Grabstätten in der Nähe der Arena in Form eines Stadions angelegt wurde,[43] ein „Andersgläubiger" akzeptiert würde, hat wohl noch kein BVB-Fan ausprobiert. Irgendwo muss Schluss sein mit der Ökumene.

---

41 Vgl. dazu ebd., 106–119.

42 Vgl. ebd., 68–73.

43 Zum Thema Fußball und Begräbniskultur vgl. P. Cardorff, C. Böttger, Der letzte Pass. Fußballzauber in Friedhofswelten – Zuschauer erwünscht, Göttingen 2005.

3. Gebaute Ökumene 2.0?
Potenziale und Perspektiven

Ökumene der Dritten Räume und der Konvivenz

Konfessionelle Prägung von Raumerfahrung und die Potenziale ökumenischer Kirchenzentren

Alexander Deeg / Kerstin Menzel

1 „Was ist katholisch, was evangelisch?" – Ökumenische Kirchenzentren als ökumenische Chance oder Beitrag zur Aufrechterhaltung konfessioneller Unterscheidungen?

Am 27. Oktober 2017, wenige Tage vor den Feierlichkeiten zum Jubiläum „500 Jahre Reformation", titelte die unterfränkische Mainpost: „Was ist katholisch, was evangelisch?"[1] Das Journalistenteam besuchte zur Klärung dieser Frage das ökumenische Zentrum Lengfeld – einen 1975 fertiggestellten Bau des Architekten Jürgen Schädel (* 1939), der zwei konfessionell getrennte Bereiche verbindet:[2] den größeren katholischen Heilig-Kreuz-Chor mit ca. 450 bis 500 Plätzen und den evangelischen Heilig-Geist-Chor mit etwa 120 Plätzen.[3] Die Geistlichen beider Konfessionen werden in dem Artikel vor allem so zitiert, dass sie die Zusammengehörigkeit der Räume unterstreichen, die sich schon in den Namen zeige: Heiliger Geist und Heiliges Kreuz – beides könne nicht voneinander getrennt werden und sei ohne das jeweils andere unvollständig. Journalistin Alice Natter hingegen nimmt vor allem die Unterschiedlichkeit wahr. Der evangelische Raum sei eher durch „weltlichen Charakter" gekenn-

---

[1] A. Natter, Was ist katholisch, was evangelisch?, in: Mainpost vom 27. Oktober 2017 [https://www.mainpost.de/neuesarchiv/was-ist-katholisch-was-evangelisch-art-9781992 (Zugriff: 1.7.2021)].

[2] Vgl. M. Binaghi, Ökumenische Kirchenzentren: Bild der Einheit oder Spiegel der Trennung? Architekturanalyse und theologisch-soziologische Reflexion (Bild – Raum – Feier 16), Regensburg 2015, hier: CD-Dokumentation, 58; dazu auch Ökumenisches Zentrum Lengfeld, in: https://www.kirche-lengfeld.de/wer-wir-sind/das-%C3%B6kumenische-zentrum#die-anlage-%C3%B6z (Zugriff: 1.7.2021).

[3] Die Bezeichnung „Chor" ist dabei bewusst gewählt, um die Zusammengehörigkeit der beiden getrennten Feierräume zu *einer* Kirche zu unterstreichen; vgl. dazu die Selbstauskunft in: Ökumenisches Zentrum Lengfeld (s. Anm. 2).

zeichnet: „Wäre nicht die Buntfensterwand mit den Symbolen der vier Evangelisten – der Raum hätte ganz weltlichen Charakter." Demgegenüber schreibt sie zum katholischen Bereich:

> „Und so ist der Heilig-Kreuz-Chor mit 450 Plätzen nicht nur wesentlich größer – sondern hat eben auch ganz den Charakter einer Kirche. Hier brennt das Ewige Licht, hier ist alles auf den Altar hin ausgerichtet, hier gibt es einen Kreuzweg, Marienfiguren und Heilige. Und auf den Stufen vor dem Altar steht die Handglocke bereit – damit schellen die Ministranten bei der Wandlung. Typisch katholisch – noch heute."[4]

Wir setzen mit diesem journalistischen Beispiel ein, weil sich darin zwei Aspekte zeigen, die für die Frage dieses Beitrags nach konfessioneller Raumwahrnehmung und nach den Potenzialen ökumenischer Kirchenzentren grundlegend sind:

(1) Gemeinsame Kirchenzentren, die in einer ersten Phase als Folge des ökumenischen Aufbruchs durch das Zweite Vatikanische Konzil (1962–1965) und im Kontext evangelischer Kirchenreformüberlegungen vor allem in den 1970er- und 1980er-Jahren entstanden, sollten die Überwindung problematischer konfessioneller Spaltung baulich zum Ausdruck bringen, das Verbindende der Konfessionen betonen und die Verankerung von Kirche in ihrem sozialen Kontext stärken. Diese Linien werden vor allem durch die beiden Geistlichen auch gut 45 Jahre nach der Fertigstellung des ökumenischen Zentrums Lengfeld betont. Gleichzeitig aber bringt die Verbindung von zwei Konfessionen unter einem Dach auch die Frage nach den Unterschieden neu hervor. Für das Journalistenteam in seiner Suchbewegung kurz vor dem Reformationsjubiläum ist das *die* entscheidende Frage, wie auch der Titel des Zeitungstextes zeigt. Das Neben- und Miteinander der beiden Konfessionen lässt die Unterschiede deutlich hervortreten.

(2) Diese Unterschiede manifestieren sich in der Wahrnehmung der Presseleute einerseits in der grundlegenden Atmosphäre des Raumes, andererseits in „Kleinigkeiten", die sich mit seiner Nutzung verbinden. Der katholische Feierraum erscheint auf-

---

[4] Wörtliche Zitate aus: Natter, Was ist katholisch, was evangelisch? (s. Anm. 1).

grund seiner Ausrichtung auf den Altar, der Marien- und Heiligenfiguren und des Ewigen Lichts atmosphärisch als „Kirche"; genau dieses Etikett verwenden die Berichterstattenden nicht für den evangelischen Raum, der sich (bis auf die Fenstergestaltung) als allzu alltäglich erweise. Gleichzeitig nehmen sie die „Handglocke" wahr, die sie mit der typisch katholischen Weise, die Eucharistie zu feiern, verbinden.

Die Beobachtungen, die sich an dem Text der unterfränkischen Zeitung machen lassen, bestätigt auch Gerald Hagmann (* 1973) in seiner 2007 erschienenen Studie zu ökumenischen Gemeindezentren. Er schreibt: „Die ökumenische Zusammenarbeit bietet den beteiligten Kirchengemeinden nicht nur ökumenische (und auch ökonomische) Chancen, sondern sie eröffnet auch ökumenische Spannungsfelder."[5] Wo die Nachbarschaft unmittelbar ist, stelle sich die Frage nach Identität und Profil in besonderer Weise.[6]

Ökumenische Kirchen- und Gemeindezentren verbinden und trennen, fördern Kooperation, bringen u. U. aber auch Abgrenzungen neu hervor; sie zeigen, was eint und was noch immer unterscheidet. In dem so eröffneten Spannungsfeld fragen wir im Folgenden, ob und inwiefern sich von konfessionellen Raumwahrnehmungen sprechen lässt und welche Zeichen für fluide Gestaltung, Wahrnehmung und Nutzung sich zeigen; abschließend werden Potenziale ökumenischer Kirchenzentren profiliert.

2 Konfessionell geprägte Raumerfahrungen?

2.1 Architektursoziologische Differenzierungen

Räume, Gegenstände und deren Deutungen – die journalistische Perspektive auf das Lengfelder ökumenische Zentrum lässt sich in grundlegende Beschreibungen der Architektursoziologie einordnen, die uns als methodisches Raster der Wahrnehmung hilfreich erscheinen. Mit Rückgriff auf die drei zentralen Begriffe von Silke Steets

---

[5] G. Hagmann, Ökumenische Zusammenarbeit unter einem Dach. Eine Studie über evangelisch-katholische Kirchen- und Gemeindezentren (APrTh 32), Leipzig 2007, 81.

[6] Vgl. ebd.

(* 1973), die in materialitätstheoretischer Weiterführung der Arbeiten von Martina Löw (* 1965)[7] im Jahr 2015 Überlegungen zum „sinnhafte[n] Aufbau der gebauten Welt“[8] vorgelegt hat, lassen sich die Aspekte in diesem Abschnitt ordnen. Steets unterscheidet mit Blick auf die Konstruktion der Wirklichkeit durch den gebauten Raum im Anschluss an die Wissenssoziologie die Bereiche der *Externalisierung* als Prozess des Entwerfens und Bauens, der *Objektivation* als der suggestiven Wirkungen des material Gebauten und der *Internalisierung* als den vielfältigen Prozess der Aneignung und Nutzung. Architektursoziologisch betrachtet materialisieren sich[9] in Bauprozessen und in der Ausstattung von Kirchen Theorien, Konventionen und Selbstverständlichkeiten, etwa liturgietheologische und kirchentheoretische Konzeptionen.[10] Diese Räume präfigurieren andererseits durch ihre Materialität bestimmte körperliche Bewegungen und Wirkungen und eröffnen und beschränken damit implizit Möglichkeiten der Nutzung. Daraus – und aus ihren zeichenhaften und symbolischen Dimensionen – ergeben sich ebenfalls konfessionelle Spezifika, etwa liturgiepraktische Konventionen.[11] Schließlich werden Räume immer angeeignet und durch die Konstellation von Körpern und Gegenständen erst konstituiert. David Plüss (* 1964) beschreibt diesen Aspekt wie folgt:

---

[7] Vgl. M. Löw, Raumsoziologie (Stw 1506), Frankfurt a. M. 2001 [Neuausgabe: Berlin 2013].

[8] S. Steets, Der sinnhafte Aufbau der gebauten Welt. Eine Architektursoziologie (Stw 2139), Berlin 2015. Für einen Überblick über soziologische Materialitätsforschung in religionswissenschaftlicher Fokussierung vgl. U. Karstein, T. Schmidt-Lux, Die materiale Seite des Religiösen. Soziologische Perspektiven und Ausblicke, in: dies. (Hg.), Architekturen und Artefakte. Zur Materialität des Religiösen (Veröffentlichungen der Sektion Religionssoziologie der Deutschen Gesellschaft für Soziologie), Wiesbaden 2017, 3–22. Zum Verhältnis der beiden wichtigsten Ansätze – neben dem von Silke Steets auch der von Heike Delitz (* 1974) – zur Raumsoziologie vgl. J. Fischer, Gebaute Welt als schweres Kommunikationsmedium der Gesellschaft. Architektur und Religion aus architektursoziologischer Perspektive, in: ebd., 49–69.

[9] Zur Konstituierung des Sozialen im Medium der Architektur vgl. H. Delitz, Gebaute Gesellschaft. Architektur als Medium des Sozialen, Frankfurt a. M. 2010, 13.

[10] Vgl. dazu Abschnitt 2.3 in diesem Beitrag.

[11] Vgl. dazu Abschnitt 2.4 in diesem Beitrag.

> „Kirchenräume werden gestaltet durch das liturgische Verhalten der Pfarrerin, des Pfarrers und der Gemeinde. Sie erhalten ein Zentrum und eine Richtung, eine durch Gesten und Rituale hergestellte Kontur.“[12]

Neben der je aktuellen Praxis sind dafür auch Sozialisationsprozesse entscheidend.[13]

Kirchenräume sind in dieser Lesart Medien, die einen anderen Zugang zu konfessioneller Differenzierung erlauben als ein Fokus auf Bekenntnisse, organisationale Verbünde und theologische Argumentationen.[14] Sie sind nicht reduziert auf den, aber eng verbunden mit dem Gottesdienst, der in ritualtheoretischer Perspektive ebenso einen erweiterten Blick ermöglicht.[15] Diese architektursoziologische Differenzierung verhindert – auf die Fragestellung dieses Beitrags bezogen – allzu einseitige und lineare Konzepte einer vermeintlich „konfessionellen“ Raumerfahrung. Vielmehr wird deutlich, dass sich jede Raumerfahrung nur im komplexen Zusammenspiel von Externalisierung, Objektivation und Internalisierung ergibt – bzw. von Produktions-, Werk- und Rezeptionsästhetik, wie sich die dreifache Unterscheidung auch beschreiben ließe.

2.2 Konfessionalität zwischen Relativierung und bleibender Bedeutung

Damit gilt: Eine konfessionell geprägte Raumerfahrung, die „es gibt“, gibt es selbstverständlich nicht. Neben der architektursoziolo-

---

[12] D. Plüss, Kirchenräume zwischen Leiblichkeit und Heiligkeit, in: C. Sigrist (Hg.), Kirchen Macht Raum. Beiträge zu einer kontroversen Debatte, Zürich 2010, 39–44, hier: 42.

[13] Vgl. dazu Abschnitt 2.5 in diesem Beitrag.

[14] Vgl. dazu Steets, Der sinnhafte Aufbau der gebauten Welt (s. Anm. 8), 58: „Dinge und Gebäude sind das Ergebnis materiellen Handelns von Menschen. Sie sind jener Aspekt von Kultur, den man unmittelbar sinnlich wahrnehmen kann. Darin unterscheiden sie sich von Denkschemata, Institutionen und Sprache, also von Resultaten immateriellen menschlichen Handelns. Die Soziologie hat sich bislang meist mit Letzterem befasst, doch kann man guten Grundes davon ausgehen, dass materielle Kulturprodukte nicht minder bedeutsam sind für die gesellschaftlichen Zusammenhänge, in denen wir leben.“

[15] Vgl. J. C. Adam, A. Deeg, Transformationen des Lutherischen. Die Frage nach konfessioneller liturgischer Identität und ihrer gegenwärtigen Relevanz im deutsch-brasilianischen Dialog, in: KuD 68 (2022) [in Vorbereitung].

gisch bestimmbaren Komplexität des Phänomens „Raum" folgt dies auch aus dem nicht weniger komplexen Phänomen der „Konfessionalität". Der Begriff wurde erst im 19. Jahrhundert zur Bezeichnung „kirchliche[r] Absonderungen innerhalb des Christentums, die sich als eigenständige kirchliche Körperschaften organisieren"[16], geprägt. Im konfessionellen Zeitalter, wie es kirchengeschichtlich häufig bezeichnet wird, wurde vor allem mit dem Neuluthertum eine neue konfessionelle Größe hervorgebracht, die sich im Gegenüber zu den Kirchen der Union und den reformierten Kirchen theologisch bestimmte und in ihren Praktiken artikulierte (wozu vor allem die Feier des Gottesdienstes gehörte). Dabei wurde durchaus auch Wert auf die Sichtbarkeit des Konfessionellen gelegt, wobei – mit einer traditionellen Unterscheidung evangelischer Theologie – jede Ausprägung des Christentums lediglich als Kennzeichen der *ecclesia visibilis* zu bestimmen ist. Von ihr muss die *ecclesia invisibilis* als die „eine, heilige, christliche Kirche" unterschieden werden, die den pluralen Wirklichkeiten der Kirche als die wahre, aber nur eschatologisch verwirklichte Kirche gegenübersteht.[17]

Gegenwärtig verliert die Unterscheidung nach binnenchristlicher Konfessionalität generell an Bedeutung. So spielt die Wahrnehmung von Konfessionalität in gegenwärtigen Leittexten der Evangelischen Kirche in Deutschland (EKD) kaum eine Rolle. Im Gegenteil erscheint der Begriff „Konfessionalität" expressis verbis nur im fünften der im November 2020 von der Synode der EKD verabschiedeten „Zwölf Leitsätze zur Zukunft einer aufgeschlossenen Kirche"[18] – und dort als negative Folie: „In einer globalisierten Welt ist die weltweite Ökumene eine Gemeinschaft, die konfessionelle, kulturelle und nationale Grenzen überwindet." Umgekehrt heißt es: „Wir fördern neue Formen ökumenischer Gemeindearbeit bis hin zu öku-

[16] C. H. Ratschow, Konfession/Konfessionalität, in: TRE 19 (2000) 419–426, hier: 419.

[17] Zur Unterscheidung von sichtbarer und unsichtbarer Kirche vgl. U. Barth, Sichtbare und unsichtbare Kirche. Die Tragweite von Luthers ekklesiologischem Ansatz, in: ders., Kritischer Religionsdiskurs, Tübingen 2014, 1–51.

[18] EKD (Hg.), Hinaus ins Weite – Kirche auf gutem Grund. Zwölf Leitsätze zur Zukunft einer aufgeschlossenen Kirche. Mit Beschluss der 12. Synode der Evangelischen Kirche in Deutschland auf ihrer 7. Tagung am 9. November 2020, in: https://www.ekd.de/ekd_de/ds_doc/zwoelf_leitsaetze_zukunft_kirche_ES_2021.pdf (Zugriff: 1.7.2021).

menischen, mehrkonfessionellen Gemeinden." Die Begründung ist nicht zuletzt eine ökonomische: „Konfessionelle Alleingänge sind auf vielen Gebieten auch nicht mehr finanzierbar."[19] Die Perspektive in den Leitsätzen ist die einer evangelischen Kirche, die vor allem auf das ökumenische Miteinander zur katholischen Kirche und zu weiteren Konfessionen blickt und das Ziel einer „Einheit in versöhnter Verschiedenheit"[20] verfolgt. Was sie als evangelische Kirche dabei ausmacht, ist ihr „reformatorisches Profil"[21]. Konfessionalität erscheint vor diesem Hintergrund als Kennzeichen problematischer Abgrenzung und mangelnder Weltoffenheit, aber letztlich auch defizitärer Einsicht in die realen kirchlichen Herausforderungen (einschließlich der finanziellen Situation). Angesichts zunehmender Säkularisierung – im Jahr 2019 lebten in Deutschland ca. 27,1 Prozent Katholik(inn)en, 24,9 Prozent Evangelische, 5,2 Prozent konfessionsgebundene Muslim(inn)e(n) und 38,8 Prozent Konfessionslose[22] – und der Abbrüche konfessioneller Milieus – 2019 waren unter den evangelischen Trauungen nur 52 Prozent und unter katholischen Trauungen nur 63 Prozent konfessionshomogen[23] – erscheint dies letztlich konsequent und die Frage nach konfessioneller Identität für viele als eine eigentümlich sinnlose bzw. mindestens rückwärtsgewandte Frage.

Andererseits aber bedarf, so meinen wir, diese Relativierung des Konfessionellen der Korrektur, um empirische Wahrnehmungen beschreibbar zu halten. Gelebte Religion findet sich in individuellen und sozialen Praktiken, in Einstellungen und Haltungen, Überzeugungen und Werten. Dafür steht noch immer das vielfach verwende-

---

[19] Wörtliche Zitate aus: ebd., 21.

[20] Ebd.

[21] Ebd.

[22] Vgl. Religionszugehörigkeiten 2019, Meldung der Forschungsgruppe Weltanschauungen in Deutschland (fowid) vom 12. August 2020, in: https://fowid.de/meldung/religionszugehoerigkeiten-2019 (Zugriff: 1.7.2021).

[23] Vgl. Eheschließungen und katholische Trauungen nach Konfessions- bzw. Religionszugehörigkeit der Partner in Deutschland 1920–2019, in: https://www.dbk.de/fileadmin/redaktion/Zahlen und Fakten/Kirchliche Statistik/Katholische Trauungen nach Konfessions- bzw. Religionszugehoerigkeit der Partner in der Bundesrepublik Deutschland/2019-Ehen-Trauungen-Konfession_1920-2019.pdf (Zugriff: 1.7.2021); Die Äußerungen des kirchlichen Lebens im Jahr 2019 (Juni 2019), in: https://www.ekd.de/ekd_de/ds_doc/kirch_leben_2019.pdf (Zugriff: 1.7.2021), 14f.

te religionsphänomenologische Modell von Charles Y. Glock (1919–2018) aus den 1950er-Jahren.[24] Glock unterscheidet fünf Dimensionen: die ritualistische, die ideologische (bekenntnishafte), die intellektuelle sowie die Dimensionen religiöser Erfahrung und religiöser Überzeugungen. In zahlreichen empirischen Studien wurde dieses Modell aufgenommen – und immer wieder auch modifiziert.[25] Besonders die Feier von Gottesdiensten und auch die Räume, in denen diese stattfinden, prägen Identität, wie etwa Albert Gerhards (* 1951) betont.[26] In diese Richtung argumentiert auch ein Thesenpapier der Vereinigten Evangelisch-Lutherischen Kirche in Deutschland (VELKD) aus dem Jahr 2014, das sich der Frage nach „Evangelisch-lutherische[r] liturgische[r] Identität“[27] widmete. Darin heißt es:

> „Im Dialog der Konfessionen stehen sich […] nicht jeweils substanzhaft definierte Identitäten gegenüber, sondern lebendige und bewegliche Mischformen aus historisch Gewordenem, ideell Bestimmbarem, unbewusst Wichtigem und persönlich Geprägtem. Dies macht die Schwierigkeit und den Reiz einer liturgischen Arbeit aus, die das *Konfessionelle* nicht als vermeintlich überwundene Größe negiert, sondern bewusst und reflektiert ins Spiel bringt.“[28]

Die Überlegungen hat in den vergangenen Jahren vor allem der inzwischen emeritierte Neuendettelsauer Praktische Theologe Klaus Raschzok (* 1954) weitergeführt.[29] Unter anderem spricht er von

---

[24] Vgl. C. Y. Glock, Toward a Typology of Religious Orientation, New York 1954.

[25] Vgl. etwa J.-G. Vaillancourt, From Five To Ten Dimensions of Religion. Charles Y. Glock's Dimensions of Religiosity Revisited, in: Australian Religious Studies Review 21 (2008) 58–69.

[26] Vgl. A. Gerhards, Raum und Identität, in: S. Kopp, S. Wahle (Hg.), Nicht wie Außenstehende und stumme Zuschauer. Liturgie – Identität – Partizipation (Kirche in Zeiten der Veränderung 7), Freiburg i. Br. 2021, 215–232.

[27] VELKD (Hg.), Evangelisch-lutherische liturgische Identität (TVELKD 169), Hannover 2014 [https://www.velkd.de/publikationen/download.php?82aa4b0af34c2313a562076992e50aa3 (Zugriff: 1.7.2021)].

[28] Ebd., 10 [Hervorhebung im Original].

[29] Vgl. K. Raschzok, Lutherische liturgische Identität. Zur Frage einer konfessionskulturellen gottesdienstlichen Wahrnehmungsperspektive, in: ders., Lutherische liturgische Identität. Zur Phänomenologie des liturgisch-räumlichen Erlebens, Leipzig 2020, 15–57, bes. 51.

„gottesdienstliche[n] Atmosphäre[n]“, die er immer wieder durch materielle Konkretionen bestimmt sieht – wie etwa *vasa sacra*,[30] liturgische Gewänder[31] oder Paramente.[32] Die Suche nach konfessionellen Logiken mit Blick auf Räume und Gegenstände anzulegen, kann diese differenzierte Bewegung weiterführen.

2.3 Externalisierung: konfessionelle Prägung der Sakralarchitektur und Ausstattung

Es wäre überaus lohnend, der Frage nach einer konfessionellen Prägung der Raumwahrnehmung in historischen Tiefenbohrungen der Architekturgeschichte nachzugehen, um so näher zu bestimmen, wo und wie sich in bestimmten Kontexten konfessionelle Differenzierungen „zeigen“. Wir stellen lediglich vier Schlaglichter vor, die uns in dieser Hinsicht bedeutsam erscheinen.

(1) Die Einführung der Reformation vollzog sich zunächst weitgehend in vorhandenen Kirchengebäuden. „Evangelischer“ Kirchenbau war also zunächst vor allem ein Produkt von Umräumen und Umbauen. Dabei zeigt sich konfessionelle Pluralität, die seit dem 16. Jahrhundert ein Kennzeichen der Kirchen der Reformation selbst ist, auch in unterschiedlicher Raumgestaltung – insbesondere im Hinblick auf den lutherisch-reformierten Unterschied.[33] Das Anlie-

---

[30] Vgl. K. Raschzok, Sehen und Berühren. Die Vasa Sacra der Nürnberger St. Lorenzkirche, in: ders., Lutherische liturgische Identität (s. Anm. 29), 297–306.

[31] Vgl. K. Raschzok, In-vestition – Liturgische Gewänder im evangelischen Gottesdienst, in: ders., Lutherische liturgische Identität (s. Anm. 29), 307–314; ders., Textiler „Klassiker“. 200 Jahre Talar mit Beffchen als Identitätssymbol des Protestantismus, in: ebd., 315–332.

[32] Vgl. K. Raschzok, Im „Dunkel der Unwissenheit“. Die Anfänge des lutherischen Paramentenwesens bei Wilhelm Löhe und dem Niedersächsischen Paramentenverein, in: ders., Lutherische liturgische Identität (s. Anm. 29), 343–361.

[33] Bereits 1522 hatte Martin Luther (1483–1546) in seinen Invokavit-Predigten gegen die Bilderstürmer in Wittenberg Stellung bezogen und vor einer Überbewertung des „Äußerlichen“ gewarnt. Wie die „Päpstlichen“ sich an die Bilder klammerten und damit ihren Glauben an das Äußere binden würden, so würde auch der Bildersturm der „Schwärmer“ zu einem Versuch der Verankerung des Glaubens in der äußeren Evidenz führen. Dieses Argument führt Luther vor allem in seiner Schrift „Wider die himmlischen Propheten. Von den Bildern und Sakrament“ (1525) vor Augen (vgl. WA 18, 37–214). Darin schreibt er: „Sie brechen beyde die Christliche freyheyt und sind beyde widderchristlich, Aber der

gen der Schweizer Reformation, das gottesdienstliche Geschehen auf das Hören des Wortes zu konzentrieren, von dem nichts Äußeres ablenken sollte, führte zur Entfernung

> „aller Ausstattungsstücke, die dem alten Ritus dienten, wie Hauptaltar, Nebenaltäre, Andachtsbilder, Kerzen [...]. Bilder, die mit dem Mauerwerk verbunden waren, wurden übertüncht, Skulpturen abgeschlagen, jedoch nur zum Teil. [...] Durch diese Massnahmen erhielten die Kirchen ein neues Erscheinungsbild."[34]

Das Leerräumen der „äußeren Bühne" sollte die „innere Bühne" der individuellen liturgischen Partizipation eröffnen. Die Konzentration auf das Wort bedeutete zudem eine neue Orientierung der Kirchen:

> „Während die mittelalterlichen Kirchen auf den Chor ausgerichtet waren, hat man die reformierten Kirchen mit Bänken ausgestattet, die man in drei Blöcken auf die Kanzel ausrichtete, die sich in der Regel [...] an einer der Seitenschiffwände befand."[35]

Häufig wurde vor der Kanzel der Taufstein platziert, der mit einer Platte abgedeckt gleichzeitig zum Abendmahlstisch wurde. Johannes Stückelberger (* 1958) schreibt dazu: „Dieses Ausstattungsstück mit seiner doppelten liturgischen Funktion ist typisch reformiert."[36] In späteren Jahrhunderten waren reformierte Neubauten dann häufig Saalkirchen ohne Chor.

Demgegenüber wurden die veränderten Lehren in der lutherischen Reformation weit weniger konsequent in architektonische Neugestaltungen übertragen. Die größere Wertschätzung der Tradition sowie der äußeren Materialität, wie sie sich prominent in der Abendmahlstheologie zeigt, ermöglichte die gottesdienstliche Feier in lediglich geringfügig umgestalteten Räumen. Seiten- und Nebenaltäre wurden entfernt, keineswegs aber der Hauptaltar im Chorraum; die meisten Statuen und Bilder blieben erhalten. Es mangelt

---

Bapst thuts durch gepot, D. Carlstad durch verbot, Der Bapst heysst thun, D. Carlstadt heyst lassen [...]" (WA 18, 111, 14–16).

[34] J. Stückelberger, Raum und Bild als Elemente des reformierten Gottesdienstes, in: D. Plüss u. a. (Hg.), Gottesdienst in der reformierten Kirche. Einführung und Perspektiven (Praktische Theologie im reformierten Kontext 15), Zürich 2017, 375–389, hier: 379.

[35] Ebd.

[36] Ebd.

an Quellen, um unterschiedliche Raumerfahrungen historisch belegen zu können, aber es ist doch anzunehmen, dass lutherische Christ(inn)en reformierte Kirchenräume als mindestens ebenso fremd wie oder gar fremder als katholische empfinden konnten.

(2) Der Einbau von Bänken wurde mit Blick auf den reformierten Kirchenbau bereits erwähnt, er kann aber als gemeinreformatorisches Phänomen gelten. Das Sitzen in Bänken sollte die Konzentration auf die Predigt erleichtern, die im evangelischen Kontext zum wesentlichen Ort für die Verkündigung „des Wortes" wurde. In den menschlichen Worten der Bibel und der Auslegung erwarteten die Reformatoren immer neu, dass Gott selbst spricht, Glaube weckt und die Kirche hervorbringt.[37] Für die Predigt wurden die Kanzeln genutzt bzw., wo sie noch nicht vorhanden waren, neue Kanzeln eingebaut. Der katholische Theologe Alex Stock (1937–2016) spricht an dieser Stelle von der Schaffung eines „protestantische[n] Hörsaal[s] des Wortes Gottes"[38] und von einer „stärkere[n] Disziplinierung"[39] der Gemeinde. Damit hat er zweifellos einen Aspekt der neuen Raumwirkung richtig beschrieben. Allerdings wurden in Predigerkirchen bereits im 15. Jahrhundert Bänke eingeführt, sodass sie keine Erfindung der Reformation sind. Ab dem 16. Jahrhundert wurden sie auch in katholischen Sakralräumen zunehmend üblich.[40]

In lutherischen Kirchen ergab sich durch die Einführung der Bänke eine nicht unproblematische Raumantinomie: Kanzel und Altar, Wort und Sakrament waren im liturgischen Geschehen gleichermaßen bedeutsam. Da der Altar im Chor erhalten blieb, die Kanzel aber häufig an einer Säule im Langhaus positioniert war, wurde in den Raum eine Spannung eingezeichnet. Teilweise wurde sie dadurch aufgelöst, dass der Altar versetzt und in der Nähe der Kanzel positioniert wurde (wodurch sich eine Raumanordnung ergab, die vielen reformierten Kirchen entspricht). Teilweise wurden im vorderen Teil des Kirchenschiffs Bänke mit klappbar verstellbaren Lehnen eingeführt, die eine Ausrichtung auf Altar bzw. Kanzel ermög-

---

[37] Vgl. bes. Confessio Augustana (CA) V und VII, in: https://www.velkd.de/theologie/augsburger-bekenntnis.php (Zugriff: 1.7.2021).

[38] A. Stock, Poetische Dogmatik. Ekklesiologie. 1. Raum, Paderborn 2014, 63.

[39] Ebd., 116.

[40] Vgl. R. Berger, Gestühl (Kirchenbänke), in: ders., Pastoralliturgisches Handlexikon, Freiburg i. Br. [3]2005, 174.

lichten. In der Barockzeit wurde als typisch lutherische Raumlösung der Kanzelaltar entwickelt. In historistischen Neubauprogrammen des 19. Jahrhunderts etablierte sich dann für Längskirchen das Konzept, die Kanzel am Eingang zum Chorraum zu platzieren. Kanzelaltar und die Kanzel am Chorbogen schufen die Voraussetzung für eine einheitliche Ausrichtung der Gemeinde in der longitudinalen Achse „nach vorne".

(3) Erst im 19. Jahrhundert verschob sich der Akzent vom Um- zum Neubau, verbunden mit Aushandlungsprozessen im Rahmen eines sich etablierenden und in Architektur- und Kunstvereinen institutionalisierenden Bürgertums.[41] Der Historismus jener Zeit führte zu Annäherungen in den Bauprogrammen von Kirchen im deutschsprachigen Bereich.[42] Katholische, evangelisch-lutherische, evangelisch-unierte und sogar reformierte Kirchenneubauten orientierten sich an mittelalterlichen Vorgaben – vor allem an der Gotik. Im Hinblick auf die gegenwärtige Raumwahrnehmung erscheint uns die Prägekraft des Historismus wesentlich. Normative Bilder davon, wie eine Kirche auszusehen habe, werden auch durch die Bauten dieser Zeit geprägt – ein Aspekt, der konfessionelle Differenzierungen in ihrer Bedeutung relativiert. Zugleich wurden in den Bauprogrammen des 19. Jahrhunderts auch konfessionelle Selbstverständnisse verhandelt. Gerade das 1861 beschlossene „Eisenacher Regulativ", das den „Anschluss an einen der geschichtlich entwickelten *christlichen Baustile*" sucht und dafür „in der Grundform des länglichen Vierecks neben der altchristlichen Basilika und der sogenannten romanischen (vorgotischen) Bauart vorzugsweise den sogenannten germanischen (gotischen) Styl" empfiehlt,[43] wird in der Einbringungsrede durch Carl Grüneisen (1802–1878) mit dem Ziel des evangelischen Charakters eines Kirchenbaus verbun-

---

[41] Vgl. M. Marek u. a., Von der Künstlerschöpfung zum multiauktorialen Werk. Großstädtischer Kirchenbau und der Wandel des Architekturbegriffs in der Ära der Modernisierung, in: Denkströme. Journal der Sächsischen Akademie der Wissenschaften 9 (2012) 44–78.

[42] Vgl. S. Lieb, Himmelwärts. Geschichte des Kirchenbaus von der Spätantike bis heute, Berlin 2018, 128–132.

[43] Wörtliche Zitate aus: Regulativ für den Evangelischen Kirchenbau, Eisenach 1961, abgedruckt in: G. Langmaack, Evangelischer Kirchenbau im 19. und 20. Jahrhundert. Geschichte – Dokumentation – Synopse, Kassel 1971, 272–274, hier: 272 [Hervorhebung im Original].

den.[44] Demgegenüber profiliert sich auch das für den Zentralbau votierende „Wiesbadener Programm“ unter Rückgriff auf protestantisches Selbstverständnis und dessen Gemeindebetonung.[45]

(4) Eine weitere Annäherung lässt sich zwischen evangelischem und katholischem Kirchenbau im 20. Jahrhundert beobachten, die mit den Liturgischen Bewegungen und dem Zweiten Vatikanischen Konzil in Verbindung steht. Die Einsicht in die Bedeutung der *participatio actuosa* der Gemeinde im liturgischen Geschehen, der Gemeinschaft der Feiernden, des dialektischen In- und Miteinanders von Wort und Sakrament begegnet im evangelischen wie katholischen Kontext und materialisiert sich in zentralisierenden Formen. Der Kirchenbau der Moderne verabschiedet sich sukzessive von konfessionellen Leitideen und sucht gegenüber kirchlicher Regulierung die künstlerische Autonomie.[46] Material, Grundrisse, Gestaltungsformen lassen sich nicht konfessionell aufteilen, wenngleich es unter den bekanntesten Architekt(inn)en von Otto Bartning (1883–1959) bis zur Böhm-Familie durchaus konfessionelle Affinitäten gibt.

Auch die Idee zum Bau von Kirchen- bzw. Gemeindezentren findet sich in katholischem wie evangelischem Kontext und führt früh zur Errichtung ökumenischer Komplexe. Diese Annäherung mit Blick auf den Kirchenbau geht auch mit einer wechselseitigen Annäherung bezüglich der liturgischen Praxis einher. Es lasse sich feststellen, so das katholisch-evangelische Autorenteam Alexander Deeg (* 1972), Erich Garhammer (* 1951), Benedikt Kranemann (* 1959) und Michael Meyer-Blanck (* 1954), „dass trotz der weiter bestehenden Trennung der beiden großen Kirchen der evangelische Gottesdienst katholischer und der katholische evangelischer wurde“[47].

---

[44] Vgl. S. Keller, Kirchengebäude in urbanen Gebieten. Wahrnehmung – Deutung – Umnutzung in praktisch-theologischer Perspektive (PThW 19), Berlin – Boston 2016, 167.

[45] Vgl. Marek u. a., Von der Künstlerschöpfung zum multiauktorialen Werk (s. Anm. 41), 64.

[46] Vgl. T. Erne, Hybride Räume der Transzendenz. Wozu wir heute noch Kirchen brauchen. Studien zu einer postsäkularen Theorie des Kirchenbaus, Leipzig 2017, 14.

[47] A. Deeg u. a., Vorwort, in: dies. (Hg.), Gottesdienst und Predigt – evangelisch und katholisch (Evangelisch-katholische Studien zu Gottesdienst und Predigt 1), Neukirchen-Vluyn – Würzburg 2014, 5–7, hier: 5.

Aspekte, die traditionell als typisch katholisch bzw. typisch evangelisch angesehen werden, verlieren ihre Prägekraft.

Zusammenfassend lassen sich im historischen Rückblick auf den Kirchenbau als Externalisierung erstens Charakteristika konfessioneller Differenz wahrnehmen (anhand unterschiedlicher, auch innerprotestantischer Trennlinien, mit Blick auf bestimmte Anordnungen von Bänken und Kanzeln oder auf prägende Architekt[inn]en), zweitens angleichende Bewegungen, besonders in der Geschichte des Sakralbaus im 19. und 20. Jahrhundert, und drittens Differenzen in den Bauformen, die quer zu konfessionellen Differenzen laufen, wie etwa im Unterschied von Längsbau und Zentral-/Querbau. Im Hinblick auf die Geschichte ist schließlich aber auch zu betonen: Gerade Kirchengebäude materialisieren sich als „permanente Überlagerung der Bedeutungsschichten“[48], werden über Jahrhunderte immer wieder umgebaut, umgeräumt und neu eingerichtet. Eine eindeutige konfessionelle Lesbarkeit wird durch diese Komplexität deutlich begrenzt.

2.4 Objektivationen: Raum und Ausstattung mit Blick auf konfessionell geprägte liturgische Traditionen

In seiner Studie widmet sich Gerald Hagmann ausführlich dem gemeinsamen Kirchenzentrum Meschede-Gartenstadt, das 1976 geweiht wurde.[49] Die Idee in der Planung war es, *einen* Kirchenraum für die gemeinsame Nutzung zu schaffen, was sich in der Realisierung als nicht leicht erwies. Die pragmatische Lösung bestand schließlich darin, einen katholischen Raum einzurichten, der von der evangelischen Gemeinde mitgenutzt wird.[50] In der St.-Franziskus-Kirche wird versucht, die Anzahl der „Einrichtungsgegenstände“, die nur von einer Konfession genutzt werden, zu minimieren.

[48] Steets, Der sinnhafte Aufbau der gebauten Welt (s. Anm. 8), 249.

[49] Vgl. Hagmann, Ökumenische Zusammenarbeit unter einem Dach (s. Anm. 5), 100–143; Binaghi, Ökumenische Kirchenzentren (s. Anm. 2), CD-Dokumentation, 26; S. Kopp, Gemeinsam leben – gemeinsam beten – gemeinsam bauen. Ökumenische Kirchenzentren im Erzbistum Paderborn, in: Cath(M) 74 (2020) 203–217, hier: 205–210.

[50] Vgl. Hagmann, Ökumenische Zusammenarbeit unter einem Dach (s. Anm. 5), 122f.; speziell zu den Spannungen, die sich bereits bei der Gestaltung der Kirchweihe zeigten: ebd., 125f.

> „Während Tabernakel, Weihwasserkessel und Kniebänke wie auch eine Liedertafel zur Projektion von Liedern zwar in zurückhaltender Erscheinung, aber fest installiert sind, haben eine Marienstatue, der Beichtstuhl sowie ein Aspersorium ihren Ort in einem Nebenraum."[51]

Für die konfessionelle Raumwahrnehmung prägend erscheinen hier vor allem Ausstattungsgegenstände, die auf eine bestimmte liturgische Praxis verweisen: Kniebänke, Marienstatue, Tabernakel. Die Kniebank veranschaulicht dabei gut, was Silke Steets unter der materiellen Dimension von Objektivationen versteht: Architektur und Ausstattungselemente haben eine Soll-Suggestion (Arnold Gehlen), zuweilen sogar eine zwingende Wirkung auf Bewegungen und Blicke.

> „Zur unhinterfragten Gewissheit werden sie für uns erstens, wenn wir in Form von Körpertechniken einen gekonnten Umgang mit ihnen entwickeln, das heißt, wenn sie so selbstverständlich für uns werden, dass wir nicht mehr über Teile von ihnen stolpern, und zweitens, wenn wir uns in ihnen wohlfühlen, wenn unser Aufenthalt in ihnen für uns stimmig ist."[52]

Die Erfahrung konfessioneller Differenz in Kirchenräumen – so lässt sich entsprechend vermuten – ist daher wesentlich von Vollzügen des Körpers bzw. Leibs geprägt. Evangelisch geprägt erkennt man eine katholische Kirche als solche, wenn die Füße beim Niederlassen in der Bank über die Kniemöglichkeit „stolpern", und umgekehrt wird eine evangelische Kirche über die Lücke an dieser Stelle erfahrbar. Es ist daher nicht verwunderlich, dass in den wenigen vorhandenen Hinweisen in empirischen Studien auf konfessionelle Prägungen von Raumerfahrung die Gegenstände eine besondere Rolle spielen. Unten wird sich jedoch auch zeigen, dass die sich anlagern-

---

[51] Ebd., 107. Zu typischen Kennzeichen evangelischer bzw. katholischer Kirchen vgl. auch K. Raschzok, „... geöffnet, für alle übrigens" (Heinrich Böll). Evangelische Kirchenbauten im Spannungsfeld von Kirche und Gesellschaft, in: H. Kerner (Hg.), Lebensraum Kirchenraum. Das Heilige und das Profane, Leipzig 2008, 17–36, bes. 22f. Raschzok erwähnt Tabernakel, Priestersitz, Reliquien, Weihwasserbecken, Liedprojektoren als Kennzeichen katholischer Kirchen. Für evangelische Kirchen führt er die Bedeutung der Kanzel und Liedanstecktafeln an.

[52] Steets, Der sinnhafte Aufbau der gebauten Welt (s. Anm. 8), 183.

den Praktiken, die faktische Nutzung, dabei nicht zu vernachlässigen sind.

Neben der materiellen Dimension zeichnen sich Objektivationen Steets zufolge auch durch die Dimensionen der Zeichenhaftigkeit und der Symbolhaftigkeit aus. Letzteres zeigt sich, nebenbei bemerkt, dezidiert an den Irritationen, die durch Umnutzungen von Kirchengebäuden entstehen können.[53] Mit Zeichenhaftigkeit ist grundlegend auf die Möglichkeit verwiesen, ein Gebäude als Ausdruck eines spezifischen Gebäudetypus zu „lesen".[54] Diese Kompetenz erwerben wir im Laufe unseres Lebens, so wie wir auch Sprache erlernen. In der Allensbach-Studie zu Kirchenräumen zeigt sich, dass dafür zum einen die persönlichen Erfahrungen mit einer Kirche in der Kindheit wichtig sind, zum anderen aber auch herausgehobene, berühmte Kirchengebäude. Diese zeichnen auch konfessionelle Wahrnehmungsmuster vor, wie folgendes Zitat zeigt:

> „Bei dem Berliner Dom hatte ich von außen das Gefühl, es müsse eine katholische Kirche sein, und ich konnte es gar nicht fassen, dass sie evangelisch ist. Das hat mich fasziniert. Dieser wuchtige Eindruck, und das in Berlin!"[55]

Gebäude wie der Kölner Dom oder die Frauenkirche in Dresden werden in der gesellschaftlichen Wahrnehmung durchaus als konfessionelle Wahrzeichen profiliert und prägen damit auch die Zuschreibungen an eine evangelische oder katholische Kirche.

Ein letzter Bereich empirischer Ergebnisse sei in diesem Abschnitt noch benannt, der sich mit einer grundlegenden Verschiebung im Bereich evangelischer Kirchennutzung verbindet. Ließ sich – wie zuweilen zugespitzt formuliert wird – vor einigen Jahren eine evangelische Kirche wesentlich daran erkennen, dass sie jenseits des Gottesdienstes verschlossen ist, hat sich auch in diesen eine individuelle Nutzung des Kirchenraumes etabliert. Zertifizierungsprogramme

---

[53] Vgl. ebd., 196–199.

[54] Vgl. ebd., 184f.

[55] Institut für Demoskopie Allensbach, Reaktion der Bevölkerung auf die Umwidmung von Sakralbauten, Allensbach 2009, in: https://www.ifd-allensbach.de/fileadmin/studien/7442_Sakralbauten.pdf (Zugriff: 1.7.2021), 41. Fast die Hälfte derjenigen, die eine Lieblingskirche benennen können, lokalisiert diese weder am Ort noch im näheren Umfeld (vgl. ebd., 40).

weisen verlässlich geöffnete Kirchengebäude aus und suchen darüber auch den Anschluss an touristisches Marketing. Kirchenräume sind damit konfessionsübergreifend nicht nur Orte des Gottesdienstes, sondern auch der persönlichen Andacht und Besinnung, kulturhistorischer Information und des ästhetischen und touristischen Erlebnisses.[56] Die Folgen eines evangelischen Sakralraumverständnisses, das die Bedeutung von Kirchengebäuden auf die zum Gottesdienst versammelte Gemeinde begrenzt,[57] zeigt aber noch immer Spuren in empirischen Studien: So schreiben evangelische Befragte in der Studie von Anna Körs dem Gebäude eine höhere kirchlich-gemeindliche Bedeutung zu als katholische.[58] In der Studie zu Citykirchen-Besucher(inne)n lag die Erwartung der evangelischen Befragten mit Blick auf ein gottesdienstliches Angebot deutlich höher als das von Mitgliedern anderer Konfessionen, die Erwartung an einen Andachtsraum für stilles Gebet dagegen niedriger.[59] In einer Befragung an drei sächsischen Kirchen mit hohem kulturtouristischem Wert findet Jan Behrens (* 1973) eine höhere Relevanz von religiösen Motiven (u. a. Kerze, Stille, Beten, Gedenken) unter katholischen Befragten, während evangelische Befragte kulturelle Motive (u. a. Kunstwerke, Architektur, Musik, Atmosphäre) stärker bejahen.[60] Auch in der Kirchenraum-Studie des Allensbach-Instituts findet das Motivbündel historischen Interesses an Kirchen unter Evangelischen eine deutlich höhere Zustimmung; allerdings zeigen sich hier kaum Differenzen in den Bereichen religiös motivierter Affinität oder dem Besuch von Kirchenräumen als positives Kontrast-

---

56 Vgl. dazu Raschzok, „… geöffnet, für alle übrigens" (Heinrich Böll) (s. Anm. 51), 17–36; Gerhards, Raum und Identität (s. Anm. 26), 223–225; Erne, Hybride Räume der Transzendenz (s. Anm. 46).

57 Vgl. M. Gigl, Sakralbauten. Bedeutung und Funktion in säkularer Gesellschaft (Kirche in Zeiten der Veränderung 3), Freiburg i. Br. 2020, 110–112; Keller, Kirchengebäude in urbanen Gebieten (s. Anm. 44), 101–110.

58 Vgl. A. Körs, Gesellschaftliche Bedeutung von Kirchenräumen. Eine raumsoziologische Studie zur Besucherperspektive, Wiesbaden 2012, 331.

59 Vgl. H. Rebenstorf u. a. (Hg.), Citykirchen und Tourismus. Soziologisch-theologische Studien zwischen Berlin und Zürich, Leipzig 2018, 83, Abb. II/16.

60 Vgl. J. Behrens, Kirchenbauten als touristische Attraktionen. Werte und Zahlungsbereitschaften im Kirchentourismus [Diss. masch.], Dresden 2014, in: https://tud.qucosa.de/api/qucosa %3A28108/attachment/ATT-0 (Zugriff 1.7.2021), 135f.

erlebnis.[61] Die genannten Studien zeigen auf der anderen Seite eine Fülle weiterer Einflussfaktoren und eine große Weite von Praktiken im Raum sowie von Motiven für dessen Besuch. Konfessionelle Differenzen werden darin wiederum relativiert.

2.5 Internalisierung: Aneignungsprozesse

Mit Internalisierung sind bei Steets Prozesse der Aneignung und Nutzung bezeichnet. Dabei spielen zum einen Sozialisationsprozesse eine wesentliche Rolle, zum anderen findet Internalisierung immer im Wechselspiel mit erneuter Externalisierung, Umgestaltung und Veränderung statt.[62]

Hanns Kerner (* 1950) zeigt in der Auswertung einer groß angelegten qualitativen Studie des Nürnberger Gottesdienstinstituts grundlegend den Zusammenhang von Kirchenraum und Liturgieerleben sowie die große Bedeutung, die die „eigene" Kirche für die befragten evangelisch Getauften spielt. Im Hinblick auf Kirchen, die Evangelische eher nicht schätzen, schreibt Kerner:

> „In zwei Beurteilungen sind sich die evangelisch Getauften einig, sofern es nicht ihre eigene Kirche ist. Sie urteilen zum einen abwertend über moderne Kirchen. Sie sprechen in diesem Zusammenhang zumeist von Kühle und Nüchternheit und ‚Beton pur' schreckt besonders ab. Manche Architektur wird schlicht nur als seltsam abgetan. Durchgängig wird zum Ausdruck gebracht, dass man sich in diesen Kirchen nicht wohlfühlen kann. […] Das zweite, worin weitgehende Einigkeit besteht, sind die Barockkirchen. Auch hier wird oft beklagt, dass diese überladen sind. Es stört das ‚bombastische'. Das ist scheinbar etwas für Katholiken und gegen das protestantische Empfinden."[63]

---

[61] Zu den konfessionellen Differenzen vgl. die Tabellen in: Institut für Demoskopie Allensbach, Reaktion der Bevölkerung auf die Umwidmung von Sakralbauten (s. Anm. 55), 19.22.26.

[62] Vgl. Steets, Der sinnhafte Aufbau der gebauten Welt (s. Anm. 8), 210–217. 241–244.

[63] H. Kerner, Lebensraum Kirchenraum. Wahrnehmungen aus einer neuen empirischen Untersuchung unter evangelisch Getauften, in: ders. (Hg.), Lebensraum Kirchenraum (s. Anm. 51), 7–15.

Die Untersuchung Kerners zeigt, dass Raumerfahrung immer individuell geprägt ist. Es gibt auch evangelische Liebhaber(innen) von Barockkirchen – vor allem dann, wenn sie selbst in und mit einer solchen Kirche sozialisiert wurden und sie als ihre „eigene" wahrnehmen.[64] Konfessionelle Zuschreibungen erscheinen dann wesentlich biografisch geprägt. Im Fall der Untersuchung Kerners lässt sich etwa fragen, ob hier auch eine spezifisch bayerische Wahrnehmung vorliegt, wo Evangelische in vielen Landesteilen inmitten einer mehrheitlich katholischen Bevölkerung leben und es zahlreiche (neo-)barocke Kirchen gibt. Auch in der Allensbach-Studie zeigt sich in vielen Interviewausschnitten die hohe emotionale Bedeutung des (aus der Kindheit) vertrauten Kirchengebäudes, etwa hier:

> „Die Kirche aus meiner Kindheit war unsere alte Kirche. Sie hatte für mich etwas Einmaliges, etwas Heiliges. Der Altarraum, der durch die Kommunionbank abgetrennt war, versprühte mit dem Altar und dem alten, ja dem sehr alten Pfarrer etwas Göttliches auf mich. Diese Aura wurde mit der neuen Kirche durchbrochen. Sie war sehr nüchtern, aber in den Augen des neuen Pfarrers, ja auch nach dem damaligen Zeitgeist sehr modern."[65]

Die Differenz läuft hier zwischen altem und neuem Gebäude, eine Fremdheitserfahrung, die sich auch in der von Kerner beschriebenen Abneigung gegen moderne Kirche zeigen kann. Steets betont die Bedeutung der Primärsozialisation mit Blick auf Gebäude:

> „Auch im Erwachsenenalter wird mir die erste aller Welten, die Welt meiner Kindheit, eine besondere Welt sein, eine, die mich noch immer mit Selbstverständlichkeiten ausstattet und zu der ich eine starke emotionale Bindung habe, die positiv wie negativ sein kann."[66]

---

[64] Oder wenn eine barocke Kirche eine hohe gesellschaftliche Symbolkraft hat, wie an der hohen Spendenbereitschaft für den Wiederaufbau der Frauenkirche in Dresden zu sehen war. – Vgl. dazu Abschnitt 2.4 in diesem Beitrag.

[65] Ausschnitt eines Gesprächs mit einem katholischen Befragten, in: Institut für Demoskopie Allensbach, Reaktion der Bevölkerung auf die Umwidmung von Sakralbauten (s. Anm. 55), 13.

[66] Steets, Der sinnhafte Aufbau der gebauten Welt (s. Anm. 8), 243.

Darüber hinaus prägen ganz offensichtlich auch die realen, erlebten Räume die Vorstellung von Differenz. Gerade ökumenische Kirchenzentren fordern immer wieder zu einer Wahrnehmung des „Eigenen“ und zu einer Abgrenzung von dem „Anderen“ heraus. Marta Binaghi (* 1980) stellt in ihrer Untersuchung mit dem bezeichnenden Titel „Ökumenische Kirchenzentren: Bild der Einheit oder Spiegel der Trennung?“ fest:

> „Trotz aller Ähnlichkeiten, die in vielen ökumenischen Zentren die konfessionell getrennten Gottesdiensträume aufweisen, sind sich die Befragten, wenn sie die Unterschiede zwischen dem ihren Kirchenraum und dem der Schwestergemeinde benennen sollen, in Folgendem einig: Erkannt werden könne eine katholische Kirche an dem festen Standort von Ambo und Altar, an der Abstufung der Altarinsel, an der Zentralität des Tabernakels, an den zahlreichen religiösen Gegenständen (Kreuzweg, Weihwasserbecken, heilige Figuren usw.), an den künstlerischen Glasfenstern, die dem Gottesdienstraum eine besondere Atmosphäre vermitteln, und nicht zuletzt an der unflexiblen Bankbestuhlung. Einen evangelischen Raum wiederum könne man an der Flexibilität in Bezug auf die Nutzung, an den mobilen Prinzipalstücken, an den Einzelstühlen, an den farblosen Verglasungen und an dem fast völligen Fehlen von Kunstwerken erkennen.“[67]

Während einige der genannten Differenzen gut als Objektivationen, d. h. als Gegenstände, die konfessionell geprägte liturgische Nutzung ermöglichen, verständlich sind (etwa der Tabernakel und die weiteren religiösen Gegenstände), bewegen sich andere Zuschreibungen doch eher in einem kontingenten Bereich: etwa das Vorhandensein von Kunstwerken oder die Mobilität der Prinzipalstücke. Konfessionelle Differenz erscheint hier als Ergebnis von je neuer Zuschreibung – *doing difference* – im Angesicht des je konkret „Anderen“.

Diese prozessuale Aushandlung und das je spezifische Erleben von Differenz zeigt sich ebenfalls im Hinblick auf die von Gerald Hagmann erforschte liturgische Praxis in gemeinsam genutzten Räumen, etwa dem oben erwähnten gemeinsamen Kirchenzentrum Meschede-Gartenstadt. In der Regel finden in dem Raum katho-

---

[67] Binaghi, Ökumenische Kirchenzentren (s. Anm. 2), 138.

lische Vorabendmessen und evangelische Sonntagsgottesdienste statt. Mit Blick auf die Erfahrungen zeichnet Hagmann ein ambivalentes Bild. Positiv gilt:

> „Die Wahrnehmung der jeweils von der anderen Glaubensgemeinschaft hinterlassenen ‚Spuren im Kirchenraum' verstärkt in der Praxis die Verbindung der Kirchengemeinden, die sich den Kirchenraum teilen [...].“[68]

Aber auch von Störungen wird berichtet:

> „Während evangelische Befragte berichten, dass etwa die Wahrnehmung des Geruchs von Weihrauch das Empfinden evangelischer Gottesdienstbesucher gestört habe oder allein der Anblick des Tabernakels evangelische Christen befremdet, ‚störte' es beispielsweise Mitglieder der Pfarrgemeinde, ‚dass die evangelische Kirchengemeinde anders mit dem Gottesdienstraum umgeht als die katholische.'“[69]

Unstimmigkeiten gab es z. B. mit Blick auf die Frage, ob die Beleuchtung von Marienbild und Tabernakel während der Feier evangelischer Gottesdienste eingeschaltet werden soll oder nicht. Schließlich wurde die Marienstatue aus dem gemeinsamen Gottesdienstraum in die Marienkapelle verlagert.[70]

Im ökumenischen Gemeindezentrum Essen-Kettwig (1977/1983), in dem ebenfalls ein Kirchenraum für beide Konfessionen existiert, ist dieser durch Tabernakel mit Ewigem Licht, eine Marienstatue, Bestuhlung mit Kniebänken sowie das ausliegende „Gotteslob“ deutlich als katholischer Raum erkennbar. In den Interviews, die Hagmann dazu führte, wurde vor allem „Ernüchterung“ spürbar[71] – und es wurde immer wieder von Konflikten erzählt, die etwa am Umgang mit den *reliqua sacramenti* deutlich werden:

> „Wir hatten jetzt mal den Fall, da war also das, was für Katholische dann wieder befremdlich ist, der Bereich um den Altar he-

---

[68] Hagmann, Ökumenische Zusammenarbeit unter einem Dach (s. Anm. 5), 128.

[69] Ebd., 130f.

[70] Vgl. ebd., 131.

[71] Vgl. ebd., 232.

> rum, war also ganz mit Brotkrumen übersät, vom Abendmahl her, wo wir dann einfach sagen: also (a): Warum macht man es nicht sauber und (b): Wie geht man da mit dem Brot um?"[72]

Zusammenfassend zeigt sich: Konfessionelle Raumwahrnehmung „gibt es" auf keinen Fall im Singular, zweifellos aber spielen konfessionelle Prägungen eine Rolle bei Raumwahrnehmungen. Wo ein Aspekt des konfessionellen Miteinanders in besonderer Weise betont wird – wie etwa durch ein ökumenisches Kirchenzentrum oder basaler durch die liturgische Gastfreundschaft über die Konfessionsgrenzen hinweg –, wird der Fokus auf die Frage gelegt, was verbindet und was trennt.

3 Potenziale ökumenischer Kirchenzentren

Gemeinsame Kirchenzentren können als der „Ernstfall" der Ökumene beschrieben werden. Sie verstetigen den Dialog, tragen ihn in alle Bereiche des gemeindlich-kirchlichen Alltags und bedeuten so ständig neue Entdeckungsmöglichkeiten und Aushandlungsprozesse. In mancher Hinsicht sind ökumenische Kirchenzentren einer Ehe vergleichbar, die die Partner in vollem Bewusstsein der Verheißungen und Chancen, aber auch der Risiken und Herausforderungen eingehen.

Durch die Permanenz der Begegnung ergeben sich immer wieder auch Konflikte. Teilweise manifestieren sich konfessionelle Trennlinien, die ohne das ständige Miteinander wohl nicht aufscheinen würden und die sich auf vordergründige „Kleinigkeiten" wie Weihrauch (Meschede-Gartenstadt) resp. Brotkrümel (Essen-Kettwig) beziehen können. Die Idee der Zentren, konfessionelle Unterschiede zu überwinden, kann paradoxerweise zu einer Rekonfessionalisierung führen, die dann problematisch wird, wenn sie sich mit bestimmten und einseitigen Bildern des Partners verbindet. Auch kann sich aus den ökumenischen Zentren mit ihrer Konzentration auf die beiden Partner, die die „Ehe" eingegangen sind und sie täglich neu leben, das Problem ergeben, in der Selbstgenügsamkeit der eigenen Zweisamkeit aufzugehen und die anderen aus dem Blick zu verlieren: die auch in Deutsch-

[72] Katholische Befragte, zit. nach: ebd., 214.

land etwa durch Migrationsgemeinden pluraler werdende Ökumene, das Miteinander mit Gläubigen anderer Religionen, die zunehmend säkular werdende Umgebung.

Gegenüber diesen Problemstellungen sehen wir in ökumenischen Kirchenzentren aber vor allem Chancen und Potenziale, die wir in drei Aspekten knapp darstellen.

3.1 Wechselseitiges Lernen und gemeinsame Liturgieentwicklung

Seit den Liturgischen Bewegungen in der katholischen und den evangelischen Kirchen ergaben sich wesentliche gottesdienstliche Neuentwicklungen aus ökumenischen Begegnungen. Ökumene erweist sich als Herausforderung, kritische Infragestellung des Eigenen und Anregung zu erneuerter Theologie und Praxis der gottesdienstlichen Feiern.[73] In der katholischen Kirche wurde die versammelte Gemeinschaft neu ins Zentrum gerückt und fand vor allem in den *Communio*-Räumen bauliche Gestalt. In evangelischen Kontexten wurde die vorher häufig prägende ausschließliche Wort-Orientierung der Räume relativiert.

Ökumenische Kirchenzentren bieten die Chance eines kontinuierlichen liturgischen Lernens voneinander, ohne dabei die eigene Praxis aufzugeben. Im Gegenteil sind es gerade die unterschiedlichen Traditionen, Einsichten und Praktiken, die das beständige Lernen und gemeinsame Entdecken ermöglichen.

Gegenwärtige Herausforderungen für den Kirchenraum sehen wir dabei u. a. in der Frage nach Tauforten im Kirchenraum: Werden Taufsteine, -brunnen bzw. -becken gebaut – und wo im Raum werden diese lokalisiert? Welches Verständnis des Sakraments verbindet sich jeweils damit und wie kann das gesamte liturgische Handeln als eine immer neue Tauferinnerung gestaltet werden?

Eine andere Frage, die in den vergangenen Jahrzehnten interessanterweise vor allem in der katholischen Kirche neu bedacht wurde, ist die nach den „Wort-Orten“:[74] Mit der Aufgabe der Kanzeln als

---

[73] Vgl. dazu grundlegend B. Kranemann, Ökumenische Liturgiewissenschaft. Eine Bilanz 1963–2013, in: Deeg u. a. (Hg.), Gottesdienst und Predigt – evangelisch und katholisch (s. Anm. 47), 40–69.

[74] Vgl. dazu grundlegend A. Zerfaß, A. Franz (Hg.), Wort des lebendigen Gottes. Liturgie und Bibel (PiLi 16), Tübingen 2016.

Orten der Predigt gewann der Ambo neue Bedeutung im Kirchenraum. Mehr und mehr verliert auch im evangelischen Kontext die Kanzel an Bedeutung, wodurch sich die Chance ergibt, die Predigt wieder stärker an die Lesungen zu binden. Teilweise wurden in katholischen Kirchen künstlerische Entwürfe der Prinzipalstücke realisiert, die die Zusammengehörigkeit von Wort und Eucharistie in besonderer Weise sichtbar machen – auch dies ist eine Anregung für evangelische Liturgie und Kirchenraumgestaltung.

In dieser Hinsicht wären ökumenische Kirchenzentren Orte liturgischen Experimentierens und immer wieder liturgischer Avantgarde. Mit Blick auf die Bedeutung des passageren Besuchs von Kirchen böten ökumenische Kirchenzentren auch die besondere Chance, das dialektische Wechselspiel von Gemeinschaft und Individualität, das Kirchenräume prägt, neu auszuloten.

3.2 Eine Ökumene des Dritten Raumes

Ökumenische Kirchenzentren lassen sich als Architektur gewordene Bilder unterschiedlicher Verständnisse von Ökumene lesen. Besonders ambitioniert erscheinen dabei Kirchenzentren, die nur einen gemeinsamen Sakralraum aufweisen – und damit bereits im Bau die *Einheit* der jetzt noch getrennten Konfessionen vorwegnehmen. Gleichzeitig erweisen sich diese immer wieder als besonders problematisch.

Das wurde oben bereits im Hinblick auf die Zentren in Meschede bzw. Essen deutlich; das zeigt sich aber z. B. auch am Scheitern des ökumenischen Zentrums Baunatal bei Kassel, das 1974 eröffnet wurde.[75] Das Konzept sah – neben einem kleinen evangelischen Meditationsraum und einer größeren katholischen Kapelle – eine gemeinsame Halle vor, die als Gottesdienstraum gedacht war. 1985 zog sich die katholische Gemeinde aus dem Zentrum zurück und baute eine eigene Kirche. Die evangelische Kirche ist weiterhin im Zentrum aktiv, baute 1995 aber ebenfalls eine eigene Kirche. Gerald Hagmann schreibt:

---

[75] Vgl. Binaghi, Ökumenische Kirchenzentren (s. Anm. 2), CD-Dokumentation, 12.

> „Elemente, die für die Architektur und Gestaltung von Kirchen typisch sind und auf die im ökumenischen Kirchenzentrum verzichtet wurde, haben in den neuen Kirchen wieder Raum gefunden. Dazu gehören unter anderem ein Kirchturm, eine feste Bestuhlung und eine kirchlich-identitätsstiftende Architektur, die die Kirchen eindeutig von anderen öffentlichen Gebäuden unterscheidet."[76]

Das Zentrum in Baunatal unterstreicht damit eine Tendenz, die auch bei einer Untersuchung des EKD-Instituts für Kirchenbau und kirchliche Kunst der Gegenwart festgestellt wurde: Von 17 Gemeindezentren mit Mehrzwecksälen wurde bei allen beobachtet, dass solche Räume nach einer gewissen Zeit ausschließlich für den Gottesdienst genutzt wurden.[77] Gleichzeitig aber zeigt sich in Baunatal exemplarisch die – aufgrund der oben eröffneten vielfältigen Aspekte konfessioneller Raumwahrnehmung und -gestaltung verständliche – Schwierigkeit einer Raumlösung, die nur einen, gemeinsam genutzten Sakralraum kennt.[78]

Christliche Kirche existiert in faktischer Pluralität bzw. Konfessionalität. Das Modell der *versöhnten Verschiedenheit*, das Ökumenekonzept evangelischer Kirchen weithin prägend, erscheint von daher auch im Hinblick auf die Gestaltung ökumenischer Kirchenzentren leichter realisierbar und zukunftsweisend. Es gibt dann zwei voneinander unterschiedene Sakralräume, aber reichlich Möglichkeiten für wechselseitige Begegnung und gemeinsame Veranstaltungen und Gottesdienste.[79]

---

[76] Hagmann, Ökumenische Zusammenarbeit unter einem Dach (s. Anm. 5), 82f.

[77] Vgl. ebd., 60. Die meisten ökumenischen Kirchenzentren unterscheiden sich von diesen Konzeptionen jedoch darin, dass sie dezidierte Sakralräume vorsehen. – Vgl. Binaghi, Ökumenische Kirchenzentren (s. Anm. 2), 147.

[78] Mit Blick auf eine konfessionelle Breite jenseits der katholisch-lutherischen Ökumene vgl. auch Binaghi, Ökumenische Kirchenzentren (s. Anm. 2), 150: „Nicht alle symbolischen und liturgischen Anforderungen können nämlich in einem gemeinsamen Gottesdienstraum in jeder Hinsicht erfüllt werden, treten sie doch in Konkurrenz miteinander oder interferieren sogar."

[79] Teilweise sehen diese Zentren auch das mögliche Scheitern des ökumenischen Projekts bereits vor. Darauf weist Marta Binaghi im Hinblick auf ökumenische Kirchenzentren hin, in denen alle Räume – auch die Toiletten – zweifach vorliegen. Vgl. Binaghi, Ökumenische Kirchenzentren (s. Anm. 2), 129.

Einen Schritt über die baulichen Realisierungen der versöhnten Verschiedenheit hinaus geht ein Modell, das wir als „Ökumene des Dritten Raumes“ beschreiben. Die Metapher des „Dritten Raumes“ (*Third Space*) wurde prominent von dem Literatur- und Kulturwissenschaftler Homi K. Bhabha (* 1949) im Zusammenhang der Begegnung von Kulturen im postkolonialen Diskurs geprägt. Bhabha kritisiert grundlegend jeden Essenzialismus, der davon ausgeht, eine Kultur im Gegenüber zu anderen, fremden Kulturen bestimmen und von dieser Position ausgehend Wechselwirkungen der Kulturen in den Blick nehmen zu können. Konzepte, die dies vermeiden, bezeichnet er als Konzepte der Diversität.[80] Solchen Diversitätskonzepten stellt er sein Konzept der Differenz gegenüber, das auf die Hybridität, die Vermischung, als Ort der Begegnung der Kulturen verweist: „Kulturen sind niemals in sich einheitlich, und sie sind auch nie einfach dualistisch in ihrer Beziehung des Selbst zum Anderen.“[81] Diese Hybridität wird im Dritten Raum lokalisiert: Es handelt sich um den Zwischenraum, den Ort an der Grenze, den Ort der Hybridität als Raum der „Übersetzung“ und „Verhandlung“.[82] Aus der Wahrnehmung dieses Dritten Raumes folgt nach Bhabha die Möglichkeit der Veränderung jenseits der Fixierung der Polarität: „[I]ndem wir diesen Dritten Raum erkunden, können wir der Politik der Polarität entkommen und zu den anderen unserer selbst werden.“[83]

Die 2004 nach einem Entwurf der Architektin Susanne Gross (* 1960) fertiggestellte „Doppelkirche Maria Magdalena“ in Freiburg-Rieselfeld ist vielfach beschrieben und in zahlreichen Beiträgen gewürdigt worden.[84] Sie erscheint uns als ein gelungenes Beispiel für

[80] Vgl. H. K. Bhabha, Das theoretische Engagement, in: ders., Die Verortung der Kultur. Mit einem Vorwort von E. Bronfen, übersetzt von M. Schiffmann, J. Freudl (Stauffenberg discussion 5), Tübingen 2000, 29–58, hier: 52; zur problematischen Festlegung des „Anderen“ vgl. auch ebd., 47f.

[81] Ebd., 54.

[82] Vgl. ebd., 38f.56f.

[83] Ebd., 58. – Zu *Third Space* vgl. auch den Beitrag von S. Winter in diesem Band.

[84] Vgl. W. Zahner, Maria Magdalena. Katholische und evangelische Kirche in Freiburg-Rieselfeld, Lindenberg 2006; S. Gross, Zwei Kirchen – eine Kirche, in: Mün. 57 (2004) 245–248; K. Wittmann-Englert, Ökumenisches Kirchenzentrum Maria Magdalena in Freiburg – Kister, Scheithauer, Gross und der Kirchenbau im 21. Jahrhundert, in: T. Erne (Hg.), Kirchenbau, Göttingen 2012, 284–302; S. Orth, Gleitende Wände. Das ökumenische Kirchenzentrum Maria Magdalena in Freiburg-Riesel-

ein ökumenisches Kirchenzentrum, das sich dem Paradigma des Dritten Raumes zuordnen lässt. Gebaut wurden zwei getrennte Räume – einer für die römisch-katholische und einer für die evangelische Gemeinde –, die durch den gemeinsamen Taufstein verbunden werden, der „Mittelpunkt eines ökumenischen Kirchenraums"[85] ist. Die Beton-Schiebewände können geöffnet werden, sodass – wenn gewünscht – ein großer Kirchenraum entsteht.[86]

Der Taufstein, der die beiden Räume verbindet, erinnert immer neu an das die christlichen Kirchen Verbindende, eröffnet den Dritten Raum der Begegnung und verweist prophetisch auf die eschatologische Zukunft der jetzt in unterschiedlichen Kirchen und doch miteinander lebenden Christ(inn)en. Die Idee Bhabhas, wonach Begegnungen am und im Dritten Raum Menschen aus ihren „ersten" und „zweiten" Räumen verändert in das Eigene zurückkehren lassen und so Transformationen hervorbringen, erscheint uns besonders anregend.

3.3 Öffnungen

Ökumenische Kirchenzentren sind nicht nur der Ernstfall der Ökumene, sondern – wenn es gut geht – Orte einer beständigen kritischen Hinterfragung des Eigenen, einer Destabilisierung von Konventionen und so einer vieldimensionalen Öffnung: für die Geschwister aus der christlichen Ökumene, für die Bibelökumene (mit Jüdinnen und Juden), für interreligiöse Begegnungen, für Begegnungen mit säkularen Menschen in der Gesellschaft. Ökumenische Kirchenzentren haben so nicht nur die Einheit der christlichen Kirchen im Blick, sondern auch das Miteinander der Vielen und Verschiedenen.[87] Heinrich Böll (1917–1985) meinte in seinen Frankfurter Vorlesungen: „Eine Kirche wird eingeweiht, aber durch

---

feld und seine beiden Gemeinden, in: ÖR 67 (2018) 491–496. – Vgl. ferner das Gespräch von S. Wahle mit S. Weber und S.-L. Müller in diesem Band.

[85] Hagmann, Ökumenische Zusammenarbeit unter einem Dach (s. Anm. 5), 85.

[86] Solche Möglichkeiten der Verbindung von zwei getrennten Räumen zu einem größeren finden sich häufiger in ökumenischen Kirchenzentren, wie Binaghi in ihrer Typologie zeigt, ebenso wie die Veränderung des geteilten Raumes durch Zuschaltung von Kapellen oder Nischen mit je spezifischer Gestaltung. Es ließe sich diskutieren, ob auch dadurch Dritte Räume entstehen. – Vgl. dazu Binaghi, Ökumenische Kirchenzentren (s. Anm. 2), 44–65.146–149.

[87] Vgl. dazu auch S. Kopp, J. Werz, Gebaute Ökumene und ihr Potenzial für das

diesen Akt der Einweihung nicht geschlossen, sondern geöffnet, für alle übrigens."[88] Das gilt für alle Kirchengebäude, genau darin könnte aber eine besondere Chance ökumenischer Kirchenzentren liegen, insofern sie als Gemeindezentren[89] an das Ökumenemodell der „Konvivenz", des gemeinsamen Lebens und Handelns anschließen.

21. Jahrhundert, in: dies. (Hg.), Gebaute Ökumene. Botschaft und Auftrag für das 21. Jahrhundert? (ThIDia 24), Freiburg i. Br. 2018, 471–480, bes. 474.

[88] H. Böll, Frankfurter Vorlesungen, in: ders., Heimat und keine. Schriften und Reden 1964–1968 (dtv 10603), München 1985, 30–88, hier: 37.

[89] Vgl. Binaghi, Ökumenische Kirchenzentren (s. Anm. 2), 35–44.

Glaubenszeugnis, rituelle Praxis und *Space-Sharing*

Überlegungen zu den raumproduktiven Ressourcen ökumenischen Märtyrergedenkens

Stephan Winter

Innerhalb der sog. *Ritual Studies* haben sich zuletzt signifikante Verschiebungen bei Material- wie Formalobjekt vollzogen: hin zu einer stärkeren Orientierung an

> „more problem-oriented and analytical categories of ritual. These categories focus more explicitly on ritual as a process of action and reaction, on different contexts and thus on the ritual dynamics“[1].

Unter den Analysekategorien, die Paul Post (* 1953) an dieser Stelle nennt, findet sich auch die des *Sharing Ritual*, die er wiederum auf den *Ritual Religious Space* anwendet. Post geht dabei von einer unlösbaren Verquickung von Ort/Raum, rituellen Handlungszusammenhängen und dem zugrunde liegenden Verständnis des Heiligen – der von ihm sog. *Spatial Triad* – aus. Im Folgenden wird in einem ersten Schritt genauer erläutert, was hinter dieser Bestimmung steht. Im zweiten Schritt werden liturgische Praktiken und solche des Gedenkens mit Bezug auf besondere Glaubenszeug(inn)en bzw. deren Potenzial für die Konstituierung ökumenisch geteilter Räume betrachtet: zunächst allgemein, dann anhand des Beispiels der Lübecker Märtyrer. Im dritten Schritt werden zwei Richtungsanzeigen für die Gestaltung entsprechender Raumbildungsprozesse formuliert.

---

[1] P. Post, Sharing Ritual Religious Space. Mapping the Field from a Ritual Studies Perspective, in: P. Ebenbauer, B. J. Groen (Hg.), Zukunftsraum Liturgie. Gottesdienst vor neuen Herausforderungen (Österreichische Studien zur Liturgiewissenschaft und Sakramententheologie 10), Wien 2019, 87–104, hier: 87.

1 Zu einigen Aspekten liturgisch konstituierter und geteilter Räume

Raum und Ort werden hier im Anschluss an den *Spatial Turn*[2] verstanden: Der physikalische Raum (*First Space*) wird demnach ständig durch Kulturtechniken bzw. entsprechendes Wissen konzeptualisiert (*Second Space*), was auf die „soziale, politische und wirtschaftliche räumliche Praxis zurückwirkt“[3]; dadurch entsteht *im Vollzug* ein dynamischer *Third Space*: als eine „semantisch kodierte und lokale begrenzte Begegnungsstätte lebensweltlicher Verweisungen“[4]. Innerhalb solcher Räume entfalten auch Rituale als *Geflechte von Interaktionen* ihre spezifischen Wirkungen. In und mit ihnen suchen *Handlungskollektive* konstruktiv mit Differenzen umzugehen.[5] Dies ist in der Regel mit Zustandsveränderungen des Kollektivs bzw. einzelner Akteur(inn)e(n) und lebensweltlicher Zusammenhänge verbunden. Rituale sind so gesehen „transformative Performanzen“[6], die ihre Leistungen erbringen können, weil sie zum einen „die Unberechenbarkeit und Unsicherheit menschlicher Handlungsmöglichkeiten [vermindern], indem sie allgemein akzeptierte Handlungsformen vorgeben“[7], dabei aber zum andern nicht starr sind, weil diese Handlungsformen „durch ‚praktische Logik‘, Performanz und Aktualisierung stetig verändert und angepasst

---

[2] Vgl. zu entsprechenden theologischen Rezeptionsprozessen aus der Fülle der Literatur die Beiträge in: K. Karl, S. Winter (Hg.), Gott im Raum?! Theologie und *spatial turn*: aktuelle Perspektiven, Münster 2021.

[3] M. Austen, Dritte Räume als Gesellschaftsmodell. Eine epistemologische Untersuchung des Thirdspace (Studien aus dem Münchner Institut für Ethnologie 8), München 2014 [https://epub.ub.uni-muenchen.de/21024/1/austen_merlin_21024.pdf (Zugriff: 1.7.2021)], 20.

[4] B. Irlenborn, Zur Bestimmung des Ortes in der Phänomenologie, in: S. Kopp (Hg.), Gott begegnen an heiligen Orten (ThIDia 23), Freiburg i. Br. 2018, 77–92, hier: 85. – Vgl. dazu auch den Beitrag von A. Deeg und K. Menzel in diesem Band.

[5] Vgl. K. Audehm, C. Wulf, J. Zirfas, Rituale, in: J. Ecarius (Hg.), Handbuch Familie, Wiesbaden 2007, 424–440, hier: 428.

[6] K.-P. Köpping, U. Rao, Die „performative Wende“. Leben – Ritual – Theater, in: dies. (Hg.), Im Rausch des Rituals. Gestaltung und Transformation der Wirklichkeit in körperlicher Performanz (Performanzen 1), Münster – Berlin ^{2}2008, 1–31, hier: 7.

[7] C. Brosius, A. Michaels, P. Schrode, Ritualforschung heute – ein Überblick, in: dies. (Hg.), Ritual und Ritualdynamik. Schlüsselbegriffe, Theorien, Diskussionen, Göttingen – Bristol 2013, 9–24, hier: 15.

werden“[8]. *Religiös* sind solche Rituale dann, wenn eine übermenschliche Größe interaktiv einbezogen wird. Von Liturgie, liturgisch etc. ist die Rede, wenn es sich dabei um den biblisch bezeugten Gott (hier: in seiner christlichen Auslegung) handelt.[9] In *liturgischen Räumen*[10] ist Gott nach Überzeugung der Glaubenden in seiner Geistkraft vielfältig *lokalisierbar*, ohne festgemacht werden zu können. Er wirkt dabei zum einen raum-initiierend, raum-erhaltend und räumlich interagierend, zum andern bringt er sich als umfassendster *Third Space* überhaupt zur Erscheinung – in geheimnishafter Entzogenheit.

Insgesamt ergibt sich: „Regarding *sharing* there is always the perspective of *sharing ritual place in a religious context.*“[11] Auf dieser Grundlage schlägt Post eine „tentative typology of shared ritual religious space“[12] vor, wobei deren neun Typen keineswegs als klar voneinander abgrenzbar verstanden werden und sich auf physische wie virtuelle und fiktionale Räume beziehen. Außerdem gilt:

> „We trace these types and forms not only in past (with a supposed relevance for the present and the future) and present, but also as a perspective for the future.“[13]

---

[8] Ebd.

[9] Zum angedeuteten Verständnis von „Ritual“, „Liturgie“ etc. und einer entsprechenden Konzeption von Liturgiewissenschaft vgl. S. Winter, Gottesdienst als Lebensform. Zu Profil und Methodik der Liturgiewissenschaft innerhalb des theologischen Fächerkanons, in: B. P. Göcke (Hg.), Die Wissenschaftlichkeit der Theologie, Bd. 2: Katholische Disziplinen und ihre Wissenschaftstheorien (STEP 13/2), Münster 2019, 307–348.

[10] Ausführlicher dazu vgl. auch S. Winter, God – located!? Liturgiewissenschaft als Sakraltopographie, in: Karl, Winter (Hg.), Gott im Raum?! (s. Anm. 2), 261–289, bes. 261–271; S. Winter, Liturgie – Gottes Raum. Studien zu einer Theologie aus der *lex orandi* (Theologie der Liturgie 3), Regensburg 2013, 121–133.

[11] Post, Sharing Ritual Religious Space (s. Anm. 1), 90 [Hervorhebungen im Original]. – Zu diesem Ansatz exemplarisch vgl. auch ders., A. L. Molendijk (Hg.), Holy Ground. Re-Inventing Ritual Space in Modern Western Culture (LiCo 24), Leuven u. a. 2010; dies., J. E. A. Kroesen (Hg.), Sacred Places in Modern Western Culture, Leuven – Paros – Walpole, MA 2011; P. Post, P. Nel, W. van Beek (Hg.), Sacred Spaces and Contested Identities. Space and Ritual Dynamics in Europe and Africa, Trenton, NJ 2014.

[12] Post, Sharing Ritual Religious Space (s. Anm. 1), 91.

[13] Ebd.

Für die hier zu entwickelnden Überlegungen zum Märtyrergedenken sind vor allem der Typ des *Sacred Space* und der des *Memorial Space* wichtig. Ersteren definiert Post als einen Raum, in dem bzw. an dessen Orten verschiedene Religionen oder Konfessionen rituell praktizieren. Solche Räume bilden sich klassisch oft aufgrund von Pilgerschafts- und Wallfahrtspraktiken heraus. Ein *Memorial Space* hingegen entsteht aus diversen Gedenkpraktiken, deren Bezugsereignisse Kriege, Genozide, andere Gräueltaten oder Katastrophen u. Ä. sind:

> „Memorial sites are often very complex when the sharing of ritual is concerned. [...] Apart from religious traditions there are all kinds of group cultures involved, like national, regional or local identities. In addition, it is important to see that the site itself, the creation of it, is itself a ritual."[14]

2 Märtyrergedenken als Impuls für ökumenisch geteilte liturgische Räume

Damit ist eine Basis gegeben, um in ökumenischer Perspektive auf *Shared Spaces* zu schauen, die mit Bezug auf konkrete Glaubenszeug(inn)en konstituiert worden sind. Zunächst wird an geschichtliche Wurzeln und Grundkonstanten solcher Räume erinnert sowie eine vorläufige Annäherung an ein ökumenisch tragfähiges Verständnis von Heiligen-/Märtyrergedenken skizziert. In Abschnitt 2.2 wird das konkrete Beispiel der Erinnerung an die Lübecker Märtyrer betrachtet.

2.1 Lokalisiertes Märtyrergedenken als gemeinsames ökumenisches Erbe

Verständnis und Praxis des Heiligen- und speziell Märtyrergedenkens sind in den Austauschprozessen zwischen verschiedenen christlichen Konfessionen, aber teilweise auch binnenkonfessionell ein kompliziertes Thema, worauf nicht im Einzelnen eingegangen werden kann.[15] Ebenso können keine Fragen behandelt werden, die sich

---

[14] Ebd., 92.

[15] Vgl. K. Hoheisel, H. J. Limburg, G. Miller, Heilige, in: LThK^3 4 (1995) 1274–1276; T. Baumeister u. a., Heiligenverehrung, in: LThK^3 4 (1995) 1296–1304; G. Lanczkowski u. a., Heilige/Heiligenverehrung, in: TRE 14 (1985)

diesbezüglich im interreligiösen Gespräch ergeben.[16] Für den ökumenischen Dialog relevant sind Praxis und Reflexion dieses Feldes, die in jeder der großen christlichen Konfessionen in den vergangenen Jahrzehnten in Bewegung gekommen sind.[17] Diese Feststellung reicht aus, um Heiligen-/Märtyrergedenken zumindest als einen Faktor zu betrachten, der für Bildung und ökumenische Teilung auch liturgisch geprägter Räume relevant sein kann – teilweise auch

---

641–672; B. Henze, M. Schuller, Martyrer, Martyrium, in: LThK^3 6 (1997) 1436–1444; P. Gerlitz u. a., Martyrium, in: TRE 22 (1992) 197–220; daneben für die geschichtliche Entwicklung bes. A. Angenendt, Heilige und Reliquien. Die Geschichte ihres Kultes vom frühen Christentum bis zur Gegenwart, Hamburg ^{2}2007; ders., Die Gegenwart von Heiligen und Reliquien, eingeleitet und hg. von H. Lutterbach, Münster 2010; P. Brown, The Cult of the Saints. Its Rise and Function in Latin Christianity (HLHR.NS 2), Chicago 1981 [deutsche Ausgabe: Die Heiligenverehrung. Ihre Entstehung und Funktion in der lateinischen Christenheit, übersetzt, bearbeitet und hg. von J. Bernard, Leipzig 1991]; G. Knodt, Leitbilder des Glaubens. Die Geschichte des Heiligengedenkens in der evangelischen Kirche (CThM.PT 27), Stuttgart 1998. Für systematische Fragen sei aus der Fülle der Literatur verwiesen auf zwei Sammelbände: B. Mensing, H. Rathke (Hg.), Widerstehen. Wirkungsgeschichte und aktuelle Bedeutung christlicher Märtyrer, Leipzig 2002; K.-R. Trauner, A. Gemeinhardt (Hg.), Die Heiligen in den Konfessionen. Vorträge und ergänzende Aufsätze der gemeinsamen Tagung des Evangelischen Bundes in Österreich, des Evangelischen Bundes in Hessen und Nassau und des Evangelischen Bundes in Kurhessen-Waldeck, 11. bis 13. März 2005 in Salzburg, Wien 2005.

[16] Für einen ersten Zugang vgl. M. Bergunder u. a., Heilige/Heiligenverehrung, in: RGG^4 3 (2000) 1539–1546 [http://dx.doi.org/10.1163/2405-8262_rgg4_COM_09486 (Zugriff: 1.7.2021)].

[17] Vgl. aus dem evangelischen Spektrum etwa die Bezugnahmen auf die Confessio Augustana (CA) XXI, darunter: G. Wenz, Evangelische Heiligenverehrung. Notizen zum XXI. Artikel der Confessio Augustana und zu seinem thematischen Kontext, in: H. Franke u. a. (Hg.), Veritas et communicatio. Ökumenische Theologie auf der Suche nach einem verbindlichen Zeugnis [FS Ulrich Kühn], Göttingen 1992, 332–351. Wichtig für die römisch-katholisch-evangelisch-lutherische Debatte zumindest in Deutschland ist auch: Bilaterale Arbeitsgruppe der Deutschen Bischofkonferenz und der Kirchenleitung der Vereinigten Evangelisch-Lutherischen Kirche Deutschlands (Hg.), Communio Sanctorum. Die Kirche als Gemeinschaft der Heiligen, Paderborn – Frankfurt a. M. 2000 [http://www.dbk.de/fileadmin/redaktion/diverse_downloads/communio_sanctorum.pdf (Zugriff: 1.7.2021)]; vgl. dazu O. Schuegraf, U. Hahn (Hg.), Communio Sanctorum. Evangelische Stellungnahmen zur Studie der Zweiten Bilateralen Arbeitsgruppe der Deutschen Bischofskonferenz und der Kirchenleitung der Vereinigten Evangelisch-Lutherischen Kirche Deutschlands, Hannover 2009.

so, dass um das genaue Verständnis des Lebenszeugnisses einzelner Personen gerungen und womöglich bedeutsame Persönlichkeiten einer anderen Glaubenstradition erstmals oder wieder neu wahrgenommen werden –, zumal dann, wenn es um (auch) durch Glaubensspaltungen induzierte Martyrien u. Ä. geht.[18]

Vor diesem Hintergrund sei hier ausgehend von Beiträgen Karl Rahners (1904–1984) Folgendes als hoffentlich ökumenisch einigermaßen tragfähiges Verständnis von Heiligen-/Märtyrergedenken zugrunde gelegt: Es handelt sich um eine Form der „Einübung des Christentums"[19]. Heiligkeit in diesem Sinne ist erst einmal gleichbedeutend damit, eingegliedert zu sein in die Gemeinschaft derer, die zu Christus gehören, weil sie „gerechtfertigt in Glaube, Liebe und Taufe"[20] sind. Dass innerhalb dieser umfassenden Gemeinschaft der Heiligen einzelne Menschen hervorgehoben werden können (!), begründet Rahner mit dem Zeichencharakter konkreter Biografien, die die „Heiligkeit der sichtbaren Kirche"[21] exemplarisch verkörpern. In solchen Menschen sieht er „Schöpfer[(innen)] eines neuen christlichen Stils"[22] der Nächstenliebe:

> „Sie sind die Initiator[(inn)]en und die schöpferischen Vorbilder der je gerade fälligen Heiligkeit, die einer bestimmten Periode aufgegeben ist. Sie schaffen einen neuen Stil; sie beweisen, dass eine bestimmte Form des Lebens und Wirkens wirkliche echte

---

[18] Als prominentes Beispiel gilt Jan Hus (um 1370–1415). – Vgl. dazu die Ausführungen von: M. Delgado, „Tiefes Bedauern" – Die katholische Kirche und die Verbrennung des Jan Hus, in: https://www.kirchenzeitung.ch/article/tiefes-bedauern-die-katholische-kirche-und-die-verbrennung-des-jan-hus-8475 (Zugriff: 1.7.2021).

[19] K. Rahner, Vom Geheimnis der Heiligkeit, der Heiligen und ihrer Verehrung, in: P. Manns (Hg.), Die Heiligen in ihrer Zeit, Mainz 1966, 9–26, hier: 26; wiederveröffentlicht in: KRSW 23 (2006) 68–88, hier: 88. Vgl. auch K. Rahner, Warum und wie können wir die Heiligen verehren? Einige theologische Erwägungen zum VII. Kapitel des Konzilsdekretes „Über die Kirche", in: GuL 37 (1964) 325–340; zu Rahners Position aus evangelischer Perspektive: T. Urban, Heilige als Vorbilder protestantischer Frömmigkeit. Zur heutigen Bedeutung des XXI. Artikels der Confessio Augustana [Dipl. masch.], Wien 2010 [https://core.ac.uk/download/pdf/11593048.pdf (Zugriff: 1.7.2021)], 70–74.

[20] Rahner, Vom Geheimnis der Heiligkeit, der Heiligen und ihrer Verehrung (s. Anm. 19), 12 [72].

[21] Ebd., 10 [69].

[22] Ebd., 13 [73].

> Möglichkeit ist; sie zeigen experimentell, dass man auch ‚so' Christ sein kann; sie machen einen solchen Typ als einen christlichen glaubwürdig. Ihre Bedeutung beginnt darum nicht erst mit ihrem Tod. Dieser Tod ist eher das Siegel auf ihre Aufgabe, die sie zu Lebzeiten in der Kirche als schöpferische Vorbilder hatten und ihr Fortleben bedeutet, dass diese vorbildliche Möglichkeit als geprägte von jetzt an unverlierbar der Kirche eingestiftet bleibt."[23]

Die Herausbildung solcher Vorbilder beruht in keiner Weise auf dem Verdienst der jeweiligen Personen. Sie ist vielmehr ein „unbestreitbares Wunder des Geistes"[24], durch das Gnade personal lokalisierbar wird. Deshalb muss die Kirche „ihre Heiligkeit konkret sagen können"[25]: „*[I]hr ‚existentielles' Sein*"[26] legt Zeugnis von der geschenkten Gnade ab, weshalb es die „‚Wolke von Zeug[(inn)]en' [gibt,] die sie mit Namen nennen kann"[27]. Es geht beim Heiligen-/Märtyrergedenken also in einer nicht zuletzt inkarnationslogisch grundierten Sicht um die geschichtliche Darstellbarkeit der Gnade Gottes. Oder, wie es Dietrich Bonhoeffer (1906–1945) formuliert: „Die Sichtbarkeit der Gemeinde ist ein entscheidendes Merkmal der Heiligung."[28] Orthodox lässt sich zu diesem Zugang über die Stilkategorie womöglich der Aspekt ergänzen, dass die Heiligen „in der Liturgie ihre Theologie finden"[29], die demnach primär „experimental erlebt wird. […] Die Dogmatik ist das *Leben* der Kirche, sie ist praktisch und nicht theoretisch."[30]

In der individuellen oder gemeinschaftlichen Bezugnahme auf heilige Menschen kann sich erschließen, wie Glaubende Jesus innerhalb ihrer Zeit, Kultur und Lebenswelt konkret nachgefolgt sind, restlos getragen von der Geistkraft Gottes und in einem ganz eigenen Stil. Hinsichtlich entsprechender Raumbildungsprozesse in Ge-

---

[23] Ebd.
[24] Ebd.
[25] Ebd., 12 [71].
[26] Ebd. [Hervorhebung im Original].
[27] Ebd.
[28] D. Bonhoeffer, Nachfolge (DBW 4), Gütersloh ^{3}2008, 277.
[29] P. Kowalewskij, Orthodoxe Lebenszeugen, in: E. Benz, L. A. Zander (Hg.), Evangelisches und orthodoxes Christentum in Begegnung und Auseinandersetzung, Hamburg 1952, 203–218, hier: 206.
[30] Ebd., 209 [Hervorhebung Verf.].

schichte und Gegenwart ist von Interesse, wie diese stilbildenden Biografien darin lebendig gehalten und zum Christusereignis in Beziehung gebracht werden. Um dem genauer auf die Spur zu kommen, ist zu beachten, dass rituelle/liturgische Vollzüge bzw. deren „Ver-Ortung" sowie das zugrunde liegende Verständnis des Heiligen untrennbar miteinander verbunden sind und in vielfältigen Wechselwirkungen stehen. Deshalb wären u. a. Relationen zwischen unterschiedlichen Kirchweihriten, Gebetsformen und eucharistischer Feier auf der einen und dem Altar, Christusbildern/Kreuzigungsdarstellungen und Manifestationen (klassisch u. a. über Reliquien) des Gedenkens von Sterben bzw. Begräbnis von Märtyrer(inne)n, später weiterer christlicher Bekenner(innen) etc. auf der anderen Seite zu analysieren. So könnten Grundkonstellationen herausgearbeitet, verglichen und theologisch reflektiert werden.[31]

2.2 Das ökumenische Gedenken der Lübecker Märtyrer und dessen raumproduktive Wirkung

Nach dem Zweiten Weltkrieg (1939–1945) und dem Ende der nationalsozialistischen Schreckensherrschaft haben sich die großen Kirchen in Deutschland in verschiedensten Weisen mit Menschen beschäftigt, die aus ihrem Glauben heraus Widerstand geleistet haben und deshalb schwere Repressalien bis hin zu Folter und Tod zu erleiden hatten – wobei solche Auseinandersetzungen z. T. aus ideologischen Gründen, z. T. wegen der Scham angesichts eigenen Versagens vielfach erst mit Verzögerung eingesetzt haben. Dabei sind viele klei-

---

[31] Vgl. dazu knapp und instruktiv A. Gerhards, Wo Gott und Welt sich begegnen. Kirchenräume verstehen, Kevelaer 2011, 134–143; als eine exemplarische Studie: L. Larson-Miller, The Altar and the Martyr. Theological Comparisons in Liturgical Texts and Contexts, in: R. R. Ervine (Hg.), Worship Traditions in Armenia and the Neighboring Christian East. An International Symposium in Honor of the 40th Anniversary of St. Nersess Armenian Seminary (Avant 3), Crestwood, NY 2006, 237–260. Besonders relevant für solche Analysen sind Geschichte und Theologie des christlichen Altars. – Vgl. dazu nach wie vor J. Braun, Der christliche Altar in seiner geschichtlichen Entwicklung, 2 Bde., München 1924, bes. Bd. 1: Arten, Bestandteile, Altargrab, Weihe, Symbolik, 525–662; ferner J. H. Emminghaus, Der gottesdienstliche Raum und seine Gestaltung, in: H. B. Meyer u. a. (Hg.), Gestalt des Gottesdienstes. Sprachliche und nichtsprachliche Ausdrucksformen (GDK 3), Regensburg ^{2}1991, 347–416, bes. 386–392; A. Gerhards, K. Wintz, Altar. III. Liturgisch, in: LThK^{3} 1 (1993) 436–438.

nere und größere *Shared Sacred/Memorial Spaces* entstanden. Eines der prominentesten Beispiele ist die Gedenkregion Berlin-Plötzensee.[32] Hier soll aber ein anderes Beispiel herausgegriffen werden: die Ausprägung des *Sacred/Memorial Space*, der sich in Norddeutschland und darüber hinaus aufgrund des Gedächtnisses der Lübecker Märtyrer Hermann Lange (1912–1943), Eduard Müller (1911–1943), Johannes Prassek (1911–1943) und Karl Friedrich Stellbrink (1894–1943) entwickelt hat.[33] Die Propsteikirche Herz Jesu sowie die Lutherkirche in Lübeck bilden hierbei mit ihren Gedenkzentren spirituelle „Herzkammern". Besonders zu nennen sind außerdem einige Orte innerhalb des heutigen Gebietes des Bistums Osnabrück, zu dem Lübeck bis zur Gründung des Erzbistums Hamburg 1996 gehört hat.[34] Über die Jahrzehnte ist dieser heilige (Gedenk-)Raum mittels vielfältiger rituell-gottesdienstlicher Vollzüge, Wallfahrten, Projekte der Gedenkarbeit, künstlerischer und baulicher Maßnahmen etc. entstanden,[35] wobei die Seligsprechung der katholischen Geistlichen im Jahre 2011, die mit einem ehrenden Gedenken von Pastor Stellbrink verknüpft worden ist, hierfür nochmals starke Impulse gesetzt hat. Zuletzt wirkten auch die Initiativen anlässlich des 75. Gedenktags der Hinrichtung 2018, darunter eine große Wallfahrt des Erzbistums Hamburg nach Lübeck, dynamisierend.[36]

---

[32] Vgl. Gedenkregion Plötzensee, in: http://www.gedenkzentrum.de/gedenkregion-ploetzensee (Zugriff: 1.7.2021), dort auch die Links zu den Websites der weiteren Kirchen/Gedenkstätten. Die Gedenkregion lohnte unter der hier entwickelten Perspektive eine eigene Untersuchung. Eine solche wird seitens des Verfassers aktuell vorbereitet.

[33] Vgl. dazu u. a. die Zusammenstellung der Orte des Gedenkens, in: https://www.luebeckermaertyrer.de/de/orte-des-gedenkens/index.html (Zugriff: 1.7.2021) mit den entsprechenden Verlinkungen.

[34] Vgl. speziell hierzu bes. H. Rolfes, S. Winter (Hg.), Bekenner in der Schreckenszeit. Zum Gedenken an die Lübecker Märtyrer im Bistum Osnabrück, Osnabrück 2018.

[35] Für umfassende Informationen und Materialien sowie Verweise auf die einschlägige Literatur vgl. Informationen zu den Lübecker Märtyrern, in: www.luebeckermaertyrer.de (Zugriff: 1.7.2021). – Für das Folgende vgl. ausführlicher S. Winter, „mit meinen schwachen Kräften mitwirken […] am Aufbau des Gottesreiches". Unfertige Gedanken zum Verhältnis von ökumenischem Glaubenszeugnis und rituell-gottesdienstlicher Feier des Glaubens, in: ders., A. Poschmann (Hg.), Liturgie und Ökumene. Früchte des gemeinsamen christlichen Erbes, Trier 2019, 9–52, zu Leer bes. 46–52.

[36] Vgl. zur Seligsprechung, in: https://www.luebeckermaertyrer.de/de/seligspre

Um welche Personen aber geht es hier?[37] Am 10. November 1943 wurden die drei römisch-katholischen Geistlichen Hermann Lange, Eduard Müller und Johannes Prassek zusammen mit dem evangelischen Pastor Karl Friedrich Stellbrink – nach weit über einjähriger Haft unter schwersten Entbehrungen – in Hamburg aufgrund eines Urteils des Volksgerichtshofes mit dem Fallbeil hingerichtet. Ohne genauer auf die vier einzelnen Biografien einzugehen, nur so viel: Der Schuldspruch stand schon vor Prozessbeginn fest.[38] Es sollte ein Exempel gegenüber den beiden großen Kirchen bzw. widerständigen Geistlichen statuiert werden. Insbesondere stand der Münsteraner Bischof Clemens August Graf von Galen (1933–1946) im Fokus, dessen man aus politischen Gründen nicht direkt habhaft werden konnte. Deshalb konzentrierte sich das Regime auf jene Geistlichen, die vor Ort in einer für die damalige Zeit ungewöhnlichen Weise interkonfessionell vernetzt arbeiteten. Sie hatten z. B. in Gesprächskreisen auf die drei berühmten Galen-Predigten des Jahres 1941 zurückgegriffen, die sich gegen Ideologie und diverse Verbrechen der Nationalsozialisten richteten.[39] Die vier Lübecker

> „erkannten immer klarer den unauflösbaren Widerspruch zwischen dem christlichen Glauben und der rassistischen, atheistischen Ideologie der Nationalsozialisten. Dieser Widerspruch ließ sie nicht mehr schweigen. Sie haben sich nicht herausgehalten und sich ein eigenes Urteil nicht verbieten lassen. Je länger das Unrecht währte, desto verpflichtender wurde für sie das Gebot,

---

chung/index.html (Zugriff: 1.7.2021) bzw. zum Gedenkjahr: 75. Gedenkjahr der Hinrichtung der Lübecker Märtyrer, in: https://luebeckermaertyrer.erzbistum.hamburg (Zugriff: 1.7.2021).

[37] Vgl. vor allem P. Voswinckel, Geführte Wege. Die Lübecker Märtyrer in Wort und Bild, Kevelaer – Hamburg 2010.

[38] Zum Prozess und der Folgezeit vgl. ebd., 128–148, und auch den Abdruck entsprechender Dokumente 193f.

[39] Zu Leben und Wirken Kardinal von Galens vgl. aus der Fülle der Literatur die differenzierte Darstellung von: H. Wolf, Clemens August Graf von Galen. Gehorsam und Gewissen, Freiburg i. Br. 2006, sowie die Beiträge des Sammelbandes: B. Schüler, T. Flammer, H. Wolf (Hg.), Clemens August von Galen. Ein Kirchenfürst im Nationalsozialismus, Darmstadt 2007. Wichtige Quellen sind zusammengestellt in: Clemens August von Galen, Akten, Briefe, Predigten. 1933 bis 1946, 2 Bde., hg. von P. Löffler (VKZG.Q 42), Paderborn u. a. [2]1996.

Gott mehr zu gehorchen als den Menschen, die mit Terror regierten und einen Vernichtungskrieg begonnen hatten."[40]

Besonders die Abschiedsbriefe legen in besonderer Weise Zeugnis davon ab, dass die Geistlichen letztlich im festen Vertrauen auf den Gott des Lebens, dessen Botschaft sie durch ihr Wirken bezeugt hatten, der Hinrichtung entgegengegangen sind.[41]

Für die evangelische wie die katholische Kirche ist das gemeinsame Blutzeugnis der vier Lübecker Märtyrer bleibendes Vermächtnis und ökumenische Verpflichtung, letzteres erstens deshalb, weil

> „während der Zeit des Nationalsozialismus nirgendwo in Deutschland evangelische und katholische Geistliche in so eindeutiger ökumenischer Gemeinsamkeit gegen das NS-Regime ‚mit Worten und Taten protestiert haben'. [...] Zweitens wird an dem gemeinsamen Martyrium der Lübecker Geistlichen die für die Geschichte des Christentums bedeutsame Tatsache exemplarisch deutlich, daß nach einer langen Periode des Gegeneinanders nun ‚Protestanten und Katholiken [...] zum ersten Mal ein partnerschaftliches Martyrium erfahren haben.'"[42]

Aus dem intensiven Hören auf die Heilige Schrift, dem Gottesdienst und dem persönlichen Gebet heraus hatte sich bei den vieren eine Gottesbeziehung entwickelt, „die ihre ganze Existenz" durchdrang „und aus der die Geistlichen lebten und schließlich sogar sterben konnten". Das Gottgeheimnis im konkreten Leben eines Menschen wird hier „als Widerstand wirksam, wo [...] das Menschsein selbst bedroht ist" oder: *„Es ist ein Gottesglaube, dessen praktische Kehrseite*

---

[40] Arbeitskreis 10. November Lübecker Märtyrer (Hg.), Unterwegs zu den vier Lübecker Märtyrern, in: https://www.luebeckermaertyrer.de/files/downloads/gedenkweg.pdf (Zugriff: 1.7.2021).

[41] Die erst 2004 im Bundesarchiv wiederentdeckten Abschiedsbriefe finden sich in: Voswinckel, Geführte Wege (s. Anm. 37), 182–188; Abschiedsbriefe der Lübecker Märtyrer. Zeugnisse des Glaubens, in: https://www.luebeckermaertyrer.de/de/geschichte/abschiedsbriefe/index.html (Zugriff: 1.7.2021).

[42] J.-M. Kruse, Sie bezeugen die Einheit der Kirche. Vortrag bei einem Friedensgebet am 6. September 2004 in Mailand [deutsche Übersetzung des englischen Originals], in: https://www.luebeckermaertyrer.de/de/stimmen/ansprachen/kruse.html (Zugriff: 1.7.2021).

der Widerstand gegen jede Form der Menschenverachtung ist".[43] Dieser Glaube begründet eine „Ökumene der Märtyrer"[44] auf Basis gelebter Christusnachfolge, die bei den Lübeckern getragen war „von der biblischen Reich Gottes Hoffnung, die auf eine neue und bessere Welt für alle zielt"[45]. Helmuth Rolfes (* 1944) geht an dieser Stelle sogar noch einen Schritt weiter. Er sieht den Ansatz einer im Widerstand geeinten Gemeinschaft, die weit über Religionsgrenzen hinausreicht:

> „*Immer dann und überall dort, wo Menschen Widerstand leisten, weil die Menschlichkeit, weil das Humanum in Gesellschaft und Geschichte existenziell bedroht wird, entsteht für mich, über alle weltanschaulichen und religiösen Schranken hinaus, so etwas wie eine im Widerstand selbst gelebte* ‚Ökumene der Menschlichkeit'."[46]

Glaubenszeugnisse wie die der Lübecker Geistlichen sind exemplarische Erfahrungsorte göttlicher Gnade, die *jedem* Menschen zuteilwird, der auf Gott als tiefstes Geheimnis seines Daseins setzt. Hier liegt aber ausweislich der ökumenischen Gedenkpraxis in ihren vielfältigen Formen ein Beispiel dafür vor, dass und wie ein solches Glaubenszeugnis *stilbildend* im Sinne Rahners werden kann. Innerhalb des geteilten *Sacred/Memorial Space*, der sich mit Bezug auf die Lübecker Heiligen herausgebildet hat, sind u. a. die Kirche St. Michael im ostfriesischen Leer sowie die Christus-König-Kirche im Osnabrücker Stadtteil Haste sehr bemerkenswert, da sie auf Fragen

---

[43] Wörtliche Zitate aus: H. Rolfes, Woher kommt bei den Lübecker Märtyrern die Kraft zu widerstehen?, in: ders., Winter (Hg.), Bekenner in der Schreckenszeit (s. Anm. 34), 70–76, hier: 74 [Hervorhebungen im Original].

[44] Papst Johannes Paul II., Apostolische Konstitution *Tertio millennio adveniente* zur Vorbereitung auf das Jubeljahr 2000 vom 10. November 1994, hg. vom Sekretariat der Deutschen Bischofskonferenz (VApS 119), Bonn 1994, 33 [Nr. 37]. – Vgl. dazu auch ders., Enzyklika *Ut unum sint* über den Einsatz für die Ökumene vom 25. Mai 1995 und Apostolisches Schreiben *Orientale lumen* zum hundertsten Jahrestag des Apostolischen Schreibens *Orientalium dignitas* von Papst Leo XIII. vom 2. Mai 1995, hg. vom Sekretariat der Deutschen Bischofskonferenz (VApS 121), Bonn 1995, 61f. [Nr. 84]; vgl. dazu auch K. Koch, Christenverfolgung und Ökumene der Märtyrer. Eine biblische Besinnung, Norderstedt 2016.

[45] Rolfes, Woher kommt bei den Lübecker Märtyrern die Kraft zu widerstehen? (s. Anm. 43), 75.

[46] Ebd. [Hervorhebungen im Original].

nach einer theologisch-ästhetisch adäquaten Zuordnung von Christus- und Märtyrergedenken eine zeitgemäße Antwort zu geben versuchen. Leer ist deshalb ein wichtiger Ort innerhalb dieses *Sacred/ Memorial Space*, weil hier Hermann Lange am 16. April 1912 geboren, in St. Michael getauft und zur Erstkommunion gegangen ist. Die Abbildungen unten zeigen den liturgischen Hauptraum der Kirche sowie den vorgelagerten Andachtsraum, der dem Gedenken der Lübecker und des ebenfalls unter den Nationalsozialisten inhaftierten Ortspfarrers Heinrich Schniers (1880–1942) dient, nach der 2015 abgeschlossenen Umgestaltung.[47]

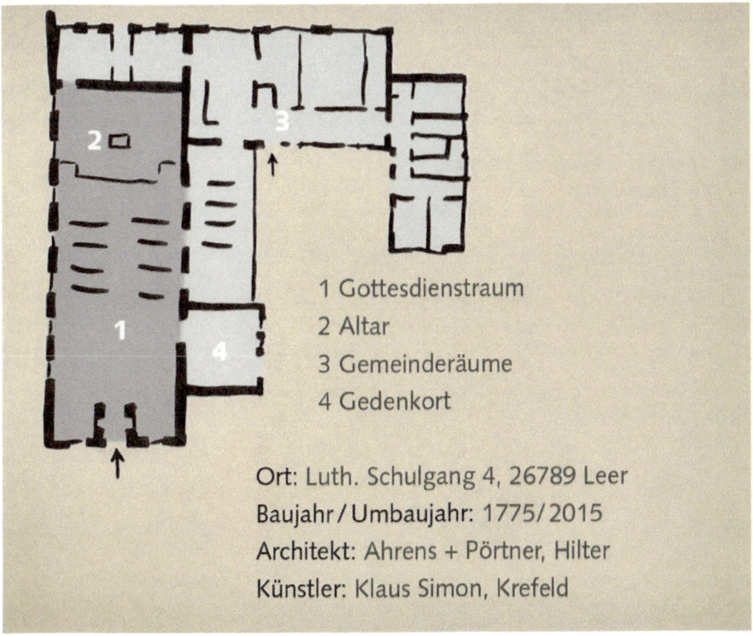

Abb. 1: Skizze zum Grundriss der Pfarrkirche St. Michael in Leer.
© *Dom Medien GmbH*

---

[47] Abbildungen 1 bis 3 aus: R. Schlüter, S. Winter (Hg.), Kirchen im Umbau. Neue Nutzungen kirchlicher Räume im Bistum Osnabrück, Osnabrück 2015, 60f.63.65; vgl. die Beschreibung des Gesamtprojekts 58–65, und dazu auch Rolfes, Winter (Hg.), Bekenner in der Schreckenszeit (s. Anm. 34), 46–48; A. Robben, E. Sieksmeyer, „Auf Wiedersehen oben beim Vater des Lichtes", in: ebd., 49–55.

Abb. 2: Blick in den Gottesdienstraum.
© *Hartwig Wachsmann*

Abb. 3: Andachts- und Gedenkraum.
© *Hartwig Wachsmann*

In der Christus-König-Kirche in Haste war der gebürtige Hamburger Johannes Prassek – vor allem aufgrund der Freundschaft zu einer dort ansässigen Familie – biografisch stark verwurzelt und hat hier

Abb. 4: Blick aus dem Haupteingangsbereich/Schwellenraum mit Gedenkelementen für die Lübecker Märtyrer in den liturgischen Hauptraum der Pfarrkirche Christus König in Osnabrück-Haste. © *Hartwig Wachsmann*

seine Primiz gefeiert. Im Rahmen der letzten großen Sanierung, die 2017 abgeschlossen werden konnte, hat ein Kunstwettbewerb stattgefunden, dessen Thema die Integration des Märtyrergedenkens war. An der Erarbeitung der Vorgaben war u. a. der seit Langem auch ökumenisch aktive Johannes-Prassek-Arbeitskreis beteiligt.[48]

In beiden Kirchen wurde im Bereich des jeweiligen Haupteingangs ein Raum des Gedenkens für die Märtyrer (und im Fall Leers zusätzlich für Pfarrer Schniers) eingerichtet, der als Schwellenraum fungiert, aber auch Möglichkeiten zu persönlichen oder gemeinschaftlichen Gebeten und Meditationen bietet. Wer die Haupträume betritt, begegnet jeweils direkt dem Taufbrunnen, wobei in Christus König durch mobile Sitzmöbel die Möglichkeit zur Versammlung einer kleineren Feiergemeinde ausdrücklich angezeigt wird. Von dort führt der Weg durch den Mittelgang zum Altar. Beide Haupträume sind damit von den primären Quellorten einer liturgischen Spiritualität her geordnet. Die

---

[48] Abbildungen 4 und 5 aus: Rolfes, Winter (Hg.), Bekenner in der Schreckenszeit (s. Anm. 34), 42.44. Als Beschreibung des Projekts vgl. ebd., 38f.; zudem B. Stecker, „Wer sterben kann, wer will den zwingen". Zum Kunstwerk von Madeleine Dietz, Landau, in Christus König, in: ebd., 40–45.

entsprechenden Raumachsen bilden Wegbeziehungen nach, die äußerer Ausdruck innerer geistlicher Prozesse zu sein vermögen: innerer Prozesse, gemäß denen sich im und durch den rituellen Gottesdienst paradigmatisch die in der Taufe geschenkte Existenz ἐν Χριστῷ (vgl. etwa 2 Kor 5,17; Röm 8,1f.) realisiert. Die Taufe gliedert ästhetisch ausdrücklich in die Gemeinschaft der von Gott Herausgerufenen, in die ἐκκλησία, ein und ist zugleich neue Existenz κατὰ πνεῦμα[49]. Die entsprechende christliche Lebensform realisiert sich wesentlich in der Feier des Herrenmahls, in der die Gemeinde den Tod des Herrn verkündet, bis er wiederkommt in Herrlichkeit (vgl. 1 Kor 11).[50]

Zu diesem Grundverständnis trägt in St. Michael zusätzlich bei, dass der liturgische Feierraum in seinen ursprünglichen Proportionen wiederhergestellt worden ist. Durch die Neunutzung des bisherigen Seitenschiffes der Kirche als Gemeindesaal wird schon während eines Gottesdienstes deren untrennbarer Bezug mit anderen gemeindlichen Vollzügen erfahrbar. Die angestrebte Umformung der *gesamten* Existenz von den Schemata des neuen Äons her ist damit zumindest als Anspruch markiert. In Christus König wurden die liturgischen Primärorte aus dem erhöhten bisherigen Altarraum in Richtung des Versammlungsbereich der Gemeinde auf eine einfache Stufe gezogen. Auch dadurch wird hervorgehoben, dass es um eine Hineinnahme des Lebens der Feiergemeinschaft in das rituelle Geschehen geht.

Ganz spezifische Akzente werden in beiden Kirchen durch die elaborierte künstlerische Gestaltung gesetzt. In Leer wurde mit dem Krefelder Bildhauer Klaus Simon (* 1949) ein Gesamtkonzept entwickelt. Im Hauptraum ist das auffälligste Element ein großes Kreuz aus vier Eichenbohlen, die einen individuellen Charakter haben, doch gemeinsam die Kreuzform ausbilden. Diese Skulptur bildet für den physischen wie den geistlichen Weg über Gedenk-/Andachtsraum, Taufbrunnen und Altar das Ziel, von dem her zugleich

---

49 „In der Taufe gelangt der Gläubige in den Raum des Christus, konstituiert sich die persönliche Christusgemeinschaft und hat die Erlösung real begonnen, die sich in einem vom Geist bestimmten Leben zu bewähren hat" (U. Schnelle, Gerechtigkeit und Christusgegenwart. Vorpaulinische und paulinische Tauftheologie [GTA 24], Göttingen ^{2}1986, 120).

50 Kompakt dazu äußert sich auch die Liturgiekonstitution *Sacrosanctum Concilium* (SC) des Zweiten Vatikanischen Konzils (1962–1965) (vgl. SC 6).

Abb. 5: Kunstinstallation im Apsisbereich.
© *Reinhild Krotzek*

alle anderen Elemente justiert werden. Die Balken verweisen auf die vier Lübecker in ihrer Individualität wie in ihrer gemeinsamen Prägung vom Christus- und Gottesgeheimnis her,[51] womit eine Deutungsoption für jedes menschliche Dasein eröffnet wird. Weitere Elemente im Raum wie der von Simon geschaffene „Sieben Stationen Weg" unterstützen diesen Zugang.[52]

In Osnabrück-Haste bietet der Eingangsbereich – ebenso wie in Leer – über künstlerisch gefasstes Bild- und Textmaterial vielfältige Impulse zur Auseinandersetzung mit den Märtyrern. Außerdem hat Madeleine Dietz (* 1953) aus Landau unter der monumentalen Christus-König-Figur von Ludwig Nolde (1888–1958) aus den 1930er-Jahren das Faksimile eines Wortes, das Prassek während der

---

[51] Gleiches gilt für das offizielle rot-schwarze Logo, das im Zusammenhang des Seligsprechungsprozesses entwickelt wurde und die vier Porträts in Kreuzform angeordnet zeigt. Für weitere Erläuterungen vgl. S. Fiebig, Das neue Logo. Ein sprechendes Zeichen, in: https://www.luebeckermaertyrer.de/de/stimmen/logo/index.html (Zugriff: 1.7.2021).

[52] Vgl. auch Sieben Stationen – Wege des Kreuzes, Wege des Leidens, in: https://www.mowelele.de/sieben-stationen (Zugriff: 1.7.2021).

Haft in sein Neues Testament notiert hat, spannend inszeniert: „Wer sterben kann, wer will den zwingen?“ ist in eine quadratische dunkle Stahlplatte gefräst, die aus einer Fläche aus wiederum neun solcher Felder herausgenommen ist, die davor angeordnet sind – an jener Stelle, an der früher der Hochaltar stand, an dem Prassek Primiz gefeiert hat. Bernhard Stecker (* 1964) schreibt in seiner Interpretation:

> „Eine am Boden liegende Skulptur und darüber ein Christus, der mit ausgebreiteten Armen alles an sich zu ziehen und aufzurichten scheint: aus dieser Spannung beziehen beide Kunstwerke enorme Kraft.“[53]

Dietz wolle, so Stecker, mit dieser Anordnung u. a. an die *Prostratio* der Kandidaten bei der Priesterweihe erinnern: Es gehe um die Kernfrage, vor welchem Herrscher sich Menschen niederzuwerfen bereit seien. Die Lübecker hätten eine klare Lebensentscheidung getroffen, für die sie sogar in den Tod gegangen seien. Außerdem verweist Stecker auf die Predigt von Bischof Franz-Josef Bode (* 1951) bei der Wiedereröffnung der Kirche. Die dunklen Platten habe Bode so gedeutet, dass sie auf ihn wie die Bedeckung eines Grabes wirken: Die neunte Platte lehne an der Wand „wie weggesprengt aus der Mitte, so wie der Stein vor dem Grab Jesu [...]. Und dahinter, in der Offenheit der Mitte, leuchtet das österliche Licht“: „Wer glaubt und vertraut, dass Gott die Macht hat, auch diesen Stein [des Todes] wegzuwälzen, weil er größer ist als jeder Stein, der gewinnt Leben und Freiheit“[54], wie es das hier platzierte Wort Prasseks eindrucksvoll dokumentiere.

Zusammenfassend lässt sich sagen: In beiden Projekten wird angestrebt, dass sich Menschen im Heute das, was den christlichen Gottesdienst im Kern ausmacht und trägt, in lokal konkreter Weise aneignen; sich in die angedeuteten Grundbewegungen auch auf den Spuren der Lübecker Märtyrer mit hineinnehmen zu lassen, um so zusammen mit ihnen auf den Spuren Jesu Christi und in der Kraft des Heiligen Geistes zu glaubwürdigen Zeug(inn)en der anbrechenden Gottesherrschaft zu werden. Dazu werden die Mittel moderner Kunst einbezogen und deutlich ökumenische Akzente gesetzt.[55] Hier

---

[53] Stecker, „Wer sterben kann, wer will den zwingen“ (s. Anm. 48), 40.

[54] Ebd., 41.43.

[55] Vgl. u. a. die Erläuterungen zum Oekumenischen Leer-Pfad in: https://ack-

zeichnet sich beispielhaft ab, wie sich (auch) rituell beeinflusst ein *Sacred* bzw. *Memorial Space* konkret vor Ort entfalten und dabei gezielt an etablierte Glaubens- und Gedenktraditionen anknüpfen kann.

3 Zwei Richtungsanzeigen für zukünftige Entwicklungsprozesse ökumenisch geteilter *Sacred/Memorial Spaces*

Die angedeuteten Linien zur Entwicklung von *Shared Sacred* bzw. *Memorial Spaces* lassen sich u. a. in zwei Richtungen entfalten. Erstens dürfte lohnend sein, darauf zu schauen, wie sich innerhalb einzelner solcher *Spaces* liturgische Praktiken verändern und wie sich solche Veränderungen raumbildend auswirken. Eventuell ergeben sich dabei auch Möglichkeiten, theologisch reflektiert situativ begründbare konfessionsübergreifende Praktiken zu fördern, die ansonsten grundsätzlich in kirchenoffizieller Perspektive noch immer nicht zulässig sind. Um es nur anhand eines Beispiels anzudeuten, das die erwähnte Gedenkregion Berlin-Plötzensee betrifft: Ein publizierter Briefwechsel zwischen Klaus Mertes (* 1954) und Antje Vollmer (* 1943) beschreibt die gemeinsame Erfahrung eines ökumenischen Gottesdienstes zum Gedenken der Märtyrer aus der Widerstandsbewegung des 20. Juli 1944, der jährlich an dieser Hinrichtungsstätte gefeiert wird. Das Besondere: Nach der gemeinsamen Feier des Wortes Gottes folgt ein Abendmahl-/Eucharistieteil in zwei Varianten (einer evangelisch-lutherischen, einer römisch-katholischen), die additiv hintereinandergeschaltet werden, wobei der jeweils anderskonfessionelle Teil der Gemeinde beiwohnt. Mertes und Vollmer plädieren vor diesem Hintergrund u. a. dafür, angesichts solcher Situationen verschiedene Modelle eucharistischer Gastfreundschaft bzw. Gastbereitschaft neu zu prüfen[56] – etwa in Bezug auf das jährliche ökumenische Gedenken

---

leer.wir-e.de/oekumenischer-leer-pfad (Zugriff: 1.7.2021) sowie die Informationen zum in Haste ansässigen Arbeitskreis Johannes Prassek in: https://www.christus-koenig-os.de/gemeindeleben/gruppen-und-verbaende/arbeitskreis-johannes-prassek (Zugriff: 1.7.2021).

[56] Vgl. K. Mertes, A. Vollmer, Ökumene in Zeiten des Terrors. Streitschrift für die Einheit der Christen, Freiburg i. Br. 2016, bes. 148.154 (ausdrücklicher Bezug zu den Lübecker Märtyrern 117f.). – Vgl. zur Thematik aus der Fülle der Literatur S. Winter, Mehr Liturgie in die Ökumene! Ein nachdenkliches Plädoyer zum Schluss, besonders im Blick auf die Diskussionen um Abendmahls- und Euchari-

der Lübecker Märtyrer am 10. November in der Hansestadt gibt es seit Langem ähnliche Diskussionen, auch innerhalb offizieller, von den Kirchenleitungen eingesetzter Studiengruppen.

Zweitens sollte bei der Initiierung wie weiteren Dynamisierung solcher *Spaces* Glaubenden bzw. den Kirchen stets bewusst bleiben, dass es letztlich nicht um sie selbst geht. Die christlichen Konfessionen wie die Religionen überhaupt schulden vielmehr der Welt die Bereitschaft zu einer „Ökumene der Menschlichkeit". Papst Franziskus (seit 2013) weist den Religionen gemeinsam die Aufgabe zu, „in der Welt den Durst nach dem Absoluten" wachzuhalten. Und weiterhin nennt er nichtreligiöse Menschen, die auf der Suche nach der Wahrheit, dem Guten und dem Schönen sind, „unsere wertvollen Verbündeten beim Einsatz für die Menschenwürde, für ein friedliches Zusammenleben und die Bewahrung der Schöpfung".[57] Verständigungsprozesse über miteinander geteilte Überzeugungen sollten deshalb nicht zuerst bei den Unterschieden ansetzen, sondern sich vielmehr als „Gabediskurse" verstehen, die wechselseitige Teilgabe bzw. Teilnahme an den jeweiligen Kompetenzen und Charismen ermöglichen. Um es mit der Pastoralkonstitution *Gaudium et spes* (GS) des Zweiten Vatikanischen Konzils (1962–1965) zu formulieren: Das raumbildende Potenzial solcher lebendigen Austauschprozesse muss aus christlicher Sicht zu jeder Zeit und an jedem Ort von „Freude und Hoffnung, Trauer und Angst der Menschen […], besonders der Armen und Bedrängten aller Art" (GS 1) her neu erschlossen werden.

---

stiegemeinschaft, in: ders., Poschmann (Hg.), Liturgie und Ökumene (s. Anm. 35), 221–245; V. Leppin, D. Sattler (Hg.), Gemeinsam am Tisch des Herrn. Ein Votum des Ökumenischen Arbeitskreises evangelischer und katholischer Theologen – Together at the Lord's Table. A Statement of the Ecumenical Study Group of Protestant and Catholic Theologians (DiKi 17), Freiburg i. Br. – Göttingen 2020.

[57] Wörtliche Zitate aus: „Mein Bruder Andreas". Franziskus setzt neue Akzente im Dialog mit Kirchen und Religionen, in: ÖI 13–14 (2013) 3f., hier: 4. – Vgl. auch Papst Franziskus, Enzyklika *Laudato si'* über die Sorge für das gemeinsame Haus vom 24. Mai 2015, hg. vom Sekretariat der Deutschen Bischofskonferenz (VApS 202), Bonn ^{4}2018; dazu u. a. die Beiträge in: T. Dienberg, S. Winter (Hg.), Mit Sorge – in Hoffnung. Zu Impulsen aus der Enzyklika *Laudato si'* für eine Spiritualität im ökologischen Zeitalter, Regensburg 2020.

Öffentlichkeitsorientierte Kirchennutzung

Die Ermöglichung von Gemeinschaft und Teilhabe als Selbstanspruch öffentlicher Kirchenräume

Sonja Keller

Die in verschiedenen akademischen, kirchlichen und medialen Foren geführte Auseinandersetzung mit der zukünftigen Nutzung, der Umnutzung oder der hybriden Nutzung von Kirchengebäuden gewährt Einblicke in vielfältige Verständnisse der Bedeutung von Kirchengebäuden, lokalen Nutzungspraktiken sowie normative Kirchenbilder.[1] Im Kontext der evangelisch-theologischen und der kirchlichen Fachdiskurse über die Weiterentwicklung der Kirchenumnutzung und insbesondere der Umnutzung von Kirchengebäuden haben sich Gesichtspunkte und Kriterien herausgebildet, die eine beträchtliche Steuerungsfunktion im Umgang mit Kirchenräumen besitzen.[2] Als diskursiver Bezugspunkt und normatives Gütekriterium für die Umnutzung oder Nutzungserweiterung nimmt der Anspruch, Kirchen als öffentliche Gebäude zu erhalten, eine besonders bedeutsame Funktion ein. An dieser Stelle muss konstatiert werden, dass soziale, kulturelle und übergemeindliche Schwerpunkte bei der Umnutzung oder Nutzungserweiterung sowie Stilllegungen die meistdiskutierten Formen auf diesem Feld im Rahmen des

---

[1] Teile dieses Beitrags wurden unter dem Titel „Sozialraumorientierung und Kirchenumnutzung" publiziert in: J. Willinghöfer (Hg.), Ein neuer Typus Kirche. Hybride öffentliche Räume, Berlin 2021, 30–37.

[2] Exemplarisch hierfür sei auf die jüngste kirchliche Empfehlung im Umgang mit Kirchengebäuden aus den Reformierten Kirchen Bern-Jura-Solothurn aus dem Jahr 2019 hingewiesen. In dieser Praxishilfe wird das „öffentliche Interesse" als eine der zentralen Perspektiven im Rahmen des notwendigen Blicks aufs Ganze skizziert. Dazu heißt es: „Dieses öffentliche Interesse muss bei Umnutzungsdiskussionen mit im Blick sein. Die Kirchgemeinden haben eine Verantwortung gegenüber der Gesamtbevölkerung. Sie sind verantwortlich dafür, dass es im öffentlichen Raum weiterhin Orte gibt, die auf die Bedeutung von Religion als einem unverzichtbaren Element unserer Gesellschaft hinweisen." (J. Stückelberger, Erweiterte Nutzung kirchlicher Gebäude. Praxishilfe, hg. von den Reformierten Kirchen Bern-Jura-Solothurn, Bern 2019, 9)

evangelisch-theologischen und kirchlichen Diskurses repräsentieren. Im Kontext der Umnutzung von Kirchengebäuden sind dezidiert ökumenische Perspektiven selten, was sich mit dem Hinweis darauf erklären lässt, dass insbesondere in urbanen Gebieten vielerorts die beiden großen Kirchen damit befasst sind, die Zahl der ausschließlich kirchlich genutzten Kirchengebäude zu reduzieren.

In diesem Beitrag wird danach gefragt, welche Themen und Perspektiven im Kontext der Kirchennutzung und der Nutzungserweiterung die Rede von „Öffentlichkeit" absorbiert bzw. welche Werte und Selbstverständnisse mit der Betonung der Öffentlichkeit der Räume betont werden. Im Anschluss an die Skizze des theologisch genutzten Öffentlichkeitsbegriffs im ersten Teil wird im zweiten Teil die programmatische Auseinandersetzung mit der Öffentlichkeit von Kirchengebäuden, die im Rahmen des 29. Evangelischen Kirchbautages 2019 in Erfurt diskutiert wurde, aufgegriffen. Im dritten Teil wird exemplarisch anhand von zwei dezidiert öffentlichkeitsorientierten Umnutzungen gezeigt, wie elementar dabei die Auseinandersetzung mit dem Sozialraum und die Kooperationen mit lokalen Akteur(inn)en sind. Im abschließenden vierten Teil werden die Ausführungen in ekklesiologischer Perspektive gebündelt, indem einige Überlegungen zur theologischen Programmatik aufgeschlossener Kirchen skizziert werden.

1 Öffentlicher Raum Kirche

Die Rede von Öffentlichkeit ist von einer beträchtlichen Bedeutungsvielfalt gekennzeichnet. Mit dem Begriff wird vielfach die Zugänglichkeit zu allgemeinen Diskursen sowie ein Strukturprinzip der modernen Demokratie bezeichnet.[3] Die Mehrheit der vielfältigen Diskurse thematisiert ein politisch-rechtliches Ordnungsprinzip und stellt Öffentlichkeit als eine wandlungs- und entwicklungsfähige Größe dar. Damit verbunden ist eine Vielzahl von medien- und kommunikationswissenschaftlichen Perspektiven auf Teilöffentlichkeiten. Öffentlichkeit wird demnach in kommunikativen Zusammenhängen konstituiert und existiert nur bedingt unabhängig da-

[3] Vgl. B. Schäfers, Öffentlichkeit, in: J. Kopp, A. Steinbach (Hg.), Grundbegriffe der Soziologie, Wiesbaden 2018, 349f.

von.[4] Die Messung der Öffentlichkeits- und Vermittlungsleistung etwa medialer Öffentlichkeit erweist sich dabei als überaus komplexes Unterfangen. Im Kontext der evangelischen Kirche und Theologie transportiert der Öffentlichkeitsbegriff gegenwärtig vor allem kirchliche Selbstverständnisse und kann als Relevanzbehauptung angesichts der rückläufigen Zahl der Kirchenmitgliedschaft gedeutet werden. Wegweisend für den evangelisch-theologischen Öffentlichkeitsdiskurs ist Wolfgang Hubers (* 1942) Habilitationsschrift „Kirche und Öffentlichkeit“[5], worin er Kirche als intermediäre Akteurin im öffentlichen Raum beschreibt und so eine leistungsfähige theologische Heuristik für das Verständnis der Funktion von Kirche hinsichtlich der Weltgestaltung und in der Zivilgesellschaft entfaltet.

Ein verstärktes Interesse am Öffentlichkeitscharakter der Kirche – insbesondere hinsichtlich ihrer Entwicklung und Zukunft – lässt sich in der evangelischen Theologie seit Langem beobachten. Die Unterschiede in der Verwendung des Öffentlichkeitsbegriffs beziehen sich nicht nur auf den Bedeutungsreichtum dieses Lexems. Die Rede von der „Öffentlichen Kirche“ bezeichnet vielfach weniger eine Qualität der Kirche und der Gemeinden, sondern scheint oftmals mit einer Sehnsucht nach einer breiten öffentlichen Ausstrahlung verbunden zu sein. Der kirchenleitend formulierte Appell, Kirche und Gemeinde öffentlich (relevant) zu gestalten, korreliert mit dem gesamtgesellschaftlichen Relevanzverlust der Institution. Im Hintergrund der theologischen Auseinandersetzung mit Öffentlichkeit stehen die facettenreiche *Public Theology* und die in diesem Diskurszusammenhang entwickelten Verständnisse der zivilgesellschaftlichen Funktion von Kirche einerseits sowie der statistisch messbare Rückgang der Kirchlichkeit andererseits. Die Programmbegriffe „Öffentliche Kirche“, „Öffentliche Theologie“ oder „Öffentlicher Protestantismus“ thematisieren und etablieren ein Verständnis der Verantwortung der Kirche bzw. die Selbstverpflichtung, einer pluralen Gesellschaft zu dienen, die über die numerische Größe von Kir-

---

[4] Vgl. J. Habermas, Strukturwandel der Öffentlichkeit. Untersuchungen zu einer Kategorie der bürgerlichen Gesellschaft, Frankfurt a. M. 1990, 86. Als allumfassendes Bewusstsein und zentrales Prinzip für die Weltwahrnehmung und -gestaltung entfaltet Volker Gerhardt (* 1944) Öffentlichkeit (vgl. V. Gerhardt, Öffentlichkeit. Die politische Form des Bewusstseins, München 2012, 505–507).

[5] W. Huber, Kirche und Öffentlichkeit (FBESG 28), Stuttgart 1973.

che und Gemeinde hinausweist.[6] Vielfach artikuliert die Rede von Öffentlichkeit im Kontext von Kirche und Theologie sowohl ein Selbstverständnis als auch einen Anspruch.[7] Die Beschreibung des Öffentlichkeitscharakters von Kirche und Gemeinde stellt sich in empirischer und sozialwissenschaftlicher Perspektive allerdings als komplex dar, denn der Öffentlichkeitsbegriff ist wissenschaftlich schwer operationalisierbar, zumal Öffentlichkeiten nicht einfach vorliegen, sondern durch unterschiedliche Praktiken hervorgebracht werden. Thomas Schlag (* 1965) hat die Notwendigkeit der Differenzierung erkannt und darauf hingewiesen, dass sich Öffentlichkeit im Kontext von Kirche in verschiedenen Teilaspekten zeigt, zu denen – um nur ein paar zu nennen – etwa das Erscheinungsbild und die Sichtbarkeit gehören, die Praxis im Sinne der Sprache, der Interaktion und der Partizipation sowie die Instanzen der Legitimation, der Leitung und die Möglichkeit der Kontrolle.[8] Der Öffentlichkeitscharakter der Kirche ist entsprechend nicht pauschal, sondern auf diese und weitere Eigenschaften bezogen beschreibbar. Die Konjunktur der Auseinandersetzung mit der Öffentlichkeit von Religion und Theologie repräsentiert stets auch eine intensive Beschäftigung mit der weltanschaulich- und religiös-pluralen Gesellschaft

---

[6] Exemplarisch dazu Christian Albrechts (* 1961) und Reiner Anselms (* 1965) Auseinandersetzung mit dem „Öffentlichen Protestantismus“, den sie folgendermaßen beschreiben: „Öffentlicher Protestantismus steht für eine Grundierung des gesellschaftlichen Zusammenlebens aus dem Geist eines evangelischen Christentums, das sich an politischen Debatten kritisch und konstruktiv beteiligt mit dem Ziel gesellschaftlicher Kohäsion.“ (C. Albrecht, R. Anselm, Öffentlicher Protestantismus. Zur aktuellen Debatte um gesellschaftliche Präsenz und politische Aufgaben des evangelischen Christentums [ThSt(B).NF 4], Zürich 2017, 61)

[7] Der Diskurs um die Öffentlichkeit der Kirche thematisiert grundlegend die veränderte öffentliche Präsenz der Kirche, wobei die „Öffentliche Theologie“ eine internationale und konfessionsübergreifende Auseinandersetzung mit der zivilgesellschaftlichen Funktion von Theologie und christlicher Religion hervorgebracht hat. Verschiedene Bezugshorizonte der Auseinandersetzung mit „Öffentlicher Theologie“ im Kontext der Evangelischen Theologie benennt Arnulf von Scheliha (* 1961). – Vgl. dazu A. von Scheliha, Zum Programm der „Öffentlichen Theologie“. Ein Debattenbeitrag, in: U. H. J. Körtner, R. Anselm, C. Albrecht (Hg.). Konzepte und Räume Öffentlicher Theologie. Wissenschaft – Kirche – Diakonie (ÖfTh 39), Leipzig 2020, 43–54.

[8] Vgl. T. Schlag, Wie konstituieren sich kirchliche Öffentlichkeiten?, in: F. M. Brunn, S. Keller (Hg.), Raum. Kirche. Öffentlichkeit. Dynamiken aktueller Präsenz, Leipzig 2019, 45–58, hier: 51.

und der Notwendigkeit, auf vielfältige gesellschaftliche Öffentlichkeiten bezogen Kirche zu gestalten.[9]

Für die Frage nach der Beschaffenheit der Öffentlichkeit der Kirchenbauten ist dieser Hinweis relevant. Sie ist demnach als eine graduell messbare Größe zu verstehen. Auf die Transformation von Kirchengebäuden oder Gemeindezentren bezogen bedeutet dies, zu fragen, wie weit und für wen die Pforten geöffnet werden. Die Rede von der buchstäblich aufgeschlossenen Kirche bliebe eine Behauptung, wenn sie sich nicht in der Nutzung von Räumen immer wieder zeigen würde. Die heuristische Qualität der Rede von „öffentlicher Kirche" und dem „öffentlichen Raum Kirche" ist wesentlich mit der Auseinandersetzung darüber verbunden, ob, wie und für wen Räume zugänglich gemacht werden. Werden die Grenzen zwischen Innen und Außen nivelliert? Welche Öffentlichkeiten versammeln sich in kirchlichen Räumen?

2 Öffentlichkeitsorientierte Kirchenumnutzungen im Spiegel des 29. Evangelischen Kirchbautags

Das Motto „Aufgeschlossen – Kirche als öffentlicher Raum" des 29. Evangelischen Kirchbautags 2019 in Erfurt thematisiert Öffentlichkeit als wichtiges Motiv bzw. geradezu als Qualitätsmerkmal für die erweiterte Nutzung von Kirchengebäuden. „Öffentlich" wird als Gegenbegriff zu „abgeschlossen" und „unzugänglich" verwendet. Damit ist allerdings noch nicht benannt, welche eigenen Praktiken mit dem öffentlichen Raum Kirche verbunden sind und sein sollen. Wofür stehen aufgeschlossene Kirchen? In welcher Weise realisiert sich darin der Auftrag der Kirche? Worin wird erkennbar, dass eine Kirche öffentlich ist? Bleiben interessierte Teilöffentlichkeiten Gäste in den Kirchen oder ist die Raumgestaltung tatsächlich allgemein zugänglich? Die programmatische Rede von „öffentlich" fungierte im Rahmen dieses Kirchbautages auch als Suchbewegung, sofern sie dazu herausfordert, das Verhältnis von Raum, Kirche und Öffentlichkeit anhand zahlreicher Neunutzungskonzepte eingehender

---

[9] Vgl. K. Merle, Was bringt Religion Öffentlichkeit? Gesellschaftliche Pluralität als Motiv praktisch-theologischen Nachdenkens, in: ZThK 118 (2021) 216–240, hier: 238.

zu studieren, die aus einem Ideenaufruf des Jahres 2016 hervorgegangen sind. Bei dieser Aktion wurden 500 Vorschläge für die neue Nutzung von Kirchen gesammelt, wobei viele davon eine hohe Partizipations- und Sozialraumorientierung aufwiesen.[10] In Kooperation mit der Internationalen Bauausstellung (IBA) Thüringen wurden einige Projekte realisiert, die den kirchlichen Raum neu denken und Gemeinsinn hervorrufen. Mit viel Elan wurde daran gearbeitet, ehemals ausschließlich kirchlich genutzte Räume zumindest temporär aufzuschließen und sie so als attraktive Räume für eine weitere Öffentlichkeit neu zu interpretieren. Einige der am Kirchbautag präsentierten Umnutzungen betonen das zivilgesellschaftliche Potenzial, das diese Räume bündeln können, sowie ihre besondere Erlebnisqualität als öffentliche Räume.

Die Öffentlichkeitsorientierung im Umgang mit kirchlichen Räumen realisiert sich indessen nicht erst in einer erweiterten Nutzung, sondern bereits in den ihr vorangehenden Planungs- und Entwicklungsprozessen. Die Entwicklung von erweitert nutzbaren Kirchen ist auf neue Perspektiven und Gesichtspunkte angewiesen bzw. auf die Möglichkeit, binnenkirchliche Nutzungspraktiken und -logiken aufzugeben. Viele Umnutzungen gehen auf Anregungen und Prozesse zurück, die in Kooperation mit zivilgesellschaftlichen Akteur(inn)en entstanden sind. Der reklamierte Öffentlichkeitscharakter vieler Projekte zeigt sich demnach nicht nur in der Zugänglichkeit der neuen Nutzungen, sondern auch in deren Genese, in der sich ein volkskirchliches Selbstverständnis spiegelt.[11] Die Offenheit gegenüber allen Interessierten kann sich auch in der Weiterentwicklung der Nutzung von Kirchen zeigen. Der Adressat(inn)enkreis nicht al-

---

[10] Vgl. J. Willinghöfer, L. Weitemeier (Hg.), 500 Kirchen, 500 Ideen. Neue Nutzung für sakrale Räume – 500 Churches, 500 Ideas. New Use For Sacred Spaces, Berlin 2017, 150–155.

[11] „Volkskirche" bzw. „Volkskirchlichkeit" bezeichnet – wie Reiner Preul (* 1940) sachgemäß herausgearbeitet hat – eine Qualität von Kirche im Sinne der programmatischen theologischen Offenheit gegenüber allen, die dazu gehören wollen. Eine Kirche ist nicht Volkskirche, wenn ihr die Mehrheit der Bevölkerung angehört, sondern wenn sie so gestaltet ist, „daß alle, sofern sie nur ein positives Verhältnis zur Verkündigung der Kirche haben, Mitglieder sein und sich in der Kirche heimisch fühlen könnten – unbeschadet aller sozialen, bildungsmäßigen, kulturellen und natürlichen Unterschiede" (R. Preul, Volkskirche, Praktisch-theologisch, in: RGG^4 8 [2005] 1186f., hier: 1186).

ler, doch vieler Umnutzungen ist tatsächlich weit und umfasst ganz selbstverständlich überkirchliche Öffentlichkeiten, was natürlich nicht zwangsläufig auch praktische Folgen hat.

In der programmatischen Leipziger Erklärung, die im Anschluss an den 24. Evangelischen Kirchbautag 2002 formuliert wurde, heißt es: „Wir erinnern daran, dass unsere Kirchengebäude ‚Seelen und Gedächtnis' der Dörfer und Städte sowie des Gemeinwesens sind, worin wir wurzeln."[12] 19 Jahre später ist der Hinweis unumgänglich, dass Kirchengebäude vor allem aufgrund kirchenraumpädagogischer oder touristischer Maßnahmen als offene Kirchen und ggf. auch als „Seelen und Gedächtnis" der Dörfer und Städte erlebt werden können. Als selbstverständlich kann ein solches Erleben allerdings nicht mehr beschrieben werden; es gilt stattdessen, diese Potenziale von Kirchengebäuden wieder sichtbar zu machen.

Das Verhältnis von Öffentlichkeit, kirchlichen Räumen und ihrem gemeinschaftsstiftenden Potenzial soll ausgehend von zwei Beispielen für Nutzungserweiterungen näher entfaltet werden. Das von der IBA betreute Projekt „Her(r)bergskirchen Thüringer Wald" in Neustadt am Rennsteig[13] wurde ausgewählt, zumal darin einige aktuell beobachtbare Dynamiken im Umgang mit Kirchengebäuden verdichtet vorliegen. Es adressiert Wanderer(innen) sowie Menschen, die einmal in einer Kirche übernachten wollen. Damit handelt es sich um ein Angebot mit einer ganz besonderen Erlebnisqualität, wobei die Kirche nicht der Gemeinschaft entzogen wird, sondern dort weiterhin Gottesdienste und Chorproben stattfinden. Die Herbergskirche verbindet damit naturnahen Tourismus mit der erweiterten Nutzung einer Dorfkirche. Das Projekt ist aus dem internationalen Ideenaufruf der Evangelischen Kirche in Mitteldeutschland (EKM) und der IBA Thüringen in Zusammenarbeit mit der Gemeinde Neustadt am Rennsteig

---

[12] Leipziger Erklärung, in: H. Adolphsen, A. Nohr (Hg.), Sehnsucht nach heiligen Räumen – eine Messe in der Messe. Berichte und Ergebnisse des 24. Evangelischen Kirchbautages, 31. Oktober bis 3. November 2002 in Leipzig, Darmstadt 2003, 5.

[13] Vgl. Initiative zur Entwicklung gemeinnütziger Her(r)bergskirchen im Thüringer Wald, Herbergskirchen Thüringer Wald, in: https://www.iba-thueringen.de/sites/default/files/projekte/downloads/HERRBERGSKIRCHEN_MINIDOKU_Juli2018WEB.pdf (Zugriff: 1.7.2021); dazu auch L. Weitemeier, Wo von Himmelsleitern geträumt wird. Eine Herbergskirche in Neustadt a. R., in: Willinghöfer (Hg.), Ein neuer Typus Kirche (s. Anm. 1), 49–58.

hervorgegangen und wird kirchlich getragen. Es bringt unterschiedliche Akteur(inn)e(n) zusammen, die miteinander das Anliegen teilen, besagte Dorfkirche für die Region attraktiv zu gestalten und damit auch auf die Region Thüringer Wald aufmerksam zu machen. Neben der IBA und dem Planungsteam stehen vor allem die Ehrenamtlichen für diese Öffnung ein, die etwa im Falle der Her(r)bergskirche in Neustadt am Rennsteig mit sehr großem Einsatz für die Betreuung der Gäste und die Instandhaltung der Schlafstätte sorgen. Ohne ihr Engagement für diese Dorfkirche und die öffentliche Wahrnehmung dieses Projekts wäre es nicht realisierbar.

Die den Projekten innewohnende Sozialraumorientierung zeigt sich in der Auseinandersetzung mit dem lokalen Lebensraum und seinen Bedürfnissen, indem erkundet wird, was es vor Ort braucht, um die Lebensqualität und das Gemeinwesen zu stärken.[14] Was können kirchliche Räume für die Weiterentwicklung eines Quartiers, eines Dorfes oder einer Region leisten?[15] Sozialraumorientierte Arbeit mit kirchlichen Räumen stellt einen bestimmten Sozialraum, seine Menschen und ihre Bedürfnisse in den Mittelpunkt der Planung.

Mit dem Entscheid, dass Kirchengebäude anders genutzt werden sollen, ist allerdings eine der Sozialraumorientierung teilweise zuwiderlaufende starke Setzung verbunden. Die Bewohner(innen) vor

---

[14] Die methodisch und theoretisch noch in Entwicklung begriffene Sozialraumperspektive repräsentiert ein Paradigma, das problemlos aus der sozialen auf kirchliche Arbeit übertragen werden kann. Es geht dabei nämlich darum, die Binnenlogik von sozialen oder eben kirchlichen Angeboten zu durchbrechen: Aus den Objekten oder Adressat(inn)en gemeinnützigen, diakonischen oder kirchlichen Tuns werden Mitstreiter(innen). Nur mit ihnen, ihren Erfahrungen, Perspektiven und Ressourcen lassen sich am und mit dem sozialen Nahraum entwickelte Projekte umsetzen. Eine knappe Skizze des Profils gemeinwesen- und sozialraumorientierter Arbeit von städtischen Kirchengemeinden formuliert Frank Düchting. – Vgl. F. Düchting, Auftrag zur Bewährung – Kirchengemeinde im Gemeinwesen, in: S. Borck, A. Giebel, A. Homann (Hg.), Wechselwirkungen im Gemeinwesen. Kirchlich-diakonische Diskurse in Norddeutschland, Berlin 2016, 125–135.

[15] In der Forschungsliteratur wird der Sozialraum dabei keineswegs nur mit einer territorialen, geografisch fassbaren Größe identifiziert. – Vgl. W. Hinte, Das Fachkonzept „Sozialraumorientierung“ – Grundlage und Herausforderung für professionelles Handeln, in: R. Fürst, W. Hinte (Hg.), Sozialraumorientierung. Ein Studienbuch zu fachlichen, institutionellen und finanziellen Aspekten (UTB 4324), Tübingen ^{3}2019, 13–32, hier: 19.

Ort könnten ja auch zu dem Schluss kommen, dass sie dieses Kirchengebäude weder kirchlich noch anderweitig nutzen wollen. Die Gemeinwesen- oder Sozialraumorientierung mancher Kirchenumnutzungen liegt somit gebrochen vor und zeigt sich in der Stärkung des geteilten Sozialraumes und des Gemeinsinns im Rahmen des Engagements für neue Nutzungen kirchlicher Räume. Die Weiterentwicklung dieses Kirchengebäudes ist somit untrennbar mit der Auseinandersetzung mit diesem spezifischen Sozialraum und seinen Öffentlichkeiten verbunden. Das Projekt ist durchaus typisch für die Kirchen- und Gemeindeentwicklung in ländlichen Gebieten, wo der Handlungsdruck, Lokalität, Kontextsensibilität und die intensive Zusammenarbeit zwischen Haupt- und Ehrenamtlichen die zentralen Entwicklungsfaktoren repräsentieren. Zu den entscheidenden Rahmenbedingungen, die Innovationen behindern oder befördern können, gehören in diesem Fall die kirchlichen Fördermittel, ein regionales Entwicklungsklima und eine Ortsgemeinde, die in die Planung eingebunden wird und diese mitträgt, wobei die Ideenförderung der IBA und die dahinter stehenden Mittel der Kulturstiftung des Bundes eine beträchtliche Steuerungsfunktion haben.

Die Öffentlichkeitsorientierung dieses Projekt adressiert insbesondere auch Tourist(inn)en und weist darauf hin, dass diese Suche nach einer neuen Öffentlichkeit auch auf eine intensive Auseinandersetzung mit dem spezifischen lokalen Sozialraum und Gemeinwesen zurückgeht und auf Fördermittel und Impulse außerhalb der binnenkirchlichen Nutzungslogik angewiesen ist. Es zeigt sich, dass nicht für, sondern mit den Menschen vor Ort Räume umgestaltet und weiterentwickelt werden können, denn das Engagement der lokalen Bevölkerung für die Gestaltung und Integration des Projekts ist unverzichtbar.

Über den sozialen Wert kooperativer Entwicklungen von erweiterten Kirchennutzungen hinaus zeichnen sich viele der im Rahmen des 29. Kirchbautags präsentierten Projekte durch ihre hohe Erlebnisqualität aus. In Gruppen oder alleine können Besucher(innen) sich kirchliche Räume neu aneignen und kennenlernen, wobei künstlerische Interventionen wie die skulpturale Arbeit „organ“ von Carsten Nicolai (* 1965) in der St.-Annen-Kapelle in Krobitz sowie die Inszenierung von Naturnähe und -erleben – z. B. in der Bienen-Garten-Kirche in Roldisleben – signifikante Werte und Inhalte dieser Projekte repräsentieren.[16] Der Ideenwettbewerb und die Förderung durch die IBA waren für diese Dynamik von großer Bedeutung, sofern sie zur Ermöglichung dieser Umnutzungen wesentlich beigetragen und den kirchlichen Umnutzungsdiskurs um viel Kreativität erweitert haben. Dementsprechend orientieren sich diverse Modellprojekte an der besonderen Erlebnisqualität von Kirchenbauten, die als Herbergen oder Klangräume spektakulär erweitert genutzt werden und dezidiert die Teilöffentlichkeiten der Bienen- und Natur- oder Orgelfreude anzusprechen versuchen. Diese spezifisch öffentlichkeitsorientierten Neunutzungen werfen auch einige Fragen auf: Woran lässt sich das Gelingen solcher Umnutzungen messen? Wie können sich diese Projekte nach dem Rückzug der IBA weiterentwickeln bzw. welche werden verstetigt? Dies sind Fragen, die angesichts der beträchtlichen und notwendigen freiwilligen Ressourcen für den Betrieb und die Instandhaltung von großer Bedeutung sind.

Die Bedeutung der Öffentlichkeitsorientierung zeigt sich auch im Beispiel der Umnutzung der evangelischen Friedenskirche zum Stadtteilzentrums Q1 in Bochum-Stahlhausen, deren spezifische Öffentlichkeitsorientierung knapp skizziert werden soll. Das Gemeindezentrum mit Kirche aus den 1960er-Jahren wurde 2015 umgebaut, wobei der Bezug auf das Quartier wichtige Impulse für die Umgestaltung dieses Stahlbetonbaus hervorbrachte.[17] Der Kirchenbau wurde untergliedert und ein kleiner liturgischer Raum – ein Raum der Stille – entstand im Rahmen einer „Haus-im-Haus"-Lösung. Daneben wurden ein Raum, der sich zur Nutzung im Sinne eines Cafés eignet, sowie das Pfarrbüro und Räume für soziale Arbeit im ehemaligen Gemeindezentrum entwickelt. Interkulturelle und interreligiöse Stadtteilarbeit ist dabei zu einem zentralen Themenschwerpunkt dieses Stadtteilzentrums geworden. Der entstandene Raum der Stille sowie die Besprechungs- und Seminarräume entspringen alle derselben funktionalen Ästhetik, die sich durch eine große

---

[16] Vgl. L. Weitemeier, Wo das Licht bereits entzündet ist. Eine Feuerorgel in Krobitz, in: Willinghöfer (Hg.), Ein neuer Typus Kirche (s. Anm. 1), 133–141; ders., Wo Milch und Honig fließen. Eine Bienen-Garten-Kirche in Roldisleben, in: ebd., 99–109.

[17] Vgl. Wüstenrot Stiftung (Hg.), Kirchengebäude und ihre Zukunft. Sanierung – Umbau – Umnutzung, Ludwigsburg 2017, 110–115.

Schlichtheit auszeichnet. Ersterer kann auch als liturgischer Funktionsraum beschrieben werden, sofern die Atmosphäre des gesamten Ensembles durch eine hochästhetische Funktionalität geprägt ist. Der Verzicht etwa auf Atmosphäre stiftende bunte Glasfenster lässt sich auf die Programmatik als interreligiöses Begegnungszentrum zurückführen, wobei auf traditionelle Symbole, Bilder und Artefakte kirchlicher Raumprogramme verzichtet wurde. Architektonisch wird die Funktionalität eines allgemein öffentlichen bzw. allen zugänglichen Raumes inszeniert, dessen Öffnung grundlegend darauf bezogen ist, dass langfristige lokale Partner als Mieter verschiedener Räume gefunden werden konnten.[18]

Die knapp skizzierten, exemplarisch ausgewählten Umnutzungen dokumentieren, dass die Öffentlichkeitsorientierung eine Öffnung und Nutzungserweiterung der Kirchen mit Bezug auf die gesellschaftliche Pluralität umfasst. Dabei handelt es sich um den Kontext einer konfessionslosen Mehrheitsgesellschaft in Thüringen sowie eines religiös-plural geprägten Stadtteils in Bochum. Diese beiden ganz unterschiedlichen Nutzungserweiterungen werden vor Ort zu kulturellen oder sozialen Räumen, in denen sich verschiedene Gruppen und Menschen versammeln und die damit einen Beitrag zur Ermöglichung von Begegnung, Gemeinschaft und Verständigung leisten. Beide Projekte adressieren explizit eine übergemeindliche und durchaus auch nichtkirchliche Öffentlichkeit.

3 Ekklesiologische Perspektiven auf den Ermöglichungsraum Kirche

Aus dem Umgang mit Kirchengebäuden lässt sich keine Ekklesiologie ableiten, aber in deren Umnutzungen spiegeln sich die Pluralisierung der Erscheinungsformen von Kirche und eine Auseinandersetzung mit der gesellschaftlichen Vielfalt. Die Frage, in welcher Weise Gebäude am Auftrag der Kirche teilhaben, lässt sich im Hinblick auf die Nutzungspraxis facettenreich beantworten. Kirchliche Räume

[18] Vgl. J. Gallhoff u. a., Die Friedenskirche Bochum-Stahlhausen – Erweiterte Nutzung als interkulturelle Stadtteilbegegnungsstätte in Kooperation der Kirchengemeinde mit einer Migrantenorganisation, in: ders., M. Keller (Hg.), Erweiterte Nutzung von Kirchen. Neue Modelle mit kirchlichen und weltlichen Partnern (Initiative Kirche öffnen und erhalten 3), Berlin 2015, 46–62.

partizipieren für gewöhnlich indirekt an der Kommunikation des christlichen Glaubens.[19] Kirchen sind begehbare, räumliche Materialisationen der christlichen Tradition, was ihre besondere Erlebnisqualität begründet. Als Bibliotheken, Konzert- und Ausstellungsräume können sie wichtige lokale Kulturträgerinnen sein. Als Orte der Stille und der Andacht ermöglichen es Kirchenbauten Menschen, zur Ruhe zu kommen. Auch als gemeinschaftlich genutzte Räume bieten sie Möglichkeiten zum Dialog und zur Verständigung, was in der wissenschaftlichen Erforschung in den letzten Jahren gründlich dokumentiert und beschrieben werden konnte.[20]

Die Kirchen- und Gemeindeentwicklung der Gegenwart interessiert sich für Netzwerke und Kooperationen in der Region und im Nahraum, an denen Ortsgemeinden oder andere gemeindeförmige Organisationsformen von Kirche beteiligt sind.[21] Neuere kybernetischen Schlüsselbegriffe wie „Gemeinde auf Zeit“[22], „Kirche bei Gele-

---

[19] Vgl. E. Hauschildt, U. Pohl-Patalong, Lehrbuch Praktische Theologie, Bd. 4: Kirche, Gütersloh 2013, 424–426.

[20] Vgl. dazu aktuell H. Rebenstorf, A. Körs, Die Besucher*innen von Citykirchen: Besuchsverhalten, Erwartungen und Kirchenraumwahrnehmung, in: dies. u. a. (Hg.), Citykirchen und Tourismus. Soziologisch-theologische Studien zwischen Berlin und Zürich, Leipzig 2018, 35–133, bes. 106–133 [Kapitel „Der Kirchenraum – Wahrnehmung, Aneignung und Wirkung“].

[21] In der fünften Erhebung der Evangelischen Kirche in Deutschland (EKD) über Kirchenmitgliedschaft (KMU V) wurde festgestellt, dass der Ortsgemeinde noch immer eine besondere Bedeutung zukommt: „Auch unter den Bedingungen moderngesellschaftlicher Differenzierung, religiöser Vielfalt und biographischer Mobilität scheint die Kirche vor Ort aus der Sicht der Mitglieder von hoher, ja gelegentlich identitätsstiftender Bedeutung zu sein. Dies gelingt der Kirche vor allem deshalb, weil ihre Mitglieder in der Ortsgemeinde eine ganze Reihe höchst vielfältiger Themen, Personen und Vollzüge wahrnehmen, an denen sie selbst – je nach der eigenen religiösen und biographischen Konstellation – auf ebenso vielfältige Weise Anteil nehmen können.“ (J. Hermelink, G. Kretzschmar, Die Ortsgemeinde in der Wahrnehmung der Kirchenmitglieder – Dimensionen und Determinanten, in: H. Bedford-Strohm, V. Jung [Hg.], Vernetzte Vielfalt. Kirche angesichts von Individualisierung und Säkularisierung. Die fünfte EKD-Erhebung über Kirchenmitgliedschaft, Gütersloh 2015, 59–67, hier: 67) Die Heterogenität der Ortsgemeinden wurde im Kirchengemeindebarometer deutlich herausgearbeitet. – Vgl. H. Rebenstorf, P.-A. Ahrens, G. Wegner, Potenziale vor Ort. Erstes Kirchengemeindebarometer, Leipzig 2015.

[22] P. Bubmann, K. Fechtner, B. Weyel, ‚Gemeinde auf Zeit‘. Empirische Wahrnehmung punktuell-situativer Formen evangelischer Kirche und ihre sozialitätstheoretische Reflexion, in: B. Weyel, P. Bubmann (Hg.), Kirchentheorie. Prak-

genheit"[23] und *Fresh Expressions of Church*[24] bezeichnen in ihrem Bedeutungsreichtum und ihrer durchaus polyvalenten Nutzung nichtparochiale Formen von Kirche und Gemeinde. Die mit diesen Konzeptionen verbundenen Theologien sind überaus heterogen. Diese an bestimmten Interessen, besonderen Erlebnissen oder Spiritualitäten orientierten Formen der Gemeinschaft in Kirche organisieren sich außerhalb der Logik der Parochie, doch sie bedürfen ebenfalls der Räume zur Vergemeinschaftung.[25]

Die Transformation des kirchlichen Raumangebots kann die Pluralisierung der Gemeindeformen befördern, sofern Umnutzungen übergemeindliche Öffentlichkeiten adressieren und die gemeinschaftsstiftende Funktion von Kirche weiterentwickeln. Wenn christliche Gemeinden nicht nur eine binnenkirchliche Öffentlichkeit bedienen wollen, wenn sie vom Stadtteil oder dem ganzen Dorf wahrgenommen werden sollen, dann sind sie auf Kooperationen angewiesen. Eine solche sozialraum- und gemeinwesenorientierte Entwicklung versteht Kirche auch als Netzwerk und zivilgesellschaftliche Akteurin.[26] Vor diesem Hintergrund kommt der Weiterentwicklung kirchlicher Räume und der Frage nach ihrer Öffentlichkeit

---

tisch-theologische Perspektiven auf die Kirche (VWGTh 41), Leipzig 2014, 132–144.

[23] U. Pohl-Patalong, Kirche bei neuen Gelegenheiten, in: R. Kunz, T. Schlag (Hg.), Handbuch für Kirchen- und Gemeindeentwicklung, Neukirchen-Vluyn 2014, 198–207.

[24] S. Müller, Fresh Expression of Church, in: Kunz, Schlag (Hg.), Handbuch für Kirchen- und Gemeindeentwicklung (s. Anm. 23), 450–458.

[25] Ein pluralisiertes Gemeindeverständnis dokumentiert ab Januar 2020 auch die neue Verfassung der Evangelisch-lutherischen Landeskirche Hannovers, zumal das Stichwort „Gemeinde auf Zeit" Eingang gefunden hat. Zur Transformation des Gemeindebegriffs in neueren Kirchenverfassungen vgl. J. Hermelink, Die rechtliche Liquidierung der „Gemeinde". Praktisch-theologische Beobachtungen an neueren Kirchenverfassungen, in: P. Bubmann u. a. (Hg.), Gemeinde auf Zeit. Gelebte Kirchlichkeit wahrnehmen (PTHe 160), Stuttgart 2019, 127–141.

[26] Die Beschreibung der übergemeindlichen und öffentlichen Funktion von Kirche in Netzwerken und Sozialräumen sowie als Trägerin von Zivilgesellschaft konnte bereits in kirchenentwicklerischen Prozessen verankert werden, wobei sich damit auch wichtige kirchentheoretische Reflexionsperspektiven verbinden. Der Zukunftsprozess „Profil und Konzentration" der Evangelisch-Lutherischen Kirche in Bayern reflektiert Kirche und Gemeinde grundlegend in sozialräumlichen und netzwerkartigen Strukturen. – Zur zivilgesellschaftlichen Funktion von Kirchengemeinden vgl. D. Ohlendorf, H. Rebenstorf, Überraschend offen. Kir-

bzw. Zugänglichkeit eine Schlüsselfunktion zu, da sie Begegnung und Vergemeinschaftung von Menschen vor Ort ermöglichen. Die Herausforderung der Weiterentwicklung kirchlicher Räume verbindet meist eine übergemeindliche mit einer nahräumlichen Perspektive. Es bedarf dazu einer Organisationsekklesiologie, die die Bedeutung zielorientierter übergemeindlicher kirchlicher Arbeit und Kommunikation betont, sowie einer Gemeinde- oder Gemeinwesenekklesiologie, die die Gemeinde oder das Gemeinwesen als Ort der kirchlichen Kommunikation und Gemeinschaft denkt. Diese ekklesiologischen Logiken werden einander im Wettstreit um Ressourcen vielfach gegenübergestellt, was die Komplementarität dieser Perspektiven unterminiert. Um Nutzungserweiterungen oder Stilllegungen von Kirchen in einer Region aufeinander abzustimmen, bedarf es übergemeindlicher Kompetenzen und Perspektiven; zugleich könnten solche Projekte ohne profunde gemeindenahe Kontextkenntnisse nicht entwickelt werden. In den Sozialraum eingebettete, umgenutzte Kirchen können vor Ort und darüber hinaus ausstrahlen und attraktive Räume werden, die nicht nur von kirchlichen Akteur(inn)en genutzt werden. Das ekklesiologische Profil, das in dezidiert öffentlichkeits- und sozialraumorientierten Kirchenumnutzungen oder Nutzungserweiterungen zum Ausdruck kommt, verweist auf eine gemeinwesenorientierte und zivilgesellschaftlich engagierte Kirche, womit eine zentrale öffentliche Dimension der Kirche grob umrissen wäre.[27]

Der Um- und Abbau des Raumbestandes, der in den verschiedenen Landeskirchen und Kirchenkreisen unterschiedlich bearbeitet wird, ist unübersichtlich und verweist auf die vielfältigen Potenziale kirchlicher Räume, wobei der Konzentrationsprozess die Notwendigkeit zur Reduktion mit sich bringt. Zu bedenken ist, welche Kir-

---

chengemeinden in der Zivilgesellschaft, hg. vom Sozialwissenschaftlichen Institut der EKD, Leipzig 2019.

[27] Georg Pfleiderer (* 1960) skizziert eine zivilgesellschaftlicher Ekklesiologie folgendermaßen: „[D]ie Aufgabe evangelisch verstandenen kirchlich-organisatorischen Handelns [ist] eine subsidiäre, d. h. eine dienende." (G. Pfleiderer, Communio Sanctorum. Kirche als Ethos-Gemeinschaft und Ethos-Produzentin?, in: E. Gräb-Schmidt, F. G. Menga [Hg.], Grenzgänge der Gemeinschaft. Eine interdisziplinäre Begegnung zwischen sozial-politischer und theologisch-religiöser Perspektive [Dogmatik in der Moderne 17], Tübingen 2016, 215–231, hier: 231)

chen an welchem Ort zu welchem Zweck und mit welchen Partner(inne)n zukünftig genutzt werden sollen.

Da die Weitergabe des christlichen Glaubens auf Begegnung und Kommunikation von Menschen angewiesen ist, bleiben Versammlungsräume relevant. Wenn Kirchengebäude in Kooperation so gestaltet werden können, dass sie der Gemeinschaft dienen, dann ist das ein Bekenntnis zur Mitgestaltung von Gemeinschaft und des Gemeinwesens – gerade auch in schwach besiedelten ländlichen Gebieten. Vielerorts wird damit ein Sprung ins Offene gewagt. Das lässt allerdings nicht den Schluss zu, dass möglichst viele Kirchen erhalten werden sollten. Die ekklesiologische Pointe der die Zivilgesellschaft und das Gemeinwesen fördernden Umnutzung besteht darin, dass Kirche in solchen Projekten ihre Eigenart als intermediäre Institution – als religiöse und zivilgesellschaftliche Akteurin – entfalten kann. Kirche ist selbstverständlich auch eine Trägerin öffentlich zugänglicher baulicher Kultur, worin sie sich allerdings nicht erschöpfen sollte.

Ökumene als produktiver Faktor in Transformationsprozessen von Sakralgebäuden

Albert Gerhards

1 Ökumenische Kirchenzentren – ein Modell für Kirchennutzung?

Unter der Überschrift „Gemeinsame Kirchennutzung als praktizierte Ökumene" meldete die Deutsche Presse-Agentur (dpa):

> „Eine Kirche für zwei Konfessionen – was nach einer Notlösung klingt, ist im Norden gar nicht so selten. In Kiel-Mettenhof leben seit 1980 die evangelische Thomas-Gemeinde und die katholische St. Birgitta-Gemeinde unter einem Dach. In Ahrensbök bei Lübeck feiern Katholiken seit 2013 ihre Gottesdienste regelmäßig in der evangelisch-lutherischen Marienkirche, nachdem das katholische Gotteshaus im Ort verkauft wurde. In Satow bei Rostock (Mecklenburg-Vorpommern) haben katholische Christen schon seit 1949 ihre gottesdienstliche Heimat in der evangelischen Kirche des Ortes."[1]

Simultankirchen sind bekanntlich nichts Neues, und es hat sie in früheren Zeiten in weitaus größerer Zahl gegeben als heute.[2] Neu ist aber das vermehrte Zusammengehen von Gemeinden unterschiedlicher Konfessionen in einen Kirchenraum nach Aufgabe eigener Gebäude. Im Zuge der aus der Not geborenen Reduktion der kirchlichen Immobilien will man so den Rückzug einer Konfession oder gar der Kirchen insgesamt aus betreffenden Siedlungsgebiet verhindern. Vermehrt treten solche Fälle auch im Westen Deutschlands auf. Mit der Devise „Wir gehen unter ein Dach" zogen die evangelischen Gemeindemitglieder von Eschweiler-Pumpe-Stich am Pfingstmontag 2015 zu Fuß von ihrer Friedenskirche, die sie

---

[1] Gemeinsame Kirchennutzung als praktizierte Ökumene, dpa-Meldung vom 9. Februar 2019, zit. nach: https://www.ksta.de/gemeinsame-kirchennutzung-als-praktizierte-oekumene-32013462 (Zugriff: 1.7.2021).

[2] Vgl. dazu auch den Beitrag von N. Grochowina in diesem Band.

nach mehr als 50 Jahren aufgeben mussten, zur katholischen Kirche St. Barbara, die damit – zunächst probeweise – zur Simultankirche wurde.[3] 2020/21 wurde die Kirche St. Pius X. in Krefeld zur ökumenischen Kirche umgestaltet.[4] Nicht immer gelingen solche Vorhaben. Der Plan, die von Gottfried Böhm (1920–2021) erbaute katholische Pfarrkirche St. Hubertus in Aachen simultan zu nutzen, zerschlug sich durch die Entscheidung der evangelischen Gemeinde, doch eine eigene neue Kirche zu bauen. Das Schicksal der Hubertuskirche ist ungewiss.[5] Manchmal scheitern ökumenische Projekte aus ökonomischen Gründen, so im Falle der Kirche St. Christophorus in Hannover-Stöcken, die die evangelisch-lutherische Gemeinde übernehmen wollte, um sie nach Aufgabe zweier eigener Kirchen ökumenisch zu betreiben. Es kam jedoch zu keiner Einigung, was schließlich zur Übernahme durch einen kommerziellen Bauträger und zum Abriss der Kirche führte.[6]

Die hier willkürlich ausgewählten und nur oberflächlich beleuchteten Beispiele weisen auf eine hochkomplexe Gemengelage hin. In diesem Beitrag soll speziell auf die Situation der katholischen und evangelischen Kirche in Deutschland eingegangen werden. Nicht berücksichtigt sind die Kirchen des Ostens, die im Beitrag von Alexan-

---

[3] A. Neumann, „Wir gehen unter ein Dach". Ökumenisches Projekt in Eschweiler (22. Mai 2015), in: https://www.ekir.de/www/service/eschweiler-18865.php?desktop=1 (Zugriff: 1.7.2021). Die Friedenskirche wurde im April 2021 abgerissen. – Vgl. dazu M. Hauck, Mitten im Abriss: Friedenskirche weicht nun endgültig (12. April 2021), in: https://www.filmpost.de/aktuell/archiv/2021/mitten-im-abriss-friedenskirche-weicht-nun-endgültig.html (Zugriff: 1.7.2021).

[4] Vgl. dazu auch den Beitrag von C. Tebbe und C. Zettner in diesem Band.

[5] Die Architekturprofessorinnen Anke Fissabre (* 1967) und Heike Matcha (* 1970) von der Fachhochschule Aachen führten 2019 ein Projekt mit studentischen Abschlussarbeiten zum Thema Transformation von St. Hubertus in eine Simultannutzung für Hochschule und Gemeinde durch. – Vgl. dazu A. Fissabre, H. Matcha (Hg.), Berg aus Beton. Sankt Hubertus in Aachen. Dokumentation studentischer Abschlussarbeiten am Fachbereich Architektur, Aachen 2020, in: https://www.fh-aachen.de/fileadmin/people/fb01_naujokat/Archiv_Projekte/Masterprojekt_St._Hubertus_in_Aachen_–_studentische_Ideen_für_neue_Nutzungen/DOKUMENTATION-St.-Hubertus-FH-Aachen.pdf (Zugriff: 1.7.2021).

[6] Vgl. M. Tontsch, Quo vadis? Kirchliche Kunstwerke und ihre Urheber in Zeiten des Umbruchs, in: Mün. 72 (2019) 185–193, hier 191. Aus dem Beitrag geht die intendierte ökumenische Nutzung allerdings nicht hervor; freundlicher Hinweis von Frau Dr. Julia Niemann.

der Radej (* 1991) eigens behandelt werden.[7] Dort gelten aufgrund der besonderen kulturellen, theologischen und liturgischen Gegebenheiten andere Kriterien, die freilich im Zuge fortschreitender Assimilierung ebenfalls im Fluss sind. Mutatis mutandis lassen sich grundsätzliche Überlegungen bezüglich der Neupositionierung der christlichen Kirchen in den westlichen Gesellschaften auf alle christlichen Konfessionen übertragen, soweit sie sich nicht in eine Selbstisolation begeben wollen. Angesichts der Herausforderungen eines wachsenden pragmatischen Atheismus in der westlichen Welt sind letztlich alle Glaubensgemeinschaften, zumal die drei abrahamitischen Religionen, herausgefordert, sich auf ihre gemeinsamen Schnittmengen zu besinnen und sichtbare Zeichen einer alternativen Sicht auf die Welt zu setzen. Multireligiöse Gebetsorte wie das Berliner *House of One*, mit dessen Bau nach langem Vorlauf 2021 begonnen werden konnte, sind solche Signale.[8]

In diesem Zusammenhang geht es aber nicht um die gemeinsame Nutzung von sakralen Räumen durch unterschiedliche Glaubensgemeinschaften an sich, nicht um „gebaute Ökumene",[9] sondern um den Sonderfall der Um- oder Nachnutzung eines bis dahin monokonfessionell genutzten Kirchenraumes durch zwei oder mehrere Konfessionen. Anders als bei den ökumenischen Kirchenzentren der vergangenen Jahrzehnte steht dabei der ökumenische Aspekt oft nicht an erster Stelle, sondern der der Gebäudeunterhaltung durch Kostenbeteiligung des Mitnutzers. Im Endeffekt kann es sich dabei weniger um ein ökumenisches Zentrum handeln als um eine Simultankirche im klassischen Sinn. In diesem Sinne geht es also primär

---

[7] Vgl. dazu auch den Beitrag von A. Radej in diesem Band.

[8] Hier entsteht auf dem Petriplatz ein Gebäude, in dem sich Kirche, Moschee und Synagoge befinden; verbunden sind diese mit einem zentralen Raum, der sowohl Platz für Veranstaltungen bietet als auch als Raum für diejenigen fungiert, die entweder gar keiner oder einer anderen Religion angehören (vgl. Charta für ein Miteinander von Judentum, Christentum und Islam bei der Konzipierung, Errichtung und Nutzung des neuen Bet- und Lehrhauses [„House of One"] auf dem Petriplatz Berlin, in: https://house-of-one.org/sites/default/files/downloads/houseofonechartadt.pdf?t=1BfFc5 [Zugriff: 1.7.2021]).

[9] Vgl. S. Kopp, *lex orandi – lex credendi – lex aedificandi*. Zu den liturgietheologischen Grundlagen gebauter Ökumene, in: ders., J. Werz (Hg.), Gebaute Ökumene. Botschaft und Auftrag für das 21. Jahrhundert? (ThIDia24), Freiburg i. Br. 2018, 201–228.

um eine Notlösung, die eher provisorischen Charakter hat. Sollten einmal andere demografische, religionssoziologische oder ökonomische Verhältnisse eintreten, so würde man wieder zu getrennten Sakralräumen zurückkehren. Diese Sichtweise ist jedoch in zweifacher Hinsicht kritisch zu hinterfragen – einerseits bezüglich der Gewichtung der Ökumene in der jetzigen gesellschaftlichen und weltpolitischen Lage, andererseits im Hinblick auf die Validierung der Sakralgebäude innerhalb der Stadtbaukultur.

Angesichts des eklatanten Bedeutungsverlusts der Kirchen in den westlichen Gesellschaften wäre es mehr denn je angebracht, als Christ(inn)en möglichst mit einer Stimme zu sprechen, die ihren Anliegen im Pluralismus divergierender Sinnanbieter(innen) Gehör verschafft. Stattdessen hat es aber eher den Anschein, als zöge man sich zunehmend auf alte konfessionelle Standpunkte zurück – möglicherweise, weil man sich beim Bewährten Sicherheiten erhofft und das Risiko des Neuen scheut. In der Zeit der Corona-Pandemie wurden auf katholischer Seite Formen der Breitenreligiosität und liturgische Praktiken wiederbelebt und medial inszeniert, die man theologisch längst als problematisch erkannt und aus ökumenischer Rücksichtnahme zurückgestuft oder ganz fallen gelassen hatte. Statt sich im Sinne der Hierarchie der Wahrheiten auf die wesentlichen Maximen des Evangeliums zu konzentrieren, werden marginale Glaubensinhalte und partikulare Frömmigkeitsformen in die Mitte gerückt und als Kriterium des katholischen Glaubens ausgewiesen. Damit ist schon innerhalb der eigenen Konfession eine Spaltungstendenz vorprogrammiert; umso mehr wird damit jeder ökumenischen Verständigung ein Riegel vorgeschoben.[10]

Stattdessen müsste – auch im Sinne des Ökumenismusdekrets *Unitatis redintegratio* (UR) des Zweiten Vatikanischen Konzils (1962–1965) und der nachfolgenden ökumenischen Konsens- und Konvergenzerklärungen wie des Ökumenischen Direktoriums von 1993[11] – der Blick auf

---

[10] Für einen erfreulich ökumenischen Akzent in dem monumentalen Band über die Liturgie in der Zeit von Covid-19 vgl. D. Haspelmath-Finatti, Ein Blick auf Corona-Regeln zum Abendmahl in westlichen deutschen evangelischen Landeskirchen in ökumenischer Perspektive, in: H.-J. Feulner, E. Haslwanter (Hg.), Gottesdienst auf eigene Gefahr? Die Feier der Liturgie in der Zeit von Covid-19 – Worship at Your Own Risk?, Münster 2020, 245–252.

[11] Vgl. Päpstlicher Rat zur Förderung der Einheit der Christen, Direktorium zur Ausführung der Prinzipien und Normen über den Ökumenismus vom 25. März

das Gemeinsame der christlichen Konfessionen des Ostens und Westens gelenkt werden, um das gemeinsame Hoffnungspotenzial im Binnenraum der christlichen Gemeinschaften zur Entfaltung kommen zu lassen und nach außen glaubhaft zu vermitteln. Dies betrifft auch den immer wichtiger werdenden Dialog der Religionen. Hier kann die Wahrnehmung der Außenperspektive den Blick für das Gemeinsame schärfen und die Motivation für das Bekenntnis mit einer Stimme stärken. Ökumenische Projekte im Zuge der Neuordnung der pastoralen Räume und damit verbunden des kirchlichen Gebäudemanagements erhalten hier eine zusätzliche theologische Tiefendimension.[12] Die gemeinsame Nutzung eines Sakralraumes und die Interaktion in demselben Ambiente bilden daher einen Mehrwert, der freilich einer ständigen Beobachtung und Pflege bedarf. Das Schicksal so mancher älteren ökumenischen Gemeindezentren zeigt, wie sensibel solche Projekte auf Personalwechsel oder auf die Veränderung von kirchlichen oder gesellschaftlichen Umständen reagieren. In der Studie von Marta Binaghi (* 1980) sind einige solcher versandeten Projekte dokumentiert.[13] Problematisch ist es, wenn ein Partner sich auf Kosten des anderen profilieren will. Eine Unwucht kann schon bei der Finanzierung vorliegen oder bei der Darstellung nach außen. Manchmal entstehen die Schwierigkeiten aufgrund der strukturellen Unterschiede der Kirchen, die von den konkreten Personen unterschiedlich kompensiert werden. Im Jahr 2006 signalisierte der damalige Vorsitzende des Rates der Evangelischen Kirche in Deutschland (EKD), Bischof Wolfgang Huber (* 1942), einen Paradigmenwechsel von der „Konsensökumene“ zur „Ökumene der Profile“.[14] Damit sahen sich Ökumene-Skeptiker(innen) bestätigt, was

---

1993, hg. vom Sekretariat der Deutschen Bischofskonferenz (VApS 110), Bonn ^{6}2012.

[12] Vgl. W. Stoffels, Ökumenische Gemeindepartnerschaften am Ort – ein bewährtes Modell, in: H.-G. Link, D. Sattler (Hg.), Zeit der Versöhnung. Wege in die Zukunft der Ökumene, Göttingen 2017, 115–122.

[13] Vgl. M. Binaghi, Ökumenische Kirchenzentren: Bild der Einheit oder Spiegel der Trennung? Architekturanalyse und theologisch-soziologische Reflexion (Bild – Raum – Feier 16), Regensburg 2015.

[14] Vgl. W. Huber, „Was bedeutet Ökumene der Profile?“ – Vortrag beim Symposion „Ökumene der Profile“ der Evangelischen Kirche im Rheinland in Düsseldorf (29. Mai 2006), in: https://www.ekd.de/EKD-Texte/patient/20264.htm (Zugriff: 1.7.2021); dazu insgesamt: T. Bremer, M. Wernsmann (Hg.), Ökumene – überdacht. Reflexionen und Realitäten im Umbruch (QD 259), Freiburg i. Br. 2014.

wohl nicht in der Intention Hubers lag. Gleichwohl war damit zumindest eine reduzierte Gangart der Ökumene charakterisiert. Es gibt jedoch Gegenbewegungen gegen die Ermüdungserscheinungen, wie die genannten Beispiele aus dem Bistum Aachen und andere aus dem Rheinland und dem Ruhrgebiet zeigen. Unter der Überschrift „Gelebte Alltagsökumene mit großem Entwicklungspotenzial" heißt es:

> „Not schweißt zusammen? Keineswegs! ‚Wir machen keine Notfallökumene, sondern wir wollen ein Zeichen setzen', sagt Pfarrer Klaus Schilling in Mettmann. Pfarrerin Anke Augustin in Essen erklärt: ‚Was wir planen, soll ausstrahlen.' Die Rede ist von ökumenisch gemeinsam genutzten Räumen – seien es Gemeindezentren, seien es Kirchen."[15]

2 Gesellschaftliche Bedeutung der Sakralgebäude und die Verantwortung der Kirchen

Das gesellschaftliche Interesse an Sakralbauten ist nach wie vor erstaunlich groß. Es wird meist durch spektakuläre Nachrichten geweckt wie etwa die über den Brand der Kathedrale von Paris, über den Abriss des „Immerather Doms" im rheinischen Braunkohlegebiet, über die alle konventionellen Denkmuster sprengende Bruder-Klaus-Kapelle von Peter Zumthor (* 1943) im Eifeldorf Mechernich-Wachendorf[16] oder über das bereits erwähnte, in seiner Konzeption völlig neue *House of One* des Architekturbüros Kuehn Malvezzi in Berlin.[17] Bei der Diskussion um den Erhalt von Sakralgebäuden sind es oft die nicht kirchlich gebundenen Kräfte, die sich gegen eine kommerzielle Nutzung des Gebäudes bzw. des Grundstücks nach dessen Abriss stark machen. Offensichtlich besteht in

---

[15] Gelebte Alltagsökumene mit großem Entwicklungspotenzial. Gemeinsame Nutzung von Kirchen und Gemeindezentren, in: https://www.ekir.de/www/service/oekumene31371.php (Zugriff: 1.7.2021).

[16] Vgl. Bruder-Klaus-Feldkapelle Wachendorf, in: https://www.feldkapelle.de (Zugriff: 1.7.2021); dazu N. Haepke, Sakrale Inszenierungen in der zeitgenössischen Architektur. John Pawson – Peter Kulka – Peter Zumthor (Architekturen 20), Bielefeld 2013, 292–308.

[17] Vgl. House of One. Drei Religionen. Ein Haus, in: https://house-of-one.org/de (Zugriff: 1.7.2021).

großen Teilen der Gesellschaft ein Bedürfnis nach besonderen Orten, die nicht zweckrational determiniert sind. Den Kirchen gestand man lange Zeit das Monopol für solche Orte zu, bzw. beanspruchten die Kirchenleute es für sich. Erst nach und nach eroberten sich die Bürger(innen) ihre eigenen Räume, wobei diese selten allen offenstanden. Kirchengebäude sind zumindest potenziell Freiräume, die keine Eintrittskarte und keine Personenkontrolle erfordern. In der Zeit der Pandemie lernten viele Menschen Kirchenräume, die oft als einzige öffentliche Gebäude zugänglich waren, auf eine neue Weise schätzen. Kirchengebäude sind unabhängig ihrer konfessionellen Zugehörigkeit Orte der Selbsttranszendenz, zu der potenziell jeder Mensch, auch der nicht religiös orientierte, fähig ist.[18] Bei der Weiterentwicklung von Sakralgebäuden nach Beendigung ihrer klassischen liturgischen Nutzung haben die Kirchen- und Gemeindeleitungen eine hohe Verantwortung, diese die ganze Gesellschaft betreffende Funktion nach Möglichkeit weiterhin offen zu halten.[19] Das aber sollte stets in einer konfessionsübergreifenden Perspektive geschehen. Insofern sind auch Nachnutzungskonzepte im Rahmen einer ökumenisch kartierten Sakralbaulandschaft zu entwickeln. Dies müsste freilich noch stärker in Zusammenarbeit mit außerkirchlichen Partner(inne)n ohne jede Berührungsangst geschehen. Hier ist noch viel Aufklärungsarbeit vor allem auf der lokalen Ebene zu leisten. Freilich sind auch manche Kirchenleitungen wenig flexibel, insbesondere was die Frage der hybriden Nutzung von sakralen Räumen anbetrifft. Dabei können nur gemeinsame Erfahrungen der beteiligten Konfessionen mit dem Raum weiterhelfen, die möglichst zu einem neuen, vertieften Verständnis von Sakralität in einer veränderten Welt führen sollten.[20]

---

[18] Vgl. T. Erne, Hybride Räume der Transzendenz. Wozu wir heute noch Kirchen brauchen. Studien zu einer postsäkularen Theorie des Kirchenbaus, Leipzig 2017.

[19] Vgl. A. Gerhards, K. de Wildt (Hg.), Wandel und Wertschätzung. Synergien für die Zukunft von Kirchenräumen (Bild – Raum – Feier 17), Regensburg 2017.

[20] Vgl. dazu umfassend M. Gigl, Sakralbauten. Bedeutung und Funktion in säkularer Gesellschaft (Kirche in Zeiten der Veränderung 3), Freiburg i. Br. 2020.

3 Citykirchen als Orte christlicher Ökumene und allgemeiner Gastfreundschaft

Unter der Bezeichnung „Citykirche“ werden vielfältige Initiativen in größeren und kleineren Städten zusammengefasst, die sich meist in ehemals für den Gottesdienst reservierten zentralen Kirchengebäuden verorten. In der Regel verbleiben diese Kirchen im Besitz der jeweiligen Religionsgemeinschaft, sind aber aufgrund ihrer hybriden Weiternutzung grundsätzlich ökumenisch offen und darüber hinaus gastfreundlich gegenüber allen Interessierten. Von daher ergibt sich die ökumenische Grundorientierung im Sinne des gemeinsamen Zeugnisses aller Christ(inn)en als Teil einer pluralen Gesellschaft wie von selbst. 1992 fand in Bonn eine erste Netzwerktagung „Kirche in der City“ statt. 2004 wurde offiziell das „Netzwerk Citykirchenprojekte – ökumenische Arbeitsgemeinschaft“ gegründet.[21] Inzwischen sind über 100 Citykirchenprojekte in Deutschland, Österreich, der Schweiz und Frankreich angeschlossen, die sich dem Ziel verpflichtet fühlen, „niederschwellige kirchliche Präsenz in der City zu gewährleisten, religiöse Impulse in das Leben der Stadt einzutragen, Information, Gespräch und Seelsorge anzubieten“[22].

Am Konzept der Citykirche Alter Markt in Mönchengladbach, der ehemaligen Hauptpfarrkirche Maria Himmelfahrt, lässt sich die Orientierung der Citypastoral exemplarisch aufzeigen:

> „Die renovierte Citykirche Mönchengladbach ist eine offene, einladende Kirche. Sie bietet Passantinnen und Passanten aller Generationen und Kulturen an, den oft hektischen Alltag in der Stadt zu unterbrechen. Sie können in dem geschützten Raum verweilen, meditieren, beten, eine Kerze anzünden, oder einfach ausruhen.“

Darüber hinaus ist die Citykirche aber auch ein Ort für Stille und Gebet:

> „Wir wollen immer wieder unser Leben in unserer Stadt im Licht des Evangeliums feiern und bedenken. Verschiedene Gottes-

---

[21] Vgl. dazu Netzwerk Citykirchenprojekte, Gründung und Selbstverständnis, in: https://www.citykirchenprojekte.de/inhalt/gruendung-und-selbstverstaendnis (Zugriff: 1.7.2021).

[22] Ebd.; vgl. A. Körs, Gesellschaftliche Bedeutung von Kirchenräumen. Eine raumsoziologische Studie zur Besucherperspektive, Wiesbaden 2012, 53–55.

dienstformen, Gebetszeiten, Angebote zur Glaubensorientierung, die Gestaltung der ‚Nacht der offenen Gotteshäuser' usw. prägen die Liturgie in der Citykirche."[23]

Besonders gepflegt wird hier der interreligiöse Dialog. So findet sich auf der Homepage ein „Abrahamischer Kalender Mönchengladbach 2021", zu dem es heißt:

> „Ein Arbeitskreis gibt den ‚Abrahamischen Kalender Mönchengladbach' heraus, in dem die religiösen Festtage der Religionen verzeichnet sind, die sich auf Abraham (arabisch: Ibrahim) als Stammvater ihres Glaubens beziehen: Juden, Christen, Muslime, Aleviten. Ein Flyer erläutert die Feste."[24]

Während die Citykirche in Mönchengladbach von der katholischen Kirche allein getragen ist, wird St. Nikolaus in Aachen seit 2002 von der „Ökumenische[n] CitySeelsorge Aachen/Kirche für die Stadt e. V." betrieben. Die ehemalige Franziskanerkirche, eine dreischiffige gotische Hallenkirche mit barocker Ausstattung, steht in der Fußgängerzone und war bereits in der Vergangenheit aufgrund ihrer Position an der Stadtmauer eine Anlaufstelle für Reisende. An diese Tradition knüpft die heutige Nutzung an:

> „Die evangelische und die katholische Kirche engagieren sich hier nun gemeinsam und möchten Menschen durch neue Formen und ungewöhnliche Aktionen Gottesberührung ermöglichen. St. Nikolaus vermittelt heute den Raumeindruck des Mittelalters: eine weite, gotische Halle mit großen Fenstern und langem Chor als Gebetsraum. Ein Haus, das lebt und über die Jahrhunderte von Gott erzählt."[25]

In der Silvesternacht 2010/11 zerschlug ein Feuerwerkskörper eines der Chorfenster und entzündete den barocken Hochaltar, der vollständig zerstört wurde. Zwar konnte man aus den verkohlten Trüm-

---

[23] Wörtliche Zitate aus: Citykirche Alter Markt Mönchengladbach. Das Konzept der Citypastoral, in: https://citykirche-mg.de/konzept/das-konzept-der-citypastoral (Zugriff: 1.7.2021).

[24] Citykirche Alter Markt Mönchengladbach. Interreligiöser Dialog, in: https://citykirche-mg.de/begegnung-kultur/interreligioeser-dialog (Zugriff: 1.7.2021).

[25] Geschichte der Kirche St. Nikolaus, in: https://www.citykirche.de/st-nikolaus (Zugriff: 1.7.2021).

mern dessen Architektur rekonstruieren; die drei wertvollen Gemälde aber gingen unwiederbringlich verloren. In der Folge kamen Überlegungen auf, wie sie entsprechend der neuen Nutzung des Raumes zeitgemäß ersetzen werden könnten. Im Zuge der Vorbereitung der auf das Jahr 2023 verschobenen Aachener Heiligtumsfahrt entschied man sich für die Installation „Lebenskleider" des Künstlers Uwe Appold (* 1942), mit der die drei freien Flächen ab Juni 2021 in jährlich aufeinander folgenden Schritten gefüllt werden.

4 Ökumenische Räume der Stille im Kontext der Weiternutzung von Kirchen

Es liegt nahe, in Citykirchen, die als Hybridräume unterschiedlichen Nutzungen offenstehen, Räume der Stille[26] einzurichten, etwa in Seitenkapellen. Dies ist in der ökumenischen Citykirche St. Nikolaus in Aachen der Fall, wo sich schon aus früherer Zeit im Rest des ehemaligen Kreuzgangs eine Sakramentskapelle befand, die freilich nach wie vor konfessionell geprägt ist. Im Frühjahr 2001 wurde jedoch zusätzlich als Raum im Raum ein temporärer Corona-Gedenkort für Aachen dort eingerichtet. Der realisierte Siegerentwurf der Künstlerin Vera Sous (* 1963) trägt den Titel „Corona-Massiv – Von Tiefen und Höhen". Der Gedenkort versteht sich als ein Ort der Trauer und des Trostes, der alle Religionen und Glaubensgemeinschaften miteinander verbindet. Er wurde in einer kleinen interreligiösen Feier eröffnet. Die Idee für einen solchen Gedenkort entstand zeitgleich im Stadtrat und in der Innenstadtpfarrei „Franziska von Aachen". Träger des Gedenkortes sind neben dem Verein „Kirche für die Stadt" Institutionen der katholischen wie der evangelischen Kirche mit institutioneller Unterstützung der Oberbürgermeisterin.[27]

Auch bei nichtkirchlichen Nachnutzungen, seien sie kultureller oder sozialer Art, sind Räume der Stille durchaus denkbar. Vor allem

---

[26] Vgl. K. de Wildt, Räume der Stille (*Multifaith Spaces*), in: M. Klöcker, U. Tworuschka (Hg.), Handbuch der Religionen – Handbook of Religions. Ergänzungslieferung 68 (Juni 2021), Hohenwarsleben 2021, I 24.6.

[27] Vgl. Höhen und Tiefen. In der Citykirche ist ein besonderer Corona-Gedenkort entstanden, in: Kirchenzeitung für das Bistum Aachen, Ausgabe 21/2021 vom 26. Mai 2021 [https://kirchenzeitung-aachen.de/a-blog/Hoehen-und-Tiefen (Zugriff: 1.7.2021)].

wenn sie ökumenisch getragen werden, können hier Zeichen christlicher Präsenz in einem ansonsten von den christlichen Religionsgemeinschaften aufgelassenen Bezirk gesetzt werden.

Dass ein Gebetsraum auch bei größtmöglicher Ausnutzung des Raumvolumens einer ehemaligen Kirche realisierbar ist, zeigt die zu einer Wohnanlage umgewidmete ehemalige Kirche Maria Königin in Dülmen. Hier wurden 15 kleine Wohnungen eingebaut. Neben einem Gemeinschaftsraum ist dort auch eine (allerdings konventionelle) Kapelle eingerichtet. Das soziale Wohnbauprojekt wurde 2012 mit dem NRW-Landespreis für Architektur, Wohnungs- und Städtebau ausgezeichnet.[28]

Ein ebenfalls in einem Wettbewerb („Kirchengebäude und ihre Zukunft“ der Wüstenrot-Stiftung 2016) prämiertes Umnutzungsprojekt ist das „Stadtteilzentrum Q1 – Eins im Quartier. Haus für Kultur, Religion und Soziales“ in Bochum-Stahlhausen. Die evangelische Ortsgemeinde konnte ihren Kirchenbau aus den 1960er-Jahren nicht mehr unterhalten. Durch eine konzertierte Aktion entstand ein von verschiedenen Trägern genutztes Sozialzentrum. Dessen Herzstück bildet ein Raum der Stille im ehemaligen Chorraum der Kirche. Er dient der evangelischen Gemeinde sonntags als Gottesdienstraum, steht aber allen (auch nichtchristlichen) Besucher(inne)n als Ort der Besinnung offen.[29]

Denkbar wären solche Angebote auch bei kommerziell genutzten Umwidmungen, zumal wenn es sich um denkmalgeschützte Kirchen handelt, die nach wie vor ihren sakralen Charakter bewahrt haben. Dies gilt z. B. für die ehemalige Kirche St. Elisabeth in Aachen, jetzt *Digital Church*, in der Start-up-Unternehmer(innen) digitale Arbeitsplätze mieten können. Betrieben wird dies durch den digitalHUB Aachen e. V.[30] Ein ökumenisch verantworteter Raum der Stille

---

[28] Vgl. Kirchwohnungen Maria Königin Dülmen (21. November 2012), in: https://www.baukunst-nrw.de/objekte/Kirchwohnungen-Maria-Koenigin-Duelmen–2414.htm (Zugriff: 1.7.2021).

[29] Vgl. Q1 – Eins im Quartier. Haus für Kultur, Religion und Soziales, in: https://q1-bochum.de (Zugriff: 1.7.2021); dazu A. Gerhards, Zukunftsvisionen von Kirche und ihre Verräumlichung. Beispiele aus Vergangenheit und Gegenwart, in: S. Kopp, B. Kranemann (Hg.), Gottesdienst und Kirchenbilder. Theologische Neuakzentuierungen (QD 313), Freiburg i. Br. 2021, 287–305, hier: 302f.

[30] Vgl. digitalCHURCH: Treffpunkt der Digital Community, in: https://aachen.digital/digital-church (Zugriff: 1.7.2021).

mit gelegentlichen offenen Gesprächsangeboten wäre eine starke Geste und würde wahrscheinlich auf Bedarf stoßen.[31]

Schließlich ist die Kirche der Stille zu erwähnen, die 2009 von der evangelisch-lutherischen Gemeinde Altona-Ost in Hamburg eröffnet wurde und inzwischen auch einige Nachahmer(innen) gefunden hat. Der 1894 erbaute Backsteinbau wurde entleert, um drei Grundelementen Raum zu geben: Stille, Weite und Rhythmus. In der Profilbeschreibung heißt es:

> „In der Kirche können Menschen Stille in all ihrer Vielfalt erleben – im Gebet, beim Tanzen und Singen oder in der Meditation. Dabei führen viele verschiedene Wege in die Stille: Diese Wege wollen wir aufzeigen und unterschiedliche Praktiken, Methoden und Übungswege vorstellen. Unser Angebot umfasst auch spirituelle Begleitung und Beratung."[32]

Zwar handelt es sich um eine Einrichtung von nur einer Konfession, jedoch mit ökumenischer Weite:

> „Die Kirche der Stille ist eine evangelische Kirche und knüpft an die Tradition der christlichen Meditation und Kontemplation an. Wir orientieren uns an den Mystikerinnen und Mystikern wie Meister Eckhart, Teresa von Avila, Edith Stein oder Dag Hammarskjöldt."[33]

Darüber hinaus weitet sich der Blick auf andere Religionen:

> „Ausgehend von unserer christlichen Überzeugung suchen wir die Begegnung mit anderen Religionen. Wir fördern den interreligiösen Dialog und den offenen Austausch, das Gespräch und die Begegnung – besonders, um andere religiöse Wege in die Stille kennen zu lernen."[34]

---

[31] Vgl. A. Gerhards, Alte Kirchen versilbern? Umnutzung von Sakralgebäuden, in: HerKorr 72 (3/2018) 40–43; B. Karkowsky, Sakralraumtransformation – Analyse und Bewertung zweier Beispiele im Bistum Aachen [Mag. masch.], Bonn 2019.

[32] Kirche der Stille Altona – ein Ort für Stille und Meditation, in: https://kirche-der-stille.de/service/unser-profil (Zugriff: 1.7.2021).

[33] Ebd.

[34] Ebd.

5 Kolumbarien als ökumenische Räume

Seit dem Jahr 2006 hat sich das Kolumbarium als eine beliebte Variante einer kirchlichen Nachnutzung von Sakralgebäuden etabliert.[35] Inzwischen ist die Zahl in Deutschland auf über 50 angewachsen. Träger sind in der Regel die Pfarrgemeinden, wobei die Modelle der Rechtsträgerschaft unterschiedlich sind. Die konfessionelle Prägung ist aber auch hier durchgängig gegeben. Jedoch kann man die Kolumbarien durchaus als Räume der Ökumene bezeichnen, insofern hier in der Regel Verstorbene aller christlichen Konfessionen beigesetzt werden können und regelmäßig auch ökumenische Gedenkgottesdienste stattfinden. Als täglich geöffnete Kirchen – die Öffnung ist Bestandteil des „Geschäftsmodells" – sowie aufgrund ihrer durchwegs hohen architektonischen Qualität und besonderen Atmosphäre sind Kolumbarien darüber hinaus auch Räume der Stille. Dies hat sich mancherorts in der Zeit der Corona-Pandemie, als viele sonst offene Kirchen geschlossen wurden, als eine wertvolle soziale Offerte erwiesen.

Eine Besonderheit bildet die „konfessionsfreie Urnenstätte St. Kamillus" in der ehemaligen gleichnamigen Kirche in Mönchengladbach, einer von Dominikus Böhm (1880–1955) erbauten Krankenhauskirche. Nach Schließung der Einrichtung wurde die Immobilie vom Orden der Kamillianer an eine Trägergesellschaft verkauft, die in der Kirche Urnengräber einbaute. In der Rubrik „Philosophie" heißt es unter der Überschrift „Erinnerung ist keine Frage des Glaubens":

> „Mit dem St. Kamillus Kolumbarium haben wir einen würdevollen Raum des Gedenkens geschaffen, der konfessionell ungebunden ist und jede/n willkommen heißt. Egal ob gläubig oder nicht. Jeder Mensch geht auf seine eigene Weise mit Verlust und Trauer um. Wir wollen diese Individualität auch in der Bestattungskultur etablieren. Denn was uns alle verbindet, ist das Erinnern. Das St. Kamillus Kolumbarium ist ein Ort, wo sich Leben und Tod auf achtsame Weise begegnen. Wo Verstorbene in Würde beigesetzt werden und Hinterbliebene in Ruhe erinnern können. Mit rund 3 000 stilvoll gestalteten Urnengräbern in einem ästhetischen und gleichsam sakralen Umfeld ist die Grabeskirche nicht

---

[35] Vgl. S. Sparre, Bestatten in Kirchen. Eine praktisch-theologische Interpretation gegenwärtiger Kirchenkolumbarien und Urnenkirchen (PTHe 145), Stuttgart 2018.

> nur eine moderne, konfessionell ungebundene Ruhestätte. Sie ist ein heller, offener und ruhiger Ort der Begegnung, der trotzdem Schutz vor Wind und Wetter bietet. Die oft sehr zeitintensive Grabpflege bleibt erspart. Das Kolumbarium kann täglich von 9 bis 19 Uhr besucht werden."[36]

Es ist auffällig, wie man sich an der Sakralität des architektonisch erstklassigen Kirchenraumes, an dem aus Denkmalschutzgründen nur wenige Eingriffe vorgenommen werden durften, abarbeitet. Es läuft schließlich auf einen säkularen Sakralitätsbegriff hinaus, wobei offen bleibt, wie das Gemeinsame des sich Erinnerns erfahrbar wird, wenn Religion methodisch ausgeklammert wird. Allerdings finden in diesem Raum auch kulturelle Veranstaltungen statt, die man im weitesten Sinne als Angebote zur Trauerbegleitung interpretieren kann. Auch Hinweise für christliche Bestattung und Begleitung werden zur Verfügung gestellt.

In Mönchengladbach gibt es drei weitere, von der katholischen Kirche unterhaltene Kolumbarien. Zuerst wurde die Pfarrkirche St. Elisabeth 2009 zur Grabeskirche umgewidmet. In der Friedhofssatzung heißt es unter „Friedhofszweck":

> „(1) Die Urnenbeisetzungsstätte in der Grabeskirche St. Elisabeth ist Bestandteil der Pfarre Sankt Vitus Mönchengladbach, bestehend aus den Kirchengemeinden St. Maria Rosenkranz und St. Elisabeth und den kath. Gemeinden St. Albertus, St. Mariä Himmelfahrt und St. Barbara in Mönchengladbach. Sie dient der Bestattung aller Personen, die hier ein Begräbnis wünschen.
> (2) Die Zustimmung des Trägers zu einer Bestattung setzt voraus, dass die Bestattung von einem Geistlichen oder einem anerkannten Vertreter (zuständig ist immer die Wohnortgemeinde) oder von einem Beauftragten einer Religionsgemeinschaft oder von einem von uns genehmigten Trauerredner (bei konfessionslosen) vorgenommen wird. Eine Beisetzung kann nur mit Segen und mit Namensnennung erfolgen.
> (3) Die Kirche dient dem Gedächtnis der Verstorbenen. Als Haus des Gedenkens steht sie allen offen, die sich dort zum stillen oder gemeinsamen Gebet einfinden. Den Verstorbenen gewidmete An-

---

[36] Unsere Philosophie. Erinnerung ist keine Frage des Glaubens, in: www.st-kamillus-kolumbarium.de (Zugriff: 1.7.2021).

> dachten, Gottesdienste, Totenvespern, Auferstehungsfeiern und Exequien sind ausdrücklich erwünscht. An zentralen Gedenktagen wird zu besonderen Gottesdiensten eingeladen. Im Rahmen der Angebote dieser Kirche soll wöchentlich zum Gedenken der Verstorbenen eine Hl. Messe stattfinden.
> (4) Die Kirche kann auch genutzt werden als Ausgangsort für Erdbestattungen auf anderen Friedhöfen oder vor der Kremierung. Dazu sollte der Sarg oder [dic] Urne während der Abschiedsfeier bzw. des Trauergottesdienstes oder der Hl. Messe in der Kirche stehen."[37]

In diesem Fall ist die katholische Prägung eindeutig, wobei selbstverständlich auch Christ(inn)en anderer Konfessionen nach ihrem Ritus und von ihrem Seelsorgepersonal beigesetzt werden können. Möglich ist hier – im Unterschied zu manchen anderen Kolumbarien – auch die Beisetzung Konfessionsloser durch Trauerredner(innen). Ähnlich ist die Regelung in der Grabes- und Auferstehungskirche St. Cyriakus in Düren-Niederau. Hier allerdings wird die Trauerfeier immer durch Beauftragte einer katholischen oder evangelischen Gemeinde oder einer anderen Religionsgemeinschaft geleitet. Die Ansprache im Gottesdienst kann aber auf Wunsch der Angehörigen in Absprache mit der Verwaltung von einem freien Redner(innen) gehalten werden.[38]

Dezidiert ökumenisch ausgewiesen sind einige andere Urnenkirchen, z. B. das Columbarium St. Donatus in Aachen.[39] Bei der Umgestaltung der ehemaligen Erlöserkirche wurde auf christliche Auferstehungssymbolik besonderer Wert gelegt. Der ausliegende Flyer klärt darüber auf, wer dort beigesetzt werden kann:

> „Hier finden Menschen ihre letzte Ruhestätte in einem konfessionsverbindenden Urnenfriedhof. Im Columbarium kann jeder

[37] Friedhofssatzung Grabeskirche St. Elisabeth. Für die Nutzung der Grabeskirche St. Elisabeth als Urnenbeisetzungsstätte, Mönchengladbach 2019, in: https://www.grabeskirche-moenchengladbach.de/Friedhofssatzung-2019.pdf (Zugriff: 1.7.2021), 1 [§ 2 Friedhofszweck].

[38] Vgl. Grabes- und Auferstehungskirche St. Cyriakus, in: www.grabeskirche-dueren.de (Zugriff: 1.7.2021).

[39] Vgl. Columbarium St. Donatus, in: https://columbarium-aachen.de (Zugriff: 1.7.2021).

> nach christlichem Ritus bestattet werden. Die Aussegnungskapelle im Hauptraum bietet die Möglichkeit für Trauerfeiern mit der anschließenden Beisetzung im Columbarium. Zur Durchführung einer Beisetzungsfeier sind Priester, Diakone und Beerdigungsbeauftragte der katholischen Kirche berechtigt, sowie Geistliche der evangelischen Kirchen als auch Vertreter aller Glaubensgemeinschaften, die dem Arbeitskreis christlicher Kirchen (ACK) angehören."[40]

Wie in allen der inzwischen zwölf Kolumbarien oder Grabeskirchen im Bistum Aachen (ein weiteres ist im Bau)[41] wird auch hier eine Trauerbegleitung angeboten.

Eine Besonderheit im Bereich der Urnenkirchen stellt die Namen-Jesu-Kirche in Bonn dar, ein „geistliches Gasthaus an den Wegen der Menschen".[42] Der ehemalige barocke Jesuitenbau war bereits für einige Jahrzehnte bis 1934 die erste Kirche der Altkatholik(inn)en, bevor sie wieder in römisch-katholischen Gebrauch überging und bis 2009 u. a. der Hochschulgemeinde als Gottesdienstort diente. Danach übernahmen sie wiederum die Altkatholik(inn)en als Citykirche sowie als Kathedral- und Bischofskirche des altkatholischen Bistums in Deutschland. Die ehemalige Gruft der Jesuiten unter dem Altarraum wurde als Urnenbegräbnisstätte eingerichtet und durch eine Treppe von außen zugänglich gemacht. An den Pfeilern der denkmalgeschützten Kirche sind die Namen der Verstorbenen, aber auch Namen Lebender, die sich einen Urnenplatz reserviert haben, auf Schiefertafeln angebracht. Der überwiegende Teil gehört nicht der altkatholischen Gemeinde an. In der Broschüre zum Friedhof heißt es:

> „Inmitten der pulsierenden Bonner Innenstadt ist ein besonderer Friedhof entstanden: Hier finden die Verstorbenen ihre letzte Ruhestätte in der Gruft unterhalb des Altarraums, während in der Kirche darüber die Menschen zusammenkommen, um Gottes-

---

[40] Columbarium St. Donatus, Flyer.

[41] Zählt man das älteste Kirchenkolumbarium in der altkatholischen Kirche in Krefeld sowie das erwähnte Kolumbarium St. Kamillus hinzu, befinden sich auf dem Territorium des Bistums insgesamt 15 Kirchenkolumbarien.

[42] Vgl. H. Crüwell, Geistliche Gasthäuser an den Wegen der Menschen. Citykirchen als Räume unbedingter Gastfreundschaft, in: A. Gerhards, K. de Wildt (Hg.), Der sakrale Ort im Wandel (Studien des Bonner Zentrums für Religion und Gesellschaft 12), Würzburg 2015, 121–127.

dienste zu feiern, Atem zu schöpfen, Konzerte zu hören oder schlicht den wunderschönen barocken Raum zu genießen. Unsere Bereitschaft, in dieser Kirche einen Ort für die Lebenden und die Toten zu schaffen und der Dienst einer würdevollen Bestattung, der allen Menschen – auch ohne offizielle Kirchenmitgliedschaft – offen steht, sind uns Zeugnis für eine größere Hoffnung, die wir aus dem Glauben an den auferweckten Herrn Jesus Christus schöpfen."[43]

Dieser zwischen Bonner Markt und Beethovenhaus äußerst günstig gelegene Kirchenraum vereint alle Merkmale einer ökumenisch offenen Nachnutzung: den Charakter der Citykirche, den Raum der Stille und das Kolumbarium.

6 Ökumenisch genutzte Kirchenräume als Ausdruck gemeinsamer christlicher Verantwortung in einer pluralen Gesellschaft

Vor einigen Jahren gab die Konferenz der leitenden Geistlichen der evangelisch-lutherischen Kirchen, der evangelisch-reformierten Kirche und der römisch-katholischen Bistümer in Niedersachsen und Bremen die Handreichung „Ökumenisch genutzte Kirchenräume"[44] heraus. Die Publikation beinhaltet eine „Praxishilfe zur Gestaltung und Ausstattung von ökumenisch genutzten gottesdienstlichen Räumen/Kapellen" mit allgemeinen und speziellen Leitlinien sowie umfangreiche „Überlegungen zu einer Theologie des gottesdienstlichen Raumes" der Autoren Jochen Arnold (* 1967) und Stephan Winter (* 1970). Die Handreichung bezieht sich zwar auf die Einrichtung von Kapellen und Kirchen allgemein und nicht explizit auf die Um-

---

[43] Alt-Katholischer Friedhof in der Namen-Jesu-Kirche, Bonn 2014, in: https://www.namenjesukirche.de/inhalte/uploads/njk-friedhof-broschuere.pdf (Zugriff: 1.7.2021).

[44] Konferenz der leitenden Geistlichen der evangelisch-lutherischen Kirchen, der evangelisch-reformierten Kirche und römisch-katholischen Bistümer in Niedersachsen und Bremen (Hg.), Ökumenisch genutzte Kirchenräume. Eine Praxishilfe, Osnabrück, in: https://www.kirchliche-dienste.de/damfiles/default/haus_kirchlicher_dienste/arbeitsfelder/oekumene/oekumenisch_genutzte_Kirchenraeume_-_Eine_Praxishilfe-d41cf5a61ab928f5042c9c546315679b.pdf (Zugriff: 1.7.2021). Die Umsetzung erfolgte durch das Seelsorgeamt im Generalvikariat Osnabrück.

wandlung monokonfessioneller in bikonfessionelle Räume. Jedoch lassen sich die hier formulierten Prinzipien, insbesondere auch vor dem Hintergrund der profunden theologischen Grundsatzüberlegungen, auf Transformationsprozesse übertragen. Es geht um die Kraft des gemeinsamen Zeugnisses, wobei die Einheit durchaus in versöhnter Verschiedenheit, in Anerkennung der bleibenden, aber nicht trennenden Differenzen, ihren Ausdruck finden kann. Zudem hat Stephan Winter auf einen weiteren Typus ökumenisch sensibler Räume aufmerksam gemacht: auf den in der neugestalteten Pfarrkirche St. Michael in Leer eingerichteten Andachts- und Gedenkraum für die vier Lübecker Märtyrer des NS-Regimes, drei katholische Kapläne und ein evangelischer Pastor. Der Tübinger Liturgiewissenschaftler kommentiert die von dem Krefelder Künstler Klaus Simon (* 1949) geschaffene Raumsituation:

> „Ich finde diese neue Gesamtanlage der Kirche deshalb bemerkenswert, weil hier offensichtlich versucht wurde, sich das, was den christlichen Gottesdienst im Kern ausmacht und trägt – die Ganzhingabe aus Liebe in der Nachfolge Jesu Christi – in lokal konkreter Weise anzueignen und zu inkulturieren. Dies geschieht unter Einbeziehung moderner Kunst und zudem mit einem deutlich ökumenischen Akzent, der auch in vielen Begegnungen mit den zahlenmäßig in Ostfriesland dominierenden Schwestern und Brüdern anderer Konfessionen während der Umgestaltungsphase weiterentwickelt worden ist.“[45]

Die Überlegungen gemeinsam verantworteter Sakralräume wären weiter zu entwickeln in Richtung einer gemeinsamen Sorge der Kirchen um die Sakralbaulandschaft und zwar nicht nur in baukultureller Hinsicht, sondern auch und vor allem als Topografie von Frei-Räumen und Orientierungsorten, die als diakonische Offerte allen Menschen gilt. Darauf weist auch Stephan Winter unter Bezug auf Papst Franziskus (seit 2013) hin, der davon spricht, dass die Religio-

---

[45] S. Winter, „mit meinen schwachen Kräften mitwirken […] am Aufbau des Gottesreiches“. Unfertige Gedanken zum Verhältnis von ökumenischem Glaubenszeugnis und rituell-gottesdienstlicher Feier des Glaubens, in: ders., A. Poschmann (Hg.), Liturgie und Ökumene. Früchte des gemeinsamen christlichen Erbes, Trier 2019, 9–52, hier: 50. – Vgl. dazu auch den Beitrag von S. Winter in diesem Band.

nen die Aufgabe hätten, „in der Welt den Durst nach dem Absoluten“ wachzuhalten.[46] Es geht um die Funktion der foucaultschen „Andersorte“ oder die Orte der Selbsttranszendenz, wie Thomas Erne (* 1956) sie nennt.[47]

Auf einer Tagung der von der Deutschen Forschungsgemeinschaft (DFG) geförderten Forschungsgruppe „Sakralraumtransformation“ im Juli 2021 zum Thema „Kirche im Wandel“ machte der Münsteraner Kirchenrechtler Thomas Schüller (* 1961) darauf aufmerksam, dass die römisch-katholische Kirche, traditionell auf ein eher rigides Sakralverständnis bedacht, in letzter Zeit eine zunehmend offene Haltung gegenüber hybriden Nutzungen von Kirchenräumen einnimmt.[48] Dies kam auch auf dem vom Päpstlichen Kulturrat im November 2018 in Rom veranstalteten internationalen Kongress „Wohnt Gott nicht mehr hier?“ zum Ausdruck,[49] auf dem „Leitlinien für die Stilllegung und kirchliche Nachnutzung von Kirchen“[50] verabschiedet wurden. Darin geht es in erster Linie um Kirchen, die nicht mehr in liturgischem Gebrauch stehen, für die die kirchlichen Gemeinschaften aber weiterhin Verantwortung tragen und die sie möglichst einer spirituellen, kulturellen oder sozialen Nutzung zuführen sollen. Damit weitet sich das Spektrum von Sakralität. So heißt es in dem Dokument:

> „Das Ausmaß der Wiederverwendung durch die Gemeinden kann ein interpretatives und zukunftsweisendes Kriterium sein, das stabile und nachhaltige Maßnahmen für nicht ausreichend genutzte, stillgelegte Kirchen oder solche, die geschlossen wurden, zulässt. Tatsächlich gibt es eine Vielzahl von kirchlichen

---

[46] Vgl. Winter, „mit meinen schwachen Kräften mitwirken […] am Aufbau des Gottesreiches“ (s. Anm. 45), 51.

[47] Vgl. Erne, Hybride Räume der Transzendenz (s. Anm. 18).

[48] Vgl. die Homepage der Forschungsgruppe: www.transara.de (Zugriff: 1.7.2021). Die Tagung wird in einer Buchpublikation dokumentiert.

[49] Als Dokumentation vgl. F. Capanni (Hg.), Dio non abita più qui? Dismissioni di luoghi di culto e gestione integrata dei beni culturali ecclesiastici – Doesn’t God Dwell Here Anymore? Decommissioning Places of Worship and Integrated Management of Ecclesiastical Cultural Heritage, Rom 2019.

[50] Päpstlicher Rat für die Kultur, Stilllegung und kirchliche Nachnutzung von Kirchen. Leitlinien, aus dem Englischen übersetzt vom Sekretariat der Deutschen Bischofskonferenz, in: https://www.dbk.de/fileadmin/redaktion/diverse_downloads/presse_2019/Paepstl-Rat-Kultur-2019_LEITLINIEN-Stilllegung-u-kirchliche-Nachnutzung-von-Kirchen.pdf (Zugriff: 1.7.2021).

Nutzungen, die von verschiedenen Organisationen (nicht nur der Pfarrei oder der Diözese als territoriale Einheiten) sowohl im liturgischen Bereich (Kultstätten für besondere pastorale Tätigkeiten) als auch für Katechese, Wohlfahrt, Kultur, Erholung usw. gefördert werden können. Wege zur Nachnutzung einer ungenutzten Kirche können den Tourismus und die Schaffung von Räumen für Stille und Meditation, die für alle offen sind, einbeziehen. Da viele Kirchen in der Vergangenheit keinen unmittelbaren pastoralen Verwendungszweck hatten (d. h. als Pfarrkirche) und auf Wunsch von Laien (z. B. Bruderschaften) entstanden sind, könnten auch heute einige von ihnen im Hinblick auf eine Vision der *Mitverantwortung* und Diversifizierung von Strategien Laienvereinigungen (Verbände, Bewegungen usw.) anvertraut werden, die offene Kirchen und eine bessere Verwaltung des Kulturerbes gewährleisten würden. In einigen Bereichen besteht schon Erfahrung mit einer gemischten Nutzung des Kirchenraumes, die teilweise der Liturgie und teilweise wohltätigen oder sozialen Zwecken dient.“[51]

Dann aber heißt es einschränkend: „Diese Lösung würde eine Änderung des Kirchenrechts erfordern.“[52]

Bei hybriden Nutzungen gibt es auch auf evangelischer Seite kirchenrechtliche Regeln zu beachten,[53] ganz abgesehen von den staatlichen Bestimmungen für Versammlungsstätten, insofern der Sonderstatus des Sakralraumes durch die neuen Nutzungen verloren gehen kann. Hier gilt es aber, zusammen mit den kommunalen Verantwortungsträger(inne)n nach Lösungen zu suchen, um die Räume der Allgemeinheit nicht nur konservatorisch zu erhalten, sondern ihre sinnstiftenden Potenziale in einer multikulturellen und multireligiösen Gesellschaft[54] auf Zukunft hin zu entwickeln.

---

[51] Ebd., 10 [Hervorhebung im Original].

[52] Ebd.

[53] Vgl. etwa Evangelische Kirche in Hessen und Nassau, Orientierungshilfe zur Nutzung von kirchlichen Gebäuden und Räumen vom 17. Februar 2009, geändert am 25. Juni 2020, in: https://www.kirchenrecht-ekhn.de/document/20151 (Zugriff: 1.7.2021).

[54] Vgl. A. Gerhards, Dialogo interculturale e interreligioso attraverso i beni culturali, in: Capanni (Hg.), Dio non abita più qui? (s. Anm. 49), 133–140.

Interreligiöse Räume

Architektonische Perspektiven in Zeiten soziokultureller Veränderung

Mariateresa Giammetti

Die materielle Form der Architektur kann dank ihrer Verflechtung mit alltäglichen und außeralltäglichen Praktiken als ein faszinierendes Forschungsfeld für all jene betrachtet werden, die sich für gesellschaftliche Ordnungen und die Beziehungen zwischen sozialem Handeln und Raum interessieren.[1] Die Gegenwart vieler europäischer Städte ist zweifellos von den sozialen und politischen Fragen bestimmt, die durch das Aufeinandertreffen von Einheimischen und Menschen aus aller Welt infolge von Migration hervorgerufen werden. Dieses neue Völkergemisch hat vor allem die Städte in Schwellenräume verwandelt, in Orte einer immerwährenden Transformation – verstanden als Orte des Übergangs zwischen zwei verschiedenen Sphären und zugleich der Transformation eines Raumes in einen anderen. Neben ihrer physischen haben solche Schwellenräume zudem eine kulturelle und eine existenziale Dimension. Diese hängt mit der „inneren" Zeit zusammen, die jede Sache braucht, um sich in eine andere zu verwandeln.

Das heutige Europa befindet sich gerade in diesem Prozess: Auf beiden Seiten der Schwelle stehen vor dem Hintergrund von Migrationsbewegungen nicht nur Fragen nach der Bildung einer neuen Subjektidentität, sondern auch nach der Entstehung einer postnationalen europäischen Kulturidentität. Die Architektur ist dabei ein wichtiges Feld für neue Ausdruckformen dieser Identität. Investitionen in religiöse Projekte – insbesondere in solche, die sich der Herausforderung der Integration stellen wie z. B. interreligiöse Räume – können eine wichtige politische Wirkung haben, indem diese nicht gegensätzliche Dynamiken verstärken, sondern kulturelle Vielfalt berücksichtigen und durch Begegnung, Nähe, Zusammenarbeit und

---

[1] Vgl. P. Jones, The Sociology of Architecture. Constructing Identities, Liverpool 2011.

wechselseitiges Kennenlernen fördern. Ein solcher Ansatz bewahrt die Religion vor ihrer Instrumentalisierung für neue Mythen von Gewalt und Terror sowie von Bedrohung durch Diversität und hilft ihr bei der Rückbesinnung auf ihr natürliches Wesen, das sich – im Unterschied zur zeitlichen – vor allem in seiner spirituellen Dimension entfaltet.[2]

Um dieses Thema zu vertiefen, sollen im Folgenden drei konkrete Gestaltungsexperimente in Italien vorgestellt werden, die sich mit der Beziehung von Integrität und Hybridisierung der Räumlichkeit interreligiöser Andachtsorte beschäftigen. Das erste ist das Projekt eines interreligiösen Raumes auf dem Monumentalfriedhof der sizilianischen Stadt Caltagirone. Die beiden anderen sind Teil eines umfassenderen strategischen Plans zur adaptiven Umnutzung des kirchlichen Erbes des Sanità-Viertels in Neapel. Es handelt sich dabei zum einen um einen interreligiösen Raum mit katholischer und evangelischer Beteiligung in den unterirdischen Höhlen neben den Katakomben von San Gennaro, zum anderen um die Kirche Santa Maria della Sanità.

1 Beobachtungen zu drei interreligiösen Gestaltungsexperimenten in Italien

1.1 Auf dem Monumentalfriedhof von Caltagirone

Das erste vorgestellte Projekt entstand anlässlich eines von der Stadt Caltagirone in Sizilien ausgeschriebenen Gestaltungswettbewerbs für einen interreligiösen Raum auf dem Monumentalfriedhof und wurde von einer Jury mit einer lobenden Erwähnung ausgezeichnet. Im urbanen Kontext von Caltagirone stellt der Friedhof so etwas wie eine Stadt in der Stadt dar – sowohl in Bezug auf den historischen Charakter des Denkmals als auch auf die flächenmäßige Größe. Die Anlage – auch „Friedhof des Paradieses“ (*Cimitero del Paradiso*) genannt – wurde 1866 entworfen und ist eines der hervorragendsten Beispiele der eklektischen sizilianischen Architektur.

Da der Friedhof als symbolischer Ort für Interreligiosität gilt, war die Aufgabenstellung des Wettbewerbs, einen Ort der Stille und der

[2] Vgl. M. Giammetti, Forma e Riforma/e. La rivoluzione culturale del progetto di spazi per la preghiera dall'Ottocento ad oggi, Latina 2018.

Abb. 1: Der Monumentalfriedhof von Caltagirone aus der Vogelperspektive mit Markierung des Projektgebietes.
© *Mariateresa Giammetti*

Besinnung zu entwerfen, einen Ort für die Seele ohne konfessionelle Besonderheiten, an dem Architektur und spirituelles Leben in einer intensiven Beziehung zueinander stehen, einen Ort, der in der Lage ist, das „schlagende Herz" des Monumentalfriedhofs von Caltagirone zu repräsentieren – und zwar mit einer zeitgenössischen architektonischen Sprache, die in die Geschichte eingebettet ist. Der ursprüngliche Plan von 1866 wurde nicht vollständig realisiert, weswegen der Friedhof einige unvollendete Teile aufweist – darunter eine große Lücke in der Nord-Süd-Achse, wo eine kleine Kapelle, die als Mittelpunkt der Hauptachse des byzantinischen Kreuzes dienen sollte, nicht mehr gebaut wurde. Dort sollte das neue Projekt entstehen. Der Bereich ist geprägt durch einen Höhenunterschied von etwa 3,20 Metern, umfasst eine Fläche von ca. 400 Quadratmetern und wird im Norden von einer Stützmauer in Form eines Halbkreises begrenzt. Die beiden unterbrochenen und symmetrischen Säulengänge des ursprünglichen Bauplans überragen dieses Areal.

Der neue interreligiöse Mittelpunkt des Friedhofs sollte durch eine Plattenkonstruktion auf der höchsten Ebene des Geländes ar-

Abb. 2: Blick von oben und unten auf das Projektgebiet.
© *Mariateresa Giammetti*

chitektonisch hervorgehoben werden. Das Plateau wird durch eine Treppe mit dem darunter liegenden Bereich verbunden, der drei einfache Elemente zu dessen Abstützung aufweist: eine Wand, einen Pilaster und einen kleinen Stauraum zur Aufnahme von Möbeln, mit denen der Platz für verschiedene Nutzungen hergerichtet werden kann. Die Entscheidung, die Stützen auf ein Minimum zu reduzieren, entspringt dem ausdrücklichen Wunsch, die große Leere des Projektgebietes zu betonen und es als einen Raum für Meditation und Spiritualität zu bestimmen.

An der Entwicklung der Projektidee waren neben den Architekt(inn)en auch Vertreter(innen) aus Philosophie, Soziologie, Liturgiewissenschaft, Kunst und Landschaftsgestaltung beteiligt. Die interdisziplinäre Debatte führte zu dem Ansatz, das Vorhaben auf Basis einer Anhörung der lokalen Gemeinschaften zu entwickeln;

im Fokus stand dabei die Frage, wie diese die Erfahrung der Nutzung eines interreligiösen Raumes im Bereich des monumentalen Friedhofs lebten. Zu diesem Zweck wurde ein Formular mit folgenden drei Fragen und dazugehörigen Antwortmöglichkeiten erstellt:

(1) Welche Art von Raum ist Ihrer Meinung nach am besten geeignet, um Frauen, Männer und Gemeinschaften verschiedener Religionen/Konfessionen aufzunehmen?
    (a) (Gebets-)Raum;
    (b) Einfriedung;
    (c) Bodenplatte.
(2) Wie sollten Ihrer Meinung nach Menschen im interreligiösen Raum nebeneinander stehen?
    (a) kolonnenförmige Anordnung mit vorherrschender Längsrichtung wie in einschiffigen Kirchen;
    (b) kreisförmige Anordnung;
    (c) lineare Anordnung mit vorherrschender horizontaler Ausrichtung wie in Moscheen.
(3) Welche Art von Licht ist Ihrer Meinung nach am besten geeignet, um Frauen, Männer und Gemeinschaften verschiedener Religionen/Konfessionen willkommen zu heißen?
    (a) warmes, natürliches, diffuses Licht von oben;
    (b) zenitales und kontrastreiches Licht von oben;
    (c) gerichtetes Kunstlicht im Halbdunkel;
    (d) weißes Licht ohne Schatten.

Aus der Umfrage ging hervor, dass die Menschen einen Raum bevorzugen, der als Bodenplatte charakterisiert werden kann, in dem sie sich im Kreis anordnen können und der ein warmes, natürliches, diffuses Licht hat, das von oben kommt. Auf Basis dieser Hinweise wurden im Anschluss daran die Projektthemen überarbeitet und weiterentwickelt. Die Beschaffenheit des Platzes bzw. der Bodenplatte verband sich gut mit dem räumlichen Charakter, den das Projektgebiet suggeriert: eine große Leere infolge der Nichtvollendung dieses Teils des Friedhofs – eine Leere, zu der die versammelte Gemeinschaft während des Ritus durch ihre Aufstellung eine Haltung einnimmt, wodurch das Gefühl des Einbrechens des Heiligen hervorgerufen wird. Nach Romano Guardini (1885–1968):

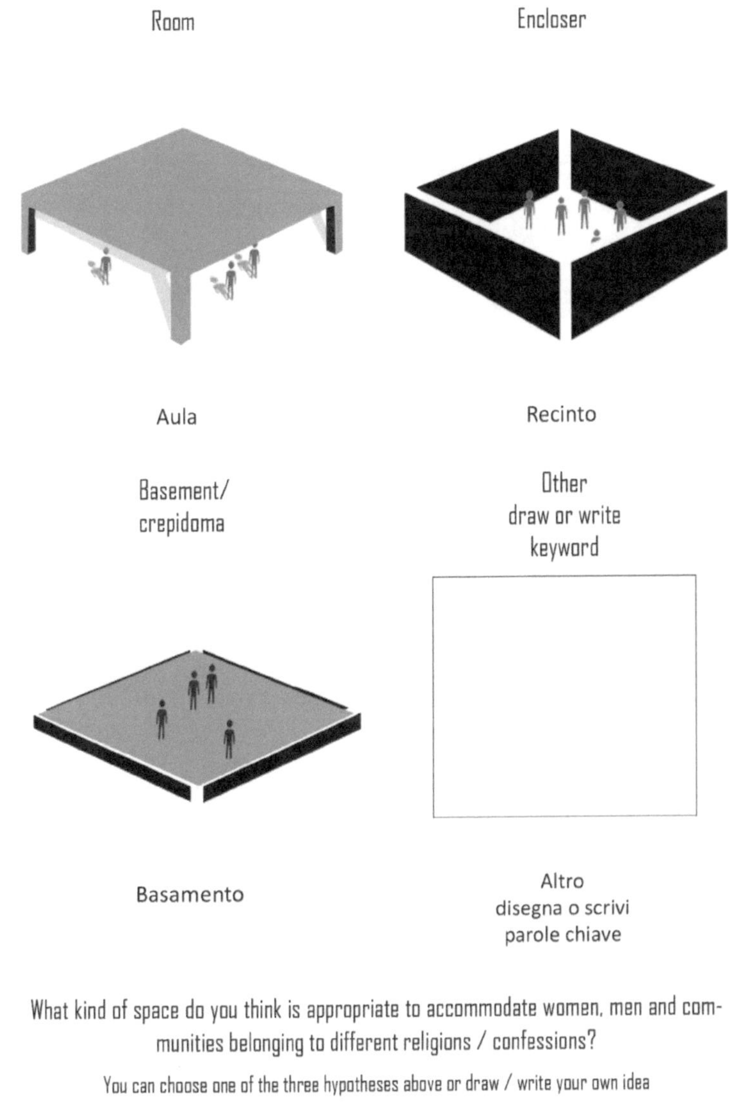

Abb. 3: Illustration zur ersten Frage.
© *Mariateresa Giammetti*

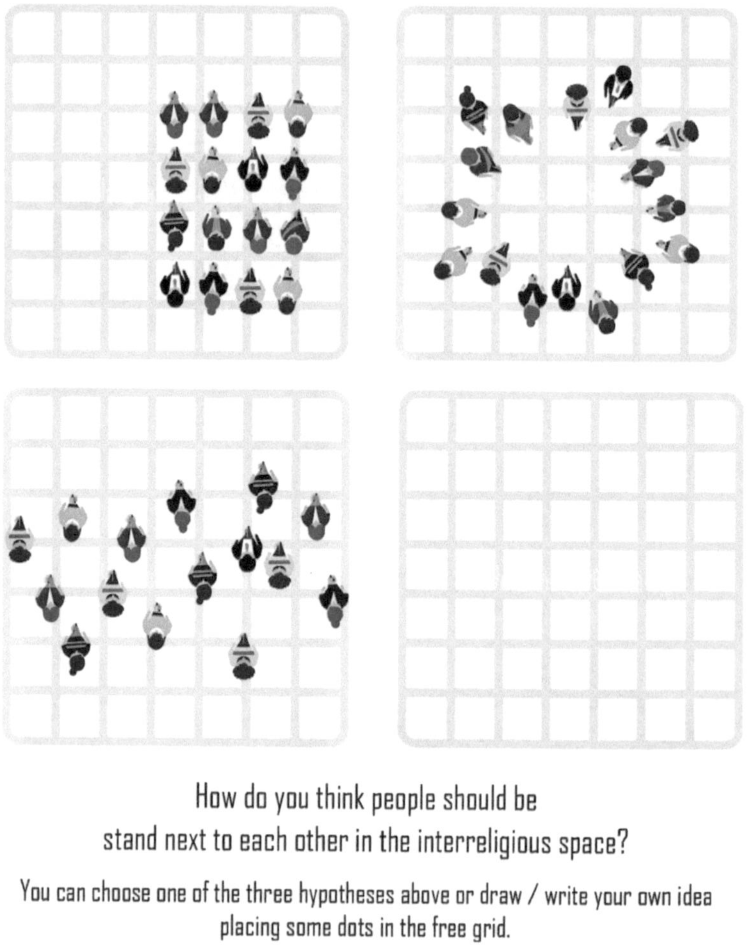

Abb. 4: Illustration zur zweiten Frage.
© *Mariateresa Giammetti*

Abb. 5: Illustration zur dritten Frage.
© *Mariateresa Giammetti*

Abb. 6: Visualisierung der Gestaltungsideen für einen interreligiösen Gebetsraum auf dem Monumentalfriedhof von Caltagirone mit verschiedenen Nutzungen.
© *Mariateresa Giammetti*

> „Die richtig geformte Leere von Raum und Fläche ist keine bloße Negation der Bildlichkeit, sondern deren Gegenpol. [...] Sobald der Mensch für sie offen wird, empfindet er in ihr eine geheimnisvolle Anwesenheit. Sie drückt vom Heiligen das aus, was über Gestalt und Begriff geht."[3]

Man hielt es für angemessen, das Thema des Platzes bzw. der Bodenplatte durch ein Plateau in elliptischer Form zu entwickeln, das in der Höhe angebracht ist, was das Problem des Niveauunterschieds innerhalb des Projektgebietes löst. Dieser Entwurf unterstreicht nicht nur die Raumordnung des monumentalen Friedhofs, sondern er basiert auch auf der Bifokalität – d. h.: nicht mehr nur einen Stand- bzw. Sammelpunkt einzunehmen, sondern zwei Brennpunkte zu berücksichtigen, die metaphorischer Ausdruck des Selbst und des von sich Verschiedenen, des Anderen, sind.

Für den unteren Bereich wurde gemeinsam mit Künstler(inne)n und Landschaftsarchitekt(inn)en das expressive Potenzial der alten Stützmauer, die das Gebiet umgibt, untersucht. Diese wurde in den Überlegungen mit dem Bild einer „spontanen Vegetation" in Verbindung gebracht, die in einer Linie mit französischen Landschaftsstudien wie der von Gilles Clément (* 1943) steht. Solche Studien zielen darauf ab, das in eine lyrisch-ästhetische Dimension zu übertragen, was normalerweise als nutzlos wahrgenommen wird.

1.2 In den unterirdischen Steinbrüchen neben den Katakomben von San Gennaro in Neapel

Zu den bemerkenswertesten Best-Practice-Beispielen im Zuge der adaptiven Umnutzung von stillgelegtem religiösem Kulturerbe, was sowohl das Niveau an Akzeptanz durch Beteiligung in Transformationsprozessen als auch die Perspektive eines nachhaltigen Einsatzes von wirtschaftlichen, gesellschaftlichen und kulturellen Werten betrifft, gehört ein Projekt in den unterirdischen Steinbrüchen neben den Katakomben von San Gennaro im neapolitanischen Sanità-Viertel. Das enorme kulturelle Erbe, das sich hier im Laufe der Jahrhunderte angesammelt hat, konnte den Stadtteil nicht vor sozialer

---

[3] R. Guardini, Die Sinne und die religiöse Erkenntnis. Drei Versuche, Würzburg ^{2}1958, 76.

Abb. 7: Hügel von Capodimonte (1) mit dem Eingang am Hang des Tuffsteinbruchs, wo sich der interreligiöse Gebetsraum befindet (2), der Basilica dell'Incoronata Madre del Buon Consiglio (3), dem Gebiet der Katakomben von San Gennaro (4) und der Basilica di San Gennaro fuori le mura (5).
© *Mariateresa Giammetti*

und wirtschaftlicher Marginalisierung bewahren. Sanità ist zu einem Ort geworden, an dem das organisierte Verbrechen in dürftigen sozialen Verhältnissen einen fruchtbaren Boden findet, was das Viertel zur „Peripherie" mitten im Stadtzentrum gemacht hat.

Das Gestaltungsexperiment eines interreligiösen Raumes wurde im Rahmen eines Workshops ins Leben gerufen, der in Kooperation des Dipartimento di Architettura (DiARC) an der Università degli Studi di Napoli Federico II mit der evangelisch-lutherischen Gemeinde von Neapel, der Stiftung der katholischen Gemeinde San Gennaro, der Fondazione con il Sud (einer römischen Stiftung zur Förderung der sozialen Infrastruktur) sowie der Päpstlichen Kommission für Sakrale Archäologie organisiert wurde. Die Koordination des Dialogforums übernahmen die Verantwortlichen der Fakultät für Architektur und der beiden neapolitanischen Gemeinden, von lutherischer Seite Pfarrerin Kirsten Thiele und von katholischer Seite Pfarrer Antonio Loffredo.

Der Workshop fand anlässlich des 500. Jahrestages der lutherischen Reformation statt – ein Anlass, der die Gelegenheit bot, dem Seminar die Gestaltung eines Begegnungs- und Dialograumes für Katholik(inn)en und Protestant(inn)en zum Thema zu geben, der in einem stillgelegten Steinbruch unterhalb der Basilica dell'Incoronata Madre del Buon Consiglio, einer der Basiliken der Stadt Neapel auf dem Hügel von Capodimonte, eingerichtet wurde. Die Kirche ist auf einer Tuffsteinbank erbaut, in deren Inneren sich ein unwegsamer Steinbruch befindet, der wiederum an die unterirdischen Räume der Katakomben von San Gennaro alla Sanità angrenzt; diese sind entweder von einem Weg aus, der an der Basilika entlangführt, oder von der benachbarten Basilica di San Gennaro fuori le mura aus zugänglich. Die Katakomben von San Gennaro sind antike unterirdische Friedhofsbereiche, die auf das zweite bis dritte Jahrhundert zurückgehen und zu den wichtigsten baulichen Zeugnissen des Christentums in Neapel gehören. Im fünften Jahrhundert wurde in der Nähe davon die Basilika San Gennaro erbaut, die wahrscheinlich aus der Verschmelzung zweier antiker Friedhofsanlagen hervorging. Die Kirche wurde im neunten Jahrhundert dem Benediktinerkloster der hl. Gennaro und Agrippino angegliedert, das im 15. Jahrhundert aufgegeben und in das Krankenhaus San Gennaro dei Poveri umgewandelt wurde, das für die Aufnahme der Pestkranken bestimmt war.

Die Tuffsteinbank, die den Steinbruch und die Katakombe birgt, markiert den Höhenunterschied zwischen dem Hügel von Capodimonte und dem darunter liegenden Sanità-Viertel sowie dem „Tal der Jungfrauen“, dessen Urbanisierung Ende des 16. Jahrhunderts einsetzte, als der neapolitanische Adel seine Paläste in diesem besonders lebenswerten Umfeld zu bauen begann. Es ist ein Tal, das seit der griechisch-römischen Zeit als Begräbnisstätte genutzt wird. Neben den Katakomben von San Gennaro befinden sich in diesem Viertel weitere unterirdische Friedhöfe, wie die Katakomben von San Gaudioso und die hellenistischen Hypogäen. Die starke Beziehung des Menschen zum Tod, die das Leben des Sanità-Viertels geprägt hat, setzte sich im Laufe der Jahrhunderte bis zur Gründung des Friedhofs Fontanelle in einer seiner Tuffsteinhöhlen fort. Dieser diente u. a. als Begräbnisstätte der Pestopfer von 1656.

Aus dem Workshop sind interessante Ideen für die mögliche Neugestaltung des aufgelassenen Hohlraumes sowie seine Verbindung sowohl mit der Katakombe von San Gennaro als auch mit der darüberstehenden Basilica del Buon Consiglio hervorgegangen, mit der Hohlraum und Katakombe dank eines Aufzugssystems verbunden sind, dessen Installation durch ein mit EU-Mitteln finanziertes Projekt der Stadtverwaltung von Neapel ermöglicht wurde. Durch die Nutzung des Hohlraumes könnte ein urbanes Scharnier entstehen, das in der Lage ist, ein neues Eingangstor vom Hügel Ca-

Abb. 8: Schematischer Blick auf und Querschnitt durch den Hügel von Capodimonte mit Fotos der unterirdischen Steinbrüche.
© *Mariateresa Giammetti*

Abb. 9: Die Katakomben von San Gennaro.
© *Mariateresa Giammetti*

podimonte und der angrenzenden Ausfahrt der Ringstraße von Neapel zum Stadtteil unterhalb von Sanità zu schaffen. Insbesondere könnten die Katakomben und die angrenzenden Steinbrüche, gerade wegen ihrer charakteristischen Räume auf halber Höhe, die in mehrere Ebenen der Tuffsteinbank des Hügels gehauen sind, zu einem neuen Zugangsweg von Capodimonte zum darunter liegenden Sanità-Viertel und den Räumen der „Heiligen Meile" (*Miglio Sacro*) werden. Diese verläuft von der Basilica del Buon Consiglio ausgehend durch das Sanità-Viertel und durchquert die Katakomben, das Krankenhaus San Gennaro dei Poveri, den Friedhof von Fontanelle, die Basilika Santa Maria della Sanità, die Katakomben von San Gaudioso, die Paläste San Felice und della Spagnuolo und die Kirche Santa Maria dei Vergini, bis man zur Porta San Gennaro gelangt, welche sich wiederum auf das antike Zentrum von Neapel hin öffnet.

Workshop setzte einen gemeinsamen und partizipativen Gestaltungsprozess in Gang, der von Studierenden und Dozierenden des DiARC in Zusammenarbeit mit den beteiligten Gemeinden von Neapel sowie der Stiftung San Gennaro geplant und zu einem ausgereiften Projekt entwickelt werden konnte. Dieses wurde von der Erzdiözese Neapel sowie von der archäologischen Aufsichtsbehörde

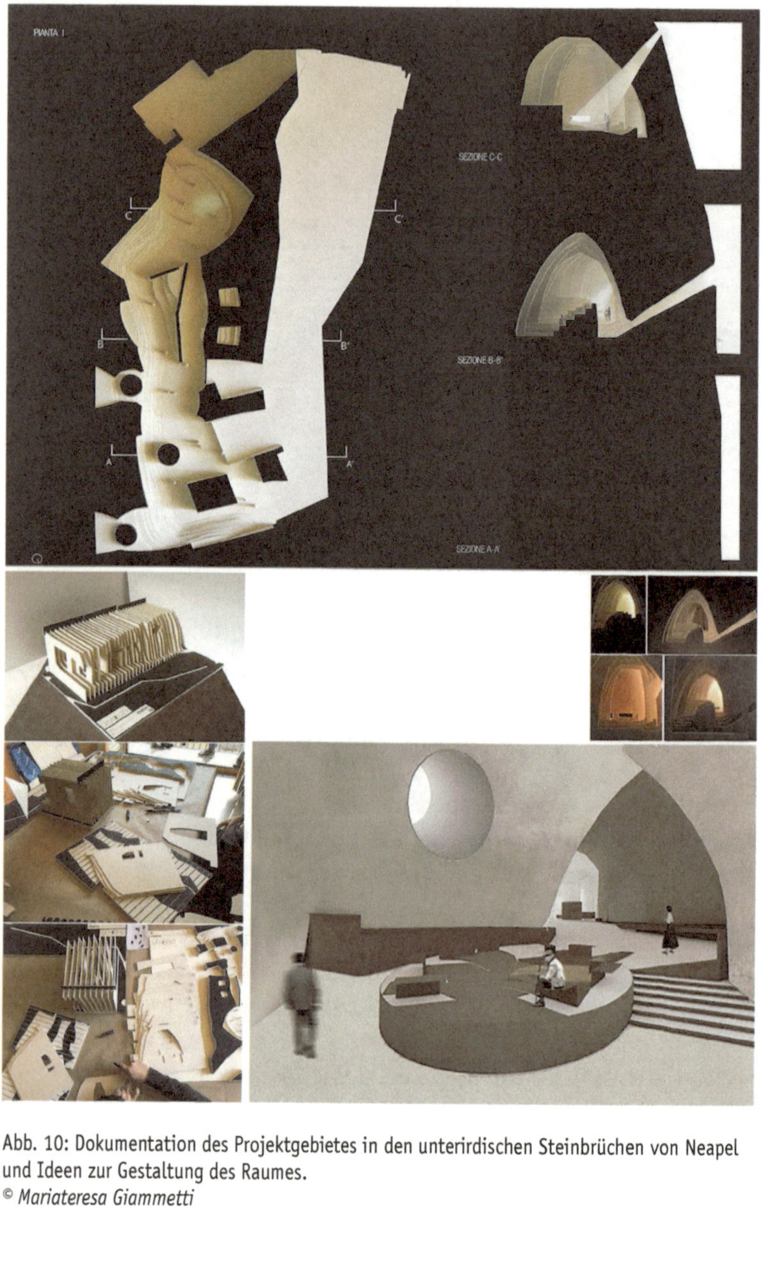

Abb. 10: Dokumentation des Projektgebietes in den unterirdischen Steinbrüchen von Neapel und Ideen zur Gestaltung des Raumes.
© *Mariateresa Giammetti*

bewilligt und wird vom Kulturministerium aus europäischen Mitteln finanziert.

Eines der Ziele des Workshops war es, einen ungenutzten Raum – wie den stillgelegten Tuffsteinbruch voller Schutt von der Baustelle der darüber liegenden Kirche – in eine „nützliche Ressource“ zu verwandeln, um einen Ort der katholisch-lutherischen Begegnung und des Dialogs zu schaffen. Die beiden religiösen Konfessionen, die sich im Laufe der Geschichte teilweise grausam bekämpften, haben sich gerade zu einem so wichtigen historischen Anlass wie dem 500. Jahrestag der Entstehung des Luthertums entschieden, diese Begegnungs- und Gesprächsmöglichkeit – auch über den innerchristlichen Bereich hinaus mit den anderen Religionen – zu schaffen, die gut zu dem offenen und interkulturellen Charakter der Stadt Neapel passt.

Drei Elemente prägen das Gestaltungsexperiment: Tür, Weg und Aula. Diese Motive werden entwickelt in einem Raum, der nicht vorgegeben, sondern erst zu „erobern“ ist durch die Säuberung des Steinbruchs von eingedrungenem Schutt, der die Raumwahrnehmung bis dato verhinderte. Er lässt sich als ein geräumiger Saal interpretieren, dessen lang gestreckte Form sich übrigens auch in der Vermessung, die zusammen mit der fotografischen Dokumentation im Zuge der Workshop-Aktivitäten durchgeführt wurde, offenbarte.

Bei der Räumungsaktion beließ man einen Teil des Schutts bewusst dort, wo er war, um ihn in einer neuen Konfiguration wiederzuverwenden, die man als „Bodenprojekt“ bezeichnen kann, das durch die vor Ort gefundene recycelte „Materie“ realisiert wird. Dies ergibt eine Verbindung zwischen zwei Materialitätsgraden, nämlich dem natürlichen des Tuffsteins und dem künstlichen des Schutts. Dieses Gefüge hebt den primären Charakter dieses Ortes hervor, der mit dem Thema Sakralität konnotiert ist. Künstlicher Boden aus Abbruchmaterial füllt die Sohle des Steinbruchs und wird zu einem Weg geformt. Vom imposanten Zugangsportal, einer natürlichen Öffnung im Tuffstein, gelangt man darüber ans Ende der Höhle, in einen großen Raum, der von oben durchbrochen ist, um Licht einzulassen; so soll das mögliche Einbrechen des Heiligen suggeriert werden. Im Hintergrund des Raumes senkt sich der Boden zu einer Öffnung, die die Verbindung mit der darunter liegenden Ebene herstellt, wo sich die Katakomben von San Gennaro befinden. An manchen Stellen ist der Boden so modelliert, dass er an den Rändern Sitzgelegenheiten bietet, an anderen hat er die Form einer Wand – wie beim „y"-Zeichen, das den mittleren Teil des Wegs in zwei Bereiche teilt, von denen einer durch seine Gestalt intimere Formen der Meditation zulässt. Im hinteren Teil ist der Boden so geformt, als ob er gestampft wäre, um Sitzgelegenheiten anzudeuten, die es ermöglichen, den Raum als Versammlungsort zu nutzen. Zusammen ist man dann in einem leeren „Raum des Wartens". Dank der Fähigkeit der Anwesenden, ihren spirituellen Beitrag dort einzubringen, kann der leere Raum zu einem Erfahrungsort des Heiligen werden. Die „dichte" Leere, die Stille und das Licht, das den Weg markiert, der durch einige natürliche Risse führt, die sich im Tuffsteinfelsen öffnen, geben diesem Raum der Begegnung des inneren und interkulturellen Dialogs seine entscheidende Prägung.

1.3 In der Kirche Santa Maria della Sanità in Neapel

Die Kirche Santa Maria della Sanità ist einer der zentralen Räume des strategischen Plans für die Neunutzung und die integrierte Bewirtschaftung des religiösen Kulturerbes des Sanità-Viertels von

Abb. 11: Blick durch die Kirche Santa Maria della Sanità auf das Presbyterium mit der markanten Treppenanlage zwischen Krypta und Orgel.
© *Mariateresa Giammetti*

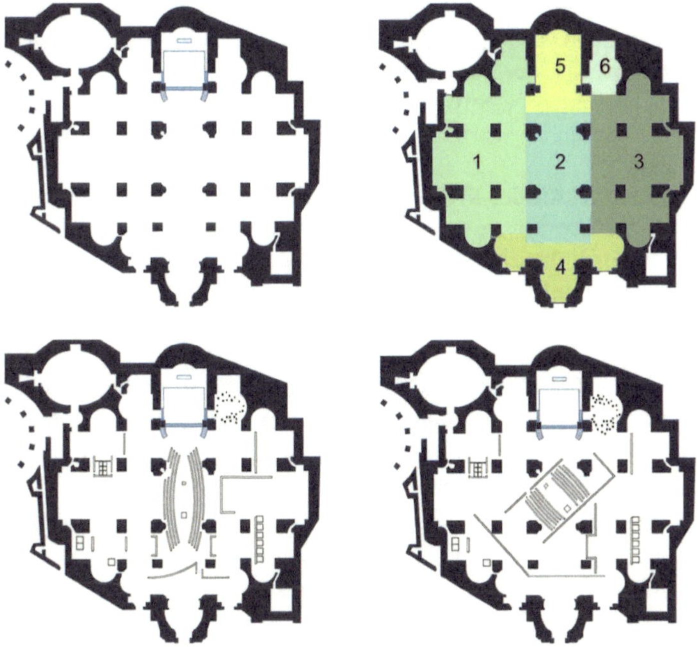

Abb. 12: Grundriss der Kirche Santa Maria della Sanità mit verschiedenen Entwürfen zur Raumaufteilung.
© *Mariateresa Giammetti*

Neapel. Dieses Vorhaben, das noch in Arbeit ist, zeigt die Probleme im Raumverständnis auf, die entstehen können, wenn ein interreligiöser Raum innerhalb eines noch genutzten konfessionellen Gebäudes konzipiert, also von der Prämisse ausgegangen wird, dass beide Raumtypen in demselben Gebäude koexistieren können.

Der religiöse Gebäudekomplex von Santa Maria della Sanità wurde 1577 im Bereich der Katakomben von San Gaudioso gegründet, zu denen man von der Krypta aus gelangt, die sich auf der Rückseite des Presbyteriums befindet. Die Raumsituation der Kirche ist sehr speziell, in gewisser Weise hybrid: Die Zentralität entspricht der anthropozentrischen Inspiration der großen Anlagen des 16. Jahrhunderts, die von den Plänen für den Petersdom von Donato Bramante (1444–1514) und Michelangelo Buonarroti (1475–1564) abgeleitet sind. Sie weicht jedoch dem Primat der länglichen Anlage mit einer klaren Ausrichtung, die von den fünfschiffigen, sich auch metaphorisch auf das Bild des Schiffes beziehenden konstantinischen Basiliken beeinflusst ist. Die starke Gerichtetheit des Raumes wird durch die Ausdruckskraft des Presbyteriums besiegelt. In dessen Hintergrund hat der Architekt, dem wir dieses Werk verdanken, Frà Giuseppe Nuvolo (1570–1643), den Raum durch eine große Treppe zwischen Krypta und darüber liegender Orgel getrennt bzw. differenziert.

Die Architektur der Kirche ist dreifach gegliedert: Das zentrale Mittelschiff mit Presbyterium und Krypta wird flankiert von zwei Seitenschiffen, wobei das eine davon größere Bedeutung hat, weil es mit der Sakristei verbunden ist und sich darüber zum elliptischen Kreuzgang des alten Klosters öffnet.

Die Kirche Santa Maria della Sanità ist im Vergleich zu der Gemeinde, die heute an den Gottesdiensten teilnimmt, deutlich überdimensioniert. Dies bildete den Ausgangspunkt für ein adaptives Umnutzungsprojekt, bei dem der Raum für die liturgischen Handlungen kleiner wird und die anderen Raumteile der Kirche neue Funktionen erfüllen – als interreligiöser Raum, Museum, Galenisches Labor, Kolumbarium und Berufsschule. Die hybride Nutzung des Raumes kann als gesellschaftlicher Anziehungspunkt wirken, die Anzahl der Kirchenbesucher(innen) vergrößern und zugleich die Phänomene der sozialen Marginalisierung, die den Stadtteil bedrängen, reduzieren.

Wie aber sollten wir mit der Frage der Integrität in Bezug auf die Möglichkeit, neue Nutzungen neben der kultischen in die Kirche aufzunehmen, umgehen? Was ist damit gemeint? Von Integrität spricht man in Bezug auf das, was sich als intakt, ganz und vollständig darstellt. Wenn eine Kirche vielfältiger genutzt oder die kultische Funktion durch etwas anderes ersetzt werden soll, fehlt notwendigerweise die Kategorie der Integrität im Sinne von Intaktsein. Im Bereich der Ethik bedeutet der Begriff die Möglichkeit, seine Handlungen auf einen kohärenten Rahmen von Prinzipien zu stützen. Diese andere Perspektive kann den Weg zu einer Suche nach der Integrität des Kirchenraumes öffnen, die nicht auf dem *Stil*, sondern auf dem *Charakter* beruht bzw. auf jener Eigenschaft, die den Raum mit seiner Zweckbestimmung in Beziehung setzen kann: der Fähigkeit, bewohnt zu werden. Worauf gründet sich der Charakter von Santa Maria della Sanità als katholischer liturgischer Raum? Er gründet sich auf die „Bewohnbarkeit“ des Versammlungsraumes und auf die Fähigkeit, diejenigen, die am Gottesdienst teilnehmen, auf das liturgische Zentrum auszurichten. Versammlung(sraum) und Ausrichtung sind die beiden Kategorien, mit denen das Modell arbeitet.

Ein solches Raumverständnis kann mit dem Begriff der Aula gefasst werden. Dieser stammt vom griechischen αὐλή im Sinne eines freien, offenen, übersichtlichen Ortes, eines Saales, der frei von Hindernissen ist, um sich bewohnen zu lassen, um die Gemeinschaft zu beherbergen. Sich in ihm zu versammeln, darin besteht die tiefe topologische Bedeutung seiner Räumlichkeit. In den mehrschiffigen Kirchen fungieren die Gänge häufig als Aula in der Aula und nehmen an der Bildung des Gesamtraumes der Kirche in einer Logik teil, die einen aus Teilbereichen zusammengesetzten Raum systematisiert. Um den Saal in einen ausgerichteten Raum zu verwandeln, der der Orientierung der Bewohner(innen) dient, betonen Basilika-Grundrisse den Richtungscharakter des Raumes durch die Positionierung des Presbyteriums in Korrespondenz zur Apsis. Der gerichtete Charakter wird zu einem wirksamen Instrument, um dem Innenraum einen eschatologischen Sinn zu geben; die nebeneinander angeordneten Schiffe verstärken die Wahrnehmung eines stark gerichteten Raumes. Was geschieht mit den Kategorien Versammlung und Ausrichtung, wenn liturgische Nutzung auf museale und tertiäre Nutzung trifft oder wenn wir einen interreligiösen Raum neben eine monokonfessionelle liturgische Nutzung stellen? Mit dem Kompositionsprinzip einer Halle in der Halle beim Grundriss der Basilika können komplementäre Räume geschaffen werden, die der neuen Nutzungen dienen. Das Museum befindet sich in den Seitenschiffen neben der Sakristei, und eine weitere Nutzungsalternative – in diesem Fall das Galenische Labor zur Verarbeitung von Heilpflanzen – ist im anderen Flügel verwirklicht. Der interreligiöse Raum befindet sich in einer der Kapellen im hinteren Teil der Halle und steht, obwohl er separat ist, in räumlicher Verbindung mit dem liturgischen Raum, der der katholischen Konfession gewidmet bleibt. Museum, katholischer Gottesdienstraum, interreligiöser Raum und Labor sind Nutzungen, die in Räumen untergebracht sind, die als Säle klassifiziert werden können; sie alle erlauben es, von der Gemeinschaft im Akt des Lernens (Museum), des Betens (liturgischer und interreligiöser Raum), des Arbeitens (Labor) bewohnt zu werden. Allein die Tatsache, dass all diese Nutzungen, obwohl sie unterschiedlich sind, topologisch in Säle für die Gemeinde übersetzbar sind, verbindet den Raum der Kirche wieder in einer organischen Dimension der systemischen Kohärenz der drei Räume, die in einem Hybrid neu zusammengesetzt werden, in dem Integrität nicht als intakt bleibend verstanden wird, sondern als ein Raum, der seine Kohärenz in einer systemischen Logik findet.

Der Teil oder Punkt, auf den sich eine Person zubewegt, bestimmt die Ausrichtung im Raum. Im Fall des liturgischen Raumes ist diese Ausrichtung mit symbolischen Werten aufgeladen, die einen starken Bezug zur Spiritualität haben. Im Falle eines Museums oder einer Werkstatt ist die Ausrichtung des Raumes verbunden mit der Konstruktion eines durchdachten Weges zwischen den Werken (Museum) oder der Organisation der Versorgungskette im Hinblick auf Wohlbefinden und Produktivität (Labor und Fabrik). Bei dem Projekt der Neunutzung eines Gebetsraumes ist es ratsam, die verschiedenen Möglichkeiten im Auge zu behalten, mit denen die Fixierung einer vorherrschenden Richtung im Raum abgewandelt werden kann, ohne dabei die innere Logik des Raumes zu ignorieren und Missverständnisse hervorzurufen.

Die *Digital Church* in Aachen ist ein anschauliches Beispiel für die Fallstricke von Projekten der Kirchennachnutzung, bei denen mit der Kategorie der Gerichtetheit an der Komposition eines neuen Raumes gearbeitet wird. Dieses Projekt beinhaltet die Einrichtung eines sog. Digital Hubs – also regionalen Knotenpunkts einer digitalen Infrastruktur (hier: für Start-up-Unternehmen) – in der profanierten Kirche St. Elisabeth. Der zu Beginn des 20. Jahrhunderts im neugotischen Stil errichtete Sakralbau hat einen dreischiffigen Grundriss mit einem erhöhten Presbyterium in der polygonalen Apsis. Zur Unterstützung der deutlichen Ausrichtung des Raumes, der die eschatologische Spannung des Hauptschiffes vervielfachen sollte, wurde im Rahmen des Umnutzungsprojektes ein großer Arbeitstisch platziert; dieser betont die Ausrichtung des Raumes zur Apsis hin, die jedoch anstelle des Altars eine Bartheke aufweist. Das Umnutzungsprojekt der *Digital Church* behält die Gerichtetheit des Raumes bei, um seine Integrität zu bewahren, kommt aber in der Beziehung, die das Neue mit den Spuren des Vorhergehenden herstellt, zu einer problematischen Lösung.

Der Fall Aachen legt nahe, bei der Gestaltung des transformierten Raumes ohne kultische Funktion nicht auf die ursprüngliche Ausrichtung des ehemaligen liturgischen Raumes zurückzugreifen. Bei Umnutzungsprojekten ist es möglich, andere Richtungen als die ur-

Abb. 13: Innenansicht der Aachener *Digital Church*.
© Barbara Karkowsky

sprünglichen zu verwenden, um eine symbolisch-eschatologische Dimension des Gebetsraumes zu suggerieren. Das Annehmen neuer Richtungen bedeutet nicht notwendigerweise den Verlust der Gedächtnisspuren des Kirchenraumes oder den Verlust seiner räumlichen Integrität, sondern stellt vielmehr eine Möglichkeit dar, die *Andersartigkeit* von Gebetsräumen für die Gemeinden auszudrücken, in der Annahme, dass diese Alterität jener Teil der Transzendenz ist, der nur radikal immanent ist; d. h., sie ist eine Transzendenz, die nicht außerhalb der Immanenz gedacht werden kann.

Die Entwicklung der Projektidee für die Kirche Santa Maria della Sanità in Neapel erfolgte – wie auch bei den anderen Beispielen – in interdisziplinärer Besetzung und schloss in Form von Erfahrungsberichten der lokalen Gemeinden wiederum aktive Öffentlichkeitsbeteiligung ein. Um den Übergang von einem klassischen Sakralraum- zu einem Hybridraummodell mit neuen Nutzungen des Kirchengebäudes zusammen mit der kultischen Funktion oder als Alternative dessen zu lenken, wurde eine Akzeptanzuntersuchung des Projekts mittels des *Extended Design Approach* vorgenommen, indem drei Überprüfungskriterien erstellt wurden: Bewertungsraster, Modelle und Fragebögen.

Eines der Hauptziele dieser Methode ist es, eine Wechselbeziehung zwischen den Designhypothesen und der Zielgruppe herzustellen, um einen partizipativen Prozess sicherzustellen, aus dem ein nützliches Feedback zur Überprüfung der Design- und Managemententscheidungen gewonnen werden kann.

Der erste Schritt für die Konstruktion der Methode war die Erstellung eines Profils zur Klassifizierung von Umnutzungsprojekten nach ihren Auswirkungen auf folgende Aspekte:

- *Gemeinschaftssphäre*: Es geht um das Potenzial des Projekts, die immateriellen Werte, die um das Kirchengebäude herum in reichem Maß vorhanden sind, zu berücksichtigen und das Umnutzungs- als soziales Infrastrukturprojekt zu verstehen.
- *Produktive Sphäre*: Sie betrifft das Potenzial, Arbeit und Einkommen durch mögliche Umnutzungen des Raumes zu schaffen; diese zweite Kategorie kann wiederum in Teilbereiche gegliedert werden, die einen rein spekulativen Zweck haben, und in solche, die Rendite in einer solidarökonomischen Dimension erwirtschaften.
- *Topologische Sphäre*: Diese betrifft das Potenzial, ein System mit dem Charakter des architektonischen Raumes und seiner topologischen Eigenschaften zu bauen.

Die drei Wirkungskategorien sind selbst in ihrer konstitutiven Singularität offen für Alterität und ihre Vereinigung in Makro-Sphären[4] erzeugt soziale Sammelpunkte, die durch symbolische Bindungen zusammengehalten werden. Deshalb ist ihre Koexistenz in einem Umnutzungsprojekt, das das Nebeneinander eines interreligiösen Raumes und Räumen für weitere Nutzungsalternativen mit einem Raum für den monokonfessionellen Kult vorsieht, mehr als wünschenswert. Dabei ist die Fähigkeit, Makro-Sphären zu generieren, ein Gradmesser für die Auswirkungen, die es auf die Gemeinschaft haben kann im Hinblick auf die Fähigkeit,

- geteilt und akzeptiert zu werden,
- sich im Laufe der Zeit finanziell selbst zu tragen,

[4] Vgl. P. Sloterdijk, Sphären, Bd. 1: Blasen. Mikrosphärologie, Frankfurt a. M. 1998 [italienische Ausgabe: Sfere, Bd. 1: Bolle, ins Italienische übersetzt von G. Bonaiuti, Rom 2009].

- neue topologische Beziehungen für die Architektur des Kirchengebäudes zu generieren, die zum Projekt der Neunutzung beitragen.

Im Folgenden wird eine Bewertung der Auswirkungen kirchlicher Umnutzungsprojekte vorgenommen, die die Wirkungskategorien mit den Nutzungen und dem Grad ihrer Akzeptanz in der Gemeinde in Beziehung setzt. Die Angaben in den Tabellen basieren auf der Beobachtung des Stands der Dinge bei den bereits realisierten Umnutzungsprojekten, auf Literaturberichten und einer Umfrage, die mit 100 Personen durchgeführt wurde.

Gemeinschafts-sphäre		**Produktive Sphäre**	**Topologische Sphäre**	
Anwendungen	**Auswirkungen**	**Auswirkungen**	**Auswirkungen**	**Akzeptanz**
Gemeindezentrum mit kultureller Funktion	hoch	niedrig	-	mittel–hoch
Gemeindezentrum ohne kulturelle Funktion	hoch	niedrig	-	hoch
Tätigkeiten im sozialen Dienst	hoch	niedrig	-	mittel
Wohn- und Tertiärnutzung	mittel	hoch	-	niedrig
Gewerbliche Nutzung	niedrig	hoch	-	niedrig

Tabelle 1: Umnutzungsprojekte und ihre Wirkungskategorien.

Topologische Sphäre	**Akzeptanzniveau**
Transformation, die den Charakter und die Form des Innenraumes unverändert bewahrt	hoch
Transformation, die die Form modifiziert und dabei den Charakter des Innenraumes beibehält	mittel
Transformation, mit Verlust des typ-morphologischen Charakters des Innenraumes	niedrig

Tabelle 2: Beziehung zwischen Raumtransformationskriterien und Akzeptanzniveau.

2 Überlegungen zum Verhältnis von Liturgie und Raum

Einen Raum zu gestalten, der der Spiritualität des heutigen Menschen entspricht, ist eine äußerst anspruchsvolle Aufgabe, sowohl in einem monokonfessionellen als auch in einem interreligiösen Rahmen. Diese einfache, aber eingängige Feststellung legen die Kategorien Selbsterfahrung und Handeln im Kontext hier vorgestellter Gestaltungsexperimente nahe und hat auch liturgietheologische Implikationen. Dank eines ästhetisch-existenziellen Vorrechts des heutigen Menschen ist jede wirklich empfundene Feier eine wesentliche Herausforderung, die nicht vom Gemeinschaftscharakter der Liturgie zu trennen ist. Die Andersartigkeit des Gebetsraumes ist ein Aspekt, der nicht außerhalb des Menschen liegt, sondern in ihm selbst. Diese neue Art, Riten zu empfinden und zu praktizieren, entfernt sich von einer rein devotionalen Auffassung des Rituals und wird bei jeder Feier erneuert, wobei sie sich durch die zwei bereits benannten Kategorien manifestiert: *Selbsterfahrung* und *Handeln*. Obwohl die Riten in der Praxis verschiedener Religionen unterschiedliche Bestimmungen haben können, ist Selbsterfahrung der kleinste gemeinsame Nenner; dies setzt das menschliche Sein, das zum Subjekt des liturgischen Handelns wird, in eine Dimension ein, in der sich der Raum des Gebets konzeptionell vom Tempel zur *ecclesia* verschiebt. Der Tempel ist das Haus Gottes, die *ecclesia* das Haus von Emmaus, das Haus der Gemeinschaft, in dem sich das Einbrechen des Heiligen durch den von der Gemeinschaft bewusst vollzogenen Ritus ereignet. So ist jede liturgische Feier in einer eminenten Form heilige Handlung, folglich ist Gottesdienst wesentlich ein Tun, ein Handeln, ein Einbeziehen in ein Ereignis. Handeln geschieht bewusst und braucht Erfahrung, um sich zu entfalten: die Erfahrung der Stille, des Sammelns, des Sehens, des Hörens. Die Selbsterfahrung meint das Bewusstwerden der eigenen Identität, die in Beziehung zu anderen definiert wird; im Fall der geistlichen Sphäre und der liturgischen Handlungen ist es die Beziehung zu den anderen Mitgliedern der Versammlung und zu Gott. Diese Art der Herangehensweise bedeutet, dass es nicht der Raum selbst ist, der als Ort der Erfahrung des Heiligen erkennbar wird, sondern es die Gemeinschaften und Individuen sind, die ihn bei der heiligen Handlung im Raum als solchen erkennbar machen.

Es ist zu bedenken, dass die immateriellen Werte, die wir kirchlichen Kulturgütern zuschreiben, nicht den sakralen Objekten oder

Räumen an sich zugehören, sondern den Gemeinschaften, die sich mit ihnen identifizieren und ihnen an diesem Ort und zu dieser Zeit einen „semantischen Identitätswert“ und eine „evangelisierende Lesbarkeit“ zuschreiben, die auch dann noch bestehen, wenn die liturgische Nutzung nicht mehr gegeben ist. An dieser Stelle ist daher ein kurzer historischer Exkurs notwendig, der einige der markantesten Punkte veranschaulicht, die dazu beigetragen haben, diese neue Vision zu entwickeln. Als Beispiel dient der Übergang, der sich in der Beziehung zwischen Raum und Liturgie während des gesamten 20. Jahrhunderts im katholischen Bereich vollzog. Seit dem Ende des 19. Jahrhunderts, von der Entstehung der Liturgischen Bewegung bis heute, hat ein Großteil der theologisch-architekturwissenschaftlichen Forschung – in praktischer Umsetzung der Hermeneutik des Zweiten Vatikanischen Konzils (1962–1965) – an der Autonomie der Form von gemeinschaftlichen Gebetsräumen und daran gearbeitet, dass nicht das Objekt Kirche, sondern das Subjekt Mensch als primärer Bedeutungsträger der Architektur wahrgenommen wird. Der Ort der Feier wird damit konzeptionell vom *Tempel* zur *ecclesia* verlagert – eine Bewegung, die der liturgischen Feier mehr Wert beimisst als der Bewahrung von Symbolen. Nach einer aus Ägypten stammenden Tradition ist der *Tempel* das Haus Gottes, in dem Gott dank der Rituale der Gläubigen lebt; sein Bild oder seine Symbole werden von Priestern gepflegt, die die Substanz „am Leben“ erhalten. Die *ecclesia* ist dagegen die Form der frühen Kirche, mehr Haus von Emmaus als Monument, der Ort der Versammlung, das von der vorkonstantinischen Gemeinde bewohnte Haus.

Diese ekklesiale Argumentation kann, wenn sie auf das Studium der Architektur angewendet wird, auf die Versammlung übertragen werden, die durch die Erfahrung, den Gebetsraum zu bewohnen, diesem Alterität verleiht. Die Versammlung spielt eine bedeutende Rolle und tut dies durch eine Form der *sensiblen Intelligenz*, die vom Menschen ein neues Gleichgewicht verlangt, sodass das Äußere, die sensible Sphäre, nicht mehr der inneren, spirituellen Dimension untergeordnet ist, sondern zum Instrument der Vermittlung zwischen dem Menschen und seiner Spiritualität wird – eine Vermittlung, die auch durch die *Erfahrung des Ritus* geschieht.[5]

---

[5] Die Versammlung spielt ihre bedeutende Rolle und tut dies durch eine Form von *sensibler Intelligenz*, die sich darin manifestiert, den Raum der Kirche durch

Die Kirche ist kein autonomes und metahistorisches religiöses Zeichen mehr, ihr symbolischer Wert ist an einen Prozess der Rezeption und ästhetischen Produktion gebunden, der sich in der Erfahrung der Versammlung der Gläubigen abspielt, wobei der Raum eine sich ständig verändernde Resonanz haben kann – je nachdem, wer ihn benutzt. Unter diesem Gesichtspunkt gehören Kirchen als religiöse Symbole zur *Rezeptionsästhetik*, indem die Erfahrung des Wohnens Passivität und Aktivität miteinander verbindet und erlaubt, die eigentliche Handlung als ästhetische Rezeption des Raumes zu definieren.

Forschungen der Moderne, die behaupten, dass auch der Raum der Kirche zur Rezeptionsästhetik gehört und die Form der Architektur eine Autonomie gegenüber ihrer Bedeutung genießt, haben

---

aktive Teilnahme am Ritus zu bewohnen. Die Handlung des Bewohnens (*abitare*), des wiederholten *habere* – im Sinne von Gewohnheit haben an einem Ort – führt im weiteren Sinne zurück zu *habitus*, Gewohnheit. In Bezug auf die bedeutende Rolle des Gebetsraumes durch die bzw. in der Versammlung kann die Handlung des Bewohnens jedoch größere Klarheit finden, wenn sie mit dem Begriff der *Erfahrung* in Verbindung gebracht wird. Zum Thema Erfahrung schreibt der Theologe Antonio Autiero (* 1948): „[D]er Begriff Erfahrung hat eine viel dichtere Wertigkeit als der der Gewohnheit. Ohne hier auf die eigentümliche Betrachtung der Gewohnheit als Habitus, als Tugend, einzugehen (ein für Thomas von Aquin typischer Nexus), verwende ich die Kategorie der Gewohnheit einfach als Ergebnis der Wiederholung von Handlungen; der Mensch kann auch aus den Wiederholungen seiner Handlungen, also aus Gewohnheiten, Erfahrungen machen, gerade weil er die Fähigkeit hat, sie zu reflektieren. […] Schließlich ermöglichen diese Betrachtungsweise und die Erfahrung, die das Erlebte mit dem Bedürfnis nach Reflexion verbindet und eine Identifikation mit der Gewohnheit vermeidet, die Verantwortung für das eigene Handeln. […] Die Erfahrung, von der wir hier sprechen, wird also zu einer Art dynamischem Konstrukt, instinktiv und reflexiv, gegeben und erworben“ (zit. nach: A. Autiero, Sensus fidelium e Magistero dal Concilio Vaticano II ad oggi, in: A. Rovello [Hg.], La morale ecclesiale tra sensus fidelium e Magistero, Assisi 2016, 13–36). Autiero projiziert das Thema der Erfahrung in eine theologische Perspektive, um dem Thema des *sensus fidelium* in Bezug auf die Dinge der Moral zu begegnen, und in der Konstruktion seiner Argumentation hebt er das Thema Erfahrung hervor, das im Apostolischen Schreiben *Evangelii gaudium* von Papst Franziskus wiederkehrt, das ausdrücklich bezeugt, dass „das Volk in einigen Fragen aufgrund der gemachten Erfahrung in seinem Verständnis des Willens Gottes gewachsen ist“ (Papst Franziskus, Apostolisches Schreiben *Evangelii gaudium* über die Verkündigung des Evangeliums in der Welt von heute vom 24. November 2013, hg. vom Sekretariat der Deutschen Bischofskonferenz [VApS 194], Bonn 2013, Nr. 148).

die syntaktische Komponente der Beschreibung des Raumes von der semantischen getrennt, wobei erstere von der letzteren wesentlich autonom ist. Die Trennung der syntaktischen von der semantischen Komponente des Kirchengebäudes verursacht im Dialog von Architektur und Liturgiewissenschaft Probleme im Verständnis des Sakralraumes, wenn die Gründe für seine semantische Kraft weiterhin nur im architektonischen Code gesucht werden und die aktive Rolle der Versammelten nicht berücksichtigt wird. Das Wirken der Liturgischen Bewegung markiert in diesem Sinne einen Kurswechsel, der durch das Zweite Vatikanische Konzil einen deutlichen Auftrieb erhielt. So wurde die enge Verbindung zwischen Liturgie und Ekklesiologie wiederhergestellt. Obwohl das Konzil der Hierarchie und dem Amts- bzw. Dienstpriestertum den gebührenden Stellenwert einräumte, konnte es in der Dogmatischen Konstitution *Lumen gentium* (LG) über die Kirche ohne Vorbehalte vom „gemeinsame[n] Priestertum der Gläubigen“ (LG 10) sprechen, wobei diese am eucharistischen Opfer nicht nur teilnehmen, sondern auch mitwirken sollen.[6]

Diesem Gedanken der Komplementarität der beiden Formen des Priestertums fügt *Lumen gentium* im weiteren Verlauf des Textes einen neuen Begriff hinzu, der hilft, die zuvor diskutierten Themen über das gemeinsame Priestertum zu rahmen: den *sensus fidei* oder Glaubenssinn (vgl. LG 12). Das gemeinsame Priestertum der Gläubigen und der *sensus fidei* gehören wohl zu den stärksten Kategorien, durch die im Sinne der Liturgiekonstitution *Sacrosanctum Concilium* (SC) eine Verschiebung vom Konzept der Sakralität des Kirchenraumes an sich zum Konzept der *res ad sacrum cultum pertinentes*, also „der Dinge, die zur heiligen Liturgie gehören“ (SC 122), stattgefunden hat – *res pertinentes*, die die liturgische Praxis zum Gegenstand haben, wobei davon ausgegangen wird, dass das Subjekt des liturgischen Handelns der Mensch ist und dass die Liturgie mit jeder Feier erneuert wird. Der *sensus fidelium* nimmt die Prägung wahr, die den Raum und das Mobiliar in der Liturgie „bewohnbar“ macht, aber es ist eine Operation der Semantisierung der Dinge, die vom Menschen ausgeht, nicht von den Dingen; es ist ein Prozess der Rezeption und der ästhetischen Produktion, der sich auf die Versammlung konzentriert, die die Feier in Bezug auf Substanz und Bedeutung zusammenbringt und aktiviert.

---

[6] Vgl. auch Giammetti, Forma e Riforma/e (s. Anm. 2).

3 Kriterien für einen Ansatz zur Gestaltung von interreligiösen Räumen – ein Ausblick

Eines der Elemente, das die in diesem Beitrag vorgestellten Gestaltungsexperimente verbindet, ist der interdisziplinäre Ansatz zur Definition der Projektthemen und deren Überprüfung bzw. Bestätigung durch das Einbeziehen der beteiligten Gemeinden. Die theologisch-liturgischen Prämissen dieser Methode ergeben sich aus der bedeutenden Rolle, die den Versammlungen oder Einzelpersonen während der rituellen Erfahrung im interreligiösen Raum praktisch zugeschrieben wird. Die Gestaltungsaufgabe eines solchen Raumes kann nur in der systemischen Logik des *Extended Design Approach* gelöst werden. Voraussetzung dafür ist die Überwindung einer architektonisch-gestalterischen Programmatik, die sich in der grafischen Ausarbeitung einer autonomen Raumlösung vollzieht. Diese Methode basiert auf dem Instrument der Überprüfung der Hypothesen zur Raumtransformation durch einen wechselseitigen Prozess der Anpassung bzw. Hybridisierung des architektonischen Projekts unter Anwendung von soziologischen, kulturellen und ökonomischen Modellen. So entsteht eine Partnerschaft, in der physischer und kultureller Raum als Teile desselben Gemeinschaftsprojekts zusammengebracht werden, strukturiert durch einen wechselseitig geförderten Wissenstransfer zwischen Spezialist(inn)en und Nichtfachleuten. Der *Extended Design Approach* kann als bewährte Praxis angesehen werden, um über die multireligiöse Logik hinauszugehen. Diese zeichnet sich architektonisch durch ein Nebeneinander mehrerer Gebetsräume mit eigenen religiösen Prägungen aus, die ggf. um einen gemeinsamen Raum versammelt sind. Ein solcher Raum kann nicht als Gebetsraum im engeren Sinne verstanden werden, sondern eher als ein gemeinsamer Platz. Ein Beispiel dafür ist das *House of One* in Berlin, das eine Kirche, eine Moschee und eine Synagoge um einen großen überdachten Platz anordnet, der nicht mehr als den gemeinsamen Zugang zu den getrennten Gebetsräume darstellt. Im Unterschied dazu haben interreligiöse Räume als gemeinsame Gebetsstätten stets einen hybriden Charakter und sind dadurch in der Praxis herausfordernder. In diesem Fall liegt der sakrale Charakter nicht am Raum selbst, sondern in der Person, die ihn nutzt, interpretiert und durch das Gebet heiligt. Der *Extended Design Approach* kann in diesem Zusammenhang als Instrument zur Implementierung der ästhetisch-sinnlichen Raumwahrnehmung dienen.

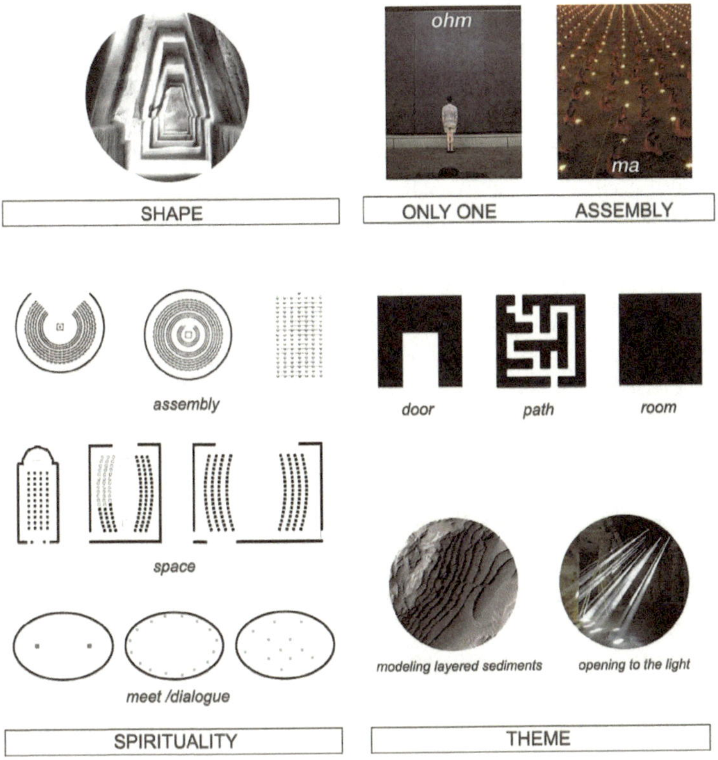

Abb. 14: Zentrale Aspekte bei der Gestaltung von interreligiösen Gebetsräumen und Versuche ihrer Veranschaulichung.
© *Mariateresa Giammetti*

Die Untersuchung der strukturellen Beziehungen zwischen den architektonischen Elementen, die einen interreligiösen Gebetsraum ausmachen, und den Menschen, die ihn nutzen und interpretieren, legt es nahe, die Projekte auf der Grundlage von zwei Arbeitshypothesen zu klassifizieren:

(1) als Bedingung gegenseitiger Akzeptanz, auf unterschiedliche religiöse Symbole zu verzichten und nur Licht und Leere als Gestaltungselemente zu verwenden, um die Idee der Sakralität auszudrücken;

(2) weder die Unterschiede pantheistisch zu relativieren bzw. zu nivellieren noch durch die Form des Gebetsraumes auszu-

drücken, sondern primär durch die jeweils unterschiedliche Anordnung der Versammlung beim Gebet.

Die erste Überlegung zum Verzicht auf ikonografische Elemente basiert auf der Trennung zwischen der semantischen und der syntaktischen Komponente des Raumes, während der zweite Aspekt von der Grundannahme ausgeht, dass die Versammelten den Gebetsraum durch ihre Anwesenheit konstituieren und in den beiden Kategorien Selbsterfahrung und Handeln konfigurieren.

Der ikonische und figurative Symbolapparat der drei abrahamitischen Religionen kann an dieser Stelle in den Hintergrund treten, um andere Elemente wie das Licht zur Geltung zu bringen. Speziell das Licht belebt die Form des Raumes in vielen Projekten und verhilft der Erfahrung des Heiligen zum Durchbruch. Licht, Stille und leerer Raum können zu den Protagonisten eines neuen Verständnisses von Gebets- und Meditationsorten werden. Um die Unterscheidungsmerkmale interreligiöser Räume zu konturieren und sicherzustellen, dass Gläubige verschiedener religiöser Prägungen diese als solche erkennen können, die für das Eindringen des Heiligen bestimmt sind, wird es nicht auf den Stil, die Kunst oder die Symbolik ankommen, sondern auf den Charakter des jeweiligen Raumes und seine „Bewohnbarkeit" – einzeln und in Gemeinschaft. Die Anordnung der Versammlung ist der Schlüssel, um einen Raum auf seinen Sinn und sein Ziel auszurichten: die Beziehung mit dem Göttlichen.

Übersetzung und Bearbeitung:
Barbara Brunnert / Albert Gerhards / Stefan Kopp

Autorinnen und Autoren

Dominik Arenz, Dr. theol., ist Referent für Qualitätsentwicklung und Qualitätssicherung im Katholischen Religionsunterricht im Erzbistum Köln und Mitglied der Equipe St. Marien in der Kirchengemeinde St. Petrus in Bonn.

Alexander Deeg, Dr. theol., ist Professor für Praktische Theologie mit dem Schwerpunkt Homiletik und Liturgik an der Evangelisch-Theologischen Fakultät der Universität Leipzig, Leiter des Liturgiewissenschaftlichen Instituts der Vereinigten Evangelisch-Lutherischen Kirche Deutschlands (VELKD) sowie Leiter des Teilprojekts 2 „Sakralraumtransformation im säkularen Kontext am Beispiel hybrider Räume" des DFG-Forschungsprojekts „Sakralraumtransformation. Funktion und Nutzung religiöser Orte in Deutschland".

Albert Gerhards, Dr. theol., ist emeritierter Professor für Liturgiewissenschaft an der Katholisch-Theologischen Fakultät der Rheinischen Friedrich-Wilhelms-Universität Bonn, Leiter der Teilprojekte 1 „Exemplarische Fallstudien zur Sakralraumtransformation im Raum Aachen" und 5 „Immobilienwirtschaftliche Implikationen der Sakralraumtransformation" sowie Sprecher des DFG-Forschungsprojekts „Sakralraumtransformation. Funktion und Nutzung religiöser Orte in Deutschland".

Mariateresa Giammetti, PhD, ist Assistenzprofessorin an der Fakultät für Architektur der Università degli Studi di Napoli Federico II.

Nicole Grochowina, Dr. phil., PD, ist Projektmitarbeiterin am Lehrstuhl für Neuere Kirchengeschichte des Fachbereichs Theologie an der Philosophischen Fakultät der Friedrich-Alexander-Universität Erlangen-Nürnberg.

Verena Hammes, Dr. theol., ist Geschäftsführerin der Arbeitsgemeinschaft Christlicher Kirchen in Deutschland (ACK) und Leiterin der Ökumenischen Centrale.

Sonja Keller, Dr. theol., ist Professorin für Praktische Theologie an der Augustana-Hochschule in Neuendettelsau.

Stefan Kopp, Dr. theol., ist Professor für Liturgiewissenschaft und Sprecher des Graduiertenkollegs „Kirche-Sein in Zeiten der Veränderung“ an der Theologischen Fakultät Paderborn.

Stefanie Lieb, Dr. phil., ist apl. Professorin für Architekturgeschichte am Kunsthistorischen Institut der Philosophischen Fakultät der Universität zu Köln, Leiterin des Teilprojekts 3 „Kunst- und architekturhistorische Prozesse der Sakralraumtransformation im Raum Aachen und Leipzig“ des DFG-Forschungsprojekts „Sakralraumtransformation. Funktion und Nutzung religiöser Orte in Deutschland“ sowie Studienleiterin für Kunst und Kultur an der Katholischen Akademie Schwerte.

Kerstin Menzel, Dr. theol., ist wissenschaftliche Mitarbeiterin im Teilprojekt 2 „Sakralraumtransformation im säkularen Kontext am Beispiel hybrider Räume“ des DFG-Forschungsprojekts „Sakralraumtransformation. Funktion und Nutzung religiöser Orte in Deutschland“ sowie Assistentin am Lehrstuhl für Praktische Theologie der Evangelisch-Theologischen Fakultät der Universität Leipzig.

Sarah-Louise Müller, Dipl.-Theol., ist Pfarrerin für den Stadtteil Rieselfeld der evangelischen Maria-Magdalena-Gemeinde Freiburg.

Alexander Radej, M. A., ist wissenschaftlicher Mitarbeiter im Teilprojekt 1 „Exemplarische Fallstudien zur Sakralraumtransformation im Raum Aachen“ des DFG-Forschungsprojekts „Sakralraumtransformation. Funktion und Nutzung religiöser Orte in Deutschland“ an der Rheinischen Friedrich-Wilhelms-Universität Bonn.

Georg Röwekamp, Dr. phil., ist Leiter des Pilgerhauses Tabgha am See Gennesaret.

Jakob Scheffel, M. A., ist wissenschaftlicher Mitarbeiter im Teilprojekt 3 „Kunst- und architekturhistorische Prozesse der Sakralraumtransformation im Raum Aachen und Leipzig“ des DFG-Forschungsprojekts „Sakralraumtransformation. Funktion und Nutzung religiöser

Orte in Deutschland“ am Kunsthistorischen Institut der Philosophischen Fakultät der Universität zu Köln.

Christoph Tebbe ist Pfarrer der Evangelischen Kirchengemeinde Krefeld-Nord und Skriba des Evangelischen Kirchenkreises Krefeld-Viersen.

Stephan Wahle, Dr. theol., ist apl. Professor für Liturgiewissenschaft und Leiter der Arbeitsstelle „Liturgie, Musik und Kultur“ an der Theologischen Fakultät der Albert-Ludwigs-Universität Freiburg.

Sarah Weber, Dipl.-Theol., ist Pastoralreferentin der katholischen Kirchengemeinde Freiburg Südwest.

Stephan Winter, Dr. theol., M. A. phil., ist Professor für Liturgiewissenschaft an der Katholisch-Theologischen Fakultät der Eberhard Karls Universität Tübingen und Mitarbeiter bei IUNCTUS – Kompetenzzentrum für Christliche Spiritualität an der Philosophisch-Theologischen Hochschule (PTH) Münster.

Christoph Zettner, Dr. theol., ist Pfarrer der katholischen Pfarrgemeinde St. Nikolaus Krefeld-Ost.

Weitere Bände der Reihe
Kirche in Zeiten der Veränderung

Stefan Kopp (Hg.)
Von Zukunftsbildern und Reformplänen
Kirchliches Change Management
zwischen Anspruch und Wirklichkeit
Kirche in Zeiten der Veränderung 1
2020, 367 Seiten
ISBN 978-3-451-38691-6

Stefan Kopp (Hg.)
Macht und Ohnmacht in der Kirche
Wege aus der Krise
Kirche in Zeiten der Veränderung 2
2020, 256 Seiten
ISBN 978-3-451-38752-4

Maximilian Gigl
Sakralbauten
Bedeutung und Funktion in säkularer Gesellschaft
Kirche in Zeiten der Veränderung 3
2020, 602 Seiten
ISBN 978-3-451-38823-1

Stefan Kopp/Marius Schwemmer/Joachim Werz (Hg.)
Mehr als nur eine Dienerin der Liturgie
Zur Aufgabe der Kirchenmusik heute
Kirche in Zeiten der Veränderung 4
2020, 280 Seiten
ISBN 978-3-451-38824-8

Stefan Kopp/Benjamin Krysmann (Hg.)
Online zu Gott?!
Liturgische Ausdrucksformen und
Erfahrungen im Medienzeitalter
Kirche in Zeiten der Veränderung 5
2020, 240 Seiten
ISBN 978-3-451-38825-5

Benjamin Dahlke/Bernd Irlenborn (Hg.)
Zwischen Subjektivität und Offenbarung
Gegenwärtige Ansätze systematischer Theologie
Kirche in Zeiten der Veränderung 6
2021, 256 Seiten
ISBN 978-3-451-38826-2

Stefan Kopp/Stephan Wahle (Hg.)
Nicht wie Außenstehende und stumme Zuschauer
Liturgie – Identität – Partizipation
Kirche in Zeiten der Veränderung 7
2021, 408 Seiten
ISBN 978-3-451-38827-9

Christiane Koch/Hans Hobelsberger/Thomas Droege (Hg.)
Mehr als Leitbilder
Ansprüche an eine christliche Unternehmenskultur
Kirche in Zeiten der Veränderung 8
2021, 264 Seiten
ISBN 978-3-451-38828-6

Herbert Haslinger (Hg.)
Wege der Kirche in die Zukunft der Menschen
50 Jahre nach Beginn der Würzburger Synode
Kirche in Zeiten der Veränderung 9
2021, 288 Seiten
ISBN 978-3-451-38829-3